本书为贵州省哲学社会科学规划（2014 年度）一般课题“秦国乡里政权研究”
（项目编号：14GZYB36）的研究成果

张信通　著

秦国乡里政权研究

A STUDY OF THE VILLAGE POWER
OF THE QIN STATE

社会科学文献出版社
SOCIAL SCIENCES ACADEMIC PRESS (CHINA)

目 录
CONTENTS

引　言

一　国内外研究现状、选题的价值和意义

（一）研究现状

本书的研究内容是，从秦孝公任用商鞅推行新法，到秦代覆亡一百七十余年秦基层乡里两级政权的发展演变，属地方行政制度研究。秦乡里二级政权建设研究，自汉代郑玄、三国韦昭、西晋杜预等给秦国文献做注，即开启其初步探讨。至明清考据学大兴，董说、顾炎武等对秦国乡里政权有所考证，后乾嘉学派王念孙、王引之父子等的考证注疏也涉及秦国的乡里政权建设。但古人的研究多以经解经，没有留下系统著述。

民国时期，黄强、闻钧天等对中国古代保甲制度做了研究，但这些成果偏向纯理论论证，得出的是简单的政治推论，缺乏深入细致的研究。中华人民共和国成立至十一届三中全会期间，史学家始关注断代史研究，杨宽、王毓铨等学者对秦国乡里行政制度做了局部探索，受史料和时代等所限，亦无专著问世。

十一届三中全会至今，朱凤瀚、张金光、罗开玉、赵秀玲、仝晰纲等从不同角度对秦国的乡、里或亭的产生和关系做了系统考察，提出了新见解。朱绍侯、田昌五、高敏、卜宪群、臧知非、黄今言、屈建军、刘泽华、晁福林等更重视乡里行政制度研究，分别从基层治安、户籍、民爵、赋税征收、劳役征派、教化等某一方面或某些方面做了深入研究，成果丰富。因受史料所限，不少观点还存有较大争议，研究成果多偏重乡里政权的某一方面。

台湾学者杜正胜、廖伯源、邢义田、许倬云等从秦国的基层户籍、基层改革、农业经济方面做了研究。日本学者守屋美都雄、米田贤次郎、内藤湖南、佐竹靖彦等分别从基层社会变革、军功爵等角度研究了秦国乡里社会的发展。英国学者马尔科姆·卢瑟福、安东尼·吉登斯等则从“耕战”出发研究了基层社会经济和军事的发展变化。台湾和国外学者的研究从某一或某些领域探讨了基层政权问题，整体上不够系统，对文献的使用，特别是近年来出土的秦简还不够充分。

秦从弱国变为强国是一个戏剧性的过程。秦孝公时期魏国近乎吞并秦国，孝公为图强任用商鞅变法，国家开始富强，并挫败魏国，魏国一统天下的梦想破灭。秦孝公子秦惠文王即位，顶住保守派的压力，继续推行商鞅变法的基本精神，使新法在秦国扎根，渗透到秦人的血脉。秦武王早死，没有建立多少功业，传位秦昭襄王，昭襄王把秦的霸业向前推进。长平之战他灭掉赵国主力，把强大的赵国统一六国的梦想也打碎。秦四世连续奋斗，为秦始皇统一六国打下了坚实基础。秦最终统一六国是历史的必然，其原因是多方面的。其中秦国乡里两级政权建设的不断发展完善是重要因素，对此学界还没有专著问世，我们试着探讨这个问题。

（二）选题的价值和意义

第一，补秦国乡里行政制度研究之不足。以往学者对秦国郡县行政研究比较成熟，但乡里行政研究因受史料限制，目前高质量的专著尚付阙如。

第二，全面考证秦国乡里官吏制度。据乡里官吏的不同性质，分里吏、乡官、准乡官三部分探讨，理清不同类别的职位职数，澄清学界的争议，比如里吏包括里典、里佐、田典、伍老、什长、伍长等；乡官有乡三老等；乡吏主要有乡有秩、乡啬夫（乡主）、乡守、田啬夫、乡司空、乡佐、游徼等。通过对乡里职位职数的深入探讨，完整揭示乡里两级政权的构成。

第三，对乡里行政职能做出系统研究。乡里两级组织职能的履行关乎上层建筑的稳定，是国家行政的基石，从横向分户籍管理、发展经济、赋税征收、民爵、兵役、徭役征发征派及其他职能，本书对此将详细探讨，准确认识在秦国政权体系中乡里两级行政组织的分职定位。

第四，探讨基层民众的实际生活。本书所涉及的人群是占秦国绝大部分人口的编户民和乡里官吏，他们的日常生活对深化我们认识秦国社会有重要意义。

第五，补秦国基层“亭”的研究空缺。学者对秦汉大一统时期的“亭”研究比较充分，秦汉时期的亭源于秦国，而学者对秦国的亭却没有专题研究论文或著作。

第六，为我国基层政权建设提供经验教训。党的十九大报告指出“中国特色社会主义文化，源自中华民族五千多年文明历史所孕育的中华优秀传统文化”，“决胜全面建成小康社会，开启全面建设社会主义现代化国家新征程”。农民占中国人口的绝大多数，建成小康社会的重难点在基层。基层是国家的根基，国家经济、军事、文化等各领域的发展无不与基层紧密相联，乡里政权建设是基层建设的重要工程。

二 基本观点、研究思路、创新之处、预期价值

（一）基本观点

至迟在商周时期，里作为居民行政组织单位已产生，乡在春秋初期为高级行政组织，至战国初期乡的行政地位下降。秦孝公时期秦国乡里两级行政统属关系形成，此后乡里政权建设不断完善，为秦统一六国做好了底层设计。

乡官里吏是乡里行政的基础依靠力量，里吏占乡里行政人员的绝大多数，受乡官的直接领导。准乡官不是国家正式吏员，负责基层教化。一个乡的国家正式吏员仅有十余名，推动了一乡行政高效率运行，体现了秦国基层官吏较高的行政效率。

秦国乡里政权承担着重要行政职能，主要包括乡里户籍初步管理、爵位管理、乡里经济发展、劳役征发及其他乡里组织应履行的职能，基层吏员是落实各项职能的一线工作人员。

秦国的亭产生之后，其职能不断增加，早期的亭主要分区负责基层治安，随着秦官僚制的形成，亭的职责不断增加，承担着交通安全、文书传

送、食宿等功能，战国后期，亭的军事性职能进一步增加。亭不属于行政系统，在与乡里政权的关系上，主要在于配合乡里官吏负责基层治安。

秦国后期基本定型的基层政权建设模式体现了高行政效率，节约行政开支，强大的征发动员能力，发挥民众的生产劳动积极性等特点，调动了青壮年参军参战立军功的激情，是一种战时军事化管理体制，它适应了秦统一六国的需要。

但秦国的基层社会模式建设的完善一直在为秦统一六国服务，它是临时性战时军事管理体制，随着战争的结束，其固有的缺陷便凸显出来，秦的覆亡与此有重要关系。

（二）研究思路

首先，阐明乡里二级组织的产生和演变，从商周溯源。其次，秦国的乡里行政靠基层吏员领导落实，因此其职位、职数设置及其演变、管理是我们进一步研究乡里行政的前提。乡里行政职能是基层政权的主要职责，逐一进行系统分析，论述乡里的行政功能。亭是汉代基层的重要机构，亭的职能随着秦国的强大有所增加，本书全面探讨亭的职能演进过程及其与乡里政权的关系。秦国之所以由弱变强，与其成功的乡里政权建设有密切关系，但其短暂统一后的覆亡正与其基层管理模式有直接关系，为此分析秦基层政权模式的得与失，提出基层政权建设的理想模型，为建设中国新农村提供借鉴。

以上研究思路与一定的研究方法相结合，本书的主要研究方法包括三个方面。其一，材料分析法。在充分收集史料的基础上，对其进行辨伪考证，做出客观准确的解释分析，这是本书最重要、最基本、最常用的方法。其二，逻辑推理法。一种制度往往包括多个环节，知道了某一环节的内容，可以基本上推出其他一些环节的内容。其三，分析综合法。针对同一问题的结论或有数种，而其中只有一种正确，要想推翻错误结论难度又大，这就需要运用该方法。分析是将研究对象的整体加以分解，对其各个组成部分分别进行研究，从而认识事物本质；综合是将研究对象的各个部分联结成一个整体，从而在整体上把握事物的本质与规律。其他堪用的研究方法还有一些，不一一列举。

（三）创新之处

对于里吏、乡官、准乡官的选拔管理，本书将提出新见解。对他们的职数、职位及其演变、管理做出系统考述，指出乡守与乡啬夫、部佐与乡佐等的区别，父老、伍老的区别，闾左、里佐的区别。对乡有秩、乡啬夫（乡主）、乡守、田啬夫、乡佐、乡司空等乡官深入探讨，有的乡官属首次研究。

横向上从主要方面系统研究乡里行政功能，此外，还有其他基层政权应履行的职责。对以上各职能，本书对前人的研究做补充和纠正。

亭是秦的重要基层机构，未见前人对其有专文研究，本书属首次系统研究，揭示亭的职能演变过程，也为我们认识汉代的亭制提供可靠渊源依据。

（四）预期价值

通过本书的研究，揭示秦国基层政权建设的成功经验。秦最终统一六国，其乡里政权模式成功建设是重要因素之一。秦国的乡里政权体现了几个主要特点。一是显示了其强大的征发能力，兵役、徭役几乎把青壮年力量征发殆尽；战争必须消耗大量物力、财力，其征发供养了国家庞大的战斗机器。二是调动了青壮年在战场上立功的积极性。从客观上分析，和东方六国相比，秦国文化、武器装备、国土面积、人口等均不占优势，最终由其完成大一统，关键在于主观因素，制度建设和落实是其根本，商鞅变法确立的以“耕战”为中心的制度改革发挥了重要作用。三是基层官吏的高效行政。一个基本乡级行政组织的国家正式官吏不过十余人，能把一乡大小事务全面高效落实，主要靠以民治民的手段扩大非行政人员参与基层社会治理，这既节约了大量行政经费开支，又调动了民众的参政积极性。四是秦国民众高度的组织纪律性。商鞅变法是秦国发展史上的重要转折点，以此为起点确立了法家指导思想，一切“一断于法”，切实贯彻法治精神，靠法制管理基层。

秦国的乡里控制模式积极成果为中国实现中华民族伟大复兴提供了经验教训。中国正处在全面建成小康社会的攻坚克难阶段，通过吸取秦国基层建设成功经验，可为中国基层乃至上层建筑建设，在经济、政治、军事、法制等关键领域提供营养成分。

三　概念界定

在本书论析中我们会遇到一些概念，为了便于理解和规范内容表述，我们对涉及的主要概念做出界定。

（一）行政区划

“地方行政制度的研究应由两方面的内容所组成：一为行政区划，二为地方政府，亦即地方行政组织。”[①] “行政区划”研究以《中国行政区划通史》界定最具代表性，笔者以此概念为准：“一个行政区划必须有一定的地域范围，有一定数量人口，存在一个行政机构；充分条件是这个行政区划一般都处于一定的层级之中，有相对明确的边界，有一个行政中心，有时有等第之别，也有司法机构。”[②] 秦国实行的行政区划是郡县二级制，乡里两级行政组织不是政区。

（二）地方行政组织

地方行政组织，即地方政府，是地方行政制度的另一重要内容。“与其他一切行政组织一样，地方行政组织具有基本的三要素，即物质要素、结构要素与管理要素。物质要素指人员、经费、处所等，结构要素指机构（部门）、职位、权力等，管理要素指职能目标、权责分配、管理措施、管理程度、管理规范等。”[③] 据此，秦国的郡、县、乡、里构成各级地方行政组织，这是秦国最基本、最主要的行政组织。

（三）里

秦国的“里”是最小的居民行政组织单位，是郡县制之下的行政单位末梢，“里”的直接上级是乡级政府，乡下辖“里”，“里”是秦国直接控制的最小行政单位。秦国的“里”管理一定数量的人口，以百家为基本标准，人口五百上下。“里”有一定的管理范围，有一定的经济收入，有结构完整的行政组织。里有城邑之里和乡野自然之里之分，后者是本书的研

---

① 周振鹤：《中国地方行政制度史》，上海人民出版社，2005，绪言，第1页。

② 周振鹤、李晓杰《中国行政区划通史》（总论、先秦卷），复旦大学出版社，2009，第9页。

③ 周振鹤：《中国地方行政制度史》，第140页。

究对象。这两类里略有差别，两者的共性占主要方面，城邑之里的里治功能多与乡野自然之里相同。

（四）乡

秦国的乡不是一级行政区划，但是一级行政组织。县划分为若干乡，乡为县的下节分区，乡有一定的建制标准，有独立的办公机构；乡官为县廷的外部吏，是县廷官吏的主要组成部分。乡的建制，“乡、亭亦如之，皆秦制也”①。乡有一定的面积标准，其面积大小，“凡县、道、国、邑千五百八十七，乡六千六百二十二”②。秦国一县约分割为四个乡，乡大率方几十里。一乡的人口多少秦国文献不载，参考《安徽天长西汉墓发掘简报》，六个乡总户数为9159，总人口是41465人，每户4～5人，平均每乡约6911人，秦国的乡亦大概如此。乡下辖里。

（五）里吏

凡是参与里的公共事务管理，经过合法程序受政府任命，包括县级、乡级政府任命，或者由里的主要里吏任命，经上级批准认可，均是里吏。里吏承担着一定的里的事务，享有一定的报酬，拥有相应的权利，负有一定责任。按里吏的重要性不同，我们可将其分为核心里吏和外围里吏两部分。核心里吏形成里部的权力中心，是里行政事务的主要落实者和领导者，他们对里行政负主要责任。其职位主要包括里正（里典、里魁）、田典、里佐、伍老。外围里吏职位包括里监门、什长、伍长，他们距里的权力中心稍远，有“半民半里吏”的性质，受核心里吏领导，承担里次要的行政责任。

（六）乡官、准乡官

秦国的“乡官”一词，在里耶秦简中作为专有名词出现，指秦国乡政府的正式在册官吏。按照文献所载，乡官职位名称包括乡三老、乡有秩、乡啬夫、乡佐、乡游徼等。进一步分析史料可知，乡三老的性质与后几种吏员有着本质差别。乡有秩（乡啬夫）、乡佐、乡游徼、乡守（乡主）、田

---

① 《汉书》卷十九上《百官公卿表上》，中华书局，1962，第742页。

② 《汉书》卷十九上《百官公卿表上》，第743页。

啬夫等是国家正式官吏。关于这两类人群，文献记述简略。前者不是国家正式官吏，不食国家俸禄，介于官民之间，是沟通乡里民众和县乡官吏的纽带；后者是国家正式在册官吏，按要求履行公职，享受相应的待遇。前者称为“准乡官”，后者称为“乡官”。

（七）亭部吏

秦国基层社会的亭源于边疆用于防御外敌的亭障，战国初期秦国拥有这种防御性质的亭。秦国以文书御天下，其后亭的职能不断增加，兼有传送书信、为行人提供食宿的功能。普通民众亦可在亭部留宿，亭的作用在秦国发展强大的过程中变得日益复杂。

亭的辖区称为“亭部”，亭的管理人员称为“亭部吏”，主要包括亭长、求盗、亭父、别盗等，他们属于政府专职人员，为斗食小吏。亭的负责人称“校长”，亦称为“亭啬夫”，全面负责亭的工作。求盗具体抓捕案犯，协助亭长处理日常政务。害盗的地位比求盗略高，职责同求盗。见于史料的其他亭卒还有亭丞、亭候、亭掾、亭父等。亭丞辅助亭长处理亭部主要政务。亭候，从事侦察工作，探查敌人或刑事案件消息等。亭掾是文职亭吏，负责亭部的文书工作。亭父，负责亭的内务。一个亭配备五六名公职人员，这样的配置是合理的。

（八）乡里行政

乡里行政与郡行政、县行政一样，都属于国家行政的一部分，“我们认为，行政是国家的一种主要职能，是国家政权根据宪法和有关法律，对国家事务进行管理的一种组织活动，是国家通过各系统行政机构，对行政权力的运用与实施。其目的是实现统治阶级的意志。这里包含三重意思：行政权必须属于国家；行政权限必须由国家宪法和法律所规定；行政的内容是国家的组织活动。”[①] 我们界定乡里行政：凡是乡官里吏从事的属于履行上级政府安排的行政职能行为，凡是依法落实国家政治、经济和社会事务所需要承担的职责和任务，均属于乡里行政。乡里行政是实现国家内外职能的基础，是国家职能的有机组成部分。

---

① 史正宪主编《行政学概论》，兰州大学出版社，2008，第2页。

第一章　乡里的产生及两级政权的形成

第一节　里的源起与演进

构成社会基层细胞的最小居民行政单位“里”，也称作“闾”，夏商时期已经产生。夏代居民单位的里源于井田制，“里”的本义指一里八家，长度和面积单位是后起义。商代的基层地域单位末梢亦称“里”，闾、里和基层的“邑”概念互用。夏朝已有专门管理里的官吏，称作“司里”，亦称“里宰”。

沈长云说：“西周时期的‘里’，并非居民的基层地域组织单位。‘里’在西周时期主要具有两个涵义。”① 其中第二个含义是，“西周时期的‘里君’为周王朝管理土地的官吏的统称，而非基层居民组织单位‘里’的长官的专称。作为基层地域组织的‘里’，到春秋时期才正式出现”②。笔者不甚赞同。

沈长云曾经说：“在我国古籍中，最基层的地区组织叫‘里’，‘里’的设置，最早见于西周时期的文献与金文。”③ 沈长云认为西周初期已经出现“里”这种基层组织，“事实上，像西周中后期的其它一些铜器铭文如

① 沈长云、李秀亮：《西周时期“里”的性质》，《历史研究》2011年第4期，第4页。

② 沈长云、李秀亮：《西周时期“里”的性质》，第4页。

③ 沈长云：《华夏民族的起源与形成过程》，《中国社会科学》1993年第1期，第187页。

《九年卫鼎》、《大簋》、《史颂簋》等，也透露出成周以外有‘里’的设置。无论怎样说，西周时期已开始确立地域组织的原则是无可怀疑的”。[①]约二十年后，沈先生否定了自己原有的认识，旧话重提。笔者认为沈先生深思熟虑之后，另有认识，对此我们也需重新审视，讨论沈先生的观点是否符合历史事实。在此，我们对“里”的产生做一探源性考察。笔者认为“里”作为居民单位，并非东周时期才正式出现，“里”是一个极为古老的概念，在夏商时期已经出现。

一 夏商时期行政单位意义上的里

（一）夏代的里

“里”字在《尚书·夏书·禹贡》多次出现，“五百里甸服，百里赋纳总，二百里纳铚，三百里纳秸服，四百里粟，五百里米”。[②] 又如“五百里绥服，三百里揆文教，二百里奋武卫。五百里要服，三百里夷，二百里蔡。五百里荒服，三百里蛮，二百里流”。[③] 这里的“里”显然是长度单位，但笔者认为，长度意义上的里与居民组织的里两者之间有一定联系。杨宽曾敏锐地指出：“‘里’的作为长度和面积的单位，该也是由此而起的。孟子说：‘乡里同井’，又说：‘方里而井’，因为一‘里’是‘十室之邑’，‘十室之邑’有一井之田，因而把一井之田的长度面积也称为‘里’了。”[④] 杨先生说的“由此而起”，指“里”作为行政单位先出现，而作为长度和面积单位，则是“里”作为居民单位的后起义和引申义，最终赋予“里”一词多义现象。沈长云亦认为长度、面积单位的“里”和地域单位的“里”前后有联系，“西周时期的‘里’本指一块由国家控制的较大面积的土地，而非指居民的基层地域组织或行政单位。‘里’字的本义当指一片土地，而非作为民居或居邑解。‘里’字作为长度单位，亦是由其表

---

① 沈长云：《华夏民族的起源与形成过程》，第187页。

② 孙星衍：《尚书今古文注疏》卷三《虞夏书三》，中华书局，1998，第57~58页。

③ 孙星衍：《尚书今古文注疏》卷三《虞夏书三》，第58页。

④ 杨宽：《西周史》，上海人民出版社，2003，第198页。

一定面积的土地发展而来的”[①]。“里”作为居民组织，先于还是后于长度、面积单位意义上的“里”出现，两位学者理解恰恰相反，笔者倾向于杨宽的见解。笔者还认为居民单位的“里”源于井田制，一份井田的形状为正方形，边长一“里”，等于三百步。一“里”井田的面积为九百亩，“里”的面积单位亦起自井田。因此，“里”的本义指一“里”八家，长度和面积单位是后起义。

夏代的第一位君主启称民众居于“庐里”，“初禹之会稽山也。复于众曰：‘食其寔者，不伤其枝。吾获覆釜书以除天下。民有庐里，其德溥矣。死则予欲瘗焉。’于是，邑之安民治，屈以为之法，及崩，群臣葬之。”[②]夏代南方荆蛮地区的基层社会亦由社会基本细胞“里”构成：“古公属焉，泰伯阚知，及弟仲雝窜于荆曼，居梅里，荆人义而君之，号‘勾吴’。古公薨，计于近郊而还于番离。”注：“亦称越。梅里，在盍闾城北五十里。”[③]《吴越春秋》云：“太伯殂卒，葬于梅里平墟。”《皇览》云：“太伯墓在吴县北梅里聚。”[④]“梅里”是最小的行政单位。

夏代的里中已有“里社”，《古本竹书纪年·夏纪》：“夏桀末年，社坼裂，其年为汤所放。”[⑤]“地震天血，迅雷黄雾，夏霜而冬露，大雨水，里社坼，因之以饥馑。桀益重塞，好富忘贫，不肯戚言于民。”[⑥]夏末，汤没有推翻夏政权之前，汤所居住的里中的社已有征兆，“始夏之兴，青凋止郊，雨金栎阳，而祝融降于崇山……亡瞿潴，而汤之里社鸣焉，亦天命之反鄗也。”注：“‘里社鸣，圣人出，汤社鸣，见《春秋潜潭巴》。’《淮南》注：‘容台，礼容之台，桀不行礼，振动而覆’。”[⑦]《商君书·赏刑》：“汤与桀战于鸣条之野，武王与纣战于牧野之中，大破九军，卒裂土封诸侯。士卒坐陈者，里有书社。车休息不乘，纵马华山之阳，从牛于农泽，

① 沈长云、李秀亮：《西周时期“里”的性质》，第14页。
② 罗泌：《路史》卷二十三《夏后纪下》，台湾商务印书馆，2012，第240页。
③ 罗泌：《路史》卷十八《高辛氏》，第161页。
④ 赵晔：《吴越春秋校注》，张觉校注，岳麓书社，2006，第13页。
⑤ 《古本竹书纪年·夏纪》，张洁、戴和冰点校，齐鲁书社，2010，第6页。
⑥ 罗泌：《路史》卷二十三《夏后纪下》，第245页。
⑦ 罗泌：《路史》卷二十三《夏后纪下》，第247页。

纵之老而不收……故曰：百里之君而封侯其臣，大其旧；自士卒坐陈者，里有书社。赏之所加，宽于牛马者，何也？善因天下之货，以赏天下之人。”① 汤时期的里不仅是基层地域单位，而且里中还有社。

（二）商代的里

构成商代城市的基层地域单位也是里，《史记·殷本纪》：“于是使师涓作新淫声，北里之舞，靡靡之乐。厚赋税以实鹿台之钱，而盈巨桥之粟。”② 殷都朝歌由若干里组成，“北里”是其中的一个里，盖纣王的舞蹈团成员在“北里”演习歌舞。商王朝已经从基层征收赋税，其征收赋税的对象自然是生活于里中的编户民。纣王的贤臣商容居住在商都的里中，“释箕子之囚，封比干之墓，表商容之闾，封纣子武庚禄父以续殷祀”③。“闾”，上文已有解释，闾和里同义。“羑里”亦是朝歌的一个“里”，“崇侯虎知之，以告纣，纣囚西伯羑里”。“集解”骃案《地理志》曰：“河内汤阴有羑里城，西伯所拘处。”④ “羑里”大概是商都的暴力机构监狱所在地。

盘庚时期，里是基层居民单位，汉简记有殷商时期的里，《银雀山汉墓竹简》载：“……行般（盘）庚之正（政），使人人里其里，田其田……后嗣，周有天下以为冢社。沇（允）才（哉）！”⑤ 盘庚时期，统治者同样把基层视为国家的施政重心，“里其里”指居住在他们的里中，“田其田”指各自耕种他们的份地，“使人人里其里，田其田”，是国家控制人口的重要措施之一，国家可控人口多少是衡量一国强弱的一个重要指标。国家人力、物力、财力的调配，无不以户籍为依据，殷商对户籍的意义已有重要认识，户籍制度已经是殷商实施基层管理的一项重要内容。

里和基层的邑互用，宋镇豪指出：“商代的邑，据其性质可分为四大类……其四，邑有王朝下辖者，亦有诸侯臣属邑下的小邑聚，或方国下辖

---

① 《商君书》，石磊译注，中华书局，2009，139 页。

② 《史记》卷三《殷本纪》，中华书局，1959，第 105 页。

③ 《史记》卷三《殷本纪》，第 108 ~ 109 页。

④ 《史记》卷三《殷本纪》，第 106 ~ 107 页。

⑤ 银雀山汉墓竹简整理小组编《银雀山汉墓竹简》（一），文物出版社，1985，第 121 页。

之邑。”[①] 第四类小邑即前三类大邑下属细化的居民单位邑，《甲骨文合集释文》有数枚卜辞：

①乙未［卜］，殻，［贞］……牛十邑子衆

左子亡……

②大方伐□啚二十邑。

③……彭龙……取三十邑。小告。

④贞乎从奠取炋㚇啚三邑。[②]

⑤［二十］邑。[③]

⑥其多丝……十邑……而入执……禹千……[④]

从卜辞③记述的邑的数目来看，一次战争夺取三十个邑，邑的规模不会大，邑内人口也不会多。据卜辞⑥内容分析，禹和户意义互通，十邑约千户，一邑约百户人家。从几个邑到几十个邑，此类性质的邑互相联结，成为一个个大大小小的居民区，地域血缘关系结合紧密，呈现出明显的聚族而居的自然状态，受大小统治者管理，从而构成基层最小的政治经济实体，每个邑即构成国家的最小行政单元。

里、邑的解释以及里和邑的关系，《尔雅义疏·释言》给出了详细解释："里，邑也。"注："谓邑居。""《说文》云：'邑，国也。'《释名》云：'邑，犹悒也。邑人聚会之称也。'《小司徒》注：'四井为邑，方二里。'《初学记》引《尚书大传》：'五里为邑。'……然《论语》又云：'十室之邑，千室之邑。'盖邑为通名，大不过千室，小不过十家。其中容有畸零，十与千举成数耳。里者，《说文》云：'居也。'……是里数不同，亦犹邑名靡定。古者邑、里通名，故《诗》：'于厥之里。'《传》云：'里，

① 宋镇豪：《夏商社会生活史》，中国社会科学出版社，1994，第41～44页。
② 胡厚宣主编《甲骨文合集释文》（第一册），中国社会科学出版社，1999，第201、377、392页。
③ 胡厚宣主编《甲骨文合集释文》（第四册），第1035页。
④ 胡厚宣主编《甲骨文合集释文》（第三册），第416页。

邑也。'《里宰》云：'掌比其邑之众也。'……是邑里通。"[①] 基层的里和邑可以通用，但商王、方国之都与臣属诸侯之邑不能和里通用。

（三）夏商里的管理

夏朝已有专门管理里的官吏，《路史·夏后氏》："命伯封叔及昭明作《衍历岁纪》：'甲寅钤天行施，敬授人时，人事是重。'故建首寅而后冬夏正，春斤不升山，夏罟不趣渊，以宛生长而专民力。乃布令曰：'九月除道，十月成梁。'故其时儆曰：'收而场功，偫乃畚梮，营室之中，土工其始。火之初见，其于司里。'速畦埢之就，而执成男女之功，故生不失宜，而物不失性，人不失事，天得时而万财成焉。'"[②] 此处的"令"当是夏侯氏之令，即《夏令》。按照时令要求，司里传达政令于乡里民众，修路架桥，铺压谷场，整修囷仓，准备收获谷物。司里似乎又掌管居民建筑，偫、畚、梮均是建筑劳动工具，冬季建亥小雪之日起，土工可兴。

殷商时期的里，也称作"闾"。《逸周书·文政解》："九慝：一、不类，二、不服，三、不则，四、□务有不功，五、外有内通，六、幼不观国，七、闾不通径，八、家不开刑，九、大禁不令路径。"[③] 《文政解》，"文"指文王。政，政教。此篇主要讲九慝、九行、九丑、九德、九过、九胜、九戎、九守、九典等所谓的文王之政，因而得名。"九慝"已经把基层社会细胞"闾"的管理纳入国家议事日程。

《仪礼经传通解》亦载有司里一职，"司里不授馆，国无寄寓，县无施舍，民将筑台于夏氏。"注："司里，里宰也，掌授客馆。四甸为县，县方六十里。"[④]《仪礼经传通解·邦国礼三之下·聘义》："宋灾乐喜为司城以为政，使伯氏司里，火所未至，彻小屋涂大屋。"注："伯氏宋大夫。司里，里宰。'"[⑤]《仪礼经传通解》所记司里职责与基层民众管理有关："火之初见，期于司里，此先王之所以不用财贿，而广施德于天下者也。"注：

---

① 郝懿行：《尔雅义疏》上之二《释言第二》，中华书局，1998，第72页。
② 罗泌：《路史》卷二十二《夏后氏》，第223页。
③ 《逸周书》卷四《文政解第三十八》，袁宏点校，齐鲁书社，2010，第36页。
④ 朱熹等：《仪礼经传通解》卷二十二《聘义》，台湾商务印书馆，2012，第396页。
⑤ 朱熹等：《仪礼经传通解》卷三十六《师田》，第591页。

"'期，会也，致其筑作之具，会于司里之宫。''施德，谓因时警戒，谨盖藏成筑功也。'"① 此处"而广施德于天下者也"指天下所有民众，而基层包括天下民众的绝大多数。夏商时期的司里是否同于《仪礼》所云，里宰直接管理一里事务，我们还不能判明，但司里与里有关，这一职官主管基层事务则可以肯定。

综上所述，夏商时期，大量文献告诉我们，里已经是基层居民单位。笔者认为沈长云所云"作为基层地域组织的'里'，到春秋时期才正式出现"②，不确。

二　西周基层行政单位意义上的里

中国进入阶级社会以后，基层即成为国家的施政重心，作为国家最小的组成细胞——地域组织单位意义上的"里"，是一个古老的概念，其究竟何时产生，现有文献尚没有准确记载。对于基层组织"里"出现的时间，学界有两种主要认识。其一，认为"里"至迟出现于西周，此为主流认识。杨宽、唐嘉弘、赵光贤、张经、陈絜、伊藤道治等③都持此观点。除沈长云的《西周时期"里"的性质》外，笔者还没有见到其他著述系统论证"里"出现于春秋时期。

其二，认为"里"出现于春秋，即沈长云的观点。沈长云提出："西周时期的'里君'为周王朝管理土地的官吏的统称，而非基层居民组织单位'里'的长官的专称。作为基层地域组织的'里'，到春秋时期才正式出现。"④ 沈长云的这一认识笔者不能苟同。沈长云曾说："在我国古籍中，

---

① 朱熹等：《仪礼经传通解》卷二十二《聘义》，第 396 页。

② 沈长云、李秀亮：《西周时期"里"的性质》，第 4 页。

③ 杨宽：《西周史》，上海人民出版社，2003，第 218 ~ 219 页；唐嘉弘编《先秦史研究》，云南民族出版社，1987，第 194 ~ 212 页；赵光贤：《从裘卫诸器铭看西周的土地交易》，《北京师范大学学报》（社会科版）1979 年第 6 期；张经：《西周土地关系研究》，中国大百科全书出版社，2006，第 329 页；陈絜：《血族组织地缘化与地缘组织血族化——关于周代基层组织与基层社会的几点看法》，《社会科学战线》2009 年第 1 期；伊藤道治：《裘卫诸器考——关于西周土地所有制形态的我见》，张长寿译，载《考古学参考资料》(5)，文物出版社，1982，第 35 页。

④ 沈长云、李秀亮：《西周时期"里"的性质》，第 4 页。

最基层的地区组织叫‘里’，‘里’的设置，最早见于西周时期的文献与金文。”[①] 沈长云认为西周初期已经出现“里”这种基层组织，“事实上，像西周中后期的其它一些铜器铭文如《九年卫鼎》、《大簋》、《史颂簋》等，也透露出成周以外有‘里’的设置。无论怎样说，西周时期已开始确立地域组织的原则是无可怀疑的。”[②] 沈长云否定了自己原有的认识。在此我们也需重新审视。

西周金文中有的“里”指的是面积、长度单位，例如，“《召卣》：唯十又二月，初吉丁卯，（召）肇进事，旋走事皇辟君，休王自谷事（使）赏毕土方五十里”[③]。此处的“里”是面积单位。又如，“三十四年，周公季历来朝，王赐地三十里，玉十，谷，马十匹”[④]。以上两处的“里”指一里见方，是土地面积单位。长度单位意义上的“里”容易理解，不需举例。但文献中有的“里”指的是基层居民组织单位。

主张里至迟出现于西周是可靠的，但前人阐明此说对西周文献引用还不够充足，论证还不够严密周全。此外，少数学者认为行政单位意义上的里出现于春秋，基于以上原因，笔者对作为居民行政单位的里再做讨论。

（一）传世文献可证西周存在基层行政单位里

1.《诗经》

《诗经》有西周基层里的记载，《大雅·韩奕》：“韩侯迎止，于蹶之里。”[⑤] 关于“韩侯”，陈奂考证：“春秋前期有二韩：一受封于武王之世，在今陕西韩城县南，春秋时被郑所并。一受封于成王之世，武王子封于此。在今河北固安县东南，即此诗的韩侯。”[⑥]“韩之先与周同姓，姓姬氏。其后苗裔事晋，得封于韩原，曰：韩武子。”“索隐”按：“《左氏传》云‘邘、晋、应、韩，武之穆’，韩是武王之子，故《诗》称‘韩侯出祖’，

---

① 沈长云：《华夏民族的起源与形成过程》，第187页。
② 沈长云：《华夏民族的起源与形成过程》，第187页。
③ 沈长云、李秀亮：《西周时期“里”的性质》，第6页。
④ 《古本竹书纪年》附四《今本竹书纪年疏证》，第74页。
⑤ 程俊英：《诗经译注》，上海古籍出版社，2004，第495页。
⑥ 程俊英：《诗经译注》，第496页。

是有韩而先灭。”[①]《史记》所载和陈奂的考证相合，可知韩侯是西周人无疑。汾王即周厉王，《竹书纪年·厉王》：“二十六年，大旱，王陟于彘。周定公召穆公立太子靖为王。共伯和归其国。遂大雨。大旱既久，庐舍俱焚。会汾王崩，卜于太阳，兆曰：‘厉王为祟。’周公召公乃立太子靖，共和遂归国。”[②]《韩奕》是西周早期的诗。韩侯受周王的册命之后，到蹶父所居的里中迎亲，蹶父是周宣王的卿士，他的居所在周都镐京的一个里中。《毛诗注疏》：“韩侯迎止，于蹶之里。”“传：里，邑也。笺云：‘于蹶之里，蹶父之里。’”[③] 里即邑，为基层行政单位。

《小雅·十月之交》：“《十月之交》，大夫刺幽王也。”笺：“当为刺厉王作。诂训传时移其篇第，因改之耳。”[④] 周幽王是西周君王。下文“悠悠我里，亦孔之痗。四方有羡，我独居忧。”“悠悠，忧也。里，居也。痗，病也。”笺云：“里，居也。悠悠乎，我居今之世，亦甚困病。”“羡，余也。”笺云：“四方之人，尽有饶余，我独居此而忧。”[⑤] 这首诗中的里亦指居民单位。《郑风》为西周至春秋中期的作品，《将仲子》：“将仲子兮！无逾我里，无折我树杞……无逾我墙，无折我树桑……无逾我园，无折我树檀。”注：“古代二十五家为一里。”[⑥] 女子劝男情人不要步步走近里、墙、园，表明此处的“里”为居民单位。《叔于田》：“叔于田，巷无居人，岂无居人……巷无饮酒……巷无服马。”注：“巷：犹今天的里弄。王先谦《诗三家义集疏》：‘古者居必同里，里门之内，家门之外，则巷道也。’”[⑦] 诗中没有出现“里”，王先谦指出有巷必有里。以上两首诗我们尚弄不清是西周还是春秋时期的作品，暂把这两首诗作为西周文献来参考。

《韩奕》《十月之交》两首诗可证西周“里”的存在，《将仲子》《叔于田》两首诗是西周至春秋时期的作品，我们辨别不清成诗时间是在西周

① 《史记》卷四十五《韩世家》，中华书局，1959，第1865页。
② 《竹书纪年集解》，沈约注，上海广益书局，1936，第112页。
③ 《毛诗注疏》卷二十五《大雅》，台湾商务印书馆，2012，第857页。
④ 《毛诗注疏》卷十九《小雅》，第537页。
⑤ 《毛诗注疏》卷十九《小雅》，第544页。
⑥ 程俊英：《诗经译注》，第118～119页。
⑦ 程俊英：《诗经译注》，第119～120页。

还是春秋。但沈长云说："然由段《注》可知，其论证依据主要是《诗经》毛传和《周礼》郑注，两者皆为春秋以后的文献资料。"① 这一说法欠妥。

2.《逸周书》

①《逸周书》的史料真实性分析

对于《逸周书》的真伪问题我们不能回避，杨宽指出："《逸周书》具有《周书》的逸篇性质，其中有多篇确是西周的历史文件。"② 李学勤云："《逸周书》中的《世俘》一篇，记述武王伐纣经过，是研究商周之际史事的重要依据之一。"③ "我们认为《逸周书》是以孔子删书之余的原始'书'篇为主体，吸收了《周志》等材料后集结而成的一部先秦典籍。《逸周书》中有《周书序》，此篇当是编定《逸周书》者在编次诸篇时所作。"《周志》是《逸周书》的异名，其编成当在鲁文公二年以前的春秋早期，构成《逸周书》的主体部分。④ 罗家湘认为："就《逸周书》编辑而言，可作以下断语：《逸周书》是以春秋早期编成的《周志》为底子，在战国早期由魏国人补充孔子《尚书》不用的材料，编为《周书》。汉代仅存45篇，东晋时加入汲冢出土的《周书》，而称为《汲冢周书》。明以后，逐渐改称《逸周书》。"⑤《先秦伪书辨正》指出："我们将其辨正为真，当然会把其在历史上的贡献揭示出来，它是进一步研究西周的政治、经济、文化发展历史的最宝贵的遗产。"⑥ 笔者认为前人研究结论基本正确，少数分歧之处有待进一步证实。尤其是《先秦伪书辨正》关于《逸周书》的辨正严密细致。

②《逸周书》中的里和间

《逸周书·允文解》记有周族稳定殷商基层的治国之术，武王灭商后，如何治理殷商旧地？"收武释贿，无迁厥里。"⑦ 周统治者认为要想镇守并

---

① 沈长云、李秀亮：《西周时期"里"的性质》，第5页。

② 杨宽：《西周史》，上海人民出版社，1999，第8~9页。以下无特别标注均引自该版本。

③ 李学勤：《〈世俘〉篇研究》，《史学月刊》1988年第2期，第1页。

④ 胡宏哲：《〈尚书〉与〈逸周书〉比较研究》，博士研究生学位论文，北京语言大学，2008，第50页。

⑤ 罗家湘：《〈逸周书〉的异名与编辑》，《西北师大学报》2001年第5期，第77页。

⑥ 刘建国：《先秦伪书辨正》，陕西人民出版社，2004，第105页。

⑦《逸周书》卷二《允文解第七》，第10页。

安定殷商故地，必须用文德作为纲纪。收缴殷人的武器，发放财物给殷人，不要迁离他们原来居住的里。这里的“里”是居民单位。“迁同氏姓，位之宗子。率用十五，绥用□安。”[①] “宗子”指宗族长，“十五”指什伍组织。周人仍重视血缘关系在里中的作用，提倡在里中建立宗族长制度，依靠宗族长的威望和影响治理基层，用里中的什伍组织管理百姓。“民之望兵，若待父母。”[②] 殷民盼望周人的大军，就像等候他们的父母。从文意判断，《允文解》大概写于周灭商前后。

以“里”释“闾”，闾作为社会末梢行政单位，在周初已经出现。《逸周书·大匡解》：“权内外以立均，无蚤暮，闾次均行，均行众从。”[③] “闾”指居民单位；“闾次”，居住在同里的各家各户。引文的意思是平衡本地和外地物价，制定平均物价，并且当天早晚要一致。同里居住的人劳役要均等，均等众人才会服从。“闾”在《逸周书·月令解》中数次出现：“门闾无闭，关市无索……无有不敛，坿城郭，戒门闾，修楗闭……天子乃祈来年于天宗，大割祠于公社及门闾，飨先祖五祀，劳农夫，以休息之……审门闾，谨房室，必重闭……涂阙廷、门闾，筑囹圄。”[④]

《逸周书·大武解》：“四戚：一、内姓，二、外婚，三、友朋，四、同里。”[⑤] 这里的“内姓”指同姓，“外婚”指姻亲。同志为“友”，同师为“朋”。此处的“里”指基层居民点。《逸周书·柔武解》：“务在审时，纪纲为序，和均□里，以匡辛苦。”[⑥] 此处“□里”的缺文大概是“乡”或“州”字，乡（州）里常相连，指代基层社会。文意是说处理事务必须审时度势，以法度作为准绳，协调均衡解决乡里民众的生存问题，匡救贫穷困苦民众。《逸周书·尝麦解》：“邑乃命百姓遂享于富，无思民疾，供百享，归祭闾率里君，以为之资。”[⑦] “百姓”指贵族，“闾”和“里”指

① 《逸周书》卷二《允文解第七》，第 10 页。
② 《逸周书》卷二《允文解第七》，第 10 页。
③ 《逸周书》卷二《大匡解第十一》，第 15 页。
④ 《逸周书》卷六《月令解第五十三》，第 62 ~ 67 页。
⑤ 《逸周书》卷二《大武解第八》，第 11 页。
⑥ 《逸周书》卷三《柔武解第二十六》，第 23 页。
⑦ 《逸周书》卷六《尝麦解第五十六》，第 75 页。

居民组织单位；“闾率”指闾长，为一闾之内的表率；“里君”指一里行政首长。文意是说在各居住小区，让贵族富家祭献，不要使民众受疾苦。供献的各种祭品以供祭祀，闾长、里君接收贵族赠给的供品，作为祭祀的资财。《逸周书·大聚解》：“五户为伍，以首为长；十夫为什，以年为长；合闾立教，以威为长；合旅同亲，以敬为长。”① 闾里之内已经建立什伍组织，伍长、什长的选任有一定条件和标准。周王朝重视基层组织的教化，设置专人负责，选任闾长（或里君），“以威为长”。血缘关系在维系闾里民众方面仍然发挥着重要作用，“合旅同亲，以敬为长。”里中设旅长负责内部事务。

3. 其他历史文献中的里、闾

西周建国之初，即采取措施，稳定基层。《史记·周本纪》：“命毕公释百姓之囚，表商容之闾，命南宫括散鹿台之财，发钜桥之粟，以振贫弱萌隶。”② 闾和里是同义语，“闾：里门也，从门吕声。”注：“《周礼》：‘五家为比，五比为闾。闾，侣也。二十五家相群侣也。’”③ 闾的本义指里门，引申义指居民单位，闾和里同义。里比闾出现得早，故释闾云：“闾：里门也。”《帝王世纪》：“置旌于商容之闾，释箕子之囚。”④ 又：“武王入殷，命召公释箕子之囚，表商容之闾……曰：‘……亡者犹表其闾，况存者乎？’。”⑤ 武王命令给商容居住的里张挂旌表，褒奖殷商忠臣。

关于周初基层的里，文献多有记述。《尚书·周书》：“康王命作册毕，分居里成周郊，作《毕命》。”注曰：“史迁‘毕’作毕公。郑康成曰：‘今其逸篇有册命霍侯之事，不同于此序相应，非也。《毕命》亡’。”疏云：“史公‘毕’作‘毕公’者，《周本纪》云：‘康王命作策毕公分居里，成周郊，作《毕命》’。”⑥《史记·周本纪》：“康王命作策，毕公分居里，成周郊，作《毕命》。”孔安国曰：“分别民之居里，异其善恶也。成

① 《逸周书》卷四《大聚解第三十九》，第 37 ~ 38 页。
② 《史记》卷四《周本纪》，第 126 页。
③ 许慎：《说文解字》，中华书局，1963，第 248 页。
④ 皇甫谧：《帝王世纪》第五《周》，陆吉点校，齐鲁书社，2010，第 41 页。
⑤ 皇甫谧：《帝王世纪》第五《周》，第 42 页。
⑥ 孙星衍：《尚书今古文注疏》，第 186 页。

定东周郊境，使有保护也。”① 善恶不同的民众，分别居住在不同的里中。《尚书·周书》和《史记·周本纪》记述大体相同，两处所记指的是一件事。《尚书校注》：“王曰：‘呜呼！父师：今予祇命公以周公之事，往哉！旌别淑慝，表厥宅里。’”② 里亦指居民最小的行政单位。康王做册之目的在于委派德高望重的老臣治理里中民众。《竹书纪年》：“懿王：名坚元年丙寅春正月，王即位，天再旦……十五年，王自宗周迁于槐里。十七年，鲁厉公擢薨。”③ 槐里是镐京的一个里，当是王朝的政治中心点之一。上述《竹书纪年》的记载是可靠的，可与《古本竹书纪年·殷纪》相印证：“懿王元年，天再旦于郑。懿王元年，天再启。”④ 白寿彝指出：“从中国史学史的角度来看，《竹书纪年》是我们所知最古老的有通史性质的编年史书。”⑤ 李学勤指出：“《纪年》作者通习历法，书中自尧以下年数自成系统，和后世各种年纪一样，有一定的历法学说作为背景。《纪年》在研究夏代的年代问题上有其特殊意义，正在于它是现知最早的一套年代学的系统。”⑥ 杨朝明说：“《今本竹书纪年》到底是怎样成书的还是个谜。但有一点可以肯定，即它的史料价值是极高的，这些材料即使不是直接采自汲冢原简，也会取自散佚之前的古本《纪年》。”⑦

《绎史·宣王中兴》有周宣王时期的石鼓文：“我辞攸除，帅彼阪田，莽为世里，希微䟤䟤。乃圉漆栗。”⑧ “阪”的含义，在《诗经》中四次出现，注释意义相同，《诗经·东门之墠》：“东门之墠，茹藘在阪。其室则迩，其人甚远！”注：“阪，土坡。”⑨ 《诗经·车邻》：“阪有漆，隰有

---

① 《史记》卷四《周本纪》，第134页。
② 陈戍国：《尚书校注》，岳麓书社，2004，第186页。
③ 《竹书纪年集解》，第106页。
④ 《古本竹书纪年·周纪》，第13页。
⑤ 龚书铎主编《白寿彝文集》，河南大学出版社，2008，第397页。
⑥ 李学勤：《走出疑古时代》，辽宁大学出版社，1994，第54页。
⑦ 杨朝明：《旧籍新识——周公事迹考证》，博士研究生学位论文，中国社会科学院历史研究所，2000，第111页。
⑧ 马骕：《绎史》卷二十七《宣王中兴》，王利器整理，中华书局，1985，第817~818页。
⑨ 程俊英：《诗经译注》，第134页。

栗……阪有桑，隰有杨。”① 《诗经·伐木》：“伐木于阪，酾酒有衍。”②“此诗可能出自民间，后为贵族所修改、采用，也可能是贵族文人仿民歌的作品。从诗的语言技巧和表现手法看来，它可能是西周后期的作品。”③《诗经·正月》：“瞻彼阪田，有菀其特。”④ 这首诗“大约产生于西周末年幽王时期”⑤。“阪”指山坡，“阪田”盖指山坡上的旱田。这几首诗多是西周时期民间的作品，反映了基层生活的现实。由上所述，周宣王时的石鼓文和《诗经》西周时期的内容有共通之处，“世里”指民众世代居住的生活区，里即基层居民地域单位。

（二）金文可证西周存在基层行政单位里

西周金文中有的“里”是长度、面积单位，有的“里”是居民地域组织单位，沈长云则把所有的“里”均理解为长度、面积单位，不确。“里”是不是居民单位，我们分析铭文判断，不准确解读铭文，泛泛而谈，无法弄清“里”的真实含义。西周中期恭王时的《九年卫鼎》铭文如下：

> 唯九年正月，既死霸，庚辰，王在周驹宫，格庙，眉敖诸肤卓事见于王，王大黹，矩取省车軘幩鞃虎幎希帏画轉鞭席鞣帛辔乘金镳鋞，舍矩姜帛三两。乃舍裘卫林晉里。叡厥唯颜林，我舍颜陈大马两，舍颜姒虡沓，舍颜有嗣寿商貉裘盠幎，矩乃眔濂粦，令寿商眔意曰：“顜履付裘卫林晉里，则乃成封四封，颜小子具惟封，寿商闟，舍盠冒梯羝皮二，选皮二，虆舄箭皮二，朏帛金一，瓶厥吴喜皮二，舍濂虡幎爕桒韈鞃，东臣羔裘，颜下皮二，眔受卫小子□逆者，其倠卫臣虢朏卫用，作朕文考宝鼎，卫其万年宝用。⑥

① 程俊英：《诗经译注》，第 187 页。
② 程俊英：《诗经译注》，第 254 页。
③ 程俊英：《诗经译注》，第 253 页。
④ 程俊英：《诗经译注》，第 310 页。
⑤ 程俊英：《诗经译注》，第 308 页。
⑥ 中国社会科学院考古研究所编《殷周金文集成释文》（第二卷），香港中文大学出版社，2001，第 399 ~ 400 页。

对铭文难解之处略作解释，“既死霸”，亦作“既死魄”，指月之下弦至晦的一段时间。“二曰既生霸，谓自八九日以降至十四五日也；三曰既望，谓十五六日以后至二十二三日。”① “格”，《尔雅·释诂》：“格，怀，来也。《汤誓》云：‘格尔众庶。’《时迈》云：‘怀柔百神。’”② “𪔵”，唐兰云：“𪔵应读为致，𪔵、致音相近。《仪礼·聘礼》记诸侯的使者聘问时，主人方面由卿去致馆，安排住所，准备筵席，并送粮食柴薪等。大致是举行隆重的致馆礼。”③ “矩”，人名，他从裘卫那儿得到了马车。省车、軝、幩鞃、虎幎、希帏画、鞹鞭、席鞣帛、辔乘、金镳鋞，详细描述矩从裘卫那里得到马车的装饰和配备。“矩姜”，人名，矩的妻子。“裘卫”，人名，林晋里的得主。颜林、颜陈、颜姒、寿商、濂彝、颜小子、冒梯、朏、吴喜均是人名，其中濂彝是高级贵族，代表王室办理公务。濂，西周王畿内的名门望族，铭文中多处见到，濂仲曾陪同周王在諆田大藉田，举行射礼。濂季曾担任过王室显要官职太史。此处的濂彝当是濂氏家族的高官。颜姒，有学者认为是颜陈的妻子，其他人参与林晋里赏赐这一事件，为表谢意，裘卫分别赠送他们礼物顜。“顜”，“顜，明也，和也，直也。”④《史记·曹相国世家》：“百姓歌之曰：‘萧何为法，顜若画一’。”索隐：“顜，《汉书》作‘讲’，故文颖云‘讲，一作“较”’。按：训直，又训明，言法明直若画一也。覯音讲，亦作‘顜’。小颜云：‘讲，和也。画一，言其法整齐也’。”⑤

通过分析，可知铭文大意。九年正月既死魂庚辰，王从周的驹宫到了宗庙。眉敖的使者肤来见王，王将举行隆重的仪式认定赏赐裘卫林晋里。矩向裘卫借了一辆好马车，马车装饰华丽，配用齐全。有附带车旁的钩子、车前横木中有装饰的把手、虎皮的罩子、长毛狸皮的车幔、绣有彩画裹在车軏上的套子、鞭子、大皮索、四套白色缰绳、铜马嚼等。裘卫还给了矩伯的妻子姜三两帛。在隆重的仪式上，周王将林晋里赐给裘卫，矩伯

① 王国维：《观堂集林》，中华书局，1959，第21页。
② 郑樵：《尔雅注》上之二《释言第二》，中华书局，1998，第58页。
③ 唐兰：《西周青铜器铭文分代史征》，中华书局，1986，第465～466页。
④ 丁度等修定《集韵》卷五《上声上》，中国书店，1983，第640页。
⑤ 《史记》卷五十四《曹相国世家》，第2031页。

代表王室参与此事。裘卫给了颜陈两匹大马，给了颜姒一件青黑色衣服，给了颜有嗣寿商一件貉皮袍子和罩巾。矩后到溓粦那里命令寿商和意踏勘赐给裘卫的林晉里，在四面堆起土垄为界，颜小子办理立垄，寿商最后检查。裘卫给了盠冒梯两张公羊皮、两张羔羊皮，给了业两块鞋箭子皮，给了朏一块银饼，给了厥吴两张喜皮，给了溓粦一件虎皮罩子和用柔软带子装饰、用皮绳子裹的把手，给了东臣羔羊皮袍，给了颜小子两张五色兽皮。到场受民受田的是卫小子宽，迎接、送礼物的是卫臣虩朏。卫用来做父亲的鼎，万年永远享用林晉里。

各家都认为林晉里是基层行政单位，但对全文理解各有不同，杨宽《西周史》："这段金文从'矩取'以下，讲到裘卫用'帛三两'，从矩和妻子矩姜交换取得了林晉里，因为林晉里主要有颜林（颜氏林园），是颜陈和妻子颜姒所有，裘卫又以大马两匹交给颜陈，以女服装交给颜姒，以裘、幎等物送给颜氏有司寿商，从而交换取得了颜林。矩因而和溓粦命令寿商和啻'覿堳'（勘定田界），付给裘卫林晉里，于是'则乃成，封四封'。"① 杨宽有的见解似乎不确，授民授土乃国之大事，不是臣属的私事，况且几件物品不可能交换一个里。

赵光贤云："裘卫以车马用器和矩伯的一块林地相交易……'林晉里'是里名，因此地有林，故名林晉里……矩伯这块林地大概是在颜氏的管辖区域之内，当时里君可能权力很大，在他管辖区域之内的林地就叫做'颜林'，这并不意味着所有里内的林都归他占有。"② 张经和赵光贤的理解相近："铭文中最主要的还是涉及了一贵族因为政治活动的需要，而用土地作为代价，向另外一个贵族交换行礼所用之物品。"③ 张经说裘卫为了参加周王举行的盛大礼节，用物品换取了林晉里的一片林地，理解亦不确。

伊藤道治说："当时出让的林是颜林的全部呢，或是晉里附近的部份呢，还不清楚。从当时赠田的详细划分来看，林的出让也有这种可能。特别是从铭文后半节接受赠送的皮革制品来看，有可能是颜的有司之中的盠

---

① 杨宽：《西周史》，第 218～219 页。

② 赵光贤：《从裘卫诸器铭看西周的土地交易》，第 20 页。

③ 张经：《西周土地关系研究》，第 329 页。

的部分。如此，出让的只是颜林中由螽管理的部分。”① 伊藤氏认为裘卫交换的只是林晋里的一部分，否认了周王赏赐里，里包括人口和田地这一基本事实。

《大簋》亦有记载周王赏赐里的铭文：

> 唯十又二年三月既生霸丁亥，王在𩡨侲宫，王呼吴师召大，赐趩睽里。王令（命）膳夫豖曰（谓）趩睽曰：“余既赐大乃里。”睽宾豖璋、帛束。睽令豖曰（谓）天子：“余弗敢吝。”豖以（与）睽導大赐里。大宾豖害璋、马两。宾睽害璋、帛束。大拜，稽首。敢对扬天子丕显休，用作朕皇考烈伯尊簋，其子子孙孙永宝用。②（注：西周晚期）

这次赏赐里的程序、赠送物品等一系列活动与《九年卫鼎》十分相近，铸簋时间有可能是西周中期。略解铭文难懂字词，“既生霸”，指自八九日以降至十四五日这一段时间（参见《观堂集林·生霸死霸考》）。“大”，人名，周贵族。“趩睽”，人名，周贵族，周王把原来属于他的一个里赏赐给大。“膳夫”，《周礼》：“膳夫，注：‘膳，之言善也，今时美物曰珍膳。膳夫，食官之长也’。”③ “豖”，人名，周王的膳夫。“導”即“导”，“引，引导。《史记·孙膑传》：‘善战者因其利而导之。’……向导，引路的人。《史记·大苑列传》：‘乌孙发导译送骞还’。”④ “璋”，《周礼》载有赤璋、大璋、中璋、边璋、牙璋五种，“害璋”文献无，大概是赏赐领地时受赐者赠给参与者的一种符节器用。

通过分析，知铭文大意：在周王十二年三月上半月丁亥这一天，王在𩡨侲宫，传令吴师召唤大，将原属于趩睽的一个里赏赐给他。王又令膳夫豖对趩睽说：“我将你领地的一个里已经赏赐给大。”趩睽出于宾礼，赠豖

---

① 伊藤道治：《裘卫诸器考——关于西周土地所有制形态的我见》，第 35 页。

② 中国社会科学院考古研究所编《殷周金文集成释文》（第三卷），第 424 页。

③ 孙诒让：《周礼正义》卷一，中华书局，1998，第 10 页。

④ 《古汉语常用字字典》，商务印书馆，1998，第 60 页。

一件玉璋和一束帛。趞睽请豖回报天子说："对将原属我的里赐给大这件事，我不敢吝啬。"豖与趞睽、大经过勘察等仪节手续后，将趞睽的一个里赐予大。大赠王的使者豖璋一件、马两匹；宾赠趞睽璋一件、帛一束。大以手相拜、叩头，为答谢和宣扬天子的美意，因而做了这件祭奠先父烈伯的簋，大的子子孙孙将永远宝用此簋。全文记述了周王把原来属于趞睽的一个里，改赏给大的经过。

另有几块铭文含有里字，《史颂鼎》："唯三年五月丁巳，王在宗周，令史颂省苏，灋友里君百姓，帅䎽盩于成周，休有成事。苏宾璋、马四匹、吉金，用作䵼彝。颂其万年无疆。日扬天子覭命，子子孙孙永宝用"。[①]"唯五正月，辰在甲午，王曰："䶂命汝嗣成周里人眔诸侯大亚讯讼罚取积五锊赐汝夷臣十家用事？拜稽首对扬王休命，用作宝毁其子子孙孙宝用。"[②]"里君"指一里之长，"里人"指里中民众。

《殷周金文集成释文》中还有数个表明居住单位"里"的名称，有几个里名注明为春秋或者战国，但有一个里名未注明年代，"右使车啬夫鼎，庴里"[③]（图 2707 · 1）。图片中"里"字清晰，"庴"字释文隶定不准，左边笔迹不太清晰，笔者认为应为"瘖"字。"瘖里"是西周的里，还是东周的里，有待今后进一步证实。

金文中除了赏赐里的铭文，还有赏赐邑的大量铭文。《尔雅 · 释言》说："里，邑也。"[④] 笔者以为并非西周所有的邑都等同于里，只有基层的邑和里意义相当，为居民单位，例如，"于之朕邑十，又唯越九年，王曰"。[⑤] 又如，"唯王三年四月初，吉，甲寅，仲大师佑柞柞赐戠朱黄銮司五邑，佃人事柞拜手对"[⑥]。"左右走马五邑走马赐汝乃祖"[⑦]。"唯四月辰在丁未，王省武王，成王伐商……厥□百又□，厥宅邑卅又五，厥□百又

① 中国社会科学院考古研究所编《殷周金文集成释文》（第二卷），第 360 页。
② 中国社会科学院考古研究所编《殷周金文集成释文》（第三卷），第 341 页。
③ 中国社会科学院考古研究所编《殷周金文集成释文》（第二卷），第 322 页。
④ 郑樵：《尔雅注》上之二《释言第二》，第 73 页。
⑤ 中国社会科学院考古研究所编《殷周金文集成释文》（第一卷），第 99 页。
⑥ 中国社会科学院考古研究所编《殷周金文集成释文》（第一卷），第 101 页。
⑦ 中国社会科学院考古研究所编《殷周金文集成释文》（第三卷），第 387 页。

四十。赐在宜王人□□又七姓。”[①] “令小臣……比田其邑……比其田其邑……比田十又三邑。”[②] 周王赐邑的数目不等，“邑十、五邑、邑二百……又九十又九邑、五邑、宅邑卅又五、十又三邑”，赏赐的邑包括人口和土地，有时一次赐邑数目相当大，邑不可能没有人居住。赐给贵族、功臣的邑如果没有周王的诏令，由受赐者世代相传拥有。

除了赏赐邑、里之外还有赏赐土地的铭文，“唯王元年六月既望乙亥，王在周穆王大［室王］……五夫……出五夫……厥邑田［厥］……禾十秭……五田用……禾十……用田二，又臣［一夫］……田七田，人五夫”[③]。又如，“唯王十又一月，王格于成周大庙。武公入右敔，告擒，馘百讯四十王蔑敔历，使尹氏授。厘敔圭瓒、䰜、贝五十朋，赐田于敜五十田，于早五十田，敔敢对”[④]。“唯王廿又五年七月辰［在］□□□□永师田官，令小臣……比田其邑……比其田其邑……比田十又三邑”[⑤]。再如，“令虔侯矢曰：‘迁侯于宜，赐䰜鬯一，卣商瓒……赐土厥甽三百□，厥□百又□，厥宅邑卅又五，厥□百又四十。赐在宜王人□□又七姓，赐郑七伯，厥卢□又五十夫。赐宜庶人六百又□六夫。宜侯矢扬王’。”[⑥] 这一铭文既赐田又赐邑，一次赐邑三十五个，当是居民单位，和里意义相同。很清楚，赐田和赐邑、赐里是两回事。

关于上文“田 X 田”的理解，赵光贤说：“当时的一田并不等于百亩，可能大小不等。所谓一夫受田百亩，只是井田制下的田，而通常所说‘一田’并不指这‘百亩之田’。金文中的‘田 X 田’应理解为几块田，正如马 X 匹、牛 X 头，一田只是表示数量的名词。这样理解可能更合理些、更符合实际情况吧。”[⑦] 但敔簋告诉我们，周王在太庙接受敔的献俘礼，王使

---

① 中国社会科学院考古研究所编《殷周金文集成释文》（第三卷），第 452 页。
② 中国社会科学院考古研究所编《殷周金文集成释文》（第三卷），第 527 页。
③ 中国社会科学院考古研究所编《殷周金文集成释文》（第二卷），第 414 页。
④ 中国社会科学院考古研究所编《殷周金文集成释文》（第三卷），第 456 页。
⑤ 中国社会科学院考古研究所编《殷周金文集成释文》（第三卷），第 527 页。
⑥ 中国社会科学院考古研究所编《殷周金文集成释文》（第三卷），第 452 页。
⑦ 赵光贤：《从裘卫诸器铭看西周的土地交易》，第 23 页。

尹氏赏给“贝五十朋，赐田于敍五十田，于早五十田”。贝以“朋”作为计数单位，地以“田”作计数单位，杨宽指出：“‘田’当有一定面积，当指百亩之田。”赵光贤的见解不确。“贤簋载：‘隹（唯）九月初吉庚午，公叔初见于卫，贤从。公命吏晦（贿）贤百亩鬣，用作宝彝。’‘百亩’下一字不识，当为百亩田所生产的食物，可知当时已以‘百亩’田作为生产单位，可见古文献以‘百亩’田为分配生产者的单位，是真实的。”① 杨宽认为“田”有一定面积，指百亩之田。

沈长云把金文中所记载的赏赐的里全部理解为赏赐一定面积的土地，不妥，但当里作为面积单位时，一里等于九百亩，此观点笔者赞同。“西周时期的‘里’，其义当指有一定范围疆界的土地，面积大小或即如文献所言‘广三百步，长三百步’。”② 即一里等于九田。里、田作为田地的面积单位时，是不同的进位表达词，当赏赐的土地面积不够一里或有零头时，可以更准确地表明赐田的面积大小，零头小于一田则忽略不计。杨宽曾敏锐地指出：“‘里’的作为长度和面积的单位，该也是由此而起的。孟子说：‘乡里同井’，又说：‘方里而井’，因为一‘里’是‘十室之邑’，‘十室之邑’有一井之田，因而把一井之田的长度面积也称为‘里’了。”③ 杨宽所说的“由此而起”，指里作为行政单位先出现，而作为长度和面积单位则是里作为居民单位的后起义和引申义，最终赋予“里”一词多义。

（三）里君是管理基层里的行政首长

多数学者认为里君是里的行政首长，唯有沈长云认为：“西周时期的‘里君’应为周王朝管理土地的官吏的统称，而非居民基层组织的‘里’的长官。”④ 对于沈长云的观点我们不得不重视。多数学者还认为“里居”为“里君”之误，对此做一探讨。

“里君”未见于周官，可见这一官称地位不高，不会是中央官员，沈

① 杨宽：《西周史》，第 213 页。
② 沈长云、李秀亮：《西周时期“里”的性质》，第 7 页。
③ 杨宽：《西周史》，第 198 页。
④ 沈长云、李秀亮：《西周时期“里”的性质》，第 14 页。

长云指出："'里君'应为周王朝管理土地的官吏的统称"，这一说法似乎欠缺思考。文献中有数处关于里君的记载，特别是里君频频出现于金文中。

金文中所见"里君"有数处，"瀏友里君百姓，帅鞫盩于成周休有成事"①，"令史颂省苏□友里君百姓帅鞫盩于成周"②。"舍三事命，众卿事寮、众诸尹、众里君、众百工；众诸侯，侯、甸、男，舍四方命。"③ 罗振玉释读《史颂鼎》"里"时特别指出："'瀾友里君百生'，吴中丞谓'里君'即理君，'百生'当读群百姓，其说误甚。《周书·酒诰》：'越百姓里居'即此鼎之'里君百生'，特经文误'君'为'居'耳，盖君、居二字相似，致讹传。"④ 在《贞松堂集古遗文》所附《史颂鼎》铭文拓本中，从字体结构看，和《说文解字》"君"⑤ 字相同，罗振玉释读为"里君"，正确。《古史新证》："'里君百生，帥鞸盩于成周，休有成事。''里君百生'，恐为古人之成语。或即用尚书之语，亦未可知？则此'里居'，或当作'里君'。"⑥ 郭沫若亦赞同王国维的看法："里君之名旧所未见，王国维谓《酒诰》之'越百姓里居'即里君之伪，（见《国学论丛》王国维纪念号《尚书讲授记》）至确。今案《逸周书·商誓篇》'及太史比（友字之伪）小史昔及百官里居献民'，里居亦里君之误也。《酒诰·伪孔傳》说'里居'为'卿大夫致仕居田里者'，乃沿伪为说，自不足信。《周官》有里宰，然不言遂鄙县鄙而单言里，事亦不类，疑是都家公邑之长也。"⑦ 郭沫若认为里君是"都家公邑之长"。众家所说"里居"为"里君"之误，此说正确。里君的职责又是什么？

里君，从字面理解，"里"为居民单位，一里户数有八家、二十五家、七十二家、百家之说。"君"，《说文解字》："君，尊也。从尹发号，故从

① 中国社会科学院考古研究所编《殷周金文集成释文》（第二卷），第360页。
② 中国社会科学院考古研究所编《殷周金文集成释文》（第三卷），第352页。
③ 中国社会科学院考古研究所编《殷周金文集成释文》（第四卷），第277页。
④ 罗振玉：《贞松堂集古遗文》（上册），北京图书馆出版社，2003，第257~258页。
⑤ 许慎：《说文解字》，第32页。
⑥ 王国维：《古史新证》，湖南人民出版社，2010，第116页。
⑦ 郭沫若：《金文丛考》，科学出版社，2002，第178页。

口。”[①]“君”字构成与“尹”有关，《尔雅义疏·释言》：“尹，正也。”注云：“谓官正也”。“皇，匡正也。”注：“《诗》曰：‘四国是皇’。”正者，“《释诂》云：‘长也，长亦君。’故《广雅》云：‘正，君也。’《诗》传笺并云：‘正，长也。’是正兼官长、君长二义。尹者，《说文》云：‘治也。’治亦董正之义，故《诗·都人士传》及《书·益稷》郑注并云：‘尹，正也。’《广雅》以尹为官，官之之正也。《说文》从尹为君，君之正也。君尊，所以尹正天下者也。故经典君、尹二字通。”“郭云：‘谓官，正也，言为一官之长也。’《周书》：‘君陈曰尹。兹东郊皇君威之正，匡救谏之正。’《孝经》云：‘匡救其恶。’注：《诗》曰‘四国是皇’者，豳风破斧文也。”[②] 可知君、尹、正、长、皇、匡意通，里君亦可称为里尹、里正、里长等，即里之行政首长。里的行政首长有数个同义语并不见怪，里君当是周王统治区的正式称呼语，而其他方国有其自身文化传统，里尹当是楚国的常用语，里正盖秦国的官方用语，里长或是赵国、齐国的用语。“里君之职：《尚书·酒诰》误作里居。罗振玉认为：‘百生里君’是‘百官族姓’，及卿大夫致仕田里者。郭沫若先生对里君也有考释，里君就是《周礼·地官·司徒》下的里宰，是邑里之长。”[③] 张亚初、刘雨、郭沫若都认为里君即里宰。

文献中数处“百姓”“里君”相连，“宗工越百姓、里居。罔敢湎于酒”[④]。“及太史比、小史昔，及百官、里居献民。”[⑤]“尔百姓、里居君子，其周即命。”[⑥] 上文已明，“里居”为“里君”之误，解读“百姓”之义有助于理解里君。朱凤瀚认为：“‘百生’即百姓，与殷墟卜辞中的‘多生’意近，是指众多个家族的族长。”[⑦] 林沄说：“这些担任世官的不同姓的族

---

① 许慎：《说文解字》，第 32 页。

② 郝懿行：《尔雅义疏》上之二《释言第二》，第 76 ~ 77 页。

③ 张亚初、刘雨：《西周金文官制研究》，中华书局，1986，第 50 页。

④ 孙星衍：《书疏》，中华书局，1998，第 114 页。

⑤ 《逸周书》卷五《商誓解第四十三》，第 43 页。

⑥ 《逸周书》卷五《商誓解第四十三》，第 44 页。

⑦ 朱凤瀚：《商周家族形态研究》，天津古籍出版社，2004，第 279 页。

长，就是‘百姓’。”① 林沄认为里君即不同姓的族长，族长是世官，亦是本族的代表。“铭文中的‘百姓’，似乎都是指各族的贵族而言。”② 综上，金文中的百姓盖指各族的族长为确。

正确理解“众卿事寮、众诸尹、众里君、众百工；众诸侯，侯、甸、男”的含义亦有助于理解里君。“从西周铭文看，百工有两种含意，一种是象伊𣪕等器上的百工，与臣妾并列，是奴隶的一种，也就是官营手工作坊中的工奴；一种是象矢令方彝铭文中所说的与各种职官一起依次排列的百工，是职官名，也就是管理工奴的工头。矢令方彝告诉我们，这种百工地位在里君之下，并不是十分显要的职官。”③“诸尹”，“商周时期对国王辅弼之臣就称为尹或多尹（诸尹）”④。关于“诸侯，侯、甸、男”这句话的句读，王冠英说：“这一句话（侯甸男卫邦伯）应断为‘侯、甸、男卫邦伯’。也就是说，殷代外服只包括侯、甸、男，卫和邦伯是说明侯甸男作用、性质的名词，并不跟侯甸男并列而等量齐观。”⑤ 侯、甸、男属外服官制，即中央政权直接控制地区以外的区域，或者说地方管辖区的职官设置。周武王灭商以后，为奖赏建国有功之臣和追思先王的功德，便借鉴殷商先例，对武王的后人，主要是周王的同姓亲属，实行分封，形成了外服诸侯“侯、甸、男”的模式。因此“众卿事寮、众诸尹、众里君、众百工；众诸侯，侯、甸、男”包含两层含义：“众卿事寮、众诸尹、众里君、众百工”是内服从中央到地方的四种不同级别官员的总称。“众诸侯，侯、甸、男”是外服制三种诸侯的专称。内服制“众卿事寮、众诸尹、众里君、众百工”四种专称不是并列关系，而是上下关系，职位从高到低排列，铭文这样写，意指包括内服各级官吏在内。里君、百工是低级官吏，里君是里的首长。沈长云的结论是：“与之并称的‘里君’的身份亦必不低下，亦

① 林沄：《“百姓”古义新解——兼论中国早期国家的社会基础》，《吉林大学社会科学学报》2005年第4期。

② 张亚初、刘雨：《西周金文官制研究》，第50页。

③ 张亚初、刘雨：《西周金文官制研究》，第49页。

④ 张亚初、刘雨：《西周金文官制研究》，第57页。

⑤ 王冠英：《殷周的外服及其演变》，《历史研究》1984年第5期，第81页。

当属上层统治阶级之成员。”① 由于沈长云对铭文分析不周，结论不确。

第二节 夏商基层社会的邑和丘

夏商时期基层的邑和丘亦是居民行政单位。关于邑和丘的性质，有学者做了深入探讨②，裘锡圭、宋镇豪、马新、高广仁、张怀通、于省吾等主要运用考古文献，提出了不少见解，认为基层的邑和丘是国家最小的行政实体。但关于基层的管理认识还不够全面，部分理解尚有分歧。基于此，下文对邑和丘再做补充讨论。

一 殷商基层的邑

夏商留下的基层社会文字甚少，但甲骨文中有不少相关信息，据宋镇豪研究，“商代的邑，据其性质可分为四大类，其一，商王都称邑，其二，方国之都称邑，其三，诸侯或臣属贵显领地称邑，其四，邑有王朝下辖者，亦有诸侯臣属邑下的小邑聚，或方国下辖之邑”③。第四类小邑即前三类大邑下属细化的居民单位，《甲骨文合集释文》中有数枚此类卜辞：

①乙未［卜］，㱿，［贞］……牛十邑子眔

左子亡……

②大方伐□啚二十邑。

---

① 沈长云、李秀亮：《西周时期“里”的性质》，第 13 页。

② 宋镇豪：《夏商社会生活史》，第 41～44 页；裘锡圭：《关于商代的宗族组织与贵族和平民两个阶级的初步研究》，载《文史》（第 17 辑），中华书局，1983，第 14～17 页；何钦发：《岳阳县对门山商代遗址》，载《中国考古学年鉴》（1989），文物出版社，1990，第 210～211 页；王武钰、郁金城：《昌平县张营商代遗址》，载《中国考古学年鉴》（1990），文物出版社，1991，第 151～152 页；马新：《殷商村邑形态初探》，《东岳论丛》2010 年第 1 期；杨升南：《商代经济史》，贵州人民出版社，1992，第 81 页；高广仁：《说“丘”——城的起源一议》，《考古与文物》1996 年第 3 期；张怀通：《先秦时期的基层组织——丘》，《天津师大学报》2000 年第 1 期；董巧霞：《先秦丘制考略》，《中国历史地理论丛》2009 年第 1 辑；于省吾：《甲骨文字释林》，中华书局，1979，第 308～310 页；王立新：《试析夏家店下层文化遗址的类型与布局特点》，《文物春秋》2000 年第 3 期。

③ 宋镇豪：《夏商社会生活史》，第 41～44 页。

③……彭龙……取三十邑。小告。

④贞乎从奠取炋㝵啚三邑。[1]

⑤［二十］邑。[2]

⑥其多兹……十邑……而入执……鬲千……[3]

从上述卜辞的记述来看，邑的规模当不会太大，邑内人口也不会太多。鬲和户意思互通，十邑约千户，一邑约百户人家。从几个邑到几十个邑，此类性质的邑共同联结成一个个大小不等的居民区，地域血缘关系结合紧密，呈现出明显的聚族而居的自然状态，受大小统治者管理，从而构成基层最小的政治经济单位实体，每一个邑构成国家的最小行政细胞。

井田制是殷商基层社会的重要土地制度，甲骨文中“田”字的书写，外面是一个方框，方框之内有“井”“十”“卌”等数种符号，表明不同面积的土地上居住着数目不等的劳动耕作者。有数片卜辞含有“井”字，表示商代存在井田制，如下列所载：

①臼：壬午邑示八屯。岳。[4]

②帚井示三十。

③帚井示二十。

④□□邑示十。

⑤癸巳邑示八。

⑥壬午邑［示］八屯。岳。[5]

上述卜辞中的“示”指祭祀时的祭案，这些数目从几个到几十个不等的祭案设在田地之中，或设在邑内，表明邑中普通下层民众有自己的信仰神灵。社神当是下层民众祭拜的神灵之一，通过对神和先祖的祭祀礼拜，

① 胡厚宣主编《甲骨文合集释文》（第一册），第201、377、392页。
② 胡厚宣主编《甲骨文合集释文》（第四册），第1035页。
③ 胡厚宣主编《甲骨文合集释文》（第三册），第416页。
④ 胡厚宣主编《甲骨文合集释文》（第一册），第263页。
⑤ 胡厚宣主编《甲骨文合集释文》（第二册），第897、901页。

祈求先祖的保护，取得农业丰收。有一卜辞载有石字，石即社神，“乙亥卜，内，贞王㞢石在𣎵东北乍邑于之”[①]。《绎史·商汤灭夏》：“殷人之礼：其社用石，祀门，葬树松，其乐《大濩》、《晨露》，其服尚白。”[②] 社指土地神，商王期望祭祀社神，祈求丰年。大邑内立有社以祭土地神，小邑或田地中设有祭案，其目的之一亦是祭祀社神，多枚卜辞含有“示”字，表明基层的邑普遍立有社神。

井田中从事农业的劳动者称为“众人”“邑人”，裘锡圭将“众”按社会身份和地位分为广义和狭义两类，广义的“众”指众多的人，狭义的“众”指为商王服生产劳役的下层平民。[③] 例如，卜辞：“……［王］大令众人曰：劦田，其［受］年”；“贞勿令众人，六月”；[④]“贞乎邑人出羊牛”[⑤]；“贞勿乎众人［先］于［𢦏］”[⑥]；又如，“贞王夲［众］人”；“贞王勿夲众人”；“己巳［卜］，□，贞乎众人于𢀛”。[⑦] 众人或邑人既是农业主要劳动力，又构成王师的武装力量，卜辞有载：

①丧驭众。

②……𠦪隹其丧众。

③□□卜，贞𠦪不丧众。

④……［不］丧众。

⑤其丧众。[⑧]

卜辞中的“丧众”，意为占卜结果预示战争将丧师失地，表明王师受商王节制，而基层的小邑则并没有独立的武装力量。可以看出，基层的邑

① 胡厚宣主编《甲骨文合集释文》（第二册），第703页。

② 马骕：《绎史》卷十四《商汤灭夏》，王利器整理，中华书局，2002，第188页。

③ 裘锡圭：《关于商代的宗族组织与贵族和平民两个阶级的初步研究》，第14～17页。

④ 胡厚宣主编《甲骨文合集释文》（第一册），第1页。

⑤ 胡厚宣主编《甲骨文合集释文》（第二册），第521页。

⑥ 胡厚宣主编《甲骨文合集释文》（第四册），第1004页。

⑦ 彭邦炯、谢济、马季凡等主编《甲骨文合集释文补编》（第五册），语文出版社，1999，第1470页。

⑧ 胡厚宣主编《甲骨文合集释文》（第三册），第588、589页。

实行兵农合一制度，寓兵于农，农忙时节众人参加劳作，是国家的主要劳动力。遇有战争，众人又是军队的重要力量。宋镇豪对“丧”字的解释略有不同：“丧众人、丧众、丧人，是指人口的流动迁移丧失；丧工是指具有劳动技能者的丧失流散。言‘我其丧众人’，这种贞问王都或下属各地是否会丧众的卜辞，说明当时的统治者已意识到，具有战斗力或劳动生产能力的人口得失，是决定国力强盛和社会财富规模的一个重要标示。”[①] 宋镇豪的见解更为宽泛，亦有道理。

基层的邑设有专职人员“邑子”直接管理邑中事务，有卜辞云：“甲寅卜，贞令左子暨邑子暨师般受禽□。十一月”。“邑子”是小邑之长，是国家行政系统基层的低级小吏。“左子”大概是辅助“邑子”管理邑中事务，“师般”为中级武官，是“邑子”“左子”的直接领导上级，但这三类中低级国家官吏均受制于王朝臣僚权贵，商王是最高主宰。可知基层邑的所有权在商王，由上而下形成三级管理系统，而最底层的邑子等小吏则负责落实基层各项具体工作。其一，负责邑中户籍人口初步统计。邑中的居民由不同类型的农户构成，“贞丁宗户[illegible]亡匄”[②]；“己巳卜，其啓庿西户兄于妣辛。吉”[③]；“己巳卜，其啟庿西户，兄于……”[④]；“丁亥，𢼄犬户。二。丁亥，𢼄犬户。三”[⑤]。卜辞中有“小宗”　“大宗”之别，例如，“……自上甲，在大宗彝”；“丁亥卜，在［小］宗又彳歲自乙”[⑥]。“宗户”当与权贵有一定血缘关系，是邑中享有一定特权的上等户别。“犬户二”“犬户三”属于邑中特殊户别，单独统计。殷商人口统计翔实准确，例如，“八日辛亥允𢦏伐二千六百五十六人在[illegible]。九月”[⑦]；“……小臣牆从伐，[illegible]危美……人二十人四，而千五百七十，䵼百……丙”[⑧]。这样准确到个位的人口统计结果，当是基层邑中的居住人口上报相加的最终数字。

---

① 宋镇豪：《夏商社会生活史》，第 93 页。
② 胡厚宣主编《甲骨文合集释文》（第二册），第 946 页。
③ 胡厚宣主编《甲骨文合集释文》（第三册），第 392 页。
④ 胡厚宣主编《甲骨文合集释文》（第三册），第 513 页。
⑤ 彭邦炯、谢济、马季凡等主编《甲骨文合集补编》（第五册），第 1743 页。
⑥ 胡厚宣主编《甲骨文合集释文》（第四册），第 699 页。
⑦ 胡厚宣主编《甲骨文合集释文》（第一册），第 428 页。
⑧ 胡厚宣主编《甲骨文合集释文》（第四册），第 826 页。

其二，负责农田管理改造。卜辞记载反映出邑中田地有不同分类，例如，“……盂田［省］亡戋”；“贞登［人］乎涿田”；“……火田……”。[①]“火田”为火耕之田；“涿田”，涿有引水之意，大概此种农田经过人工改造，从高处引水溉田，从而把旱田变成水田；“盂田”，通过引入富含有机物的河水改良土壤，从而把贫地或盐碱地变成肥沃的土地。“贞亩邑子乎飨酰”[②]，田亩的统计工作由邑子负责，田地的分类、亩产量、份地的分配等一系列事务，当是邑子工作的重心之一。

其三，负责邑中祭祀。“巳卜，其队四封舌卢……叀邑子示”。[③]“示”有多种解释，从图版来看，“示”字近似现在的“丁”字，笔者认为指代祭坛较为确切。“邑子示”表明邑中的祭祀由邑子主持。

甲骨文中与基层有关的记述毕竟有限，它所反映传递的底层居民文化信息只是殷商基层社会的一小部分，考古发现商代有数目较多的小邑聚，这增加了我们对殷商基层社会的认识。河北邢台曹演庄、河南孟县西后津有二处遗址，各有三座房址，均为面积不足十平方米的半地穴式棚屋。[④]山东平阴朱家桥晚商遗址，面积约二百三十平方米，分布着二十一座半地穴式小型居址，面积为七至十二平方米，居室构架简单。室内有灶坑，若干陶制生活器皿，蚌镰、网坠、纺轮等劳动工具；居室附近有储藏窑穴。居住区西面为公共墓地，均为土坑小墓，偶有一两件陶器随葬品。[⑤]湖南岳阳对门山商代遗址，发掘面积二百五十六平方米，居址附近有陶窑七座、料坑四个。距住室二百米处有墓地，有多人合葬墓。[⑥]其他如北京昌平张营商代遗址、河南内乡县黄龙庙岗商代遗址等。[⑦]从发掘内容看，这

---

① 胡厚宣主编《甲骨文合集释文》（第四册），第671、1034页。

② 胡厚宣主编《甲骨文合集释文》（第一册），第210页。

③ 沈建华：《卜辞所见商代的封疆与纳贡》，《中国史研究》2004年第4期。

④ 河北省文物管理委员会：《邢台曹演庄遗址发掘报告》，《考古学报》1958年第4期；河南省文物研究所、新乡地区文管会、孟县文化馆：《河南孟县西后津遗址发掘简报》，《中原文物》1984年第4期。

⑤ 中国科学院考古研究所山东发掘队：《山东平阴县朱家桥殷代遗址》，《考古》1961年第2期。

⑥ 何钦发：《岳阳县对门山商代遗址》，第210～211页。

⑦ 王武钰、郁金城：《昌平县张营商代遗址》，第151～152页；杨宝成：《内乡县黄龙庙岗商代遗址及战国秦汉墓葬》，载《中国考古学年鉴》（1989），文物出版社，1990，第179～180页。

些商代小邑聚落的居民过着自给自足的经济生活，生产手段较为简单。从各自的葬俗、居住方式、生活习俗分析，邑中居民组织主要以血缘关系为纽带，结合成族体或家庭，人们平等相处，靠群体间的协作从事生产劳动。没有明显的贫富分化，生活贫穷落后。

根据现有发现我们可以看出小邑生产生活图景的大概。“一个邑落组合就是一个较为完整的宗族组合。在这种宗族组合中，村邑家族只是生产单位，而不是独立的经济、政治、军事单位；这些村邑最大的特点是普遍的贫困化，没有财富集中于一室一户的权力人物，也没有祭祀、军事等功能。宗邑及其所统领的村邑家族则是一个较为完整的经济、军事、祭祀单位。”[①] 马新的总结合乎历史事实。杨升南的《商代经济史》指出：“甲骨文中作为邑人聚居的‘邑’，不是一种血缘组织，而是一种地域组织；不是氏族或家庭公社，而是农村公社。”[②] 杨升南认为作为基层聚居的“邑”已经是一种按地域组织结合而成的农村公社。

《尔雅义疏·释言》对里、邑，里和邑的关系给出了较为合理的解释：“里，邑也。”注：“谓邑居。”“《释名》云：‘邑，犹俋也。邑人聚会之称也。’《小司徒》注：‘四井为邑，方二里。’……《管子·小匡篇》：‘六轨为邑。’不同者，以《周礼》‘九夫为井，准之，四井则三十六家。以《管子》‘五家为轨’计之，六轨则三十家，故《齐语》云：‘制鄙三十家为邑也。’……里者，《说文》云：‘居也。’《御览·一百五十七》引《风俗通》云：‘里者，止也。’止即居……是邑、里通。”[③] 基层的“里”和“邑”意通，里和邑的户数有10户、25户、32户、36户、50户、72户、80户、100户不等。

但并非所有的邑均指基层地域单位。《尔雅义疏·释言》同时又载：“《说文》云：‘邑，国也。’……《初学记》引《尚书大传》：‘五里为邑。’……然《论语》又云：‘十室之邑’，‘千室之邑’。”[④] 表明并非所有

---

① 马新：《殷商村邑形态初探》，第41页。

② 杨升南：《商代经济史》，第81页。

③ 郝懿行：《尔雅义疏》上之二《释言第二》，第72页。

④ 郝懿行：《尔雅义疏》上之二《释言第二》，第72页。

的邑统为基层居民单位，商王、方国之都，臣属诸侯之邑不能和“里”通用。“盖邑为通名，大不过千室，小不过十家。其中容有畸零，十与千举成数耳。”[①] 这是对邑精确的总结。《史记》所载殷商时期的里和甲骨文中所记基层的邑通用，我们得到了详细准确的解答。

二　夏商基层的丘

远古社会后期，丘作为地名，已经是民众聚居区，《尚书·夏书·禹贡》：“桑土既蚕，是降丘宅土。”郑康成曰：“此州寡于山而夹川两大流之间，遭洪水，其民尤困，水害既除，于是下丘居土，以其免于厄尤，喜，故记之。”疏：“‘尧遭洪水，万民皆山栖巢居，以避其害。禹决江疏河，民乃下丘，营度爽垲之场而邑落之，故丘之字，二人立一上。一者，地也，四方高，中央下，像形也。’义与郑同，而云‘丘从二人’，与《说文》‘从北’不合。郑注见书疏云：‘夹川两大流之间者’，谓河、济也。”[②] 《史记·夏本纪》亦有相似记载：“桑土既蚕，于是民得下丘居土。”孔安国曰：“大水去，民下丘居平土，就桑蚕。”[③] 又《尚书·夏书·禹贡》云：“导沇水，东流为济，入于河，溢为荥。东出于陶丘北，又东至于菏，又东北会于汶，又北，东入于海。”注：“‘陶邱，邱再成。’传正义曰：释邱云：‘再成为陶邱。’李巡曰：‘再成其形。再，重也。’郭璞云：‘今济阴定陶城中有陶邱。’《地理志》云：‘定陶县西南有陶邱亭’。”[④] 陶丘是定陶县西南一个小地方的名称，与基层的丘大小规模相当。“陶邱亭”当是《尚书·夏书·禹贡》所载的陶丘。《广雅·释诂》曰：“丘，居也。”[⑤]《释名》记云：“丘，聚也。”[⑥] 丘的自然地貌，“四方高，中央下，像形也”，这和甲骨文的描述相同，人民选择四方高处作为住所，而低处的土地、水源则作为先人生活所需的基本生产生活资料。“丘，土

① 郝懿行：《尔雅义疏》上之二《释言第二》，第72页。
② 孙星衍：《尚书今古文注疏》卷三《虞夏书三》，第42页。
③ 《史记》卷二《夏本纪》，第54~55页。
④ 《尚书注疏》卷六《夏书·禹贡》，光绪丁亥闰夏点石斋遵阮本重校印，第7页。
⑤ 王念孙：《广雅疏证》，中华书局，1983，第51页。
⑥ 王先谦：《释名疏证补》，上海古籍出版社，1984，第99页。

之高也，非人所为也。从北从一，一，地也，人居在丠南，故从北，中邦之居在昆仑东南。一曰四方高，中央下，为丠象形，凡丠之属皆从丠。”①高广仁提出：“所谓人工一成、再成的众人聚居的土阜，即居丘，应是在鲁西平原地区考古所见俗称为‘堌堆’的遗址。”② 笔者认为“堌堆”当为先民选择的自然地形，殷商时期毕竟生产力还十分落后，土工垫地极耗费人力、财力，“堌堆”不可能为人工所为。

轩辕亦是丘名。“黄帝居轩辕之丘，而娶于西陵之女。”皇甫谧曰：“受国于有熊，居轩辕之丘，故因以为名，又以为号。”③ 黄帝的出生地是寿丘，“黄帝者，少典之子，姓公孙，名曰轩辕”。皇甫谧云：“黄帝生于寿丘，长于姬水，因以为姓。居轩辕之丘，因以为名，又以为号。”“是本姓公孙，长居姬水，因改姓姬。”④ 可见丘作为居住生活区早已普遍存在，正如高广仁所说：“多年田野调查的经验使我们能够判断：在一马平川的原野上，如果远远望见高于平地的漫坡或阜丘，十之八九为遗址，又以龙山文化——商代遗址为多，且这种‘堌堆’的遗址又往往呈带状分布。”⑤

殷商时期，人民普遍居住的丘，演变为国家基层地域单位，被纳入行政管理序列，成为国家行政组织单位末端。丘在维持殷商国家机器运转中起到了重要作用，胡厚宣主编《甲骨文合集释文》中含有“丘”字的卜辞摘录如下：

①己丑卜，㱿，贞𢦏于丘商，四月。

②戊［戌］……在丘……

③贞（丘）……人……田……

④□□［卜］，永，［贞］勿𦎫钔［帚］好……妣……丘小［宰］。

⑤贞奠于丘剢。一　不玄冥　一。

⑥……丘弦取□。

① 许慎：《说文解字》，第169页。

② 高广仁：《说“丘”——城的起源一议》，第26页。

③ 《史记》卷一《五帝本纪》，第10页。

④ 《史记》卷一《五帝本纪》，第1~2页。

⑤ 高广仁：《说“丘”——城的起源一议》，第26页。

⑦□□［卜］，［争］，贞亩［矢］……涛丘罹。

⑧贞乎取丘汰…… 一 不玄冥 二三。

⑨贞乎宅断丘。

⑩……穷勿乎宅断丘。

⑪……丘北（?）……。

⑫……传丘。

⑬……宅丘王。

⑭□□［卜］，［殻］，贞……我仔……丘。

⑮丙戌卜，□，贞令……衮丘……

⑯已酉卜，穷，贞［乎］从丘佣。

⑰［帚］姘乎黍于丘商［受年］。

⑱辛丑卜，殻，贞帚姘乎黍［于］丘商［受年］。①

⑲壬子卜，殻，戠于丘商。勿戠于丘商。

⑳甲辰卜，穷，贞乎凡丘。贞亩佣乎凡丘。

㉑戊辰卜，曰生田方［丘］。②

㉒壬午卜，扶，奏丘，曷南雨。

㉓……堕于丝丘……。③

再如彭邦炯等主编的《甲骨文合集补编》中有：

①丙戌卜，□，贞令［般］……衣丘……。

②贞乎取丘汰。

③贞乎取丘汰。④

丘玄、丘戠、丘汰、断丘、丘北、传丘、宅丘、衮丘、从丘、丘商、凡

① 胡厚宣主编《甲骨文合集释文》（第一册），第60、69、152、170、246、267、271、304、445、456、465、510页。

② 胡厚宣主编《甲骨文合集释文》（第二册），第523、545、586页。

③ 胡厚宣主编《甲骨文合集释文》（第三册），第64、512页。

④ 彭邦炯、谢济、马季凡等主编《甲骨文合集补编》（第五册），第1516、1534页。

丘、方［丘］、商丘、奏丘、丝丘、衣丘均为“丘”的名称，从甲文的记录和词义看，丘作为地名的构成有两种，命名方式为“X 丘”和“丘 X”，丘商和商丘当是两个不同的名称。“取竹刍于丘”①，“取”即国家向基层征收赋税。“贞，䏌刍于丘绍”，“䏌”，据张怀通解释，与“取”字同义。但张怀通指出：“竹，其用途或与刍类似……商王从丘中征取竹、刍等草料可能供军马使用。”② 关于竹的解释，是张怀通的误解，竹绝不是草料，竹有多种用途，作为军需物资是造箭的主要原料。《说文解字》：“刍，刈草也，象包束草之形。”“茭，干刍。从艸交声。一曰牛蘄草。”③ 董巧霞指出：“‘刍’经于省吾先生考证有两意：其一训为刈草，其二应训为‘牲畜之畜’。”④ 于省吾说的刍训为“牲畜之畜”是其他卜辞⑤，其中没有丘字。甲文中“尽”，“隹尽”⑥；“贞人三千［尽］”⑦。“尽”与“荩”两字通用，《说文解字》：“荩，草也。”⑧“荩”是一种草。“孑、荩，余也。周郑之间曰荩，或曰孑。青、徐、楚之间曰孑。自关而西秦晋之间炊薪不尽曰荩。孑，俊也。遵，俊也。”⑨ 汇证：

> 荩：戴震《方言疏证》：“马融《长笛赋》：‘荩滞抗绝。’李善注云：《方言》：‘烬，余也。’荩与烬同。”《吴语》：“安受其烬。”韦昭注云：“烬，余也。”《春秋》成公二年《左传》：“请收合余烬。”杜预注云：“烬，火余木。”按：玄应《一切经音义》卷二一引《方言》作“烬”，《说文》“𤆄”；玄应《一切经音义》卷二二引亦作“烬”；慧琳《一切经音义》卷五十引作“烬”，卷一三、卷四三、卷八四、卷

① 胡厚宣主编《甲骨文合集释文》（第一册），第 7 页。

② 张怀通：《先秦时期的基层组织——丘》，第 37 页。

③ 许慎：《说文解字》，第 25 页。

④ 董巧霞：《先秦丘制考略》，第 131 页。

⑤ 具体内容参见于省吾《甲骨文字释林》，第 263 ~ 267 页。

⑥ 胡厚宣主编《甲骨文合集释文》（第三册），第 110 页。

⑦ 胡厚宣主编《甲骨文合集释文》（第四册），第 605 页。

⑧ 许慎：《说文解字》，第 17 页。

⑨ 陈浩注，章学诚汇证，王智群、谢荣娥、王彩琴协编《杨雄方言校释汇证》，中华书局，2006，第 162 页。

八九引作“𤇾”。“𤇾”与“烬”同。《说文·火部》“烬”，字段玉裁《注》：“引伸为余之称。”“俗作烬。”“荩”与“烬”通。《尔雅·释诂》上：“荩，进也。”陆德明《释文》：“荩音烬。”《诗·大雅·桑柔》《释文》：“荩，才刃反，本亦作烬，同。”王引之《经义述闻》卷七“民靡有黎”条：“黎者，众也，多也。下文曰：‘具祸以烬。’烬者，余也，（《笺》曰：“灾余曰烬。”）少也。‘黎’与‘烬’相对为文……此诗言民多死于祸乱，不复如前日之众多，但留余烬耳。”俞樾《群经平议》卷一一：“荩者𤇾之假字。《说文·火部》：‘𤇾，火之余木也。’经典相承作烬……引申之，凡物之余皆谓之荩。‘王之荩臣’，犹言王之余臣。”①

结合卜辞“辛丑，贞人三千［尽］”，甲文中的“尽”字有两个可能的含义，一指荩草，亦是动物的草料；二指没有烧尽的木头，即木炭，亦可作动词“烧炭”解。笔者倾向于第一种理解，因“贞人三千［尽］”，占卜3000人去烧炭不太符合史实。所以甲文中的“荩”是刍的一种，是牛马的饲料。刍和荩是牛马及其他草食动物的主要粮食，商王朝供养数量庞大的骑兵，牛马又是交通、运输的主要畜力，邮驿通信系统饲养不少马匹传递信件。可见须臾不能离开刍，我们对刍在国家运行中的意义不能低估。

甲文“［帚］姘乎黍于丘商［受年］”；“辛丑卜，㱿，贞帚姘乎黍［于］丘商［受年］”。②“妇好”是商王武丁的后妃，她的职责之一是管理农业生产，对于号令在丘商和商丘是否种植黍进行占卜，后两条卜辞为一事两卜，对在丘商种黍连续两天卜问，足见国家对农业管理的重视程度。

商王朝设置专职官员“丘小宰”和“小丘臣”管理基层的丘。卜辞“□□［卜］，永，［贞］勿𦒱𢦔［帚］好……妣……丘小［宰］”；“小丘

① 陈浩注，章学诚汇证，王智群、谢荣娥、王彩琴协编《杨雄方言校释汇证》，第163～164页。

② 胡厚宣主编《甲骨文合集释文》（第一册），第510页。

臣”[①]。关于“小丘臣”，于省吾曾给出解释：“甲骨文和商代金文每用倒句……第一条的小丘臣，即丘小臣的倒句。丘小臣是主管丘居的小臣。古代丘居以防外侵和水患，故甲骨文的地名每以丘某或某丘为言。”[②]“丘小宰”是妇好的属官，辅佐妇姘管理基层农业。于省吾云“古代丘居以防外侵和水患”，这一提法不完全准确，早期甲骨发现数量有限，且夏商遗址发掘甚少，于省吾对传世文献的运用还不充分，在缺乏史实的条件下，某些提法难免不确。

近几十年发现殷商丘居遗址数量多、分布广。山东章丘董东村商代文化遗存，“房屋系半地穴式建筑，它是在原地面下挖深约 45 厘米建造而成。平面近长方形，西南角为圆角，余三角为方角。室内北壁长 180、残高 30，南壁长 275、残高 30，东、西两壁各长 305、残高约 45 厘米。面积约 6.94 平方米……房内西南角发现一灶，平面呈椭圆形，由火门、火膛和烟道组成。”[③] 房屋面积狭小，住室和厨房合用，显然是普通民居，与考古发现的殷商基层的邑大体相同。王立新对夏家店下层文化遗址曾做出客观分析：“上述三类遗址中，坡岗型和平地土丘型多位于现代村落的附近。就遗址的择位来讲，既靠近水源，周围又有大片可耕的土地……凡此种种，皆说明这些遗址大都经过了较长时期的定居活动。所以，这两类遗址中的绝大多数无疑都可以视为村落……房屋的周围则散布着一些窖穴、祭祀坑、取土坑、排水沟、路土等遗迹。有些片中的房子外面还有一圈围墙，从而形成院落。与东山嘴遗址一样，这些个较小的遗迹片所对应的很可能就是个体家庭一级的组织。”[④]

大汶口文化中期、晚期社会已处于分裂变革之中，社会成员间贫富分化明显，“若对大汶口文化中、晚期的所有墓地作综合考察，则会发现它们之间级差不止是简单的两层，至少存在着以大汶口、三里河、岗上和南兴埠为代表的多层次的差别。而墓地之间的差别，正是聚落间分化的直接

---

① 胡厚宣主编《甲骨文合集释文》（第一册），第 170、309 页。

② 于省吾：《甲骨文字释林》，第 309 ~ 310 页。

③ 山东省文物考古研究所：《山东章丘县董东村遗址试掘简报》，《考古》2002 年第 7 期，第 27 页。

④ 王立新：《试析夏家店下层文化遗址的类型与布局特点》，第 12 ~ 14 页。

反映。”[①] 其他商代遗址还有很多，最早的为郑州西山仰韶文化晚期城址，稍后有以内蒙古凉城老虎山为代表的相当于庙底沟二期的石城群，长江中游始建于屈家岭文化时期的五座城址，河南龙山文化时期的四座城址，山东龙山文化时期的鲁北四城，滕州市薛国故城内的龙山小城，鲁西北聊城地区的两组八座龙山城等。[②]

三 邑、丘与中国古代基层地方行政组织的起源问题

通过对夏商时期基层的邑和丘的分析，我们认为基层的邑已是最低一级行政组织，它符合行政组织的基本条件，基层邑的管理人员是“邑子”，“左子”是“邑子”的助手，协助“邑子”管理邑的行政事务，他们负责邑中的兵役徭役的征发征派、户籍初步统计，负责农田管理改造和邑中祭祀。受文献不足的限制，我们不能看到关于“邑子”更多的管理职能的记载，以理而推，邑应当还有其他行政事务，只是我们未有充足的史料而已。

同样，丘亦具备行政组织的基本条件。“丘小宰”和“小丘臣”是基层丘的实际管理人员，通过他们征调人力、物力、财力，上文已明商王依靠政府的力量一次征发三千余人为官府无偿劳动，到田野收集刍和荛作为牛马的饲料。政府有征发徭役的权利，当然也有征发兵役、向基层的丘征收赋税等权利。丘设有相应的管理人员，他们有一定的管理权，接受上级指令完成相应的行政任务。居住在丘中的民众承担相应的义务，受各级政

① 高广仁：《说“丘”——城的起源一议》，第 28 页。

② 王思礼、山东省文物管理处：《山东邱景芝镇新石器时代墓葬发掘》，《考古学报》1959 年第 4 期；《新石器时代考古重大发现，郑州西山仰韶文化晚期城址面世》，《中国文物报》1995 年 9 月 10 日，第 1 版；田广金：《内蒙古伊金霍洛旗朱开沟遗址Ⅶ区考古纪略》，《考古》1988 年第 6 期；张绪球：《屈家岭文化古城的发现和初步研究》，《考古》1994 年第 7 期；河南省文物研究所、中国历史博物馆考古部编《登封王城岗与阳城》，文物出版社，1992；河南省文物研究所、周口地区文化局文物科：《河南淮阳平粮台龙山文化城址试掘简报》，《文物》1983 年第 3 期；曹桂岑、翟继才：《郾城县郝家台龙山文化和二里头文化遗址》，载《中国考古学年鉴》（1987），文物出版社，1988，第 178 页；张学海：《泰沂山北侧的龙山文化城址》，《中国文物报》1993 年 5 月 25 日，第 2 版；山东省文物考古所：《薛故城勘探试掘获重大成果》，《中国文物报》1994 年 6 月 26 日，第 1 版；张学海：《鲁西两组龙山文化城址的发现及对几个古史问题的思考》，《华夏考古》1995 年第 4 期。

府领导，是最低一级行政组织。

综合前文所论，殷商基层的邑和丘与西周的最小居民行政单位“里”的实质相同。邑、丘、里是不同的基层地域名称，《尔雅义疏·释言》对里和邑的关系给出了合理的解释：“里，邑也，谓邑居。”[①] 基层的里和邑意通。既然夏商时期的邑和丘意通，邑和里意通，那么邑、里、丘三者意通。

根据上文对夏商时期的邑和丘性质的论述，可知实质意义上的基层行政组织单位夏商时期已出现。既然夏商时期有最小的行政组织单位，那么其上应该有不同层级的行政组织，层层统辖的上下行政统属关系应当已形成。学界认为郡、县起源于周代似乎已成共识，根据本书的结论推断，郡、县高级政区可能在商代就已有其名其实，只不过我们还没有见到相关文献而已。推断正确与否，有待更多史料的证实。

由于笔者的论证和合理的推论，把中国原有的最小基层地域组织单位出现的时间认识从东周大大向前推进到夏商时期。邑和丘是最低一级基层地域单位，作为夏商国家的构成细胞，是各级贵族赖以生存的经济基础。夏商王朝高度重视基层管理，中央政府设有专门机构管理基层，商王的正妻妇妌曾经主管邑、丘的农业生产。从基层社会自身管理而言，邑子主管一邑之内的主要事务，小丘臣管理一丘要务。概而言之，夏商从中央到地方已经建立起一套完整的制度治理基层社会，夏商创制的基层管理模式为其后的西周所继承，并被后世不断完善和沿用。

第三节　乡的产生与基层行政组织定型

从“乡”字的产生，到乡成为高级政区名称，最后到乡的行政层级定型，其演变是一个漫长、复杂的过程。据可靠资料，乡作为行政区划出现在西周，其时乡是高层行政区划，乡级官员直接由周王或诸侯王任命，并与诸侯共同商议国事。随着生产力的进一步发展，各国之间互相争夺土地

① 郝懿行：《尔雅义疏》上之二《释言第二》，第72页。

和人口，县、郡行政机构相继出现，行政权力逐渐居于乡之上。到战国后期，郡、县、乡、里行政统属体系制度正式形成，乡成为基层行政组织。

一 “乡”的本意

“乡”是三代时期发明的古老文字，据殷商甲骨文字的形状，整个字形正像两个人相向对坐，共食一簋的情状。“乡”和“飨”原本是一字，本义是用酒食款待别人，是“飨”的古字。两人相向而食是为了造字的方便，表达其义，并非实指，不是完全按实际用餐人数所造。在原始社会，生产力低下，人类为了生存，和大自然做斗争，他们不得不过着群居生活。一个大小集体构成一个生产劳动单位。按照原始社会的劳动分配原则，大家共同劳动，平均分配劳动产品。“乡”就是指群众集体围聚在火堆周围，分享劳动果实。集体的每一个成员对于团队劳动组织意义重大。因集体人数少难以生存发展，成员聚餐表现在文字上就简化为两人相对而食的“乡”。甲骨文用“乡”来表示一个群居的团体，杨宽同意释“乡”字像两人相向对坐，共食一簋，其本义应为乡人共食。这些同坐共享之人，根据当时奴隶社会的性质，指统治宗族的成员。同族共祭列祖列宗，保证族人团结和纯洁性，众人共享源于族人共祭，同向而祭，相向而食。

由上所论，“乡”的本义并不是行政组织概念，它反映了早期家族血缘关系。商周时期没有留下太多关于的“乡”历史文存，西周时期人口增加，行政管理组织不断扩大，乡成为高级行政组织单位。为了便于管理，周天子和诸侯王将辖地划分为大的管理区，这就是周代的“乡”和“遂”，乡遂制度是周代的基本行政管理制度。

二 西周时期的乡

（一）西周的乡是高级行政组织

西周采用乡遂制度管理社会。周天子把其直接统治的王畿划分为“国”和“野”两部分，对于整个王畿的设置管理，称“体国经野”。在“国”和“野”两大区域中，“郊”是分界线，“郊”以内是“国中及四郊”，“郊”以外是“野”。“国”的本义，指王城和国都。在王城的城郭以内，叫“国中”；在城郭以外，有相当距离的周围地区，叫“郊”。在“国”以外和“郊”以内，分设“六乡”，这是乡遂制度的“乡”。相对于“野”而言，以王城为中心，连同四郊六乡在内，可以总称为“国”。在“郊”以外，有相当距离的周围地区叫“野”。在“郊”以外和“野”以内，分设“六遂”，这是乡遂制度的“遂”。卿大夫的采邑称为“都鄙”。广义言之，“野”指“郊”外所有地区，包括“六遂”和“都鄙”。六遂及都鄙等地，可以合称为“野”。六乡和六遂分布在两个不同的行政区域内。

关于“乡”和“遂”，不仅所居地区有“国”“野”之别，而且居民的身份亦有不同。“乡”“遂”中的居民都可以称为“民”，但“六遂”的居民另有称呼，有“氓”“野民”“野人”之称。“六乡”的居民则称“国人”。“六乡”“六遂”的居民社会组织名称不同。《周礼正义》载六乡的上下统属关系为：“令五家为比，使之相保；五比为闾，使之相受；五闾为族，使之相葬；五族为党，使之相救；五党为州，使之相赒；五州为乡，使之相宾。”[①] 六乡的上下隶属层级，分为比、闾、族、党、州、乡六级。乡是最高行政组织单位名称，州、闾（亦称“里”）是基层行政组织单位。出土的包山楚简为春秋时期的权威资料，多有关于州、里行政单位名称的记载，例如，“司马之州加公李瑞、里公隋得受旮（幾），辛未之日不□（察）陈宔頠之伤之古（故）以告，阩门又（有）败。罗恎”[②]。“郘昜（阳）君之州里公登（鄧）婴受旮（幾）”[③]。“新游宫中醂之州加公弼罷受旮（幾）。”[④] 这里出现了州、里行政单位名称，州下辖里。顾久幸指出：“州和里之间的关系，也是上下级关系。在竹简中，州加公总是在前，而里公则在后。”[⑤]

鲁国亦有乡遂制度治理民众的文存，《尚书·周书·费誓》：“甲戌，我惟征徐戎。峙乃糗粮，无敢不逮；汝则有大刑！鲁人三郊、三遂。峙乃

---

① 孙诒让：《周礼正义》卷十九《地官司徒·大司徒》，第197页。
② 陈伟等：《楚地出土战国简册〔十四种〕》，经济科学出版社，2009，第15页。
③ 陈伟等：《楚地出土战国简册〔十四种〕》，第16页。
④ 陈伟等：《楚地出土战国简册〔十四种〕》，第16页。
⑤ 顾久幸：《楚国地方基层行政机构探讨》，《江汉论坛》1993年第7期，第60页。

桢榦。甲戌，我惟筑，无敢不供；汝则有无余刑，非杀。鲁人三郊、三遂，峙乃刍茭，无敢不多；汝则有大刑！”① 鲁国在周初已有三郊、三遂设置，其国土面积相当广阔。《尚书·夏书·禹贡》有所谓“甸服”，“五百里甸服，百里赋纳总，二百里纳铚，三百里纳秸服，四百里粟，五百里米”②。“甸”，《周礼》：“甸师，下士二人，府一人，史二人，胥三十人，徒三百人。”注曰：“郊外曰甸。师犹长也。甸师，主共野物官之长。”贾疏云：“案《载师》云：‘任近郊远郊之地’，次即云‘公邑之田任甸地’，甸地即在百里远郊外，天子藉田又在南方甸地，故称此官为甸师也。”③“甸地”之外是“远郊”，“远郊”和“野”意同。《尚书》中多处可见“甸”，《尚书·周书·康诰》：“四方民大和会，侯、甸、男、邦、采、卫，百工播，民和见，士于周。”④《尚书·周书·酒诰》：“越在外服，侯、甸、男、卫邦伯。越在内服，百僚庶尹，惟亚惟服宗工，越百姓里居，罔敢湎于酒。”⑤“甸”和“野”有明显的对应关系，《周礼》中的“甸”即指“野”，《尔雅·释地》：“邑外谓之郊，郊外谓之牧，牧外谓之野，野外谓之林，林外谓之坰。”注云：“邑，国都也。假令百里之国，五十里之界，界各十里也。”⑥ 郊外的“牧”“野”等同于西周的“野”。《通典》载：“公族，诸侯同族也。磬，丽系也。郊外曰甸，去天子城百里内也。不与国人同虑兄弟，故系之甸人。”⑦ 此处“郊外曰甸”，“甸”和“野”同义。《左传》：“得罪于王之守臣，将逃罪。罪重于郊甸。”杜注：“重得罪于郊甸，谓为郊甸所侵掠也。郭外曰郊，郊外曰甸。”⑧ 西周的乡遂制到春秋已经走向衰落，但此制度的基本特征仍然保留着。西周金文中亦有关于甸的记述，宜侯矢簋：“唯四月，辰在丁未……赐奠七白（伯），

---

① 孙星衍：《尚书今古文注疏》卷二十六《周书十七》，第160页。

② 孙星衍：《尚书今古文注疏》卷三《虞夏书三》，第57～58页。

③ 孙诒让：《周礼正义》卷一《天官冢宰·叙官》，第11页。

④ 孙星衍：《尚书今古文注疏》卷十五《周书六》，第107页。

⑤ 孙星衍：《尚书今古文注疏》卷十六《周书七》，第114页。此处断句依王冠英。

⑥ 郝懿行：《尔雅义疏》中之五《释地第九》，第133页。

⑦ 杜佑：《通典》卷一百一《礼六十一》，王文锦等点校，中华书局，1988，第2667页。

⑧ 杨伯峻编著《春秋左传注》，中华书局，1981，第1061～1062页。

厥庐千又五十夫。”[1] 郭沫若认为“奠”假为“甸”[2]，即《君爽》篇小臣屏（蓝）侯甸之甸，亦即“甸人”，则奠（甸）伯是管理远郊三遂农业生产的地方长官。

（二）西周乡官的职数、职位和职责

西周的乡是高级行政组织，乡一级官员设置大备，其上和中央官吏直接对话，下管理州。主要乡官有乡老、乡大夫、乡师、乡士。乡官的职数设置，《周礼·地官司徒》：“教官之属：大司徒，卿一人。小司徒，中大夫二人。乡师，下大夫四人。上士八人、中士十有六人。旅，下士三十有二人、府六人、史十有二人、胥十有二人、徒百有二十人。乡老，二乡则公一人。乡大夫，每乡卿一人。”[3] 乡师的地位仅次于大、小司徒，在乡官中地位最尊崇，其爵位是下大夫，共四名。乡老，两个乡设置一人，其爵位属公爵。乡大夫一乡一名，爵位属卿。乡士掌邦禁，《周礼·秋官司寇》载：“大司寇，卿一人。小司寇，中大夫二人。士师，下大夫四人。乡士，上士八人。”[4] 在这一职能体系中，乡士的政治地位为第五位，和中央官吏毗邻，其爵位是上士，共计八人。

乡官分工明确，职责分明。乡师是一乡之长，统揽全局。掌教化，“乡师之职，各掌其所治乡之教，而听其治”[5]。乡师掌乡学之政，负责一乡的学校教育和社会教育。评判乡中官吏职事教化的优劣。西周王朝治理民众，把教化放在首要位置，突出了社会治理理念，教化先行，教在前，罚在后。

清查户口财物，评断争讼。“以国比之法，以时稽其夫家众寡，辨其老幼、贵贱、废疾、牛马之物，辨其可任者与其施舍者。掌其戒令纠禁，听其狱讼。”[6] 依国家的户籍法，清查各家各户人口多少，及时登记老幼、

---

① 中国社会科学院考古研究所编《殷周金文集成》（修订增补本），香港中文大学出版社，2007，第2695页。

② 郭沫若：《矢簋铭考释》，《考古学报》1956年第1期。

③ 孙诒让：《周礼正义》卷十七《地官司徒·叙官》，第169页。

④ 孙诒让：《周礼正义》卷六十五《秋官司寇·叙官》，第713页。

⑤ 孙诒让：《周礼正义》卷二十一《地官司徒·乡师之职》，第215页。

⑥ 孙诒让：《周礼正义》卷二十一《地官司徒·乡师之职》，第215页。

贵贱、残疾者。亦负责家中财物及牛马的清查，盖为征兵役、劳役和为免除兵役、劳役提供执法依据。掌管基层官吏的戒令、纠察和禁令，评断吏民的争讼。

督促基层的州、里按时完成国家分派的徭役任务。“大役，则帅民徒而至，治其政令。既役，则受州里之役要，以考司空之辟，以逆其役事。凡邦事，令作秩叙。”① 乡师负责落实徭役，率领民众及时到劳动工地，督促吏民按时完成徭役任务。汇总州、里的服役名册，按照司空的要求核实他们的服役情况。国家有征调民力之需，令州、里官吏按照劳役制度执行。

掌祭祀、丧事。“大祭祀，羞牛牲，共茅蒩。大军旅、会同，正治其徒役与其輂辇，戮其犯命者。大丧用役，则帅其民而至，遂治之。及葬，执纛以与匠师、御匶而治役。及窆，执斧以莅匠师。”② 供给祭祀物资，征发兴兵服役人员，处罚犯令者。大丧事需用征调劳力及时发派，配合工匠做好安葬事宜。

配合上级，组织四季田猎。“凡四时之田，前期，出田法于州里，简其鼓铎、旗物、兵器，修其卒伍。及期，以司徒之大旗，致众庶而陈之。以旗物辨乡邑，而治其政令、刑禁，巡其前后之屯，而戮其犯命者。断其争禽之讼。凡四时之征令有常者，以木铎徇于市朝。”③ 田猎规则为事先向州里宣布，检查鼓铎、旗帜、武器，整训军队。田猎时以司徒的大旗为标识，以旗帜辨别乡邑的队形，督查乡邑执行政令、刑法、禁令，巡查物资的储存状况，如有违令的人一定要处罚，决断田猎中的争讼。定期告示国家田猎法令，在民众聚集区做好宣传。

赈济穷人，考核官吏政绩。“以岁时巡国及野，而赒万民之艰厄，以王命施惠。岁终，则考六乡之治，以诏废置。正岁，稽其乡器，比共吉凶二服，闾共祭器，族共丧器，党共射器，州共宾器，乡共吉凶礼乐之器。

① 孙诒让：《周礼正义》卷二十一《地官司徒·乡师之职》，第215~217页。
② 孙诒让：《周礼正义》卷二十一《地官司徒·乡师之职》，第217~218页。
③ 孙诒让：《周礼正义》卷二十一《地官司徒·乡师之职》，第215~219页。

若国大比，则考教、察辞、稽器、展事，以诏诛赏。”[①] 巡视国都和野鄙，以国家物资赈济贫苦民众。岁终，考核属吏的政绩，确定停用或提拔的官吏。正月检查州、里的公共器物。三年核对清查户口，考核官吏的政治业绩，确定赏罚名单。

可见乡师的职责无所不包，其职责是国家行政工作的缩影。有学者认为乡大夫是一乡之长，“乡大夫是乡这一级地方行政组织中的最高长官”[②]。理解不准，乡的最高长官是乡师而非乡大夫。

乡老和乡大夫的地位比乡师略低，在这两类乡官中，乡老比乡大夫的地位略高，乡老的职责重在教化民众。乡大夫的具体职责明确，“乡大夫之职，各掌其乡之政教禁令。正月之吉，受教法于司徒，退而颁之于其乡吏，使各以教其所治，以考其德行，察其道艺”[③]。乡大夫掌管其乡的政教法令。新春正月初一，把大司徒传授的教法下达至州、里属官，教化民众，考察民众的学问和技能。

清查户口。“以岁时登其夫家之众寡，辨其可任者。国中自七尺以及六十，野自六尺以及六十有五，皆征之。其舍者，国中贵者、贤者、能者、服公事者、老者、疾者皆舍，以岁时入其书。”[④] 每年按时清查户籍，确定从事劳役的人。国人二十岁至六十岁，野人十五岁到六十五岁都是服役期。国人中地位尊贵、有德行、有才能、在官府当差、年老、残疾者，免除他们的劳役。

举荐人才。“三年则大比，考其德行、道艺，而兴贤者能者，乡老及乡大夫帅其吏与其众寡，以礼礼宾之。厥明，乡老及乡大夫、群吏献贤能之书于王，王再拜受之，登于天府，内史贰之。”[⑤] 三年一次，进行大规模的户籍清查，考核民众的道德品行和技艺，推举德才兼备的人。乡老、乡大夫和属吏到中央把举荐的贤能者文书献给周王，内史同时收藏副本。通

① 孙诒让：《周礼正义》卷二十一《地官司徒·乡师之职》，第218~219页。

② 董巧霞：《〈周礼〉所见地方行政组织考察》，博士研究生学位论文，东北师范大学，2009，第19页。

③ 孙诒让：《周礼正义》卷二十一《地官司徒·乡大夫之职》，第219~220页。

④ 孙诒让：《周礼正义》卷二十一《地官司徒·乡大夫之职》，第220~221页。

⑤ 孙诒让：《周礼正义》卷二十一《地官司徒·乡大夫之职》，第221~222页。

过考察民众乡射礼细节，推举人才。“退而以乡射之礼五物询众庶：一曰和，二曰容，三曰主皮，四曰和容，五曰兴舞，此谓使民兴贤，出使长之；使民兴能，入使治之。”① 乡老和乡大夫用乡射礼的具体内容询问民众，核查他们能否做到身心和谐，仪容是否遵守礼法，射礼演示能否射中标的，乡射礼是否符合程序节奏，舞姿是否优美。通过乡射礼全程评价举荐人才。

组织本乡官吏落实年终考核，畅通民意，处理重大事故。“岁终，则令六乡之吏，皆会政致事。正岁，令群吏考法于司徒以退，各宪之于其所治。国大询于众庶，则各帅其乡之众寡而致于朝。国有大故，则令民各守其闾，以待政令。以旌节辅令，则达之。”② 农历岁末，乡大夫令其乡的官吏总结工作并上报文书。正月，令乡吏到司徒处学习治国理政方法，之后回乡在民众中贯彻执行，征求民众的意见，率领有民意的民众拜见周天子。国家有大事，令民众聚守里中，等待任务。旌节作为出入里门的信物，有则许行人通过。

秋官司寇的职责是驱捕盗贼，依据王法诛戮大臣等。乡士是秋官司寇的属官，主掌乡政的司法。《周礼·秋官司寇·乡士》曰：“乡士掌国中，各掌其乡之民数而纠戒之，听其狱讼，察其辞。辨其狱讼，异其死刑之罪而要之。旬而职听于朝，司寇听之，断其狱，弊其讼于朝，群士司刑皆在，各丽其法，以议狱讼。狱讼成，士师受中。协日刑杀，肆之三日。若欲免之，则王会其期。”③ 乡士职掌其乡的户籍，纠察和惩戒违法民众，解决纠纷，受理诉讼，依法判罚。重大罪行在外朝审断，大司寇负责最后判决。案件定刑后，士师负责执行。

执掌国家重要公共活动的安保工作。“大祭祀、大丧纪、大军旅、大宾客，则各掌其乡之禁令，帅其属夹道而跸。三公若有邦事，则为之前驱而辟。其丧，亦如之。凡国有大事，则戮其犯命者。”④ 如有大规模的祭

① 孙诒让：《周礼正义》卷二十一《地官司徒·乡大夫之职》，第 222～224 页。
② 孙诒让：《周礼正义》卷二十一《地官司徒·乡大夫之职》，第 224～225 页。
③ 孙诒让：《周礼正义》卷六十七《秋官司寇·乡士》，第 733～735 页。
④ 孙诒让：《周礼正义》卷六十七《秋官司寇·乡士》，第 735 页。

祀、丧事、军事行动，迎送高级官吏等，乡士率领部属保护他们的安全。

可见，西周时期周天子的直辖区和诸侯国的统治区均采用乡遂制，其中乡是高级行政组织，乡师、乡老、乡大夫、乡士是乡级行政主要官吏。其下有州、里低级行政组织。有较完备的管理机构，有固定的行政人员编制。乡的主要官吏由周天子和诸侯王直接任命，他们对周天子和诸侯王负责。

三　东周时期乡的演进

（一）齐国春秋和战国早期的行政组织

春秋初期，齐国的乡仍然是高级行政组织。齐国辖区在春秋时期划分为二十一乡，《国语·齐语》："管子对曰：'制国以为二十一乡。'桓公曰：'善'。"[①]《管子·小匡》把二十一乡进行明确区分："制国以为二十一乡，商工之乡六，士农之乡十五。"[②] 商乡、工乡六个，士乡、农乡十五个。乡下辖州，州辖里，《管子·立政》载："分乡以为五州，州为之长。分州以为十里，里为之尉。分里以为十游，游为之宗。十家为什，五家为伍，什伍皆有长焉。"[③] 乡、州、里为不同行政组织名称。《国语》载行政组织名称与《管子》记述有所不同："管子于是制国：五家为轨，轨为之长；十轨为里，里有司；四里为连，连为之长；十连为乡，乡有良人焉。"[④] 乡、连、里是乡的下级行政组织。盖所记时间不同，造成地域名称有别。

甚至战国早期，齐国的乡仍在县之上。对于银雀山汉墓竹简的年代断限，学者认识一致，"竹书田法的出土问世，使我们明白了战国时期的田制颇为复杂"[⑤]，"至于说战国时普遍存在授田制……银雀山竹书《田法》"[⑥]，"从晋'作爰田'到战国《田法》……则战国时已经有了明确记

---

① 徐元浩：《国语集解》，王树民、沈长云点校，中华书局，2002，第222页。

② 《管子校正》卷八《小匡第二十》，尹知章注、戴望校正，中华书局，1954，第121页。

③ 《管子校正》卷一《立政第四》，第10页。

④ 徐元浩：《国语集解》，第224页。

⑤ 田昌五：《谈临沂银雀山竹书中的田制问题》，《文物》1986年第2期。

⑥ 杨作龙：《秦商鞅变法后田制问题商榷》，《中国史研究》1989年第1期。

载"[①]。知《守法守令等十三篇》记载的是战国齐国的基本情况。其时乡仍是高级行政组织，"五十家而为里，十里而为州，十州而为乡"[②]。乡、州、里还没有最终形成郡县制下的地方行政制度。但齐国地方行政制度出现了一些新变化，"县"作为行政组织产生，且县有三个层级，"大县二万家。中县、小县以民户之数制之"[③]，"数也，中县、小县以民户"[④]。县大、中、小的划分有一定标准："大县百里，中县七十里，小县五十里。大县二万家，中县万五千家，小县万家。"[⑤]

县的行政事务繁多，县的重要性凸显。"邑之名山林可以为田器及可以为国大器者，县不得之制也。恒山林□□□者，县得制之。……大材之用焉，五而当一。山有木，无大材，然而斤斧得入焉，九而当一。"[⑥]《管子·乘马》所记"地均"法，县没有管理山林的职责，"地之不可食者，山之无木者，百而当一。涸泽，百而当一。地之无草木者，百而当一。樊棘杂处，民不得入焉，百而当一。薮，镰缠得入焉，九而当一。蔓山，其木可以为材，可以为轴，斤斧得入焉，九而当一。泛山，其木可以为棺，可以为车，斤斧得入焉，十而当一。流水，网罟得入焉，五而当一。林，其木可以为棺，可以为车，斤斧得入焉，五而当一。泽，网罟得入焉，五而当一，命之曰地均。"[⑦] 国家征收赋税，征派徭役和劳动工具，县是基本组织单位，"车可用者，大县七十乘，小县五十乘"[⑧]。

里的管理组织日趋完备，"五人为伍，十人为连，贫富相赋，余食不入于上，皆藏于民也"。[⑨] 里的民户有三类，"上家□亩四，中家三亩，下家二亩"[⑩]。里中上家、中家、下家的划分，盖以户口多少为依据，确定副

---

① 王恩田：《临沂竹书〈田法〉与爰田制》，《中国史研究》1989年第2期。
② 银雀山汉墓竹简整理小组编《银雀山汉墓竹简》（一），第146页。
③ 银雀山汉墓竹简整理小组编《银雀山汉墓竹简》（一），第96页。
④ 银雀山汉墓竹简整理小组编《银雀山汉墓竹简》（一），第134页。
⑤ 银雀山汉墓竹简整理小组编《银雀山汉墓竹简》（一），第134页。
⑥ 银雀山汉墓竹简整理小组编《银雀山汉墓竹简》（一），第146页。
⑦ 《管子校正》卷一《乘马第五》，第14~15页。
⑧ 银雀山汉墓竹简整理小组编《银雀山汉墓竹简》（一），第134页。
⑨ 银雀山汉墓竹简整理小组编《银雀山汉墓竹简》（一），第143页。
⑩ 银雀山汉墓竹简整理小组编《银雀山汉墓竹简》（一），第143页。

业生产任务，“上家畜一豕、一狗、鸡一雄一雌……中家以下不能”[①]。“□□法之大术也。食口七人，上家之数也。食口六人，中家之数也。食口五人，下家之数也。”[②] 盖依户口多少征税。

学者已指出《守法守令等十三篇》所载为战国齐国内容，但准确地说，是战国齐国初期的基本情况，“五十家而为里，十里而为州，十州而为乡。州、乡以地次受（授）田于野，百人为区，千人为或（域）”[③]。乡、州、里的行政上下统属关系还没有变，这说明县、乡、里的中下层三级政权还没有形成。且“大国、中国、小国”的提法表明县级以下的政权制度尚在形成中，郡作为县的上级行政机构还没有出现。

战国中后期，由于生产力的提高，各诸侯国的制陶业都有了不同程度的发展。齐国的制陶业规模大，生产技术、设备先进，已有专业分工，实行专业生产。对于陶文是陶器上留下的文字信息，陶文的学术意义，陈介祺指出：“三代文字之见于彝器者，有日少无日增。出土之器，无数百年不毁。好古者获吉金，即三五字，亦极可贵。不谓古陶残字与金石并寿，奇文逸体，可补鼎彝款识所不及。”[④] 齐国制陶业分为官营和私营两种，私营陶产品留下的陶文为我们研究齐国的基层行政组织提供了权威资料。齐国陶文的年代断限，学界已有定说，《齐国陶文几个问题的初步探讨》在王国维、孙敬明等研究的基础上指出：“现在，对齐国陶文的年代，学术界基本达成共识，即上自春秋晚期，下迄田齐亡国。然而，齐国陶文的分期却还存在问题。”[⑤] 所以我们应甄别其年代问题。

陶文中有大量含有“XX 乡 XX 里”的记载，例如，“右敀䢜乡尚毕里季顯”[⑥]（2·48·1）；“□郡乡戟里王徇贻”（2·50·1）；“□郡乡戟里王徇贻”（2·50·2）；“……乡……里王……”（2·50·3）；“思乡□里□

① 银雀山汉墓竹简整理小组编《银雀山汉墓竹简》（一），第 146 页。
② 银雀山汉墓竹简整理小组编《银雀山汉墓竹简》（一），第 145 页。
③ 银雀山汉墓竹简整理小组编《银雀山汉墓竹简》（一），第 146 页。
④ 陈介祺：《簠斋论陶》，陈继揆整理，文物出版社，2004，第 17 页。
⑤ 郝导华、郭俊峰、禚柏红：《齐国陶文几个问题的初步探讨》，载王志民主编《齐鲁文化研究》（总第六辑），山东文艺出版社，2007，第 23 页。
⑥ 王恩田：《陶文图录》卷二《齐国上》，齐鲁书社，2006，第 136 页。

石”（2·50·4）;[①]“贮乡鳣里王□”[②]（2·53·2）;“陶乡□里匬赍”（2·55·1）;“陶乡□里匬赍”（2·55·2）;“陶乡□里匬”（2·55·4）;“陶乡□阳里郘齐”（2·55·3）;[③]“陶乡□阳南里□”[④]（2·56·4）;“陶乡大鳣里癸”[⑤]（2·89·1）;“陶乡大鳣里牙”（2·92·1）;“陶乡大鳣里羽”[⑥]（2·92·2）;“陶乡大鳣里犬”（2·95·1）;“陶乡大鳣里羽”[⑦]（2·92·3）;“孟常鳣里赏”[⑧]（2·548·3）;“公区蒦阳鳣里人岳”[⑨]（2·36·1）;“右敀啚乡荣里众□”（2·49·3）;“茉乡新里□□”[⑩]（2·49·4）;“肤丘乡武昌里”[⑪]（2·52·1）;“陶乡戟里……”（2·54·2）;“陶乡戟里王丂”（2·54·3）;“陶乡戟里”（2·54·1）;[⑫]“陶乡上□里郤吉”（2·56·1）;“陶乡南□里□徇□”（2·56·3）;“陶……上□里□吉”（2·55·4）[⑬];“蒦阳南里人奠”（2·58·1）[⑭];“陶乡大鳣里草”（2·91·1）;“陶乡大鳣里步”（2·91·4）[⑮];“陶乡大鳣里安”（2·93·4）[⑯];“孟尝鳣里可”（2·548·1）[⑰]。以上选了部分代表性“XX乡XX里”陶文，王恩田《陶文图录》齐国上下卷还有大量相关信息收录。

以上陶文表明，到了战国中后期，乡的地位已经下降至州、县之下，并同里相结合，乡、里两级基层政权确立。有的学者没有注意到陶文的年代断限问题，以至于文章中出现硬伤，陈家宁的《从齐国文献看战国时齐

---

① 王恩田：《陶文图录》卷二《齐国上》，第138页。
② 王恩田：《陶文图录》卷二《齐国上》，第141页。
③ 王恩田：《陶文图录》卷二《齐国上》，第143页。
④ 王恩田：《陶文图录》卷二《齐国上》，第145页。
⑤ 王恩田：《陶文图录》卷二《齐国上》，第177～178页。
⑥ 王恩田：《陶文图录》卷二《齐国上》，第180页。
⑦ 王恩田：《陶文图录》卷二《齐国上》，第183页。
⑧ 王恩田：《陶文图录》卷二《齐国下》，第638页。
⑨ 王恩田：《陶文图录》卷二《齐国上》，第124页。
⑩ 王恩田：《陶文图录》卷二《齐国上》，第137页。
⑪ 王恩田：《陶文图录》卷二《齐国上》，第140页。
⑫ 王恩田：《陶文图录》卷二《齐国上》，第142页。
⑬ 王恩田：《陶文图录》卷二《齐国上》，第144页。
⑭ 王恩田：《陶文图录》卷二《齐国上》，第146页。
⑮ 王恩田：《陶文图录》卷二《齐国上》，第179页。
⑯ 王恩田：《陶文图录》卷二《齐国上》，第181～182页。
⑰ 王恩田：《陶文图录》卷二《齐国下》，第638页。

国的社会经济——战国齐陶文与传世文献的比较研究》一文指出："将战国齐陶文等出土文献与传世文献中记载的相关制度相互比较印证，研究战国时期齐国的社会经济，为我们提供了一个新的研究角度。《管子·小匡》和《国语·齐语》中记载的关于生产者分工和生产者居处划分的制度，在齐国陶文等出土文献中都能找到证据。"① 《管子·小匡》和《国语·齐语》所载为春秋早期管仲改革内容，齐国陶文的时间跨度，上自春秋晚期下至战国后期，用不同时期的史料相互印证，研究方法不对，其结论自然不当。陈家宁文章所引用陶文为战国时期的内容，春秋早期的乡是高层行政区划单位，而战国齐国后期陶文中"乡、里"相连，"乡、里"中间没有州、县，说明乡的地位已下降，上受统于县，下辖里，成为基层行政组织单位。

（二）其他诸侯国的基层组织

战国中后期，大诸侯国的地方行政制度基本形成。战国中期，秦献公着手改造基层地方行政制度，《史记·秦始皇本纪》："十年，为户籍相伍。"②地缘组织开始取代血缘组织。献公去世后孝公继承王位，秦孝公任用商鞅变法，"并诸小乡聚，集为大县。县一令，四十一县。为田开阡陌"。③学者对此多有论述，守屋美都雄指出："孝公十二年设置31县，是将以前只存于秦国前线、作为军事据点的县体制，普及到全国……而'开阡陌'就是作为设县具体手段的土地区划。"④ 秦孝公十二年在全国实行军民合一的战时临时政策，新县制下的基层行政组织由小乡聚组成，乡是县的下节分区，"聚"是"里"的别称，里是国家最小的行政组织单位，有健全的管理机构。商鞅变法彻底改变了贵族社会制度，建立了地缘行政组织上下统属序列，形成郡、县、乡、里地方行政组织系统。县的主要官吏"命官三人"由国君任免，秦国变法最彻底，形成单一的郡县制官

---

① 陈家宁：《从齐国文献看战国时齐国的社会经济——战国齐陶文与传世文献的比较研究》，《中国社会经济史研究》2006年第3期，第86页。

② 《史记》卷六《秦始皇本纪》，第289页。

③ 《史记》卷五《秦本纪》，第203页。

④ 守屋美都雄：《中国古代的家族与国家》，钱杭、杨晓芬译，上海古籍出版社，2010，第80页。

僚政体。

赵国的地方行政制度在东周时期也开始官僚化。“县的长官称作令，也是由国君直接任命的……县之下是乡、里基层组织。”① “县以下当设乡、里、什、伍等基层组织，作为国家大厦的基础。”② “在郡县制下，百姓成为国家的‘编户齐民’，君主实现了对人民的‘个别人身支配’，君主的权力空前加强。”③ 有学者认为赵国的地方行政制度后被秦国移用，赵国的管理体制，“以乡里为基础，郡县为纽带，中央政府总揽全局……这个体系被崛起的秦国所借鉴，在兼并六国后又把它推广开来，成为秦制”④。秦国的行政制度以赵国为蓝本。

韩国、魏国地方行政制度与秦国、赵国类似。“魏、韩等国在县令下设有御史……秦同时设有与县并立的‘道’，道设有啬夫等官。啬夫可能是主管官员的通称。”⑤ 县下是基层的乡里体制，乡下辖里，“在县之下已有乡、里、聚（村落）或连、闾等基层组织”⑥。“由国到县（有的在国与县之间还插入郡一级），由乡到里，由里再到一家一户的层层规范的行政体系已经完全形成。”⑦

战国后期，各诸侯国形成的地方行政制度大同小异，但县一级行政组织在各国都有设置，已经普遍化。县级以下基层的乡、里组织已趋于完备，基层地方政治制度已经形成完整的系统，乡成为仅高于里的行政组织单位。

第四节　秦国郡县制的形成

一　西周的地域名称

探讨秦国的基层行政制度，必须对郡县制有所探讨。西周的基本政治

---

① 沈长云等：《赵国史稿》，中华书局，2000，第299～304页。
② 周建英：《赵国官制考》，《衡水师专学报》1999年第4期，第28页。
③ 崔向东：《赵国官僚制度述考》，《渤海大学学报》（哲学社会科学版）2011年第6期。
④ 周建英：《赵国官制考》，第29页。
⑤ 杨宽：《战国史》，上海人民出版社，2003，第230页。
⑥ 杨宽：《战国史》，第231页。
⑦ 周振鹤：《中国地方行政制度史》，第33页。

制度是封建制，没有形成真正意义上的政区和政权组织，亦无真正意义的中央和地方。在王畿内部、面积较大的诸侯国内，形成的是不完善的行政制度。笔者认为西周虽不存在郡县制，但已形成了地方行政制度的雏形。

（一）西周的封建制

西周的封建制，“后儒多言封建为唐虞以来所有，其实非也。夏殷以前所谓诸侯，皆邃古自然发生之部落，非天子所能建之、能废之。真封建自周公始。”① “分封制的实施在周公、成王、康王时期最为集中，进入西周中期以后分封制所造成的政治格局已经形成，但个别诸侯国的分封却迤逦延至西周后期。”② 笔者赞同“封建制始于武王，终西周一朝”的看法。

封建制的基本内容是割地而治，授民授土称为“盟誓制度”，“分宗”盟誓，“诸侯‘分宗’盟誓，是指诸侯在接受册命之后，与其宗氏、分族及小国附庸盟誓。由于这种盟誓从周人宗法关于大宗、小宗的区别来看，它是属于王室‘大宗’之外由诸侯‘小宗 ’组织的结盟活动，故可称为诸侯‘分宗’盟誓。诸侯‘分宗’盟誓，是组建西周地方政权即建立诸侯国统治秩序的开端。”③ 雒有仓的见解有积极意义。“《春秋左氏传》里很有可能很好地保存传达了西周时代的情况。当然定公四年条里的赐与不像字面上所说的那样完全地施行，但其大纲是没有多少误差的。尤其是不能拘泥于杜预等人的古注来读它，如能以西周时代的金文作为比较的对象来谈，可以认为这是参考资料不太多的西周时代的强有力的线索，并且据此也可以期望能进一步明确春秋时代的性质。”④《左传》所记封建制属实。

周王和各级贵族划土而治，“故天子建国，诸侯立家”⑤。周王把王畿以外的土地分封给诸侯，形成诸侯国。诸侯把封国的一部分土地分割给卿大夫，卿大夫的土地称为“采邑”，他们的采邑称为“家”。与此相对应，形成周天子－诸侯－卿大夫序列，周天子、诸侯王、卿大夫在他们的政治

---

① 梁启超：《先秦政治思想史》，岳麓书社，2010，第 49 页。
② 晁福林：《先秦社会形态研究》，北京大学出版社，2003，第 402 ~ 403 页。
③ 雒有仓：《论西周的盟誓制度》，《考古与文物》2007 年第 2 期。
④ 伊藤道治：《中国古代王朝的形成——以出土资料为主的殷周史研究》，江蓝生译，中华书局，2002，第 186 页。
⑤ 杨伯峻编著《春秋左传注》，第 94 页。

地理范围内分别居于核心地位。卿大夫、士的分封，“卿置侧室，大夫有贰宗，士有隶子弟”[①]。这样形成周天子、诸侯、卿大夫等级序列，在统治阶级内部确立了上下关系，完成了政治经济资源分配。西周没有形成真正的地方行政制度在此得到体现。

（二）西周的地域名称

西周没有形成政区单位，重要政区和邑、里等地域名称已出现。不同地域称谓，有的演变为政区，有的形成乡、里行政组织名称，有的退出历史。

关于县的起源，“‘县’首先出现在春秋战国时期的新兴国家之中”[②]，“将县的起源时间定为春秋时期已基本上成为国内外学术界的共识”[③]。“‘县’的出现至少可以追溯到西周”[④]，李家浩指出县至迟出现于西周。县与“寰”有关，“由于寰指国都周围的地区，环绕于国，系而治之，后遂以县名之”[⑤]。吕思勉认为：“天子畿内谓之县，县之本字为环，环则水绕其四周之谓也。”[⑥]《逸周书》中有关于郡县的记载：“制郊甸方六百里，国西土为方千里。分为百县，县有四郡，郡有四鄙。大县城，方王城三之一。小县立城，方王城九之一。”[⑦]

二 秦国地方行政制度初步形成

西周的封建制实质表明周王和贵族“分土而治”，西周无地方行政制度，西周亦未形成政区。到了东周，诸侯国互相吞并，部分强国出现中央集权制度的雏形，诸侯王直接派官治理，郡、县、乡、里上下统属体系形成，郡、县演变为政区，乡、里演变为基层行政组织。

---

① 杨伯峻编著《春秋左传注》，第 94 页。

② 石约翰：《封建、郡县与中国历史传统》，《安徽史学》2002 年第 3 期。

③ 周书灿：《春秋时期“县”的组织形式和管理形态》，《江海学刊》2003 年第 3 期。

④ 李家浩：《著名中年语言学家自选集·李家浩卷》，安徽教育出版社，2002，第 15 页。

⑤ 臧知非：《论县制的发展与古代国家结构的演变——兼谈郡制的起源》，《中国史研究》1993 年第 1 期。

⑥ 吕思勉：《中国制度史》，上海教育出版社，2002，第 338 ~ 339 页。

⑦ 《逸周书》卷五《作雒解第四十八》，第 49 页。

（一）春秋的县、郡

县源于西周，县制是东周的重要政治制度。县在春秋后期发生质变，县成为政区定型于战国。战国时期，贵族制逐渐被官僚制取代。县是郡县制的基本内容之一，我们把春秋的县分两个阶段认识。

多数学者认为县“源于春秋”，少数学者认为县在西周已存在。笔者赞同少数学者的见解。对于春秋时期的县，学者多有探讨。“春秋初年，是县邑通称时期，所谓‘初县之’、‘实县申息’之‘县’，其实重点都是在说明以之为自己的领土的意思，而不在于说明设置某个个别的县。此时的行政单位仍是以邑为通称，但已加上县的称呼，是已与县邑等同。直到春秋中期，县作为行政单位与邑还没有什么大的差别。”① 春秋后期县发生质变，“县制性质的发生变革，当在春秋、战国之际”②。“县大夫虽是由中央任命的，但一看史实，则大多是世袭的。”③ 增渊氏没有准确把握春秋后期县的性质，“看出来在春秋时代的县和秦汉时代的县的衔接过程中遇上了不得不正视的困难问题”。韩连琪认为：“春秋战国时代，地方上的政治制度发生了变化，西周以来的采邑制逐渐为郡县制所代替。”④ 韩连琪指出了封建贵族制与郡县制的区别。

周振鹤认为：“地方官员和行政区划的雏形却在这里出现了，因此完全可以把公元前 514 年晋国设置十县的行动作为地方行政制度萌芽的标志。”⑤ 周振鹤看法的核心是晋国的县已经部分行政化和官僚化，判断正确。

多数学者认为郡产生于春秋，“晋国在春秋时除已设县外，到春秋后期并已有郡的设置”⑥。“西周时期所称的县与郡，乃是指距离国中悬远的采邑区和领主城堡，与春秋时期才萌芽的，作为地方行政机构的县与郡，

---

① 周振鹤：《县制起源三阶段说》，《中国历史地理论丛》1997 年第 9 期。

② 杨宽：《杨宽古史论文选集》，上海人民出版社，2003，第 76 页。

③ 增渊龙夫：《说春秋时代的县》，载刘俊文主编《日本学者研究中国史论著选译·上古秦汉》，黄金山、孔繁敏等译，中华书局，1993，第 208 页。

④ 韩连琪：《春秋战国时代的郡县制及其演变》，《文史哲》1986 年第 5 期，第 38 页。

⑤ 周振鹤：《中国地方行政制度史》，第 28 页。

⑥ 韩连琪：《春秋战国时代的郡县制及其演变》，第 42 页。

性质上是完全不相同的。”[①]“郡正式见于春秋后期，但在春秋初年已经萌芽。”[②] 阎铸则指出：“根据一些零碎片断的记载分析，可以看出郡县制大约产生于春秋初期。”[③]“从目前材料来看，郡最早出现于春秋时期的晋国。”[④] 文献中关于郡的记述不多，造成对于春秋时期郡的研究不深不透。

我们试做进一步探讨，春秋早期秦国的郡已出现，“亡人何国之与有，君实有郡县，且入河外列城五，岂谓君无有，亦为君之东游津梁之上，无有难急也”。[⑤] 郡的重要性高于县。这是“战国时郡县制已普遍建立后所用的习惯语，不足以证明秦在春秋时已经设郡”[⑥]。“《晋语》之言似为战国时人口头术语，记其事者趁笔书之，未必可信。”[⑦]“‘君实有郡县’是说‘言晋地属秦，异于秦之近县，非云郡与县相统属也。’”[⑧] 秦国郡和县已产生，但并未形成上下统属关系。“克敌者，上大夫受县，下大夫受郡，士田十万。”[⑨] 这是晋国的县和郡的关系，晋国的县的面积应该比郡大。春秋的郡国王派官员治理，“解狐举邢伯柳为上党守”[⑩]，“董阏于为赵上地守”[⑪]。我们知道上党郡和上地郡有郡守，郡守不可能一人治理郡区，他应当有较为完整的管理系统，分职设官细化管理。

通过以上讨论，我们认为春秋秦国已经设郡，郡县连称。春秋的郡控制着一定数量的土地和人口，已设官分职，按照官僚制的治理方式实行上下垂直管理。

（二）战国时期秦国的郡县制

大约战国中期，秦国着手探讨基层社会建设问题，按照什伍编制，把

① 冉光荣：《春秋战国时期郡县制度的发生与发展》，《四川大学学报》（社会科学版）1963年第1期，第20页。
② 冉光荣：《春秋战国时期郡县制度的发生与发展》，第31页。
③ 阎铸：《郡县制的由来》，《首都师范大学学报》1978年第1期。
④ 陈长琦：《郡县制确立时代论略》，《河南大学学报》1987年第1期。
⑤ 徐元浩：《国语集解》，第295～297页。
⑥ 顾德融、朱顺龙：《春秋史》，上海人民出版社，2001，第283页。
⑦ 童书业：《春秋左传研究》，上海人民出版社，1980，第185页。
⑧ 吕思勉：《中国制度史》，第342页。
⑨ 杨伯峻编著《春秋左传注》，第1613～1615页。
⑩ 王先慎：《韩非子集解》卷十二《外储说左下》，中华书局，1954，第229页。
⑪ 王先慎：《韩非子集解》卷九《内储说上七术》，第165～166页。

居民组织为行政单位，“十年，为户籍相伍”[①]。秦孝公即位后继续献公未竟的事业，其变革的幅度更大，“并诸小乡聚，集为大县。县一令，四十一县。为田开阡陌。”[②]“孝公十二年设置31县，是将以前只存于秦国前线、作为军事据点的县体制，普及到全国……实行了县的编制，而‘开阡陌’就是作为设县具体手段的土地区划。”[③] 商鞅把秦国变为大兵营，县成为政区。县由下节的乡、里组成，乡是县的下级组织，里是最小的居民行政单位。经过商鞅对基层的改革，地方行政组织从秦王到乡、里的上下统属管理模式形成。

战国时期关于郡的记述已普遍，不过郡县制产生的原因、形成等尚有争论，“郡县制就是诸侯兼并战争的产物”[④]，“郡就由春秋时期的低级地方组织，变为一个能集合数县军事力量的军区性的军事组织”[⑤]。战国郡的升级与战争有关，秦简可证上述见解正确。

湘西里耶秦简中部分简文显示，郡负责其下辖县的军事行动，同时有关军事问题直接和其他郡交涉。秦国县的军事行动受太守府的直接领导，例如，“元年八月庚午朔朔日，迁陵守丞固☐Ⅰ之。守府书曰：上真见兵会九月朔日，守府·今☐Ⅱ书者一牒，敢言之。/九月己亥朔己酉，迁陵□☐Ⅲ8－653 敢言之。□□主□□□之。/赣手”[⑥]。对于军事管理系统的上下级对接，郡县之间是迁陵丞和太守府直接往来，县廷听从郡府的军事行动安排。可以看出，郡尉接受郡守的领导，县尉接受县令（长）的领导，郡县两级军政最高决策权在郡府和县廷，不在尉府和尉曹。太守府的军事管理权限很大，郡府安排迁陵县负责，由司空曹调用人力资源、运输工具，运送军粮、兵器到内史。例如，“廿七年三月丙午朔己酉，库后敢言之：兵当输内史，在贰春□□□□Ⅰ五石一钧七斤，度用船六丈以上者四（艘）。谒令司空遣吏、船徒取。敢言Ⅱ之。☐Ⅲ8－1510 三月辛亥，迁陵

---

① 《史记》卷六《秦始皇本纪》，第289页。
② 《史记》卷五《秦本纪》，第203页。
③ 守屋美都雄：《中国古代的家族与国家》，第80页。
④ 阎铸：《郡县制的由来》，第58页。
⑤ 陈长琦：《郡县制确立时代论略》，第25页。
⑥ 陈伟主编《里耶秦简牍校释》（第一卷），武汉大学出版社，2012，第192页。

守丞敦狐告司空主，以律令从事。/…… Ⅰ 昭行。Ⅱ 三月己酉水下下九，佐赾以来。/釦半”①。内史直接掌治京师，属于郡级行政区划，显然洞庭郡受中央太尉的指令，把迁陵县的军用物资调送至内史。太尉统领全国军务，内史和洞庭郡之间的来往表明，郡负责本郡和其他郡之间的军事来往。

郡府对军事的管理，细化到每一名逃兵，里耶秦简记有士兵逃跑避役案例：“☐朔甲午，尉守傰敢言之：迁陵丞昌曰：屯戍士五（伍）桑唐赵归Ⅰ☐日已，以乃十一月戊寅遣之署。迁陵曰：赵不到，具为报・问：审以卅Ⅱ☐【署】，不智（知）赵不到故，谒告迁陵以从事。敢言之。/六月甲午，Ⅲ临沮丞秃敢告迁陵丞主、令史，可以律令从事。敢告主。/胥手。Ⅳ九月庚戌朔丁卯，迁陵丞昌告尉主，以律令从事。/气手。/九月戊辰旦，守府快行。Ⅴ8－140☐倍手。”② 这份文书由三部分构成，一是郡尉守陈述事实，言迁陵县并没有接收到屯戍卒赵，请临沮县查清这件事。二是临沮县丞查清后告知迁陵县，言不知道屯戍卒赵不到场服役的原因。三是迁陵县丞向郡尉守汇报结果，屯戍上兵赵属逃避兵役。“守府快行”，府是秦的专有名词，指郡府，知第三部分为上行文书，推知第一部分“尉守傰”指郡尉守官员傰，此处的尉守不是县尉守。临沮县属南郡，可见其时的屯戍士兵来自全国各地，士兵的管理训练、军事活动由郡和县具体负责。

《里耶发掘报告》中亦有关于洞庭郡向内史输送兵器和其他军用物资的简文，是关于县级部门运送军用物资，征发兵役、徭役的基本原则，这些原则由郡府负责制定，下发给各县，为便于理解简文，摘录如下：

> 廿七年二月丙子朔庚寅，洞庭守礼谓县啬夫卒史嘉、叚（假）卒史谷、属尉：令曰“传送委输，必先悉行城旦舂、隶臣妾、居赀、赎责（债）。急事不可留，乃兴繇（徭）。”今洞庭兵输内史及巴、南郡、苍梧，输甲兵当传者多节（即）传之。必先悉行乘城卒、隶臣

① 陈伟主编《里耶秦简牍校释》（第一卷），第 341 页。

② 陈伟主编《里耶秦简牍校释》（第一卷），第 80 页。

妾、城旦舂、鬼薪、白粲、居赀、赎责（债）、司寇、隐官、践更县者。田时殹（也）不欲兴黔首。嘉、谷、尉各谨案所部县卒、徒隶、居赀、赎责（债）、司寇、隐官、践更县者簿，有可令传甲兵，县弗令传之而兴黔首，［兴黔首］可省小弗省小而多兴者，辄劾移县，［县］亟以律令具论，当坐者言名史泰守府。嘉、谷、尉在所县上书，嘉、谷、尉令人日夜端行。它如律令。①

洞庭郡的兵器不仅运往内史，还运向附近的巴郡、南郡、苍梧郡。运送物资，先安排“乘城卒”等人，“乘城卒”属于在籍服兵役人员，具体任务由县廷、郡府安排。关于“乘城卒”，湘西里耶秦简有数处记载：

①【廿六】年十二月癸丑朔己卯，仓守敬敢言之：出西廥稻五十Ⅰ□石六斗少半斗输；粢粟二石以稟乘城卒夷陵士五（伍）阳□Ⅱ□□□。今上出中辨券廿九。敢言之。□手。Ⅲ8－1452

□申水十一刻刻下三，令走屈行。操手。8－1452背②

②廿六年十二月癸丑朔庚申，迁陵守禄敢言之：沮守瘳言：课廿四年畜Ⅰ息子得钱殿。沮守周主。为新地吏，令县论言史（事）。·问之，周不在Ⅱ迁陵。敢言之。Ⅲ

·以荆山道丞印行。Ⅳ8－1516丙寅水下三刻，启陵乘城卒秭归□里士五（伍）顺行旁。壬手。8－1516背③

从秦简①的内容可知，乘城卒的口粮由政府提供。关于乘城卒的职业，“乘城卒，守城卒”④。遇到战事，乘城卒首先被征发“输甲兵”，运送盔甲和兵器，“今洞庭兵输内史及巴、南郡、苍梧，输甲兵当传者多节（即）传之。必先悉行乘城卒”所指明确。从秦简②的内容可知，乘城卒

① 湖南省文物考古研究所编著《里耶发掘报告》，岳麓书社，2007，第192页。
② 陈伟主编《里耶秦简牍校释》（第一卷），第330页。
③ 陈伟主编《里耶秦简牍校释》（第一卷），第343页。
④ 陈伟主编《里耶秦简牍校释》（第一卷），第330页。

在无战事时，参与政府文书信件的传送。战争爆发，乘城卒的任务是运送军事装备、作战物资，抑或参与守城，防备敌人攻城。关于乘城卒的解释，张俊民《龙山里耶秦简二题》一文认为："乘城卒，从文义上讲是守城之人，即是实际意义上的士兵。"① 马怡则说："'县卒'，应即上文所谓'乘城卒'，指正在本县服役的现役卒。"② 两人的理解分歧较大，文献中没有见到乘城卒的记载，这一兵种在秦简中首次见到。

郡尉的权力很大，单独开府，但郡尉又接受郡守的制约。湘西里耶秦简记载：

> ☐亥朔辛丑，琅邪叚（假）【守】□敢告内史、属邦、郡守主：琅邪尉徙治即【默】☐Ⅰ
>
> 琅邪守四百卌四里，卒可令县官有辟、吏卒衣用及卒有物故，当辟征还☐Ⅱ
>
> 告琅邪尉，毋告琅邪守。告琅邪守固留费，且辄却论吏当坐者。它如律令。敢□☐Ⅲ
>
> □一书。·以苍梧尉印行事。/六月乙未，洞庭守礼谓县啬夫听书从事□Ⅳ
>
> □军吏在县界中者各告之。新武陵别四道，以次传。别书写上洞庭Ⅴ8－657尉。皆勿留。/葆手。③

琅邪郡的代理郡守代表郡发布文书，告知其同级军政机构内史、属邦、郡守，说明琅邪的郡尉办公场地迁往即墨，与军事有关的事务由郡尉办理。这份文书从琅邪郡府下发，传至全国郡级军政机构。

战国晚期，郡的军事职能更突出，里耶秦简所载郡的军事职能和传世文献所载一致。随着战争愈演愈烈，郡在兵家必争之地的设置不断增多。各诸侯国历史文献所见三晋、秦国、楚国、吴国等最初所设的郡多在战略

---

① 张俊民：《龙山里耶秦简二题》，《考古与文物》2004年第4期，第46页。

② 陈伟主编《里耶秦简牍校释》（第一卷），第331页。

③ 陈伟主编《里耶秦简牍校释》（第一卷），第193页。

要地或边地，便于为军事行动服务，后因战争需要而设，不断推向内地。

由以上论述可知，郡的产生源于军事目的。在各诸侯国相互兼并的战争年代，上下统属的军政管理体制很大程度上是为军事服务的。从一定意义上说，郡制正是各诸侯国兼并战争的产物。郡管理军事的基本职能比较清楚：负责一郡下辖各县的军事武装力量；负责郡内、郡与郡之间的军需物资调送；负责来自各郡士兵的后勤管理；郡尉受郡守节制，听从郡府的安排。郡府的军事行动接受中央太尉的直接领导。在秦国的军事管理体系中，太尉、郡府、县廷的职责得到清晰的体现，上下统属，垂直管理。为了便于筹粮筹款，调动征发兵役、徭役，战国后期的郡兼有的行政职能表现十分明显。

战国后期郡的行政职能完备，治民内容具体。湘西里耶秦简中部分内容证明，战国后期的郡已是行政区划单位，兼有军事和行政职能，以郡统县体制至迟到战国后期已经形成，而不是秦始皇统一六国之后。

秦昭王时期，“于蜀，蜀守冰凿离碓，辟沫水之害，穿二江成都之中。此渠皆可行舟，有余则用溉傁，百姓飨其利”[①]。“沫水出蜀西南徼外，与青衣合东南入海也。”“正义”引《括地志》云：“大江一名汶江，一名管桥水，一名清江，亦名水江，西南自温江县界流来。”又云：“郫江一名成都江，一名市桥江，亦名中日江，亦曰内江，西北自新繁县界流来。二江并在益州成都县界。任豫《益州记》云：‘二江者，郫江、流江也’。《风俗通》云：‘秦昭王使李冰为蜀守，开成都县两江，溉田万顷。神须取女二人以为妇，冰自以女与神婚……《华阳国志》云：‘蜀时濯锦流江中，则鲜明也’。”[②] 这是司马迁所见，《风俗通》缺载，类书有抄录：“秦昭王得田广之议，伐蜀郡。平之后，命李冰为守。开成都两江，兴迪溉田万项已上。到秋收，阅数百千里。”[③]“周灭后，秦孝文王以李冰为蜀守。冰能知天文、地理，谓汶山为天彭门；乃至湔氐县，见两山对如阙，因号天彭

① 《史记》卷二十九《河渠书》，第1407页。
② 《史记》卷二十九《河渠书》，第1407～1408页。
③ 虞世南：《北堂书钞》卷一百五十六《岁时部四》，天津古籍出版社，1988，第716页。

阙；仿佛若见神。”① 郡守的职任主要在于行政，秦昭王时郡已是政区。

秦简《语书》是秦王政时期郡守下发给县道的文书，显示郡的主要职责亦在于管理下级政府县廷，反映的是郡府治民。

> 廿年四月丙戌朔丁亥，南郡守腾谓县、道啬夫：古者，民各有乡俗，其所利及好恶不同，或不便于民，害于邦。是以圣王作为法度，以矫端民心，去其邪避（僻），除其恶俗。法律未足，民多诈巧，故后有间令下者。凡法律令者，以教道（导）民，去其淫避（僻），除其恶俗，而使之之于为善殹（也）。今法律令已具矣，而吏民莫用，乡俗淫失（泆）之民不止，是即法（废）主之明法殹（也），而长邪避（僻）淫失（泆）之民，甚害于邦，不便于民。故腾为是而修法律令、田令及为间私方而下之，令吏明布，令吏民皆明智（知）之，毋巨（歫）于罪。今法律令已布，闻吏民犯法为间私者不止，私好、乡俗之心不变，自从令、丞以下智（知）而弗举论，是即明避主之明法殹（也），而养匿邪避（僻）之民。如此，则为人臣亦不忠矣。若弗智（知），是即不胜任、不智殹（也）；智（知）而弗敢论，是即不廉殹（也）。此皆大罪殹（也），而令、丞弗明智（知），甚不便。今且令人案行之，举劾不从令者，致以律，论及令、丞。有（又）且课县官，独多犯令而令、丞弗得者，以令、丞闻。以次传；别书江陵布，以邮行。
>
> 凡良吏明法律令，事无不能殹（也）；有（又）廉絜（洁）敦慤而好佐上；以一曹事不足独治殹（也），故有公心；有（又）能自端殹（也），而恶与人辨治，是以不争书。●恶吏不明法律令，不智（知）事，不廉絜（洁），毋（无）以佐上，緰（偷）随（惰）疾事，易口舌，不羞辱，轻恶言而易病人，毋（无）公端之心，而有冒柢（抵）之治，是以善斥（诉）事，喜争书。争书，因恙（佯）瞋目扼捾（腕）以视（示）力，讦询疾言以视（示）治，誈讠丑言麃斫以

① 常璩：《华阳国志》卷三《蜀志》，任乃强校注，中华书局，1987，第132～134页。

视（示）险，阬阆强肮（伉）以视（示）强，而上犹智之殹（也）。故如此者不可不为罚。发书，移书曹，曹莫受，以告府，府令曹画之。其画最多者，当居曹奏令、丞，令、丞以为不直，志千里使有籍书之，以为恶吏。[①]

可以看出郡的行政职能有以下几个方面。郡有独立的立法权，“修法律令、田令及为间私方”，郡守有权制定、修改地方法。郡有司法权，“发书，移书曹，曹莫受，以告府，府令曹画之。其画最多者，当居曹奏令、丞，令、丞以为不直，志千里使有籍书之，以为恶吏。”不遵守郡府法令，郡守有权责令吏民弃恶从善。对于违法违纪官员，郡有权依法定罪。“‘辞者辞廷。’·今郡守为廷不为？为殹（也）。”郡享有地方监察权，“今且令人案行之，举劾不从令者，致以律，论及令、丞。有（又）且课县官，独多犯令而令、丞弗得者，以令、丞闻。”派属吏视察县以下各级政府，检举不法吏民是郡的职责。郡通过文书履行行政职能，派郡府属吏巡察下级政府实施郡的政务管理。

关于郡的行政职能还有“迁陵以邮行洞庭”[②]，迁陵县把文书送往洞庭郡。“诸狱辟书五百里以上，及郡县官相付受财物当校计者书，皆以邮行。”[③]。迁陵县通过驿站把文书上送至郡府，“以邮行”文书传送方式，“书不急，擅以邮行，罚金二两”[④]。迁陵县发送给洞庭郡的文书紧急，盖为司法、行政管理文书。

秦国后期的郡有财物管理职能。下文是一起经济案件：

廿六年八月庚戌朔丙子，司空守樛敢言：前日竞（竟）陵蕩（荡）阴狼叚（假）迁陵公船一，袤三丈三尺，名曰栒（?），以求故荆积瓦，未归船。狼属司马昌官，谒告昌官令狼归船，报曰狼有律，

① 睡虎地秦墓竹简整理小组编《睡虎地秦墓竹简》，文物出版社，1978，第15~20页。
② 湖南省文物考古研究所编著《里耶发掘报告》，第181页。
③ 张家山二四七号汉墓竹简整理小组编著《张家山汉墓竹简》，文物出版社，2001，第171页。
④ 张家山二四七号汉墓竹简整理小组编著《张家山汉墓竹简》，第170页。

在复狱已。卒史衰、义所，今写校券一牒上谒，言之卒史衰、义所，问狼船存所，其亡之。为责（债）券移迁陵，弗□□属谒报。敢言之。九月庚辰迁陵守丞敦狐郄（卻）之司空，自以二月叚（假）狼船，何故□□辟□，今而誧曰：谒问复狱卒史衰、义。［衰、义］事已不智（知）所居。其听书从事。庆手。即令□□行司空。

十月戊寅□己巳以来。庆手。□手。①

简文中有数处与郡的行政职能有关的记载，例如，“司空守樛”，《里耶发掘报告》注解，认为“以郡司空、守为宜”，不确，“司空守樛”当指代理郡司空。竟陵县在今湖北潜江县，应属秦三十六郡中的南郡，汉代属江夏郡，两郡皆属荆州。迁陵是洞庭郡的县。卒史是秦汉中央和郡级军政机构中的吏员之一。简文大意是，秦始皇二十六年八月初七这天，代理郡司空樛敢言：“前日南郡竟陵县荡阴里狼借洞庭郡迁陵公船一只，船长三丈三尺，船名叫‘梅（?）’，为了运送原在荆地仓库的陶器，没有按时送还这只船。狼受县司马昌官所管。我谒告昌官，命令狼按期归还他所借的船只。昌官回报说狼已被逮捕，案件已经复审。狼在卒史衰、义的办公处受审。现书写一份校券上报，说明狼在卒史衰、义之处。审问狼所借的船在哪里，狼说已丢失。现写债券一份递送迁陵县。假如船没有丢失，在哪里？请做回复。敢言之。”九月庚辰，迁陵代理县丞敦狐把债券退还给代理郡司空，说自从今年二月把船借给狼，为什么不早日审理决断？直到现在才谒问复审的卒史衰、义？衰和义两人复审此案完毕，不知道他们现在身居何处。

该经济案件涉及两个郡和它们下辖的县，代理郡司空、郡卒史、代理县丞、县司马等郡县级政府官员具体负责，案情复杂，此时的郡已有地方司法权，县接受郡的领导。

关于郡管理下辖的县，另有简文记载：“卅二年四月丙午朔甲寅，少内守是敢言之，廷下御史书举事可为恒程者，洞庭上裙直（值）书到，言今书已到。敢言之。四月甲寅日中佐处以来。欣发。处手。”② 少内守是县

① 湖南省文物考古研究所编著《里耶发掘报告》，第 182 页。
② 湖南省文物考古研究所编著《里耶发掘报告》，第 183 页。

廷的重要属吏，负责一县财政工作，文书内容表明县向郡府汇报财务管理情况。御史属中央官员，监郡。中央、郡、县常有文书往来。再如，“卅三年四月辛丑朔丙午，司空腾敢言之：阳陵宜居士五（伍）毋死有赀，余钱八千六十四。毋死戍洞庭郡，不智（知）何县署，今为钱校券一上谒，言洞庭尉令毋死署所县责（债）以受阳陵司空，［司空］不名计，问何县官，计年为报。已訾其家，［家］贫弗能入，乃移戍所，报，署主责发。敢言之。四月己酉阳陵守丞厨敢言之。写上谒报，［报］署金布发，敢言之。儋手。卅四年六月甲午朔戊午，阳陵守庆敢言之：未报，谒追。敢言之。堪手。卅五年四月己未朔乙丑，洞庭叚（假）尉觿谓迁陵丞：阳陵卒署迁陵，其以律令从事报之。当腾［腾］。嘉手。以洞庭司马印行事。敬手。”①。洞庭郡的主要官吏有郡司空、代理郡尉、洞庭司马等。县司空、县代理县丞等是主要县级官吏，郡通过县追回民众的欠款，表明郡有经济管理职能。

郡还征发劳役，并与农业生产相关：“廿七年二月丙子朔庚寅……田时殹（也）不欲兴黔首。嘉、谷、尉各谨案所部县卒、徒隶、居赀、赎责（债）、司寇、隐官、践更县者簿，有可令传甲兵，县弗令传之而兴黔首，［兴黔首］可省小弗省小而多兴者，辄劾移县，［县］亟以律令具论，当坐者言名史泰守府。嘉、谷、尉在所县上书，嘉、谷、尉令人日夜端行。”② 郡有权向县征发劳役，郡重视农业生产，特别强调劳役征发原则，严禁农忙时征发民力。迫不得已征发，应控制征发规模，确保农业劳动力。郡有权处罚县廷官员，官吏违法上报郡府。可见农业生产是郡的基本职责，郡从宏观上管理农业，推行农业法律法规。

以上所论表明战国后期秦国的郡既有军事职能，又有行政职能，郡是管理县、乡、里的高级政区。商鞅变法后，郡县制逐渐形成，以郡辖县，县以下的乡、里为基层行政组织。下文我们将详细讨论秦国的里吏、乡官、准乡官的职位职数，这是进一步研究乡里政权的前提。

---

① 湖南省文物考古研究所编著《里耶发掘报告》，第185页。

② 湖南省文物考古研究所编著《里耶发掘报告》，第192页。

第二章　秦国乡里官吏制度内涵

第一节　里吏职位职数考

里是秦国基层的最小行政单元，是民众生产生活的聚居地。里的正常运行，里吏的管理起着重要作用，它是秦国行政管理的重要组成部分。秦国的行政管理，纵向可分为中央、郡、县、乡、里五个层次。从管理权分割分析，从上至下依次减小，降至基层，里的权力已十分微弱。里是国家行政管理中的最低一环，里的权限虽小，但它是国家行政的基础，意义重要。里吏的行政管理内容琐碎，无所不包，从行政职能上讲，主要有户籍管理、治安管理、经济管理、兵役徭役征发管理、教化管理及其他应有的管理职能。

秦国的里自治在基层治理中表现得不明显。其功能包括邻里生产生活自治、宗族亲戚自治、里的生产劳动自治、里的劳役自治、里的祭祀自治等。里的自治功能发挥着独立的作用，对里吏的行政功能起着重要补充作用。里的自治和里的行政功能意义不同，不能相互替代。秦能统一六国，基层的里吏发挥了重要作用，里吏是秦国管理队伍中人数最多的一线管理人员，他们对秦统一六国做出了突出贡献，具有重要意义。

由于里吏的重要性，有学者对秦国的里吏做过考查，晁福林、俞伟超、张金光、王子今、卢南乔、田人隆、仝晰纲、蒋非非、吕宗力、王彦辉、王好立、辛德勇、守屋美都雄等对里吏的某一种做了深入考察[①]，比如闾左、田典、里父老等，但没有对秦国的所有里吏做全面考察。亦有论著对秦国的里吏做了较深入的考察，比如张金光的著作，不过其论著问世较早，不少出土文献无缘使用。随着近年出土文献不断增加，特别是秦简的陆续公布，为我们重新认识里吏提供了宝贵资料。秦国里吏的职位和职数究竟有多少，这是我们研究秦国基层社会的重要切入点，为此我们对秦国的里吏再做考查。

一　伍长、什长

伍长、什长源于古代军事制度的变革。殷商西周时期双方军事会战，以车战为主要作战方式。春秋时步兵发展为主要兵种，战国时步兵已发展为主力兵种。春秋步兵兴起，没有留下相关制度著作，成书于战国晚期的《尉缭子》反映了战国晚期秦国的军事制度："教举五人，其甲首有赏。弗教，如犯教之罪。"[②] "甲首"是最低级军吏，即伍长，"前后章各五行，尊章置首上，其次差降之。伍长教其四人，以板为鼓，以瓦为金，以竿为旗。击鼓而进，低旗则趋，击金而退，麾而左之，麾而右之，金鼓俱击而坐。伍长教成，合之什长。什长教成，合之卒长。"[③] "战诛之法曰：什长得诛十人，伯长得诛什长，千人之将得诛百人之长。"[④] 伍长、什长是秦国军队中的低级军官。"其战也，五人束簿为伍，一人兆而到其四人，能人

---

① 仝晰纲：《中国古代乡里制度研究》，山东人民出版社，1999；俞伟超：《中国古代公社组织的考察——论先秦两汉的单－僤－弹》，文物出版社，1988；张金光：《秦制研究》，上海古籍出版社，2004；守屋美都雄：《中国古代的家族与国家》，钱杭、杨晓芬译，上海古籍出版社，2010。研究论文类，晁福林：《关于"发闾左谪戍渔阳"》，《江汉论坛》1982 年第 6 期；蒋非非：《秦代谪戍、赘婿、闾左新考》，《北京大学学报》1995 年第 5 期；卢南乔：《"闾左"辨疑》，《历史研究》1978 年第 11 期；田人隆：《"闾左"试探》，《中国史研究》1979 年第 2 期；王子今：《"闾左"为"里佐"说》，《西北大学学报》1985 年第 1 期；王子今、吕宗力：《论秦汉"魁"及相关称谓》，《秦汉研究》2011 年第 00 期；王彦辉：《田啬夫、田典考释——对秦及汉初设置两套基层管理机构的一点思考》，《东北师大学报》2010 年第 2 期；王好立：《"闾左"辩疑》，《中国史研究》1980 年第 4 期；辛德勇：《闾左臆解》，《中国史研究》1996 年第 4 期。

② 《尉缭子注译》卷五《兵教上第二十一》，华陆综注译，中华书局，1979，第 69 页。

③ 《尉缭子注译》卷五《兵教上第二十一》，第 69 ~ 70 页。

④ 《尉缭子注译》卷四《束伍令第十六》，第 58 页。

得一首则复。五人一屯长，百人一将。其战，百将、屯长不得首，斩；得三十三首以上，盈论，百将、屯长赐爵一级。”① 屯长指伍长。“二世元年七月，发闾左适戍渔阳，九百人屯大泽乡。陈胜、吴广皆次当行，为屯长。”②《汉书·陈胜传》所载相近：“秦二世元年秋七月，发闾左戍渔阳九百人，胜、广皆为屯长。”师古曰：“人所聚曰屯，为其长帅也。”③ 陈胜、吴广担任的是军队中的伍长。

秦墨所载为秦国的史实反映，《墨子·备城门》：“城上十人一什长，属一吏士。一帛尉，百步一亭。”④“五步有五长，十步有什长，百步有百长，旁有大率。”⑤ 墨子为鲁国人，伍长、什长的低级军吏建制当来自齐鲁大地。《睡虎地秦墓竹简·秦律杂抄》：“敦（屯）长、什伍智（知）弗告，赀一甲；伍二甲。”⑥“敦（屯）长”指军中的伍长，“什”指同什的士兵，“伍”指同伍的士兵。

基层里中的伍长、什长制度与民政相结合，战国文献已有不少记载，“晏子对曰：‘昔吾先君桓公能任用贤，国有什伍，治遍细民’。”⑦“管子于是制国：五家为轨，轨为之长；十轨为里，里有司。”⑧“分里以为十游，游为之宗。十家为什，五家为伍，什伍皆有长焉……游宗以谯于什伍，什伍以谯于长家……则什伍以复于游宗，游宗以复于里尉……其在长家，及于什伍之长；其在什伍之长，及于游宗。”⑨ 齐国的军政合一，《银雀山汉简释文》：“五人为伍，十人为连，贫富相……”⑩ 简文内容反映的是战国齐国的史实，里吏设置和文献记载相合。战国后期，楚国基层的里亦设有伍长，《鹖冠子·王鈇》：“其制邑理都使矔习者，五家为伍，伍为之长；

---

① 《商君书》，石磊译注，中华书局，2009，第161～162页。
② 《史记》卷四十八《陈涉世家》，第1950页。
③ 《汉书》卷三十一《陈胜项籍传》，第1786页。
④ 孙诒让：《墨子间诂》卷十四《备城门》，中华书局，1954，第312页。
⑤ 孙诒让：《墨子间诂》卷十五《迎敌祠》，第340页。
⑥ 睡虎地秦墓竹简整理小组编《睡虎地秦墓竹简》，第145页。
⑦ 戴望：《晏子春秋校注》卷三《内篇问上》，中华书局，1954，第75页。
⑧ 徐元浩：《国语集解》，第224页。
⑨ 《管子校正》卷一《立政》，第10页。
⑩ 吴九龙释《银雀山汉简释文》，文物出版社，1985，第82页。

十伍为里，里置有司……里有司退修其伍，伍长退修其家……伍人有勿故不奉上令，有余不足居处之状，而不辄以告里有司，谓之乱家，其罪伍长以同。"① 伍长是楚国的低级里吏。"南阳户人荆不更蛮强"，"妻曰嗛"，"子小上造□"，"子小女子驼"，"臣曰聚，伍长"，"南阳户人荆不更黄得"，② 简文反映的是秦国里的户籍内容，伍长是低级里吏。"里宰，每里下士一人。邻长，五家则一人。"注云："县、鄙、酂、里、邻、遂之属别也。"③ "令五家为比，使之相保；五比为闾，使之相受。"④ 邻长、比长是伍长的不同名称。

秦国为了适应战争的需要，自商鞅变法之后，把整个国家纳入军事化管理体制。"商鞅的县制就可以看作是军治与民治两种体制的综合，它不是要确保以往设置于边境上的那类军事据点，而是要有助于确保面。在内地，则是一种将秦国的统治贯彻至位于末端的小型聚落的机构。"⑤ "小型聚落的机构"指的正是居民单位"里"。秦始皇统一后，军事战争暂告一段落，秦国基层的"里"管理模式被保留了下来，全国推行郡县制，伍长、什长制度普遍行于全国基层乡里社会。

二　里监门

战国后期，里的基层政权逐步加强，里的职事增多，战国后期秦国新增设了里监门、里佐、田典三种里吏。另外，一里之长在西周时期已经出现，东周时期对其就有数种称呼。这四种里吏的级别比伍长、什长高，职责比伍长、什长重要。

里监门一职在文献中不多见，无学者做过深入研究，少数论著略有提及⑥。里监门的起源不可考，监门作为一种职业，最早见于战国。"（侯嬴）

---

① 黄怀信：《鹖冠子汇校集注》卷中《王鈇第九》，中华书局，1985，第178~183页。

② 湖南省考古研究所编著《里耶发掘报告》，第203~204页。

③ 孙诒让：《周礼正义》卷十七《地官司徒·叙官》，第175页。

④ 孙诒让：《周礼正义》卷十九《地官司徒·大司徒》，第197页。

⑤ 守屋美都雄：《中国古代的家族与国家》，第72页。

⑥ 张金光：《秦乡官制度及乡、亭、里关系》，《历史研究》1997年第6期；仝晰纲：《秦汉时期的里》，《山东师大学报》（社会科学版）1988年第4期；张力：《秦汉里论》，《四川师范学院学报》1993年第4期。

年七十，家贫，为大梁夷门监者。公子闻之，往请，欲厚遗之。不肯受，曰：‘臣修身洁行数十年，终不以监门困故而受公子财’。”[①] 监门也称作“监者”，夷门是大梁的城门之一，不是居民单位“里”的名称，此处的监门不是里监门。“《史记·魏公子列传》载侯嬴为‘大梁夷门监者’，其自言‘终不以监门困故而受人财’。”[②] 张金光没有区分监门的级别，把城邑的监门和里监门混为一谈。仝晰纲断章取义，不言“大梁夷门”：“《史记·魏公子列传》：‘臣修身洁行数十年，终不以监门困苦故而受公子财。’”[③] 仝晰纲认为此处的监门是里监门，误。《战国策》：“‘且梁监门子，尝盗于梁，臣于赵而逐。取世监门子，梁之大盗，赵之逐臣，与同知社稷之计，非所以厉群臣也。’……王曰：‘子监门子，梁之大盗，赵之逐臣’。”[④]《史记·韩非列传》：“韩非短之曰：‘贾，梁监门子，盗于梁，臣于赵而逐。取世监门子梁大盗赵逐臣与同社稷之计，非所以励群臣也’。”[⑤]《韩诗外传》：“姚贾，监门之子也，为秦往使之，遂绝其谋，止其兵。”[⑥] 姚贾的父亲曾在梁做过监门。

《战国策》：“夫史举，上蔡之监门也。”[⑦]《韩非子·内储说下》所载相近：“史举，上蔡之监门也，大不事君。”[⑧] 史举是甘茂的老师，为上蔡的监门。《史记·甘茂列传》：“夫史举，下蔡之监门也。”[⑨]《史记》所记与《韩非子》记载属一事，但两处地名不同，分别为“下蔡”“上蔡”。《史记·甘茂列传》：“甘茂者，下蔡人也。事下蔡史举先生，学百家之术。”[⑩] 甘茂是下蔡人，与史举籍贯相同，《史记》所载“下蔡”当正确。“下蔡”是县名，属汝南郡，此处指下蔡县城大门的监门，不是里监门，

① 《史记》卷七十七《魏公子列传》，第 2378 页。
② 张金光：《秦乡官制度及乡、亭、里关系》，第 32 页。
③ 仝晰纲：《秦汉时期的里》，第 34 页。
④ 《战国策》卷七《秦五》，上海古籍出版社，1998，第 294～296 页。
⑤ 《史记》卷六十三《老子申韩列传》，第 2155 页。
⑥ 韩婴：《韩诗外传集释》卷八，许维遹校释，中华书局，1980，第 295 页。
⑦ 《战国策》卷十四《楚一》，第 498 页。
⑧ 王先慎：《韩非子集解》卷十《内储说下》，第 192 页。
⑨ 《史记》卷七十一《樗里子甘茂列传》，第 2317～2318 页。
⑩ 《史记》卷七十一《樗里子甘茂列传》，第 2310～2311 页。

监门作为职业专称已出现。

宋国基层的里设有里监门一职。《韩诗外传》:“鲁监门之女婴相从绩，中夜而泣涕。”[①] 婴夜间相从纺织，当是闾里庶民，其父可能是里监门。《战国策》:“‘下则鄙野监门，闾里士之贱也，亦甚矣。’斶对曰:‘不然，斶闻古大禹之时……欲为监门，闾里安可得而有乎哉?’”[②] 高士怀才不遇，屈身为鄙野监门，是里监门。《韩诗外传》《战国策》多处记载可以和其他史料相印证。

里监门多为贫者担任，职业低贱。《韩非子·八说》:“万金之家必不用其富厚，而与监门同资。”[③] “万金之家”与“监门”对举，知里监门多贫穷。又载:“夏日葛衣，虽监门之服养，不亏于此矣。”[④]《史记·秦始皇本纪》:“虽监门之养，不觳于此。”“索隐”云:“谓监门之卒。养即卒也，有厮养卒……《尔雅》云:‘虽监守门之人，供养亦不尽此之疏陋也’。”[⑤]《史记·李斯列传》:“虽监门之养不觳于此矣……口食监门之养，手持臣虏之作哉?”“索隐”引《尔雅》云:“‘觳，尽也’。言监门下人饭犹不尽此。”[⑥]《史记·郦生列传》:“无以为衣食业，为里监门吏。”应劭曰:“落魄，志行衰恶之貌也。”《战国策》云齐宣谓颜斶曰:“夫监门闾里，士之贱也。”[⑦]《汉书·郦食其传》:“郦食其……为里监门，然吏县中贤豪不敢役，皆谓之狂生。”师古曰:“落魄，失业无次也。”[⑧] 学者常拿监门作为穷苦典型例证，说明里监门的衣食供养差，职位卑贱。张力《秦汉里论》一文认为里监门是贱职，但“其职掌与《管子·立政》之‘闾有司’相似，或以为秦汉之里监门即春秋战国时齐国的闾有司”[⑨]。此说不确，原因有二:其一，如果《管子》所载属实，闾有司的地位相当于里

① 韩婴:《韩诗外传集释》卷二，第33页。
② 《战国策》卷十一《齐四》，第409~410页。
③ 王先慎:《韩非子集解》卷十八《八说》，第329~330页。
④ 王先慎:《韩非子集解》卷十九《五蠹》，第340页。
⑤ 《史记》卷六《秦始皇本纪》，第271~272页。
⑥ 《史记》卷八十七《李斯列传》，第2553~2554页。
⑦ 《史记》卷九十七《郦生陆贾列传》，第2691页。
⑧ 《汉书》卷四十三《郦陆朱刘叔孙传》，第2105页。
⑨ 张力:《秦汉里论》，第102页。

正，其时齐国军民合一；其二，学界普遍认为《管子》成书于汉代，是战国基层社会情况的反映。

里监门亦称“门者”，其职位设置，一里两人。《史记·陈余列传》：“张耳、陈余乃变名姓，俱之陈，为里监门以自食……两人亦反用门者，以令里中。”张晏曰：“监门，里正卫也。”注曰：“门者即余、耳也。自以其名而号令里中，诈更别求也。”[①]《汉书·张耳传》亦载：“两人变名姓，俱之陈，为里监门。”师古注云：“监门，卒之贱者，故为卑职以自隐。”[②]

监门、里监门虽职位卑贱，但史料所见皆为名人，如姚贾、史举、侯嬴、路温舒之父、张耳、陈余、孔嵩。陈直指出：“战国至西汉时，监门多隐君子。”[③] 监门职事不繁，有精力探究学问，学而后成为君子。

三　闾左和里佐

20世纪，学者对“闾左”是不是里吏曾有过激烈争辩，对“闾左”曾有多种解释。辛德勇认为闾左是流落他乡的“宾萌”[④]。王好立认为闾左“就是居于闾里之左的黔首”[⑤]。田人隆认为：“闾左在经济上一无所有，政治地位低下，是身份卑贱而备受歧视的一个特殊的社会阶层；在秦代的社会结构中，闾左的地位近于刑徒和奴婢，因此它是不得跻身于平民（即黔首）之列的。”[⑥] 王子今认为“闾左”就是“里佐”[⑦]。张汉东认为：“闾左就是里佐，是佐助里正管理民户、征役敛赋的村里卑职，也是秦朝帝国统治机构最基层的役务人员。”[⑧] 何清谷认为“闾左”是“逋亡人”“亡人”“亡命”，即居住在里门左侧的逃亡贫苦农民。[⑨] 臧知非指出：“‘谪戍制’是征发有特殊身份的人戍边的制度，不同于以前的刑徒兵。它始于始

① 《史记》卷八十九《张耳陈余列传》，第2572页。
② 《汉书》卷三十二《张耳陈余列传》，第1830页。
③ 陈直：《史记新证》，中华书局，2006，第133页。
④ 辛德勇：《闾左臆解》，第150页。
⑤ 王好立：《“闾左”辩疑》，第49页。
⑥ 田人隆：《“闾左”试探》，第70页。
⑦ 王子今：《“闾左”为“里佐”说》，《西北大学报》1985年第1期。
⑧ 张汉东：《从秦始皇到汉武帝》，陕西旅游出版社，1997，第73页。
⑨ 何清谷：《“闾左”新解》，《陕西师大学报》1989年第4期。

皇三十三年，止于汉武帝末年。在秦代被谪发者的身份是‘贱民’，‘贱民’原本没有资格当兵。汉代与秦代不同，商人是因为违反了‘算缗令’而被征发的。”① 臧知非意指“闾左”是贱民。晁福林认为“发闾左谪戍渔阳”指征发“闾左”和“谪”两类人去戍守渔阳，而不是谪发闾左去戍守渔阳。② 胡大贵认为“闾左”是平民，和“豪右”相对应，“闾左”占里中人口的多数。③ 王育成的结论是：“闾左即是当时社会等级压迫与习惯信仰的混合产物，其本意就是指居住在闾里左方的社会最底层的贱人。”④ 蒋非非论定“闾左”是普通自由民，不是特殊阶层。⑤ 仝晰纲《秦汉乡官里吏考》一文⑥的观点和王子今的观点相同。综之关于“闾左”主要有罪人说、贫民说、里佐说、贱人说、流民说、富民说、恶少年说等数种说法。

“闾左”究竟何指？主流认为“闾左”指的是贫苦农民，他们居住在里的左边。但这一认识并没有有说服力的文献支撑，又违反生活常理。窃以为准确解读秦汉时期留下的相关著述、出土文献，特别是弄懂“左”字的含义，是正确解释“闾左”的途径。“‘闾左’中的‘左’字用的是引申义，‘闾左’的正确解释是里中占绝大部分普通民众的统称。‘闾左’和里中的少数富贵者‘豪右’相对应。‘里佐’不同于‘闾左’，‘里佐’是里典的助手。”⑦

四　田典

田典是出土文献中新见的一种里吏，最早见于秦简。《睡虎地秦墓竹简·厩苑律》：“有（又）里课之，最者，赐田典日旬；殿，治（笞）

---

① 臧知非：《“谪戍制”考析》，《徐州师范大学学报》1984 年第 3 期。
② 晁福林：《关于“发闾左谪戍渔阳”》，第 64 页。
③ 胡大贵：《关于秦代谪戍制的几个问题》，《西南师范大学学报》1991 年第 1 期。
④ 王育成：《闾左贱人说初论——兼说陈胜故里在宿州》，《中国历史博物馆馆刊》1998 年第 2 期。
⑤ 蒋非非：《秦代谪戍、赘婿、闾左新考》，第 61 页。
⑥ 仝晰纲：《秦汉乡官里吏考》，《山东师大学报》1995 年第 6 期。
⑦ 张信通：《秦代的“闾左”考辨》，《贵州师范学院学报》2013 年第 11 期。

卅。”[①] 田啬夫是乡官，田典是里吏。田典在里吏中地位很高，其重要性仅次于里正，“数在所正、典弗告，与同罪”[②]。“正、典”指里正、田典。《云梦龙岗秦简》：“租者且出，以律告典、田典，典、田典令黔首皆知之。”[③]“典”指里典。又有：“□□□上典”，“田，不从令者论之如律☑”[④]。注云：“以上二简文意相属，‘典、田’，职官名。”[⑤]“典、田”指里典、田典。“☑〔典〕为〔盗〕☑”[⑥]。田典的职责与管理农业经济有关，此处“☑典”可能指田典。《二年律令·钱律》所记可供参考：“盗铸钱及佐者，弃市。同居不告，赎耐。正典、田典、伍人不告，罚金四两”[⑦]。又载：“田典更挟里门籥（钥），以时开；伏闭门。”[⑧] 其他不再举例。秦国的田典和里典常相提并论，足见其职位重要。

有学者认为田典不是里吏，例如，张金光认为“田典是乡官”[⑨]。宫长为释读“最者，赐田典日旬；殿，治（笞）卅”为“成绩优秀者，赏赐里典资劳十天；成绩低的，笞打三十下”[⑩]。宫长为把田典理解为里典显然是误解。张金光后来又提出：“田啬夫、田典既是乡官，又直接组织并管理生产。”[⑪] 张金光把田典误解为乡官。

五 里正（典）

里的长官西周已经出现，其时称作“里君”。东周后期，各诸侯国基本上确立了郡（都）、县、乡、里集权管理模式，里政权构建大备。里的行政长官地位虽低，但行政末梢是国家统治的基础，里正（里典、里魁）

① 睡虎地秦墓竹简整理小组编《睡虎地秦墓竹简》，第30～31页。
② 张家山二四七号汉墓竹简整理小组编著《张家山汉墓竹简》，第177页。
③ 刘信芳、梁柱编著《云梦龙岗秦简》，科学出版社，1997，第39页。
④ 刘信芳、梁柱编著《云梦龙岗秦简》，第41页。
⑤ 刘信芳、梁柱编著《云梦龙岗秦简》，第41页。
⑥ 刘信芳、梁柱编著《云梦龙岗秦简》，第43页。
⑦ 张家山二四七号汉墓竹简整理小组编著《张家山汉墓竹简》，第160页。
⑧ 张家山二四七号汉墓竹简整理小组编著《张家山汉墓竹简》，第175页。
⑨ 张金光：《论秦自商鞅变法后的农村公社残余问题》，《文史哲》1990年第1期。
⑩ 宫长为：《浅谈秦代经济管理中对官吏的几种规定——读〈睡虎地秦墓竹简〉的一点意见》，《东北师范大学学报》1982年第6期。
⑪ 张金光：《秦官社经济体制模式典型举例》，《西安财经学院学报》2008年第5期。

成为常设职务。楚国的里尹是一里之长，楚简所见“里公”一职，学界公认此职是一里之长，但笔者则否定这一见解。战国后期韩国、赵国、魏国、燕国虽在史书中缺载里长一职，但学界普遍认为它们的管理模式和秦、齐、楚等国在本质上相同，最底层的里长设置也应当是题中应有之义。

东周后期，各诸侯国对县以下基层社会基本上完成改造，建立了管理模式相近的官僚制上下统属行政体系，里成为行政末梢的居民单位组织，一里之长统管一里政务，为里之首长。各国里长名称虽异，其实质相同。

秦始皇登基之前，秦国的里长称为“里正”。《韩非子·外储说右下》：“王因使人问之，何里为之，訾其里正与伍老，屯二甲……‘今乃訾其里正与伍老屯二甲，臣窃怪之’。”[①] 始皇帝名政，嬴政称帝之后，为避其讳，改里正为“里典”。秦国文献不见里典一名，但秦简多有记载。《秦律杂抄》：“匿敖童，及占癃（癃）不审，典、老赎耐。●百姓不当老，至老时不用请，敢为酢（诈）伪者，赀二甲；典、老弗告，赀各一甲。”[②] “此二物其同居，典、伍当坐之。”[③] “其四邻、典、老皆出不存，不闻号寇，问当论不当？审不存，不当论；典、老虽不存，当论。”[④] “律所谓者，当繇（徭），吏、典已令之，即亡弗会，为‘逋事’。”[⑤] “典”即里典的省称。“可（何）谓‘（率）敖’？‘（率）敖’当里典谓殹（也）。”[⑥] 里典是“典”的全称。里耶秦简中也有关于“里典”的记载。《里耶发掘报告》：“启陵乡夫敢言之：成里典、启陵邮人缺，除士五（伍）成里匄、成，［成］为典，匄为邮人。”[⑦]

综合传世文献和出土文献，就目前所见，秦国的里吏包括什长、伍长、里监门、里佐、田典、里正（典）。其中伍长、什长负责里中的什伍

---

① 王先慎：《韩非子集解》卷十四《外储说右下》，第253~254页。
② 睡虎地秦墓竹简整理小组编《睡虎地秦墓竹简》，第143页。
③ 睡虎地秦墓竹简整理小组编《睡虎地秦墓竹简》，第159页。
④ 睡虎地秦墓竹简整理小组编《睡虎地秦墓竹简》，第193页。
⑤ 睡虎地秦墓竹简整理小组编《睡虎地秦墓竹简》，第221页。
⑥ 睡虎地秦墓竹简整理小组编《睡虎地秦墓竹简》，第237页。
⑦ 湖南省文物考古研究所编《里耶发掘报告》，第184页。

组织，里监门负责里门的治安工作，这三种属于低级里吏。里佐辅助一里行政首长里正（典）开展各项工作，田典是主抓一里农业的里吏。里佐、田典、里正（典）属于核心里吏，负责里中主要行政事务。里吏虽地位低下，但秦国基层政务多由他们负责落实，秦最终能统一六国，里吏做出了不可磨灭的贡献。

第二节　乡官职位职数考

秦国乡级政府对基层社会的治理，主要通过乡官和准乡官两类人群实施。乡的行政功能是国家大部分行政的缩影，基于基层社会治理的重要性，前人围绕秦国的乡官、准乡官的研究取得了丰硕成果。但目前学者对乡官、准乡官两类特殊人群的区别还不够清晰。

秦国的“乡官”一词，里耶秦简权威资料有载：“☐□迁陵丞昌下乡官曰：各别军吏。·不当令乡官别书军吏，军吏及乡官弗当听。”“☐其问官下此书军吏。弗下下，定当坐者名吏里、它坐、訾能入赀不能，遣诣廷。”“☐□狱东。/义手。”“☐【者】。/萃手。/旦，守府昌行廷。”① 此处的“乡官”作为专有名词出现，指秦国乡政府的正式在册官吏。据《汉书·百官公卿表》：“乡有三老、有秩、啬夫、游徼。三老掌教化。啬夫职听讼，收赋税。游徼徼循禁贼盗……乡亭亦如之，皆秦制也。”② 乡三老、乡有秩、乡啬夫、乡游徼的设置是秦国旧制。《续汉书·百官五》：“乡置有秩、三老、游徼。又有乡佐，属乡。”③ 按照文献所载，乡官职位名称包括乡三老、乡有秩、乡啬夫、乡佐、乡游徼等。进一步分析史料可知，乡三老的性质与后几种吏员有着本质差别；结合秦汉简牍，乡有秩（乡啬夫）、乡佐、乡游徼、乡守、田啬夫等都是国家正式官吏。对于这两类人群文献记述简略，前者不是国家正式官吏，不食国家俸禄，介于官民之间，是沟通乡里民众和县乡官吏的纽带；后者是国家正式在册官吏，按要

---

① 陈伟主编《里耶秦简牍校释》（第一卷），第109～110页。

② 《汉书》卷十九上《百官公卿表上》，第742页。

③ 《续汉书》志第二十八《百官五》，中华书局，1965，第3624页。

求履行公职，享受相应的待遇。我们认为应当以合适的概念将二者区分开，前者称为“准乡官”，后者称为“乡官”。

当代学者在研究秦国的乡官时，往往把“准乡官”和“乡官”混为一谈。张金光认为“乡三老、乡有秩、乡佐、乡游徼”是乡官[①]，仝晰纲把乡三老、孝悌、力田、乡有秩（乡啬夫）、乡佐、乡游徼等视为乡官[②]。多数学者按照这一思维理解，后起学者萧规曹随，沿用此说。唯见余行迈特别强调“乡亭部吏”这一概念，“均指县以下乡、亭基层小吏，如亭长、游徼等，其实乡啬夫也应属之”[③]。这是有见解的，我们对此再做探讨。《后汉书·左雄传》：“故使奸猾枉滥，轻忽去就，拜除如流，缺动百数。乡官部吏，职斯禄薄，车马衣服，一出于民，廉者取足，贪者充家。”[④] 这明示了乡官和部吏是两个概念，两者有所区别，《后汉书·王符传》：“足议曲直，乡亭部吏亦有任决断者，而类多枉曲，盖有故焉。”[⑤] 汉人王符《潜夫论·爱日》指出：“刑法之理，虽乡亭部吏足以断决，使无怨言，然所以不者，盖有故焉。”[⑥]“乡亭部吏”指乡部、亭部的国家正式吏员，亭部吏主要包括亭长、求盗、亭父等。汉代把乡的辖区称为“乡部”，亭的辖区称为“亭部”，周振鹤《从汉代“部”的概念释县乡亭里制度》[⑦] 一文对乡部、亭部有深入论述。汉承秦制，秦制源于秦国，秦国基层非主要官吏多称为“部佐”。明确“准乡官”、“乡官”和亭部吏的区别之后，我们逐一探讨乡官的职位和职数。

一　秦国的“准乡官”：乡三老

秦国的乡三老制源于西周的养老制度。尊老、养老是社会文明进步的体现，三老制是西周养老制度的重要内容。《春秋左传》：“公聚朽蠹，而

① 张金光：《秦乡官制度及乡、亭、里关系》，第 22 ~ 39 页。
② 仝晰纲：《秦汉乡官里吏考》，第 43 ~ 47 页。
③ 余行迈：《汉代乡亭部吏考略》，《苏州大学学报》1992 年第 1 期。
④ 《后汉书》卷六十一《左周黄列传》，中华书局，1965，第 2017 页。
⑤ 《后汉书》卷四十九《王充王符仲长统列传》，第 1640 页。
⑥ 王符：《潜夫论》，河南大学出版社，2008，第 180 页。
⑦ 周振鹤：《从汉代“部”的概念释县乡亭里制度》，《历史研究》1995 年第 5 期。

三老冻馁。”注云：“三老，谓上寿、中寿、下寿，皆八十已上不见养遇。”服虔云：“三老者，工老、商老、农老。”[①]《礼记·文王世子》：“遂设三老五更群老之席位焉。”注云：“三老五更各一人也，皆年老更事，致仕者也。天子以父兄养之，示天下之孝悌也。名以三五者，取象三辰五星。”[②]可见，“三老”包括致仕而又留任的老年官员、致仕官员、普通老人。秦国认识到三老制对于稳定社会关系、淳正民风、建立优良的社会风尚有重要作用，继承了西周的三老制。

《史记·陈涉世家》：“数日，号令召三老、豪杰与皆来会计事。三老、豪杰皆曰：‘将军身被坚执锐，伐无道，诛暴秦，复立楚国之社稷，功宜为王。’陈涉乃立为王，号为‘张楚’。”[③]陈胜、吴广起义，发自基层，三老是乡里基层社会的老人。又《史记·高祖本纪》载：“新城三老董公遮说汉王以义帝死故。汉王闻之，袒而大哭。”注曰：“百官表云：‘十亭一乡，乡有三老，三老掌教化。’皆秦制也。”[④]我们知道，乡三老掌教化，“皆秦制也”。秦国确有乡三老。

《墨子》中有不少关于秦国乡三老的记载。墨子去世后，墨分为三，其中一支为秦墨。蒙文通明确提出现存《墨子·备城门》以下凡十一篇为秦国墨者所作，《儒学五论·论墨学源流与儒墨汇合》[⑤]所说“墨离为三”是指东方之墨、南方之墨和秦之墨后之学者。云梦秦简的面世，则为这一争论结案，岑仲勉亦指出《备城门》以下各篇“详细阐述了城防技术，是古代军事工程技术的瑰宝，这不是什么纸上谈兵，而是军事实践的规范，是秦国墨者集体智慧的结晶”[⑥]。“直到云梦秦简的面世，我们才可以肯定秦国墨者对秦国军事上的作为与贡献了。这就是现有《墨子·备城门》以下各篇被确认为秦国墨者所作。”[⑦]蒙文通、岑仲勉、臧知非等考证精准，

---

① 杨伯峻编著《春秋左传注》，第1235页。

② 朱彬：《礼记训纂》，中华书局，1998，第96页。

③ 《史记》卷四十八《陈涉世家》，第1952页。

④ 《史记》卷八《高祖本纪》，第370页。

⑤ 刘梦溪主编《中国现代学术经典·廖平、蒙文通卷》，河北教育出版社，1996，第583～587页。

⑥ 岑仲勉：《墨子城守各篇简注》，中华书局，2011，第112页。

⑦ 臧知非：《〈墨子〉、墨家与秦国政治》，《人文杂志》2002年第2期。

观点合乎历史实际。

《墨子·号令》："勿令里巷中。三老守闾，令厉缮夫为答。若他以事者微者，不得入里中，三老不得入家人……吏、三老、守闾者，失苛止，皆断。"[①] "里正与皆守，宿里门。吏行其部，至里门，正与开门内吏，与行父老之守，及穷巷幽间无人之处。奸民之所谋为外心，罪车裂。正与父老，及吏主部者，不得皆斩。"[②] 在防敌攻城中，三老和吏、里正、父老、守闾者等一起执行防务，如此可知秦国基层社会确有乡三老一职。

二　乡部吏

乡部吏是构成乡级政权的国家正式官吏，他们上和县廷官员直接往来，下躬身领导各行政单位里的具体工作，人手较多。主要吏员有乡主，亦称乡啬夫，乡司空、乡佐等。

（一）乡主、乡啬夫、乡守

秦国一乡的行政负责人称作"乡主"，统领一乡政务。睡虎地云梦秦简载："丞某告某乡主：男子丙有鞫，辞曰：'某里士伍甲臣。'"[③] 又如，"丞某告某乡主：某里五大夫乙家吏甲诣乙妾丙"[④]。县丞调查取证后，及时与乡政府负责人乡主沟通。里耶秦简亦有记录："迁陵守丞敦狐告都乡主以律令从事。建手。"[⑤] 新公布里耶秦简载："贰春乡主□发。"[⑥]

秦国乡的第一责任人亦称"乡啬夫"。里耶秦简："乡啬夫以律令从事。朝手。即走印行都乡。"[⑦] 乡啬夫似乎是比乡主更规范的官吏专称，政府文书有时将其省称为"乡"。秦简《仓律》："入禾仓，万石一积而比黎之为户。县啬夫若丞及仓、乡相杂以印之。"[⑧] 秦国各乡部设有仓库，粮食或刍藁装满仓库后，县啬夫或县丞、仓啬夫、乡啬夫全部在现场，封上仓

① 孙诒让：《墨子间诂》卷十五《号令》，第355页。
② 孙诒让：《墨子间诂》卷十五《号令》，第349页。
③ 睡虎地秦墓竹简整理小组编《睡虎地秦墓竹简》，第259页。
④ 睡虎地秦墓竹简整理小组编《睡虎地秦墓竹简》，第260页。
⑤ 湖南省文物考古研究所编著《里耶发掘报告》，第194页。
⑥ 陈伟主编《里耶秦简牍校释》（第一卷），第355页。
⑦ 湖南省文物考古研究所编著《里耶发掘报告》，第191页。
⑧ 睡虎地秦墓竹简整理小组编《睡虎地秦墓竹简》，第35页。

库。又如秦简《效律》："是县入之，县啬夫若丞及仓、乡相杂以封印之，而遗仓啬夫及离邑仓佐主禀者各一户。"[①] 里耶秦简："卅五年五月己丑朔庚子，迁陵守丞律告启陵Ⅰ乡啬夫：乡守恬有论事，以旦食遣自致，它Ⅱ有律令。"[②]

但乡守与乡主、乡啬夫不同。里耶秦简："卅年三月己未平邑乡泾下佐昌与平邑故乡守士五（伍）虽、中、哀，佐涅，童禺□□不备十三真钱百九十五，负童分钱□卌八。"[③] 虽、中、哀曾经担任平邑乡的乡守。2012年公布的里耶秦简出现了四个乡，每乡均有乡守。

一是都乡的乡守。里耶秦简："廿八年五月己亥朔甲寅，都乡守敬敢言之：☐Ⅰ得虎，当复者六人。"[④] 乡守"敬"负责向县廷上报免除徭役的原因、人数。"卅五年八月丁巳朔丙戌，都乡守☐Ⅰ士五（伍）兔诣少内受□。·今□☐Ⅱ8－660 九月丁亥日垂入，乡守蜀以来。瘳☐。"[⑤] 乡守兔到县廷治所的财务机构少内出差办事。"卅五年七月戊子朔己酉，都乡守沈爰书：高里士五（伍）广自言：谒以大奴良、完，小奴嚋、饶，大婢阑、愿、多、□……都乡守沈敢言之。"[⑥] 乡守"沈"处理基层里中的民政文书，上报县廷。"卅二年六月乙巳朔壬申，都乡守武爰书：高里士五（伍）武自言以大奴幸、甘多，大婢言、言子益Ⅰ等……都乡守武敢言：上。"[⑦] 这份文书的基本性质同上述文书。"卅三年七月己巳朔甲戌，都乡守壬爰书：高里士五（伍）武自□☐Ⅰ典绾□☐。"[⑧] 乡守把里典的谈话做了记录上报县廷。"卅一年五月壬子朔壬戌，都乡守是徒薄（簿）。☐Ⅰ受司空城旦一人、仓隶妾二人……五月壬戌，都乡守是□□□☐。"[⑨] "二月辛未，都乡守舍徒（薄）簿☐Ⅰ受仓隶妾三人、司空城☐Ⅱ凡六人。捕羽，

① 睡虎地秦墓竹简整理小组编《睡虎地秦墓竹简》，第 98 页。
② 陈伟主编《里耶秦简牍校释》（第一卷），第 223 页。
③ 湖南省文物考古研究所编著《里耶发掘报告》，第 192 页。
④ 陈伟主编《里耶秦简牍校释》（第一卷），第 103 页。
⑤ 陈伟主编《里耶秦简牍校释》（第一卷），第 195 页。
⑥ 陈伟主编《里耶秦简牍校释》（第一卷），第 356～357 页。
⑦ 陈伟主编《里耶秦简牍校释》（第一卷），第 326 页。
⑧ 陈伟主编《里耶秦简牍校释》（第一卷），第 352～353 页。
⑨ 陈伟主编《里耶秦简牍校释》（第一卷），第 417 页。

宜、委、□☐。"①以上两份文书与刑徒的劳作有关，乡守负责上报接收刑徒的基本信息、劳动分工等。按照年、乡分类分析，我们发现都乡在三十五年有三个乡守出现，他们是兔、蜀、沈，一年之内更换三个乡守的可能性不大，推知一乡的乡守不止一个。此外，从三十一年到三十三年换了三个乡守。

二是贰春乡的乡守。里耶秦简："廿九年九月壬辰朔辛亥，贰春乡守根敢言之：牒书水Ⅰ火败亡课一牒上。敢言之。"②"牒书水火败亡课"，大概是乡守上报水灾、火灾的专门文书。"卅四年八月癸巳朔丙申，贰春乡守平敢言之：Ⅰ贰春乡树枝（枳）枸卅四年不实。敢言之。"③这是乡守上报水果收成的文书。"卅年十月辛卯朔乙未，贰春乡守绰敢告司空主，主Ⅰ令鬼薪轸、小城旦乾人为贰春乡捕鸟及羽。"④"卅五年九月丁亥朔乙卯，贰春乡守辨敢言Ⅰ之：上不更以下徭计二牒。敢言之。"⑤"☐子贰乡守吾作徒薄（簿）：受司空白粲一人，病。"⑥"廿八年九月丙寅，贰春乡守畸徒薄（簿）。Ⅰ积卅九人。Ⅱ十三人病。Ⅲ廿六人彻城。"⑦以上四份文书反映的是乡守负责徭役和刑徒劳作。"卅一年十月乙酉朔朔日，贰春乡守☐Ⅰ大奴一人直（值）钱四千三百。☐Ⅱ小奴一人直（值）钱二千五百。"⑧"卅一年三月癸丑，贰春乡守氏夫☐。"⑨"粟米二石。令☐Ⅰ卅一年三月癸丑，贰春乡守氏夫□☐。"⑩"卅一年三月癸酉，贰春乡守氏夫、佐壬出粟米八升食舂央刍等二☐Ⅰ令史扁视平。"⑪"卅一年四月辛卯，贰春乡守氏夫、佐吾出食舂、白粲□等。"⑫"卅二年八月乙巳朔壬戌，贰春乡守福、佐敢、稟人

---

① 陈伟主编《里耶秦简牍校释》（第一卷），第82页。
② 陈伟主编《里耶秦简牍校释》（第一卷），第189页。
③ 陈伟主编《里耶秦简牍校释》（第一卷），第350页。
④ 陈伟主编《里耶秦简牍校释》（第一卷），第343页。
⑤ 陈伟主编《里耶秦简牍校释》（第一卷），第353页。
⑥ 陈伟主编《里耶秦简牍校释》（第一卷），第385页。
⑦ 陈伟主编《里耶秦简牍校释》（第一卷），第305页。
⑧ 陈伟主编《里耶秦简牍校释》（第一卷），第306页。
⑨ 陈伟主编《里耶秦简牍校释》（第一卷），第366页。
⑩ 陈伟主编《里耶秦简牍校释》（第一卷），第231页。
⑪ 陈伟主编《里耶秦简牍校释》（第一卷），第364页。
⑫ 陈伟主编《里耶秦简牍校释》（第一卷），第312页。

秫出。"[1] 以上几份文书反映了乡守对一乡财物的管理。从三十年到三十四年，贰春乡出现了四个乡守，乡守地位在乡佐之上，年年换乡守的可能性不大，一个乡的乡守职数当为二至三人。

三是启陵乡的乡守。里耶秦简："卅四年七月甲子朔癸酉，启陵乡守意敢言之：廷下仓守庆书Ⅰ言令佐赣载粟启陵乡。"[2] "意"是启陵乡的乡守。"卅五年五月己丑朔庚子，迁陵守丞律告启陵Ⅰ乡啬夫：乡守恬有论事，以旦食遣自致，它Ⅱ有律令。"[3] 这份文书是说乡守恬违反国家法律，迁陵县的守丞通知启陵乡的乡啬夫，让他告知乡守恬早餐后到县廷接受处理。这说明启陵乡乡啬夫的地位比乡守略高，守丞通过乡啬夫转告乡守。但文书也表明，乡守的地位比较重要，其违法行为由县廷高官守丞负责处理。又："卅五年八月丁巳朔己未，启陵乡守狐敢言之：廷下令书曰取鲛鱼与Ⅰ山今卢（鲈）鱼献之，问津吏徒莫智（知）。·问智（知）此鱼者具署Ⅱ物色，以书言。·问之启陵乡吏、黔首、官徒，莫智（知）。敢言之。·户Ⅲ8－769 曹。Ⅰ八月□□□邮人□以来。/□发。狐手。"[4] 文书是乡守向县廷的回复，是说启陵乡的津吏、乡吏、黔首、官徒不能辨认、不了解"鲛鱼与山今鲈鱼"。"卅年十月辛亥，启陵乡守高☑Ⅰ受司空仗城旦二人。"[5] "卅一年四月癸未朔癸卯，启陵乡守逐作徒薄。AⅠ受仓大隶妾三人。"[6] "卅一年正月甲寅朔壬午，启陵乡守尚、左冣、稟【人】☑Ⅰ令史气视平。"[7] "卅一年正月甲寅朔壬午，启陵乡守尚、佐冣、稟人小出稟大隶妾□、京、窯、茝、并、□人、☑Ⅰ乐窅、韩欧毋正月食。"[8] 以上数份文书讲述了乡守负责乡部徭役、刑徒口粮发放等事宜。启陵乡乡守的职数设置，三十一年有尚、逐两个乡守，三十五年有恬、狐两个乡守。

四是枳乡的乡守。2012 年公布的里耶秦简中只出现了一次，"枳乡守

---

① 陈伟主编《里耶秦简牍校释》（第一卷），第 451 页。
② 陈伟主编《里耶秦简牍校释》（第一卷），第 349 页。
③ 陈伟主编《里耶秦简牍校释》（第一卷），第 223 页。
④ 陈伟主编《里耶秦简牍校释》（第一卷），第 222 页。
⑤ 陈伟主编《里耶秦简牍校释》（第一卷），第 229 页。
⑥ 陈伟主编《里耶秦简牍校释》（第一卷），第 304 页。
⑦ 陈伟主编《里耶秦简牍校释》（第一卷），第 298 页。
⑧ 陈伟主编《里耶秦简牍校释》（第一卷），第 249 页。

纠敢【言之】：迁陵移佐士五（伍）枳乡里居坐谋☐Ⅰ署……枳乡守纠敢言之，谒Ⅳ五年十二月【辛】酉朔庚午，枳乡守定”[①]。

简文并未记载各乡的全部乡守。从以上引用的简文可知，一个乡的乡守职位重要，负责文书的起草书写、户籍管理、刑徒分派等具体工作，其地位在乡佐之上。重要的乡吏一年之中频繁更换的可能性不大，我们推断，一乡的乡守职数配备当根据乡的大小而定，应为两到三名。

关于乡守和乡啬夫的关系，争议颇多。学者虽深入探讨过，但秦国和秦代“啬夫”的研究在一些问题上尚未达成共识。“‘啬夫’并非某一职官的专称，而是县以下行政长官和具体职能部门长官的泛称。”[②] 乡啬夫统管一乡全面工作，乡守地位在其之下。部分学者认为乡守等同于乡啬夫，邢义田读里耶秦简后认为“乡啬夫”又称“乡守”，是秦统一地方政制过程中的步调不一致或新旧名称杂用现象。[③] 认识不确。张朝阳认为：“秦代迁陵县既有乡啬夫也有乡守，乡啬夫似乎是名义上的一乡之长，而实际上主管一乡事务的是乡守。”[④] 有待进一步讨论。王彦辉指出：“‘XX守’之‘守’的含义，可以确定者有‘试官’、‘临时代理’之义，其余义项尚有待进一步分析。”[⑤]“XX守”的确切内涵有待进一步分析。我们的结论是乡啬夫和乡守是两种不同的乡吏，前者的职位是一乡之首，职数为一乡一名，而乡守的职位低于乡啬夫，一乡职数为两到三名。

（二）田啬夫

田啬夫是重要的乡部吏，是乡级政权的核心成员。睡虎地秦简《田律》：“百姓居田舍者毋敢醢（酤）酉（酒），田啬夫、部佐谨禁御之，有

① 陈伟主编《里耶秦简牍校释》（第一卷），第214~215页。

② 王彦辉：《田啬夫、田典考释——对秦及汉初设置两套基层管理机构的一点思考》，第49页。

③ 邢义田：《“手、半”、“曰啎曰荆”与“迁陵公”：里耶秦简初读之一》，2012年5月7日，简帛网，http://www.bsm.org.cn/show_article.php?id=1685。

④ 张朝阳：《也从里耶简谈秦代乡啬夫与乡守：论基层管理的双头模式》，《史林》2013年第1期。

⑤ 王彦辉：《〈里耶秦简〉（壹）所见秦代县乡机构设置问题蠡测》，《古代文明》2012年第4期。

不从令者有罪。"[①] 又秦简《厩苑律》："以四月、七月、十月、正月肤田牛。卒岁，以正月大课之，最，赐田啬夫壶酉（酒）束脯，为旱〈皂〉者除一更，赐牛长日三旬；殿者，谇田啬夫，罚冗皂者二月。"[②] 又《效律》："官啬夫赀一甲，令、丞赀一盾。其吏主者坐以赀、谇如官啬夫。其它冗吏、令史掾计者，及都仓、库、田、亭啬夫坐其离官属于乡者，如令、丞。"[③]

汉承秦制，汉初法律承袭秦律，秦律又来自秦国。汉初从中央到地方的郡县体制和乡里组织形式、职官设置几乎无不沿用秦制，张家山汉简所记可作为理解秦国田啬夫的资料。《二年律令·田律》："虽非除道之时而有陷败不可行，辄为之。乡部主邑中道，田主田道。道有陷败不可行者，罚其啬夫、吏主者黄金各二两。"[④] 《二年律令·户律》载："代户，贸卖田宅，乡部、田啬夫、吏留弗为定籍，盈一日，罚金各二两。"[⑤]

关于田啬夫是否属于乡部吏，王彦辉提出："秦及汉初国家在乡里设置两套平行的管理机构——乡部和田部，田部的吏员有田啬夫、田佐，里中有田典。"[⑥] 王彦辉认为田啬夫属于田部，不属于乡部吏。邹水杰则这样理解："虽然秦及汉初的简牍史料给我们展示了县下田吏的设置状况：县廷中有田啬夫（或称都田啬夫）、田佐（或称都田佐）；各离乡设有田部佐和田部史；里中设有田典。"[⑦] 笔者认为，乡部和田部吏都属于县廷的外派官吏，属乡部吏，是构成乡级政权的一部分，由县廷吏曹统一管理，田啬夫的坐班工作点在乡部。

（三）乡佐

秦国的行政管理系统中官位设置有一套"佐官"吏员，郡、县、乡、里的佐官分别是郡丞、县丞、乡佐、里佐。乡佐是乡级政权的佐官，辅助

---

① 睡虎地秦墓竹简整理小组编《睡虎地秦墓竹简》，第 30 页。
② 睡虎地秦墓竹简整理小组编《睡虎地秦墓竹简》，第 30 页。
③ 睡虎地秦墓竹简整理小组编《睡虎地秦墓竹简》，第 123 ~ 124 页。
④ 张家山二四七号汉墓竹简整理小组编著《张家山汉墓竹简》，第 166 页。
⑤ 张家山二四七号汉墓竹简整理小组编著《张家山汉墓竹简》，第 177 页。
⑥ 王彦辉：《田啬夫、田典考释——对秦及汉初设置两套基层管理机构的一点思考》，第 49 页。
⑦ 邹水杰：《再论秦简中的田啬夫及其属吏》，《中南大学学报》2014 年第 5 期。

乡啬夫落实一乡政务，常配合乡守共同处理政务，其地位略低于乡守。里耶秦简：“廿八年五月己亥朔甲寅，都乡守敬敢言之……佐宣行廷。”[①]“宣”是乡佐。“卅四年七月甲子朔癸酉，启陵乡守意敢言之：廷下仓守庆书Ⅰ言令佐赣载粟启陵乡。”[②]“赣”是乡佐。“卅四年后九月壬戌〈辰〉朔辛酉，迁陵守丞兹敢Ⅰ言之：迁陵道里毋蛮更者。敢言之。Ⅱ8－1449＋8－1484 十月己卯旦，令佐平行。平手。”[③]“平”是乡佐。“卅二年六月乙巳朔壬申，都乡守武爰书……六月壬申日，佐初以来。/欣发。初手。”[④]“初”是乡佐。“粟米一石四斗半斗。卅一年正月甲寅朔壬午，启陵乡守尚、左冣、稟【人】☑（Ⅰ）令史气视平。”[⑤]“粟米一石六斗二升半升。卅一年正月甲寅朔壬午，启陵乡守尚、佐冣、稟人小出稟大隶妾□、京、窯、茝、并、□人、☑Ⅰ乐窅、韩欧毋正月食，积卅九日，日三升泰半半升。令史气视平。”[⑥]“卅一年四月辛卯，贰春乡守氐夫、佐吾出食舂、白粲□等。”[⑦]“粟米三石七斗少半斗。卅二年八月乙巳朔壬戌，贰春乡守福、佐敢、稟人杕出，以稟隶臣周十月、六月廿六日食。令史兼视平。敢手。”[⑧]以上数份文书记载，乡佐负责给刑徒出廪。里耶秦简：“乡佐就赀一甲。☑Ⅱ乡佐□赀六甲。”[⑨]这是关于乡佐受罚的记录。

秦简所载见部佐一职，传世文献不载，“部”指有一定区域的辖区，周振鹤对其有深入分析，基层的乡和亭亦可称“乡部”和“亭部”。睡虎地秦简《田律》：“百姓居田舍者毋敢藍（酤）酉（酒），田啬夫、部佐谨禁御之，有不从令者有罪。”[⑩]秦简《法律答问》：“部佐匿者（诸）民田，者（诸）民弗智（知），当论不当？部佐为匿田，且可（何）为？已租者

① 陈伟主编《里耶秦简牍校释》（第一卷），第 103 页。
② 陈伟主编《里耶秦简牍校释》（第一卷），第 349 页。
③ 陈伟主编《里耶秦简牍校释》（第一卷），第 328 页。
④ 陈伟主编《里耶秦简牍校释》（第一卷），第 326 页。
⑤ 陈伟主编《里耶秦简牍校释》（第一卷），第 298 页。
⑥ 陈伟主编《里耶秦简牍校释》（第一卷），第 249 页。
⑦ 陈伟主编《里耶秦简牍校释》（第一卷），第 312 页。
⑧ 陈伟主编《里耶秦简牍校释》（第一卷），第 451 页。
⑨ 陈伟主编《里耶秦简牍校释》（第一卷），第 131 页。
⑩ 睡虎地秦墓竹简整理小组编《睡虎地秦墓竹简》，第 30 页。

（诸）民，弗言，为匿田；未租，不论○○为匿田。”① 岳麓秦简：“擅假县官器，部佐行田，弃妇不□。”②

学界对于“部佐”有两种理解：一是认为“部佐”是“乡部”的属吏，协助乡啬夫管理一乡政务，李勉③等学者持此观点；二是认为“部佐”是“田部”的属吏，辅助田啬夫管理一乡的农田事务，王彦辉④等持此观点。笔者认为乡级田部官吏是构成乡级政权的一部分，仅从简文我们还不能判断“部佐”辅助“乡啬夫”还是“田啬夫”，从大的层面上理解，我们认为“部佐”与“乡佐”同义，部佐是惯用语，是乡级主要吏员的助手，正确与否，待考。

（四）乡司空

秦国在中央、郡、县、乡设置“司空”系统，掌管水利、土建工程，役使罪犯劳作，负责徭役征发和追缴逋贷等事务。乡级政权设有乡司空：

> 三月丙辰迁陵丞欧敢告尉，告乡司空、仓主，前书已下，重听书从事。尉别都乡司空，［司空］传仓；都乡别启陵、贰春，皆勿留脱。它如律令。釦手。丙辰水下四刻隶臣尚行。
>
> 三月癸丑水下尽□阳陵士□匄以来。邪手。
>
> 七月癸卯水十一刻［刻］下九，求盗簪袅阳成辰以来。羽手。如手。⑤

> 三月庚戌，迁陵守丞敦狐敢告贰春乡司空、仓主，听书从事；尉别都乡司空，［司空］传仓都乡；别启陵、贰春皆勿留脱。它如律令。釦手。庚戌水下□刻走袑行尉。

---

① 睡虎地秦墓竹简整理小组编《睡虎地秦墓竹简》，第 218 页。

② 陈松长：《岳麓书院藏秦简的整理与研究》，中西书局，2014，第 33 页。

③ 李勉：《再论秦及汉初的“田”与“田部”》，《中国农史》2015 年第 3 期。

④ 王彦辉：《田啬夫、田典考释——对秦及汉初设置两套基层管理机构的一点思考》，《东北师大学报》2010 年第 2 期；魏永康：《秦及汉初的农田管理制度》，硕士研究生学位论文，东北师范大学，2010；卜宪群：《秦汉之际乡里吏员杂考——以里耶秦简为中心的探讨》，《南都学坛》2006 年第 1 期。

⑤ 湖南省文物考古研究所编著《里耶发掘报告》，第 192 页。

三月戊午迁丞欧敢言之，写上。敢言之。釦手，己未旦令史犯行。

□月戊申夕士五（伍）巫下里闻令以来。庆手。如手。[①]

秦国和秦代是否有乡司空一职，多数学者认为有此职。所见唯有邹水杰否认有此职[②]。我们对简文再做分析，简文“敢告尉，告乡司空、仓主”，“告”后面的尉、乡司空、仓主是并列关系，指三种不同职位职务名称，简文“贰春乡司空、仓主”中司空、仓主指职务职位。邹水杰则认为原简文标点有误，重新标点：

(1A) 二月丙辰，迁陵丞欧敢告尉，告乡、司空、仓主：前书已下，重听书从事。尉别都乡、司空，［司空］传仓，都乡别启陵、贰春，皆勿留脱。它如律令。(JⅠ［16］5背)。

(2A) 三月庚戌，迁陵守丞敦狐敢告尉，告乡、司空、仓主：前书已下，重听书从事。尉别都乡、司空，［司空］传仓，都乡别启陵、贰春，皆勿留脱。它如律令。(JⅠ［16］6背)[③]

这样标点，“敢告尉，告乡、司空、仓主”，“敦狐敢告尉，告乡、司空、仓主”不合语法规范，不能表达简文原意，重新标点简文不可取。

我们认为，秦国自商鞅变法后，国家以耕战为主题，战略物资、国家基础设施建设由司空负责，秦国执法严明，造成“赭衣满道”刑徒多的现象，一县单靠县司空机构很难直接和基层民户全员对接，乡司空作为县和里的中介，便于及时、便捷地处理基层实际问题，简文中有关于设置乡司空一职的记载，我们赞同主流观点。

乡啬夫（乡主）、乡守、田啬夫、乡佐、乡司空等均为秦国乡级政府的主要吏员。根据乡的大小确定乡守名额，盖一乡二至三名。其他乡部吏

---

① 湖南省文物考古研究所编著《里耶发掘报告》，第194页。

② 邹水杰：《也论里耶秦简之“司空”》，《南都学坛》2014年第5期。

③ 邹水杰：《也论里耶秦简之“司空”》，第2页。

一乡一名。次要吏员设置在秦简记载中亦见数种，比如田佐、田史等，鉴于其地位不太重要，并且史料还不充足，不一一考证，暂不下定论。

三 亭部吏

秦国基层社会中的亭源于边疆用来防御外敌的亭障，战国初期秦国存在具有这种防御性质的亭，《韩非子·内储说上》："秦有小亭临境，吴起欲攻之……于是攻亭，一朝而拔之"，"不去，则甚害田者，去之，则不足于征甲兵"，吴起攻下秦国地方"小亭"与魏国毗邻，显然"小亭"为秦国具有军事性质的亭。商鞅变法后，对基层行政系统进行规划编制时，为防止奸盗，地方基层的亭兼有治安职能。秦国以文书御天下，其后亭的职能不断增加，兼有传送书信、为行人提供食宿的功能，汉人刘熙《释名》："亭，停也，亦人所停集也。"① 亭和书信传送、住宿有关。《说文解字》："亭，度也，民所度居也，从回象城亭之重，两亭相对也。"② 普通民众亦可在亭部留宿。亭的作用在秦发展强大的过程中变得日益复杂。

亭的负责人是校长，亦称为亭啬夫、亭长。主要吏员有求盗、亭父、别盗等。

（一）校长

校长是亭部的责任人，掌管亭部的各项工作。里耶秦简："廿五年九月己丑，将奔命校长周爰书：敦长买、什长嘉皆告曰：徒士五（伍）右里缭可。"③ "尉敬敢再拜谒丞公：校长宽以迁陵船徙卒史Ⅰ【酉阳，酉阳】□□【船】□元（沅）陵，宽以船属酉阳校长徐。今司空Ⅱ□□□□□□丞公令吏徒往取之，及以书告酉阳令Ⅲ来归之。"④ 看得出校长负责基层治安工作。里耶秦简赀罚名籍记录了处罚校长的决定："校长予言赀二甲"，"尉广赀四甲。校长舍四甲。☐Ⅰ佐犴四甲。赀已归"⑤。"群盗 爰书：某亭

① 刘熙：《释名》卷五，中华书局，1985，第223页。
② 许慎：《说文解字》，第110页。
③ 陈伟主编《里耶秦简牍校释》（第一卷），第149页。
④ 陈伟主编《里耶秦简牍校释》（第一卷），第101页。
⑤ 陈伟主编《里耶秦简牍校释》（第一卷），第180页。

校长甲、求盗在某里曰乙、丙缚诣男子丁，斩首一，具弩二、矢廿，告曰：‘丁与此首人强攻群盗人，自昼甲将乙等徼循到某山，见丁与此首人而捕之’。”①

一亭之长亦称作“亭啬夫”。睡虎地秦简：“其吏主者坐以赀、谇如官啬夫。其它冗吏、令史掾计者，及都仓、库、田、亭啬夫坐其离官属于乡者，如令、丞。”② 啬夫大概在秦国后期才常设置，秦国的官制不断发展完善。“啬夫”一词是对县乡以下各级部门负责人的统称，到秦国后期，官员称呼逐渐规范。亭部主管亦称“亭长”，大概比亭啬夫出现得更晚，具体时间还不能准确考证。

（二）求盗

秦简多见求盗一职，求盗具体负责抓捕案犯，协助校长处理日常政务。睡虎地秦简：“捕盗律曰：捕人相移以受爵者，耐。求盗勿令送逆为它，令送逆为它事者，赀二甲。”③ “求盗盗，当刑为城旦，问罪当驾（加）如害盗不当？当。”④ 求盗犯法，对其判罚比普通民众重。“求盗追捕罪人，罪人挌（格）杀求盗，问杀人者为贼杀人，且斲（斗）杀？斲（斗）杀人，廷行事为贼。”⑤ 求盗捕捉罪犯，与罪人格斗。“市南街亭求盗才（在）某里曰甲缚诣男子丙，及马一匹，骓牝右剽；缇覆（复）衣，帛里莽缘领褎（袖），及履，告曰：‘丙盗此马、衣，今日见亭旁，而捕来诣’。”⑥ 求盗报告罪犯作案过程。里耶秦简亦见：“七月癸卯，水十一刻［刻］下九，求盗簪袅阳成辰以来。羽手。如手。”⑦ 关沮秦简：“一甲乙木、丙一丁火、戊己土、庚辛金、壬癸水。二五九。□以孤虚循求盗所道入者及臧一藏一庭。”⑧ “当毛缮治，弗治以监它人，求盗备不具。”⑨

---

① 睡虎地秦墓竹简整理小组编《睡虎地秦墓竹简》，第 255 页。
② 睡虎地秦墓竹简整理小组编《睡虎地秦墓竹简》，第 123 ~ 124 页。
③ 睡虎地秦墓竹简整理小组编《睡虎地秦墓竹简》，第 147 页。
④ 睡虎地秦墓竹简整理小组编《睡虎地秦墓竹简》，第 151 ~ 152 页。
⑤ 睡虎地秦墓竹简整理小组编《睡虎地秦墓竹简》，第 179 ~ 180 页。
⑥ 睡虎地秦墓竹简整理小组编《睡虎地秦墓竹简》，第 253 页。
⑦ 湖南省文物考古研究所编著《里耶发掘报告》，第 192 页。
⑧ 湖北省荆州市周梁玉桥遗址博物馆编《关沮秦汉墓简牍》，中华书局，2001，第 259 页。
⑨ 陈长松主编《岳麓书院藏秦简》（一至三），上海辞书出版社，2018，第 49 页。

（三）害盗

"'害盗别徼而盗，驾（加）罪之。'●可（何）谓'驾（加）罪'？●五人盗，臧（赃）一钱以上，斩左止，有（又）黥以为城旦；不盈五人，盗过六百六十钱，黥劓以为城旦；不盈六百六十到二百廿钱，黥为城旦；不盈二百廿以下到一钱，䙴（迁）之。求盗比此。"① 可见害盗和求盗不是一种亭部吏的两种称呼语，且害盗的地位似乎比求盗略高，求盗若犯罪，比照害盗加罪判罚。

秦国当还有其他亭部吏，见于史料记载的其他亭卒还有亭丞、亭候、亭掾、亭父等。亭丞，历史文献和出土文献中不见此职，但秦封泥含有此职名称。《秦封泥集》："咸阳亭丞、咸阳亭印、那亭。"② 从封泥文存信息看，亭作为秦国基层治安、军事和通信系统单位还设有亭丞，职责当是辅助亭长处理亭部主要工作，对某一亭进行管理。

关于亭候，《汉旧仪》载："汉承秦，郡置太守治民断狱……设十里一亭，亭长、亭候，五里一邮，邮间相去二里半，司奸盗。亭长持三尺板以劾贼，索绳以收执盗。旧制尉皆居官署，有尉曹官中领平锁署。"③ 亭候的具体职责不详，顾名思义，"候"有侦察之义，从事侦察工作，可能探查敌人消息或刑事案件消息等，此职与军事职能大概关系较大。

亭掾是文职亭吏，大概负责亭部的文书工作。《风俗通义校注·穷通》："太傅汝南陈蕃仲举，去光禄勋，还到临颍巨陵亭，从者击亭卒数下，亭长闭门收其诸生人客，皆厌毒痛，欲复收蕃，蕃曰：'我故大臣，有罪，州郡尚当先请。今约敕儿客无素，幸皆坐之，何谓乃欲相及？'，相守数时，会行亭掾至，因乃得免。时令范伯弟亦即杀其亭长。蕃本召陵，父梁父令，别仕平舆，其祖河东太守，冢在召陵，岁时往祠，以先人所出，重难解亭，止诸冢舍。时令刘子兴，亦本凡庸，不肯出候，股肱争之，尔乃会其冢上，蕃持板迎之，长跪。"④ 亭负责书信传递，亭掾亦称

① 睡虎地秦墓竹简整理小组编《睡虎地秦墓竹简》，第150页。

② 周晓陆、路东之：《秦封泥集》，三秦出版社，2000，第364~365页。

③ 卫宏：《汉旧仪》，中华书局，1985，第15页

④ 应劭：《风俗通义校注·穷通第七》，中华书局，1981，第343页。

“邮亭掾”，《隶续·汉安长陈君阁道碑》：“永建五年，孟春下旬汉安长蜀郡青衣陈君到官，约垂意惠民，施无为之政，行不言之教，德化流行，盗贼少，五谷丰茂，百姓晏然，各得其所，君思所以利民，大小悉备，此道本有根阁二百余丈，窄陷坏绝车马，疆顿常以农时发民治岁，岁造雯直卅余万，君躬自案行，以眇思，省去根阁，令就土著长无劳费为万世基，百姓行人欢悦，歌咏邮亭掾尹厚，臣有述君之义，故勒此石，以示后贤。”[①] 亭父负责亭的内务，《史记·田叔列传》：“安以为武功小邑，无豪，易高也。安留代人为求盗、亭父，后为亭长。”郭璞曰：“亭卒也。”“正义”云：“安留武功，替人为求盗、亭父也。”应劭云：“旧时亭有两卒，其一为亭父，掌关闭扫除；一为求盗，掌逐捕盗贼也。”[②]

“十里一亭，十亭一乡”，亭的数目如此之多，系统庞大，职能具体。既然亭部是完整的系统，与多部门关系密切，一个亭的公职人员配备在五六人以上，这样的配置是合理的。

第三节　秦国乡里政权的人事行政

秦国自商鞅变法后，推行郡县制战时管理模式，国家内部政治结构由分封制向郡县制转变，这一模式被后起法家信徒继承和发展完善。商鞅改革的重要内容是把秦国基层社会彻底改造，县以下设乡，乡下辖里，乡、里两级行政组织构成秦国的基层社会。国家的人力、物力、财力源于基层，乡官里吏是落实基层社会各项实际事务的一线工作者。战时秦国军事化管理体制主要依靠他们推行，国家的赋税征收、教化、劳役、社会治安等各项行政事务无不依赖于他们。秦国政府对此认识深刻，上级政府如何对乡官里吏进行管理，是秦国行政制度的重要组成部分。秦国乡官里吏的选拔、培养、考核、奖罚、黜迁等是官僚政治制度的创新和发展。

春秋以前，各级官吏的任用是与分封制一体的“世卿世禄”制，官位不会长时间空缺，空缺后自然有合法继承人接替，不允许他人更新替换，

---

① 洪适：《隶释·隶续》卷十五《汉安长陈君神道碑》，中华书局，1985，第423页。

② 《史记》卷一百四《田叔列传》，第2779页。

《汉旧仪》："古者诸侯治民，周以上千八百诸侯，其长伯为君，次仲叔季为卿大夫，支属为士庶子，皆世官位。"① 这个官位等级是父死子继、世世代代固定下来的。从战国开始，"世卿世禄"制逐渐受到新兴封建制的冲击，秦国官制变化最富特色，随着秦国军功爵制建立，官吏的选用制度也发生质变。

从秦简所载乡里政权各部门吏员设置，不难看出，秦国已初步建立了一支庞大的基层官僚队伍，这支队伍对秦统一六国无疑起到了基石作用，其管理实践证明是成功的。秦国上级政府如何有效管理他们，这是官僚制度发展史上的一个基本问题，秦国不但创造了这套制度，而且积累了丰富的管理经验。

自秦孝公任用商鞅变法开始，仕进之途，主要有两条，"一是辟田，二是胜敌"②。这正是商鞅奖励农战政策的具体运用。辟田，就是积极开垦田地，凡是积极辟田从事农业生产，就可以得到官位。只有多辟田，才能多产粟，有了粟就可以用劳动买到官职。胜敌，就是在战场上立军功。在秦国史上，立了军功就拜爵，有了爵就可以做官，军功是选官的主要标准。《秦汉官制史稿》成书较早，不少出土文献未及运用，其他学者对基层官吏选拔任用有不少论述，这些论著多发表较早，对新出土秦简运用很少或未使用。基于此，我们把传世文献《商君书》《韩非子》《墨子》等与秦简等出土资料相结合，探讨上级政府对基层乡官里吏的管理。

一 乡官里吏的任职条件

基层官吏是民众的父母官，是推行国家政策的基本力量，能否把德才兼备、符合耕战体制的合适人员选拔出来，意义重大。被举荐为基层官吏的民众必须具备一些基本任职条件。

（一）年龄

秦简《内史杂》："除佐必当壮以上，毋除士五（伍）新傅。苑啬夫

① 卫宏：《汉旧仪》，第 17 页。

② 安作璋、熊铁基：《秦汉官制史稿》，齐鲁书社，2007，第 799 页。

不存，县为置守，如厩律。”[①] 壮年，先秦指年龄在三十岁以上的人，《礼记·曲礼》：“人生十年曰幼学，二十曰弱冠，三十曰壮有室，四十曰强而仕。”[②] 傅，指傅籍，到了参加国家组织服徭役的年龄，政府专门造册。关于秦国傅籍的年龄，秦简可证秦人十五岁开始服役：“（昭王）卌五年，攻大野王，十二月甲午鸡鸣时，喜产……今元年，喜傅”。[③] 关于“傅”，“五月，汉王屯荥阳，萧何发关中老弱未傅者悉诣军。”师古曰：“傅，著也。言著名籍，给公家徭役也。”[④] 从秦昭王四十五年到秦王政元年，即从公元前 262 年到公元前 246 年，喜正好十五岁。喜生月晚，他服役时约满十五岁。由于计算方法的不同，也有喜傅籍十六岁、十七岁二说。“悉令男子年十五已上诣城东，欲坑之。”[⑤] 十五岁可能是秦代傅籍年龄。白起“发年十五以上悉诣长平，遮绝赵救及粮食”[⑥]，更证明满十五岁是秦国普遍的傅籍年龄。三十岁以上的男性公民才有被推举为吏的条件，十五岁到三十岁虽然必须参加劳役但不得为吏。

（二）道德品行、经济状况和专业技能

秦人讲道德、重物质，这是任官的基本条件，“淮阴侯韩信者，淮阴人也，始为布衣时，贫无行，不得推择为吏。”[⑦] “行”指道德操守，韩信因“贫无行”，不能做基层小吏。秦国担任吏职人员的基本条件是应当有一定家资、道德品质好、口碑好，为乡里民众所认可。

不同职位有不同的专业技术要求，需具备相应的业务素质。文职官吏应达到一定文化水平，具有一定学力。“试史学童以十五篇，能风（讽）书五千字以上，乃得为史。有（又）以八𩪡（体）试之。”[⑧] “卜学童能风（讽）书史书三千字，诵卜书三千字，卜六发中一以上，乃得为卜，以为官处（?）。其能诵三万以上者，以为卜上计六更。缺，试修法，以六发中

① 睡虎地秦墓竹简整理小组编《睡虎地秦墓竹简》，第 106 页。
② 朱彬：《礼记训纂》，第 4 页。
③ 睡虎地秦墓竹简整理小组编《睡虎地秦墓竹简》，第 5 ~6 页。
④ 《汉书》卷一上《高帝纪第一上》，第 37 ~38 页。
⑤ 《史记》卷七《项羽本纪》，第 329 页。
⑥ 《史记》卷七十三《白起王翦列传》，第 2334 页。
⑦ 《史记》卷九十二《淮阴侯列传》，第 2609 页。
⑧ 张家山二四七号汉墓竹简整理小组编著《张家山汉墓竹简》，第 203 页。

三以上者补之。以祝十四章试祝学童，能诵七千言以上者，乃得为祝五更。”[①] 上述记载中对史、卜的要求高，属中央、郡级要求，乡部佐职至里吏虽然职务低微，但他们和郡县的沟通方式以文书为主，客观上要求他们必须有一定的文化水平。乡里文职吏员必须具备基本文化素质，方能完成相应的工作职责。

对基层武职吏员有特殊的要求，《汉官仪》：“不给卫士材官楼船，年五十六老衰，乃得免为庶民，就田里，民应令选为亭长。亭长课射。游徼徼循尉游徼亭长，皆习，设备五兵。五兵弓弩戟盾刀剑甲铠。”[②] 游徼、亭长、求盗及其他武职吏员应具备持兵器格斗的能力。推理可知，对其他不同吏员亦有相应的要求。

但以下群体，即使具备推举岗位的任职条件，亦不得为吏。

1. 废官

睡虎地秦简《秦律杂抄》：“任法（废）官者为吏，赀二甲。”[③] 所谓“废官”，就是因违犯秦国法律被革除官爵而永不叙用的人。任用废官，被认为是失职，所在部门保举的主管官吏要受判罚二甲罚金。又《置吏律》：“除吏、尉，已除之，乃令视事及遣之；所不当除而敢先见事，及相听以遣之，以律论之。啬夫之送见它官者，不得除其故官佐、吏以之新官。”[④] 啬夫调任至其他官府，不允许任用其原任官府的佐和吏，这当然包含新任啬夫不许把其故吏提拔为乡官。

2. 刑徒

睡虎地秦简《内史杂》：“侯（候）、司寇及群下吏毋敢为官府佐、史及禁苑宪盗。”[⑤] 所谓“下吏”，秦简《工人程》：“隶臣、下吏、城旦与工从事者冬作。”[⑥] 下吏和隶臣、城旦并言，这里的下吏指刑徒。“侯（候）、司寇”是两种刑徒，他们无权担任政府的佐、史。《商君书》：“刑人无国

① 张家山二四七号汉墓竹简整理小组编著《张家山汉墓竹简》，第 204 页。
② 卫宏：《汉旧仪》，第 15 页。
③ 睡虎地秦墓竹简整理小组编《睡虎地秦墓竹简》，第 127 页。
④ 睡虎地秦墓竹简整理小组编《睡虎地秦墓竹简》，第 94～95 页。
⑤ 睡虎地秦墓竹简整理小组编《睡虎地秦墓竹简》，第 107 页。
⑥ 睡虎地秦墓竹简整理小组编《睡虎地秦墓竹简》，第 73 页。

位，戮人无官任。”[①] 刑人、戮人指因违犯秦法受到处罚的人。商鞅派又对此做了解释，“刑人复漏，则小人辟淫而不苦刑，则徼幸于民上。徼于民上，以利求显荣之门不一，则君子事势以成名。”[②] “徼”同“侥”，“刑人”逃脱法网，没有受到相应的处罚，“小人”就会不务正业，不惧怕刑罚，顶风违纪以求私利，这将造成恶劣的社会影响。

3. 五民

《商君书·算地》：“故事《诗》《书》谈说之士，则民游而轻其君；事处士则民远而非其上；事勇士则民竞而轻其禁。技艺之士用，则民剽而易徙；商贾之士佚且利，则民缘而议其上。故五民加于国用，则田荒而兵弱。谈说之士，资在于口；处士资在于意；勇士资在于气；技艺之士，资在于手；商贾之士，资在于身。”[③] “谈说之士”“处士”指学习《诗》《书》等儒家经典，乐于空谈，不与耕战的人，这些人对秦国的统一战争没有任何意义，反而以儒乱法。这也表明儒法的尖锐对立思想。“山无盗贼，家给人足。民勇于公战，怯于私斗，乡邑大治。”[④] 商鞅提倡民众为国家而战，反对私斗内耗，“勇士”指以武犯禁，与商鞅“民勇于公战，怯于私斗”思想相悖，违犯国家法律，破坏社会秩序的人。“技艺之士”是以自身技艺谋生的人；“商贾之士”是从事商业活动以谋取利润的人，这两种人即指从事私营劳动的手工业者和商人。在秦国开疆拓土的大背景下，这五类人不利于军事统一进程，作为法家主战派的对立者出现，遭到商鞅派的坚决反对，自然两者不能共居一体。

学习儒家经典的儒生处士，也被称作“六虱”。《商君书》：“六虱曰礼乐，曰《诗》《书》，曰修善，曰孝弟，曰诚信，曰贞廉，曰仁义，曰非兵，曰羞战。”[⑤] 国家明确规定不能让他们做官。“国以六虱授官予爵，则治烦言生，此谓以治致治，以言致言。则君务于说言，官乱于治邪。邪臣

① 《商君书·算地第六》，严万里校，中华书局，1954，第 15 页。以下未做说明，《商君书》均引自该版本。

② 《商君书·算地第六》，第 15 页。

③ 《商君书·算地第六》，第 14 页。

④ 《史记》卷六十八《商君列传》，第 2231 页。

⑤ 《商君书·靳令第十三》，第 23 页。

有得志，有功者日退，此谓失。”① “国贫而务战，毒生于敌。无六虱必强。国富而不战，偷生于内，有六虱必弱。”② 韩非子亦反对任用工商业者为官，《韩非子·五蠹》：“今世近习之请行，则官爵可买；官爵可买，则商工不卑也矣。奸财货贾得用于市，则商人不少矣。聚敛倍农，而致尊过耕战之士，则耿介之士寡而高价之民多矣！”③ 韩非子批评买官卖官行为，如果长此以往，商人会越来越多，他们的社会地位超过耕战之士，会造成耕战的人数减少，商人增加。针对现实，韩非子批评政府抑商不力，不够重视耕战。治国指导思想决定着一国的前途命运，在战国后期各诸侯国之间相互厮杀、互相兼并的年代，法家指导思想无疑顺应了历史发展潮流，这就要求秦国根除儒家及其他学派思想，确立政治一元化意识形态。

4. 党人

商鞅反对结党营私，“世之所谓贤者，言正也；所以为善正也，党也；听其言也，则以为能；问其党以为然；故贵之，不待其有功；诛之，不待其有罪也，此其势”④。世俗所说的贤人，说话动听。他们之所以善于言谈，是因为他们党徒的吹捧。国君听到他们党徒的话，认为真是如此。问他们的党徒，也都是满口称赞。因此，不等他们立功就使其高贵。惩罚他们，不能等到他们有明显违法行为发生。商鞅派认为大小政治团伙，传播乱世言论，贵非因其功，影响恶劣，严禁他们走进官僚队伍，以免他们与官吏勾结，祸害国家。“破胜党任，节去言谈，任法而治矣。”⑤ 要打破党徒互相包庇，不听他们的说教，必须依法办事。商鞅派认为依法治吏，党人自然会被清除，更不可能让他们做官。“彼而党与人者，不待我而有成事者也。上举一与民，民倍主位而向私交。民倍主位而向私交，则君弱臣强。”⑥ 党徒结党营私，不等国君选拔就能取得官爵。如果国君选拔这样的人，人民就会背离国君而倾向私人交往，结果造成臣下强大，国君的力量

① 《商君书·靳令第十三》，第 23 页。
② 《商君书·靳令第十三》，第 23 页。
③ 王先慎：《韩非子集解》卷十九《五蠹》，第 350 页。
④ 《商君书·慎法第二十五》，第 40 页。
⑤ 《商君书·慎法第二十五》，第 41 页。
⑥ 《商君书·慎法第二十五》，第 40 页。

受到削弱。商鞅派坚决反对党人为官，以防止削弱君权。韩非对党人为官的危害做了进一步解释："若以党举官，则民务交而不求用于法。故官之失能者其国乱。以誉为赏，以毁为罚也，则好赏恶罚之人，释公行，行私术，比周以相为也。忘主外交，以进其与，则其下所以为上者薄矣。交众与多，外内朋党，虽有大过，其蔽多矣。"[①] 如果党人可以被举为官吏，则将有专心私交而不遵循法律的人，吏治腐败会导致政府行政混乱。韩非子阐明党人为官的祸害，坚决反对他们进入政府管理机构。

韩非竭力阐发商鞅派理论，认为党派团体从本质上讲是健康机体的毒瘤，极不利于国家的统一，韩非还数次谈到党人对国家的危害，"朋党比周以弊主，言曲以便私者，必信于重人矣"[②]。韩非举出大量实例证实党派活动造成国家灭亡的严重后果，"若夫齐田恒，宋子罕，鲁季孙意如，晋侨如，卫子南劲，郑太宰欣，楚白公，周单荼，燕子之，此九人者之为其臣也，皆朋党比周以事其君，隐正道而行私曲，上逼君，下乱治，援外以挠内，亲下以谋上，不难为也"[③]。"群臣朋党比周，以隐正道，行私曲而地削主卑者，山东是也。"[④] 韩非子以事实证明，"朋党相和，臣下得欲，则人主孤"[⑤]。韩非子给出了消除朋党的可行办法："故明主之畜臣，臣不得越官而有功，不得陈言而不当。越官则死，不当则罪。守业其官，所言者贞也，则群臣不得朋党相为矣。"[⑥] 思想一致与否是国家意识形态的根本问题，法家理想信念一致，则君臣上下、官民之间才能融为一体，国家听秦王一人指挥，能收到指臂之效，形成举国最大的合力。

二　基层管理人员的任命权

基层管理人员可分为三个群体：里吏、亭部吏、乡部吏。他们的任命权分别掌握在相应部门。

---

① 王先慎：《韩非子集解》卷二《有度》，第 22 页。
② 王先慎：《韩非子集解》卷四《孤愤》，第 57 页。
③ 王先慎：《韩非子集解》卷十七《说疑》，第 308 页。
④ 王先慎：《韩非子集解》卷五《饰邪》，第 89 页。
⑤ 王先慎：《韩非子集解》卷十二《外储说左下》，第 217 ~ 218 页。
⑥ 王先慎：《韩非子集解》卷二《二柄》，第 28 页。

（一）里吏的任命权

里典是一里行政首长，统领一里政务，在最小的居民行政单位中职位重要，传世文献对其选拔缺载，秦简给出了明确答案：

> 卅二年正月戊寅朔甲午，启陵乡夫敢言之：成里典、启陵邮人缺，除士五（伍）成里匄、成，［成］为典，匄为邮人。谒令、尉以从事，敢言之。
>
> 正月戊寅朔丁酉，迁陵丞昌郄之启陵：廿七户已有一典，今有（又）除成为典，何律令？应尉已除成、匄为启陵邮人。其以律令。气手。正月戊戌日中守府快行
>
> 正月丁酉旦食时，隶妾冉以来。欣发。壬手。[1]

这份官文反映了里典的任命权。启陵乡啬夫向县廷报告成里里典职位空缺，请求任命里民匄为里典，第三天启陵乡收到了回文。迁陵县丞回文，责问成里有里典，是依据哪条律文任命里典。从文书我们看出，里典的提名权在乡政权，而能否得到批准，由县丞决定，里典的任命权在县廷。可见里典的任命有法律条文规定，有严格的程序，并且政府高度重视，以国家专门法律为据，任命过程处理迅速，以快件文书答复。

其他里吏如田典、里佐、什长、伍长、里监门等，他们的地位虽不如里典重要，但任命权也当有归宿，也应遵循一定程序，绝不会没有章法。田典、里佐的地位仅次于里典，我们推测，这两种职位的任命权至少在乡政权，县政权可能会备案。什长、伍长、里监门的任命权可能在里政权，民众讨论提名，里典最后可以决定，乡政权可能备案。

（二）亭部吏的任命权

亭部负责基层社会的治安工作，属于尉官系统的最小分支，亭长的直属上级，“减万户为长，秩五百石至三百石，皆有丞、尉，秩四百石至二

---

① 湖南省文物考古研究所编著《里耶发掘报告》，第184页。

百石，是为长吏……皆秦制也。”[①]“丞各一人，尉大县二人，小县一人。本注曰：丞署文书，典知仓狱，尉主盗贼。凡有贼发，主名不立，则推索行寻，案察奸宄，以起端绪。”应劭《汉官》曰：“大县丞左右尉，所谓命卿三人。小县一尉一丞，命卿二人。”[②]县尉负责乡里社会治安，亭部吏的直接领导当是县尉。朱绍侯认为亭的直属上级是县尉[③]，笔者赞同。据银湾汉简中的吏员记录：

> 海西吏员百七人：令一人，秩千石；丞一人，秩四百石；尉二人，秩四百石；官有秩一人，乡有秩四人，令史四人，狱史三人，官啬夫三人，乡啬夫十人，游徼四人，牢监一人，尉史三人，官佐七人，乡佐九人，亭长五十四人，凡百七人。
>
> 下邳吏员百七人：令一人，秩千石；丞一人，秩四百石；尉二人，秩四百石；官有秩二人，乡有秩一人，令史六人，狱史四人，官啬夫三人，乡啬夫十二人，游徼六人，牢监一人，尉史四人，官佐七人，乡佐九人，邮佐二人，亭长卌六人，凡百七人。[④]

亭长是吃国家皇粮的最低一级小吏，它的任命权当在里典之上，至少在县政府。求盗、害盗、亭尉属于亭部的专职人员，其任命可以和邮人参照理解，他们的任命权亦在县政府。

（三）乡部吏的任命权

县廷有任命乡部吏的权力，“郡县除佐，事它郡县而不视其事者，可（何）论？以小犯令论。”[⑤]小乡的啬夫及其他小吏由县廷选任。但大乡的负责人称为乡有秩，“乡置有秩、三老、游徼”，注曰：“有秩，郡所署，秩百石，掌一乡人。其乡小者，县置啬夫一人”[⑥]，乡有秩的任命权在郡

① 《汉书》卷十九上《百官公卿表上》，第742页。
② 《续汉书》志第二十八《百官五》，第3623页。
③ 朱绍侯：《汉代乡、亭制度浅论》，《河南师大学报》1982年第1期。
④ 连云港市博物馆等编《尹湾汉墓简牍》，中华书局，1997，第79页。
⑤ 睡虎地秦墓竹简整理小组编《睡虎地秦墓竹简》，第212页。
⑥ 《续汉书》卷三十八《百官五》，第3624页。

府。《置吏律》："县、都官、十二郡免除吏及佐、群官属，以十二月朔日免除，尽三月而止之。其有死亡及故有夬（缺）者，为补之，毋须时。"[①] 县有权选任和废除县廷百石以下的小吏，这些小吏包括乡啬夫、乡佐等乡部吏。"减万户为长，秩五百石至三百石，皆有丞、尉，秩四百石至二百石，是为长吏。百石以下有斗食佐史之秩，是为少吏。"师古曰："《汉官名秩簿》云斗食月奉十一斛，佐史月奉八斛也。一说，斗食者，岁奉不满百石，计日而食一斗二升，故云斗食也。"[②] 秦简《内史杂》："官啬夫免，□□□□□□□其官亟置啬夫。过二月弗置啬夫，令、丞为不从令。"[③] 县令、县丞不按法律及时任命乡部吏属违法行为，同时说明县令、县丞对斗食小吏的任命负有直接责任。

三 任官途径

秦人对入仕做官十分看重，政府官吏是不少秦国民众的理想职业，这一思想在秦简中得到反映，秦墓竹简甲种《日书》："建日良日也，可为啬夫，可以祝祠，可以畜六生，不可入黔首。除日逃亡不得，瘅疾死，可以治啬夫。可以彻言君子除罪。盈日可筑间牢，可入生，利筑宫室。为小啬夫有疾难瘳。"[④] 秦墓竹简乙种《日书》亦有记载："建日良日也，可为啬夫，可以祝祠，可以畜六生，不可入黔首。除日逃亡不得，瘅疾死，可以治啬夫。"[⑤] "失行门虽为啬夫，邦而知为贱人，虽多财必尽。出门三岁更大吉，门宜车乘，必为啬夫。"[⑥] "春子夏卯秋午冬酉是=人彼日不可筑室、为啬夫。取妻嫁女凶。春三月甲乙不可伐大榆。"[⑦] 简文数次谈到"可为啬夫""可以治啬夫"，为啬夫、祝祠、入黔首都是民众的大事。民之所欲，政府从之。商鞅富国强兵的核心思想是耕战，其选拔官吏以此为出发点，

① 睡虎地秦墓竹简整理小组编《睡虎地秦墓竹简》，第 94 页。
② 《汉书》卷十九上《百官公卿表上》，第 742 页。
③ 睡虎地秦墓竹简整理小组编《睡虎地秦墓竹简》，第 106 页。
④ 甘肃省文物考古研究所编《天水放马滩秦简》，中华书局，2009，第 83 页。
⑤ 甘肃省文物考古研究所编《天水放马滩秦简》，第 87 页。
⑥ 甘肃省文物考古研究所编《天水放马滩秦简》，第 87 页。
⑦ 甘肃省文物考古研究所编《天水放马滩秦简》，第 93 页。

确立了任官的两条基本途径。

（一）以军功任官

在战场上立军功就可任官，朱绍侯早已指出获得军功“有当官为吏”①的权利。我们结合出土秦简，对乡官选用做补论。士兵在战场上杀敌，即可为官，“国以功授官予爵，此谓以盛知谋，以盛勇战。以盛知谋，以盛勇战，其国必无敌。国以功授官予爵，则治省言寡”②。商鞅所说的“功”，包括军功和农功。上引内容谈智谋、勇战、无敌，“功”当指军功，立军功，政府即可“授官予爵”。“赏爵一级，益田一顷，益宅九亩，一除庶子一人，乃得人兵官之吏。”③ 立军功，即具备“兵官之吏”的条件，既可做武官，亦可做文官。

商鞅教化民众，欲为官，应做到“作壹”，“善为国者，其教民也，皆作壹而得官爵，是故不官无爵”④。这句话似乎脱字，句意不完整。但我们能看出，做到“作壹”是获得官爵的正确途径。关于“作壹”的基本含义，“圣人之为国也，壹赏，壹刑，壹教。壹赏则兵无敌，壹刑则令行，壹教则下听上。夫明赏不费，明刑不戮，明教不变，而民知于民务，国无异俗”⑤。关于壹赏、壹刑、壹教的内涵，“所谓壹赏者，利禄官爵，抟出于兵，无有异施也……所谓壹刑者，刑无等级，自卿相将军以至大夫庶人，有不从王令，犯国禁，乱上制者，罪死不赦……所谓壹教者，博闻、辩慧、信廉、礼乐、修行、群党、任誉、清浊，不可以富贵，不可以评刑，不可独立私议以陈其上，坚者被，锐者挫，虽曰圣知巧佞厚朴，则不能以非功罔上利。然富贵之门，要存战而已矣。彼能战者，践富贵之门”⑥。能做到壹赏、壹刑、壹教，则“民朴壹，则官爵不可巧而取也”⑦。民专心耕战，官爵就不能靠非正常渠道获得。

---

① 朱绍侯：《军功爵制研究》，上海人民出版社，1990，第 180 页。
② 《商君书·靳令第十三》，第 23 页。
③ 《商君书·境内第一》，第 34 页。
④ 《商君书·农战第三》，第 5 页。
⑤ 《商君书·赏刑第十七》，第 28 页。
⑥ 《商君书·赏刑第十七》，第 28～30 页。
⑦ 《商君书·农战第三》，第 5 页。

立军功可得官爵，“宗室多怨鞅，鞅亡，因以为反，而卒车裂以徇秦国”。注云：“商君为法于秦，战斩一首赐爵一级，欲为官者五十石。”[①] 法家集大成者韩非子对秦国的选官制度做出了中肯的评价：“宰相必起于州部，猛将必发于卒伍。夫有功者必赏，则爵禄厚而愈劝；迁官袭级，则官职大而愈治。夫爵禄大而官职治，王之道也。”[②] 有了爵位就具备了做官的条件，并依据任官政绩而不断得到提拔重用，这是秦国吏治的亮点。商鞅确立的军功为官原则，在韩非子的著作中得到反映，“商君之法曰：‘斩一首者爵一级，欲为官者为五十石之官；斩二首者爵二级，欲为官者为百石之官。’官爵之迁与斩首之功相称也。”[③]

（二）纳粟任官

民以食为天，农业自古是中国的第一产业。战国时期，各诸侯国相互兼并，需要大量军需物资，多数青壮年离开农田走上战场，壮年的农耕劳动力减少，在这样的情况下如何提高粮食产量，保证军民供给，农业生产显得更为重要，商鞅派则通过制定各种奖励政策，鼓励农民从事本业，其中重要的一条即农功多可以出任低级官吏。“民有余粮，使民以粟出官爵，官爵必以其力，则农不怠。”[④] 民众勤于农耕，粮食有余，可用其换取爵位。以粟换取爵位，一直沿用到秦代，“天下疫，百姓内粟千石拜爵一级”[⑤]。《商君书》：“按兵而农，粟爵粟任则国富。”[⑥] 所谓“粟爵粟任”，是说民众从事农业生产，多余的粮食可以捐给政府，政府则授予其相应的爵位，有了爵位就可以为官。专心耕战，可以得到官爵。不专心农业生产，则无缘爵位，不得任官。

（三）告奸任官

在秦国，“奸”指代的对象十分广泛，包括上层特权阶级和下层平民阶级，指代的犯罪也多种多样。只要是奸邪不法之事，均可告发，否则会

---

① 《史记》卷五《秦本纪》，第205页。
② 王先慎：《韩非子集解》卷十九《显学》，第354页。
③ 王先慎：《韩非子集解》卷十七《定法》，第306页。
④ 《商君书·靳令第十三》，第23页。
⑤ 《史记》卷六《秦始皇本纪》，第224页。
⑥ 《商君书·去强第四》，第10页。

酿成大祸，危及国家。为了鼓励告奸，商鞅派将告奸上升到政治高度认识，不惜以告奸任官的措施去奸，“令民为什伍，而相牧司连坐。不告奸者腰斩，告奸者与斩敌首同赏，匿奸者与降敌同罚。”注云：“谓告奸一人则得爵一级，古云：‘与斩敌首同赏’也。”[①] 告奸与斩敌首同赏，斩敌授予军功爵，告奸同样授爵。“故王者刑用于将过，则大邪不生；赏施于告奸，则细过不失。治民能使大邪不生，细过不失则国治。”[②] 如果刑罚和奖赏不能去奸，国家必然出乱，告奸是去奸的有效途径，为了彻底清除国家内部奸邪，授予告奸者官爵是有力措施。

告奸制度自确立之后，一直沿用到秦国后期，《韩非子·心度》：“夫国事务先，而一民心专举公而私不从，赏告而奸不生，明法而治不烦。”[③] 告奸之法将所有人置于全体民众监督之下，充分调动群众的力量，使奸邪无藏身之所。“告之者其赏厚而信，故奸莫不得，而被刑者众，民疾怨而众过日闻。”[④] 因告奸的赏格高，因此获罪的人增加。商鞅鼓励告奸在全国得到推行，社会影响极大。“民后知有罪之必诛，而私奸者众也，故民莫犯。其刑无所加，是以国治而兵强，地广而主尊。此其所以然者，匿罪之罚重，而告奸之赏厚也。”[⑤]

告奸可以得到奖赏，秦简中多有记载。“甲告乙盗牛，今乙贼伤人，非盗牛殹（也），问甲当论不当？不当论，亦不当购；或曰为告不审。”[⑥] “购”即奖赏。“有投书，勿发，见辄燔之；能捕者购臣妾二人，系投书者鞫审潚之。”[⑦] 能捕捉到散发匿名信的人，奖励两个臣妾，可见赏值很高。“甲告乙贼伤人，问乙贼杀人，非伤殹（也），甲当购，购几可（何）？当购二两。”[⑧] “告”即告奸，告贼伤人，实则杀人，奖励黄金二两。“夫、妻、子五人共盗，皆当刑城旦，今中〈甲〉尽捕告之，问甲当购○几可

---

① 《史记》卷六十八《商君列传》，第2230页。
② 《商君书·开塞第七》，第17页。
③ 王先慎：《韩非子集解》卷二十《心度》，第365页。
④ 王先慎：《韩非子集解》卷四《奸劫弑臣》，第71页。
⑤ 王先慎：《韩非子集解》卷四《奸劫弑臣》，第71页。
⑥ 睡虎地秦墓竹简整理小组编《睡虎地秦墓竹简》，第169～170页。
⑦ 睡虎地秦墓竹简整理小组编《睡虎地秦墓竹简》，第174页。
⑧ 睡虎地秦墓竹简整理小组编《睡虎地秦墓竹简》，第208页。

(何)？人购二两。”[1] 捕获刑徒并告知官府，捕一人奖励二两黄金。

四　乡官里吏的考核与奖罚

官吏治理万民，他们遵循法律，完成政府交给的任务，才能胜任工作岗位。乡官里吏处于社会底层，直接处理各项行政事务，他们在国家政治生活中处于普通而又特殊的地位，他们的言行起着导向民众的作用。因此，考核乡官里吏，并根据考核结果确定奖罚、迁黜，对督促乡里官吏尽职尽责服务于人民具有重要意义。

（一）考核时间

上计制度指每年年底下级官吏向上级上报财政、户口、税收、劳役等各种统计报表，包括政务的方方面面，内容广泛。上级官吏根据上计内容对官吏进行考核，核实官员的政绩，这是确定官吏赏罚、升降的依据。考核官吏上计的具体时间，张荣强、江宏、张永春等多数学者赞成十二月，少数学者认为是九月，“因为秦以十月为岁首，九月底也就是岁终。汉代承袭此制。太初改历后，也仍然是‘计断九月’”[2]。里耶秦简确实有九月上报材料的记录：

侯中秦吏自捕取，岁上物数会九月朢（望）大（太）守府，毋有亦言。Ⅱ问之尉，毋当令者。敢告之。Ⅲ8－67＋8－652

辛巳，走利以来。/□半。憙。[3]

郡府要求县级部门必须在农历九月十五日上报数据至太守府，笔者认为，郡对县级部门的考核应早于中央对郡府一级的考核，郡府收集考核材料，还需要一个过程。同理推知，县级政府对乡官里吏的考核当早于九月，七八月可能就开始了。中央、郡、县、乡、里不同层次的政府组织考核官吏的时间依次递减。十二月是中央对郡级部门的考核时间。《商君书》

① 睡虎地秦墓竹简整理小组编《睡虎地秦墓竹简》，第209页。

② 高恒：《汉代上计制度论考——兼评尹湾汉墓木牍〈集簿〉》，《东南文化》1999第1期。

③ 陈伟主编《里耶秦简牍校释》（第一卷），第52页。

中有明确记录："夫吏专制，决事于千里之外，十二月而计书以定事。以一岁别计，而主以一听见所疑焉，不可蔽员不足夫物至。"① 十二月下级官府把计书上报中央，按照年度政绩考核官吏。秦简的不断问世加深了我们对上计时间的认识。基层某些专项考核按照季度上报至县廷："以四月、七月、十月、正月肤田牛。卒岁，以正月大课之，最，赐田啬夫壶西（酒）束脯，为旱〈皂〉者除一更，赐牛长日三旬；殿者，谇田啬夫，罚冗皂者二月。其以牛田，牛减洁，治（笞）主者寸十。有（又）里课之，最者，赐田典日旬；殿，治（笞）卅。"② 乡、里两级政权每一季度考核批评耕牛的饲养状况，田啬夫、田典分别是乡、里专门负责农业事务的官吏。一年满实行年度考核，新年正月进行大规模批评，确定殿最，给予相应的奖罚。

三年一轮，进行全国性大规模的官吏考核，"昭王召王稽，拜为河东守，三岁不上计。"司马彪曰："凡郡掌治民，进贤，劝功，决讼，检奸。常以春行所至县，劝民农桑，振救乏绝；秋冬遣无害吏案讯问诸囚，平其罪法，论课殿最；岁尽遣吏上计。"③ 郡府在年末上计，应是十二月。秦简中有数条关于三年考核的律文，《秦律杂抄》："省殿，赀工师一甲，丞及曹长一盾，徒络组廿给。省三岁比殿，赀工师二甲，丞、曹长一甲，徒络组五十给。"④ "漆园殿，赀啬夫一甲，令、丞及佐各一盾，徒络组各廿给。漆园三岁比殿，赀啬夫二甲而法（废），令、丞各一甲。"⑤ "采山重殿，赀啬夫一甲，佐一盾；三岁比殿，赀啬夫二甲而法（废）。殿而不负费，勿赀。"⑥《睡虎地秦墓竹简》对这段秦简的译文把三年一次的大考核误解为连续三年，不确。朱红林对战国时期的三年大计研究透彻："年度考课是三年大计的基础，从《周礼》的记载看，年度考课和三年大计的结果都关涉到官吏职务的升降，与此同时，后者还强调了对官吏升降之外的赏

---

① 《商君书·禁使第二十四》，第 39 页。
② 睡虎地秦墓竹简整理小组编《睡虎地秦墓竹简》，第 30～31 页。
③ 《史记》卷七十九《范雎蔡泽列传》，第 2415 页。
④ 睡虎地秦墓竹简整理小组编《睡虎地秦墓竹简》，第 136 页。
⑤ 睡虎地秦墓竹简整理小组编《睡虎地秦墓竹简》，第 138 页。
⑥ 睡虎地秦墓竹简整理小组编《睡虎地秦墓竹简》，第 138 页。

罚。”① 这样理解是正确的。综之，基层官吏的考核包括季度考核、年度考核、三年一轮考核三种形式。

（二）考核内容

关于官吏考核的具体内容，《商君书》有载：“强国知十三数：竟内仓口之数，壮男壮女之数，老弱之数，官士之数，以言说取食者之数，利民之数，马牛刍藁之数。”② 其中讲到的地方政府每年向中央上报的十三项数据，学者通常认为这些数据是考核地方官吏的重要内容。记载简略，随着秦简的不断公布，抽象的描述变得更具体，加深了我们对“十三数”的理解。

《金布律》：“官相输者，以书告其出计之年，受者以入计之。八月、九月中其有输，计其输所远近，不能逮其输所之计，□□□□□□□移计其后年，计毋相缪。工献输官者，皆深以其年计之。”③ 凡是出入官府的物品，都要做好记录以接受上级考核。《金布律》又载：“县、都官以七月粪公器不可缮者，有久识者靡蚩之。其金及铁器入以为铜。都官输大内，内受买（卖）之，尽七月而毕。都官远大内者输县，县受买（卖）之。粪其有物不可以须时，求先买（卖），以书时谒其状内史。”④ 官府的废弃物要造册上报。《仓律》：“稻后禾孰（熟），计稻后年。已获上数，别粲、糯黏稻。别粲、糯之襄（酿），岁异积之，勿增积，以给客，到十月牒书数，上内【史】。”⑤ 各种谷物的出入要造册上报。再如，其他各类统计报表均要造册接受检查：

> 《仓律》：县上食者籍及它费大（太）仓，与计偕。都官以计时雠食者籍。⑥

① 朱红林：《〈周礼〉“六计”与战国时期的官吏考课制度》，《吉林大学社会科学报》2012年第1期。

② 《商君书·去强第四》，第10页。

③ 睡虎地秦墓竹简整理小组编《睡虎地秦墓竹简》，第58页。

④ 睡虎地秦墓竹简整理小组编《睡虎地秦墓竹简》，第64页。

⑤ 睡虎地秦墓竹简整理小组编《睡虎地秦墓竹简》，第41页。

⑥ 睡虎地秦墓竹简整理小组编《睡虎地秦墓竹简》，第42页。

《金布律》：已禀衣，有余褐十以上，输大内，与计偕。[①]

《仓律》：入禾稼、刍藁，辄为廥籍，上内史。●刍藁各万石一积，咸阳二万石一积，其出入、增积及效如禾。[②]

《内史杂》：都官岁上出器求补者数，上会九月内史。[③]

《效律》：禾、刍藁积廥……大啬夫、丞智（知）而弗罪，以平罪人律论之，有（又）与主廥者共赏（偿）不备。至计而上廥籍内史。[④]

从上报内容来看，这些数据包括刑徒在官府所用的粮食清单，发放给刑徒的衣服记录，谷物、刍藁的出入清单，谷物、刍藁盈余的详细记录，所需物资计簿，等等。可见，只要与政府有关的人、财、物出入细目全部造册上报。以上记录还不是具体明了，部分里耶秦简的公布，使我们看到分门别类的考课内容：

□□迁陵守丞齮【敢】言之：前日令史齮☐Ⅰ
□□守书曰课皆□应式令，令齮定□☐Ⅱ
☐□课副及当食人口数，别小大为食☐Ⅲ
☐□□课副及□传上，有不定☐Ⅳ8－704＋8－706
☐言之守府。丙申、己亥、甲辰追，今复☐Ⅰ
☐手。Ⅱ
☐守丞齮敢言之：令二月□亥追，今复写前日☐Ⅲ
☐时都邮人羽行。☐Ⅳ8－704背＋8－706背[⑤]

这是一份关于考核的文书，大意是迁陵县下发通知，请县廷各部门按照郡府的要求上报人口、人员食用计簿等，不完整的内容及时向郡府汇报。具体考核内容，见各类课志。课志即官府各部、署登记的有关情况，

① 睡虎地秦墓竹简整理小组编《睡虎地秦墓竹简》，第66页。
② 睡虎地秦墓竹简整理小组编《睡虎地秦墓竹简》，第38页。
③ 睡虎地秦墓竹简整理小组编《睡虎地秦墓竹简》，第105页。
④ 睡虎地秦墓竹简整理小组编《睡虎地秦墓竹简》，第100页。
⑤ 陈伟主编《里耶秦简牍校释》（第一卷），第207页。

供上级检查考核的记录。志，记也。实录亦称“志”。下面列举部分课志：

①仓课志：AⅠ
畜彘鸡狗产子课，AⅡ
畜彘鸡狗死亡课，AⅢ
徒隶死亡课，AⅣ
徒隶产子课，AⅤ
作务产钱课，BⅠ
徒隶行徭课，BⅡ
畜雁死亡课，BⅢ
畜雁产子课。BⅣ
·凡▨C8－495。[①]

②畜官课志：AⅠ
徒隶牧畜死负、剥卖课，AⅡ
徒隶牧畜畜死不请课，AⅢ
马产子课，AⅣ
畜牛死亡课，BⅠ
畜牛产子课，BⅡ
畜羊死亡课，BⅢ
畜羊产子课。BⅣ
·凡八课。BⅤ8－490＋8－501。[②]

③贰春乡枝（枳）枸志。AⅠ

枝（枳）枸三木。AⅡ▨下广一亩，AⅢ格广半亩，高丈二尺。BⅠ去乡七里。BⅡ卅四年不实。BⅢ8－455[③]

④田官课志。Ⅰ
田□□课。Ⅱ

① 陈伟主编《里耶秦简牍校释》（第一卷），第169页。
② 陈伟主编《里耶秦简牍校释》（第一卷），第168页。
③ 陈伟主编《里耶秦简牍校释》（第一卷），第153页。

·凡一课。Ⅲ8－479[①]

⑤【尉】课志：AⅠ

卒死亡课，AⅡ

司寇田课，AⅢ

卒田课。BⅠ

·凡三课。BⅡ8－482[②]

⑥乡课志：AⅠ

□□□；AⅡ

□食□□课；AⅢ

黔首历课；BⅠ

寡子课子课；BⅡ

·凡四课。BⅢ8－483[③]

⑦司空课志：AⅠ

□为□□□AⅡ

□课，AⅢ

□□□□课，AⅣ

舂产子课，AⅤ

□船课，BⅠ

□□□课，BⅡ

作务□□BⅢ

……BⅣ

……BⅤ8－486[④]

以上仅为部分文书记录，从课志分类来看，一县的农田、畜牧业、水果生产等分别记录。每一类课志内，又详细划分为不同类别，如田课志下

① 陈伟主编《里耶秦简牍校释》（第一卷），第163页。

② 陈伟主编《里耶秦简牍校释》（第一卷），第165页。

③ 陈伟主编《里耶秦简牍校释》（第一卷），第165页。

④ 陈伟主编《里耶秦简牍校释》（第一卷），第165～166页。

分为十种小目，畜官课志下分为八个细目。简文③是贰春乡记录的水果种植的具体情况，包括果树种植的面积、位置、果树数量、果树的户主、挂果情况，可谓事无巨细，应有尽有。不同部门均有考课清单，县政府行政机构、县直属部门或是乡级政府有别。这些数据多来自乡里基层社会，可以看出，乡官里吏的工作具体而细微。

（三）乡官里吏的日常管理

秦国基层政府制定了比较严格的劳动纪律，官吏上班有较详细的考勤记录，正常上班时间内若有私事，必须请假，睡虎地秦简《内史杂》："有事请也，必以书，毋口请，毋羁请。"[①] 口头请假无效，也不许别人代请，必须写书面假条。每天有专人记录上班情况：

> 端月丁未，令史應行庙。BⅡ
>
> □□□□，令史庆行庙。BⅢ
>
> □月癸酉，令史犯行庙。BⅣ
>
> 二月壬午，令史行行庙。CⅠ
>
> 二月壬辰，令史莫邪行庙。CⅡ
>
> 二月壬寅，令史釦行庙。CⅢ
>
> 四月丙申，史戎夫行庙。CⅣ
>
> 五月丙午，史釦行庙。DⅠ
>
> 五月丙辰，令史上行庙。DⅡ
>
> 五月乙丑，令史□□□DⅢ
>
> 六月癸巳，令史除行庙。DⅣ8－138背＋8－174背＋8－522背＋8－523背[②]

这应是迁陵县佐吏轮流参加庙祭活动的考勤记录，何月哪日谁值班，记录明白。令史是县令长的属官，不属于乡官，但国家官吏的管理制度是

① 睡虎地秦墓竹简整理小组编《睡虎地秦墓竹简》，第105页。
② 陈伟主编《里耶秦简牍校释》（第一卷），第78页。

统一的，乡官也当详细记录考勤。

值班记录按期整理统计，形成在岗报告书，即“视事课”，比如，“守丞大夫敬课。Ⅰ视事卌八日”[①]，“令佐华视事卌七日”[②]。这些统计册定期向主管领导汇报。里耶秦简：“廿六年八月庚戌朔壬戌，厩守庆敢言之：令曰Ⅰ司空佐贰今为厩佐言视事日。·今以戊申Ⅱ视事。敢言之。”[③] “冗佐八岁上造阳陵西就曰駋，廿五年二月辛巳初视事上衍。Ⅰ病署所二日。Ⅱ·凡尽九月不视事二日，·定视事二百一十一日。Ⅲ8-1450。廿九年后九月辛未Ⅰ行计，即有论上衍。卅年Ⅱ□不视事，未来。”[④] “尉守狐课。BⅠ十一月己酉视事，尽十二月辛未。”[⑤]

里耶秦简第九层亦有上班出勤统计记录：

守丞枯五十五日—。AⅠ
守丞平五十七日—。AⅡ
守丞固二百卌二日—。AⅢ
令佐获卌四日—。AⅣ
令佐贺一百卌日—。AⅤ
令佐章百八十日—。AⅥ
守加卌四日—。BⅠ
守颀三百一十日—。BⅡ
佐集卌四日—。BⅢ
佐苏三百一十日—。BⅣ9-728[⑥]

每位官员均建有个人工作档案，即“功劳簿”。日常值班出勤统计表

① 陈伟主编《里耶秦简牍校释》（第一卷），第23页。
② 陈伟主编《里耶秦简牍校释》（第一卷），第155页。
③ 陈伟主编《里耶秦简牍校释》（第一卷），第99页。
④ 陈伟主编《里耶秦简牍校释》（第一卷），第329页。
⑤ 陈伟主编《里耶秦简牍校释》（第一卷），第70页。
⑥ 里耶秦简牍校释小组：《新见里耶秦简牍资料选校》（二），载《简帛》（第十辑），上海古籍出版社，2015，第197页。

单独汇总统计成册。里耶秦简："资中令史阳里釦伐阅：AⅠ十一年九月隃为史。AⅡ为乡史九岁一日。AⅢ为田部史四岁三月十一日。AⅣ为令史二月。AⅤ□计。BⅠ年卌六。BⅡ户计。CⅠ可直司空曹。"[①] 这就是文献所谓的"伐阅"，即官吏的工作经历明细记录。这份文书为阳里名叫釦的令史任职记录，文书简明反映了一个低阶层官吏的职业经历，其他乡官也应当有这样的个人档案，这是他们晋级、提拔、赏罚等的基本依据。

视事在职官员必须专心政务，全心工作，秦简《法律答问》："啬夫不以官为事，以奸为事，论可（何）殹（也）？当畱（迁）。畱（迁）者妻当包不当？不当包。"[②] 官吏上班不认真履职，专干坏事，将受到流放处罚。严禁伪造工作成绩，《秦律十八种·中劳律》："敢深益其劳岁数者，赀一甲，弃劳。"[③] 擅自增加劳绩年数，判罚一甲，并取消其劳绩。

（四）乡官里吏的奖罚

商鞅对刑赏有精炼的解释："夫刑者，所以夺禁邪也；而赏者，所以助禁也。"[④] 乡官里吏是国家基层管理人员，他们的行为直接影响着民众，合理的奖励机制能充分调动他们的工作积极性；反之，惩罚措施可以严明吏治，有效遏制官吏的违法行为，起到惩恶扬善作用。"夫人情好爵禄而恶刑罚，人君设二者，以御民之志而立所欲焉。"[⑤] 奖罚机制在秦律中体现得最充分。秦律对官吏的赏罚有鲜明的特点：奖少罚多，奖励官吏的例子不多见，处罚的案例多。官吏违法重判，官员犯法，同一犯罪行为判罪重于一般民众。官吏连坐，只要与责任人有关的犯罪，主管官吏连坐。

第一，迁转、赐爵、赐税邑。关于这类奖赏的文献不多见，"以治法者强，以治政者削。常官治者迁官，治大国小，治小国大"[⑥]。常年任官，踏实工作，政绩卓著，则依照法律程序升迁。韩非子指出："故明主之吏，宰相必起于州部，猛将必发于卒伍。夫有功者必赏，则爵禄厚而愈劝；迁

---

① 陈伟主编《里耶秦简牍校释》（第一卷），第125～126页。

② 睡虎地秦墓竹简整理小组编《睡虎地秦墓竹简》，第177页。

③ 睡虎地秦墓竹简整理小组编《睡虎地秦墓竹简》，第135页。

④ 《商君书·算地第六》，第14～15页。

⑤ 《商君书·错法第九》，第20页。

⑥ 《商君书·去强第四》，第8页。

官袭级，则官职大而愈治。”① 聪明的君主任用官吏，文官武将从基层开始选拔。有功劳的官吏一定要奖赏，依据考核成绩不断迁升。他们有基层工作履历，了解社会实际，有丰富的实际工作经验，官职升迁得越高，他们治理国家就会越好。

秦国重爵位，赐爵邑受秦人重视。《商君书》：“其战，百将屯长，不得斩首；得三十三首以上，盈论，百将屯长，赐爵一级。”② 百将、屯长是军队的两种低级军官，一次战斗中，他们率领的士兵杀死三十三名敌人，则百将、屯长分别赐爵一级。爵位和宅邑相连，只要赐爵，必然伴随赐宅，这在秦国后期的制度中有规定，汉初实行秦的军功爵制，张家山汉简有详细记载：

> 关内侯九十五顷，大庶长九十顷……公大夫九顷，官大夫七顷，大夫五顷，不更四顷，簪袅三顷，上造二顷，公士一顷半顷。
>
> 宅之大方卅步，彻侯受百五宅。关内侯九十五宅，大庶长九十宅……公大夫九宅，官大夫七宅，大夫五宅，不更四宅，簪袅三袅，上造二宅，公士一宅半宅。③

这是吕后时期赐爵位、宅邑的详细记录，公大夫以下为低爵，他们多是低级斗食官吏，乡官里吏也在其中。不同爵位对应的赐邑宅数有一定规律。秦国统一六国时期，比汉初更重视爵位，赐宅邑是高规格赏赐。

《商君书·境内》：“故爵公士也，就为上造也。故爵上造，就为簪袅。就为不更。故爵为大夫，爵吏而为县尉，则赐虏六加五千六百。爵大夫而为国治，就为大夫。故爵大夫就为公大夫。就为公乘。就为五大夫，则税邑三百家。故爵五大夫，皆有赐邑三百家，有赐税三百家。爵五大夫，有税邑六百家者受客。大将御参，皆赐爵三级。”④ 这段记载有文字脱漏和错简现象，多处语句不通，不过大意明白。无论是立军功还是农功，均可获得爵位。爵

---

① 王先慎：《韩非子集解》卷十九《显学》，第354页。
② 《商君书·境内第二十》，第34页。
③ 张家山二四七号汉墓竹简整理小组编著《张家山汉墓竹简》，第175～176页。
④ 《商君书·境内第十九》，第34页。

位在五大夫以上，还享有税收，户数因爵位而定，最低三百家。赐爵位的同时，亦赐宅邑。五大夫以上，赐爵位意味着还附有宅邑、税邑物质财产利益。

第二，赐钱、赐财物、赐劳绩。睡虎地秦简《厩苑律》："以四月、七月、十月、正月肤田牛。卒岁，以正月大课之，最，赐田啬夫壶酉（酒）束脯，为旱〈皂〉者除一更，赐牛长日三旬；殿者，谇田啬夫，罚冗皂者二月。其以牛田，牛减洁，治（笞）主者寸十。有（又）里课之，最者，赐田典日旬；殿，治（笞）卅。"① 这是基层季度、年度批评奖罚律文，当有乡政府组织具体实施评比活动，在乡获评第一，奖励田啬夫一壶酒、一捆干肉。奖励养牛者减少一次更役，奖励牛长劳资三十天。在里中组织的评比中荣获第一，赏赐田典劳资十天。

惩罚是秦律的突出特点，这是商鞅派轻赏重罚思想的体现，"重罚轻赏，则上爱民，民死上；重赏轻罚，则上不爱民，民不死上"②。"治国刑多而赏少，故王者刑九而赏一，削国赏九而刑一。"③ 基层官吏受罚的案例多，受罚的种类名目繁杂，轻重不同。

贬爵，这是较严厉的惩罚手段。"其狱法，高爵訾下爵级。高爵能无给有爵人隶仆。爵自二级以上，有刑罪，则贬。爵自一级以下，有刑罪则已小失死以上至大夫。"④ 官吏犯罪，可以通过降低爵位免罪，高爵降为低爵。一级以下爵位降爵后无爵。

开除官籍。官吏违法情节严重，政府将违法官吏开除，永不叙用。传世文献不见，秦简有数条律文：

《秦律杂抄》：为（伪）听命书，法（废）弗行，耐为侯（候）；不辟（避）席立，赀二甲，法（废）。⑤

《法律答问》：廷行事吏为诅伪，赀盾以上，行其论，有（又）

---

① 睡虎地秦墓竹简整理小组编《睡虎地秦墓竹简》，第30～31页。
② 《商君书·去强第四》，第9页。
③ 《商君书·开塞第七》，第17页。
④ 《商君书·境内第十九》，第34页。
⑤ 睡虎地秦墓竹简整理小组编《睡虎地秦墓竹简》，第129页。

废之。[①]

《秦律杂抄》：不当禀军中而禀者，皆赀二甲，法（废）。[②]

《秦律杂抄》：禀卒兵，不完善（缮），丞、库啬夫、吏赀二甲，法（废）。[③]

《秦律杂抄》：先赋蓦马，马备，乃鄰从军者，到军课之，马殿，令、丞二甲，司马赀二甲，法（废）。[④]

《秦律杂抄》：漆园殿，赀啬夫一甲，令、丞及佐各一盾，徒络组各廿给。漆园三岁比殿，赀啬夫二甲而法（废），令、丞各一甲。[⑤]

《秦律杂抄》：采山重殿，赀啬夫一甲，佐一盾；三岁比殿，赀啬夫二甲而法（废）。[⑥]

从以上材料可以看出，“废”通常和罚金合起来二罪并罚。罚金数额多是“赀二甲”，即两副铠甲的价格，岳麓书院藏秦简有载：

赀一甲直（值）钱千三百卌四，直（值）金二两一垂，一盾直（值）金二垂。赎耐，马甲四，钱七千六百八十。(82/0957)

马甲一，金三两一垂，直（值）钱千九百廿，金一朱（铢）直（值）钱廿四，赎死，马甲十二，钱二万三千卌。[⑦]（83/0970)

两副铠甲的价钱为二千六百八十八钱，这是较重的处罚。开除官吏的官籍，常常和较重的罚金一起执行，说明官吏违犯国家法律，判罚重。法律中有不少开除官籍的规定，但从里耶秦简的实际记录看，还没见到开除官籍的处罚，多是关于处以罚金的记录。里耶秦简中有赀罚名籍：

① 睡虎地秦墓竹简整理小组编《睡虎地秦墓竹简》，第 176 页。
② 睡虎地秦墓竹简整理小组编《睡虎地秦墓竹简》，第 133 页。
③ 睡虎地秦墓竹简整理小组编《睡虎地秦墓竹简》，第 134 页。
④ 睡虎地秦墓竹简整理小组编《睡虎地秦墓竹简》，第 132 页。
⑤ 睡虎地秦墓竹简整理小组编《睡虎地秦墓竹简》，第 138 页。
⑥ 睡虎地秦墓竹简整理小组编《睡虎地秦墓竹简》，第 138 页。
⑦ 陈松长：《岳麓书院藏秦简的整理与研究》，中西书局，2014，第 64 页。

【司】空佐敬二甲。AⅠ

【司】空守謷三甲。AⅡ

司空守巸三甲。AⅢ

司空佐沈二甲。以。AⅣ

□□□一盾。入。AⅤ

库武二甲。AⅥ

库佐驾二甲。BⅠ

田官佐贺二甲。BⅡ

髳长忌再□䍐。BⅢ

校长予言赀二甲。BⅣ

发弩□二甲。BⅤ

仓佐平七【盾】。BⅥ

田佐□一甲。BⅦ

令佐圂一盾。CⅠ

令佐冣七甲。CⅡ

令佐逌二甲。已利。CⅢ

□廿钱。CⅣ

更戍书二甲。CⅤ

更戍【五】二甲。CⅥ

更戍【登】二甲。CⅦ

更戍婴二甲。DⅠ

更戍□二甲。DⅡ

更戍裚赎耐。二。DⅢ

更戍得赎耐。DⅣ

更戍堂赎耐。DⅤ

更戍齿赎耐。DⅥ

更戍暴赎耐。DⅦ8－149＋8－489①

---

① 陈伟主编《里耶秦简牍校释》（第一卷），第89～90页。

髳长、校长、仓佐、田佐当属乡亭部吏。又如，“尉广赀四甲。校长舍四甲。▨Ⅰ佐犴四甲。赀已归”①。统计罚款数额，校长、田佐等乡亭部吏的罚金多为一甲至四甲。

又如里耶秦简：“卅年九月甲戌，少内守扁入佐鼌赀一盾、佐斗四甲、史章二甲、□▨Ⅰ二甲、乡歜二甲、发弩囚吾一甲、佐狐二甲。凡廿五甲四盾。”② 佐包括乡佐，“佐斗”“佐狐”可能是两个乡佐。“乡歜”指乡啬夫歜。“乡守履赀十四甲。▨Ⅰ乡佐就赀一甲。▨Ⅱ乡佐□赀六甲。”③ 乡守、乡佐等乡部吏的罚金为一甲至十四甲，其中罚款一甲至四甲的居多，这样的罚金数额已是重罚。

秦律的另一重要特点是官吏连坐制。一名官吏犯法，其上级、同级、下级官吏均连带受不同程度的惩罚，连坐涉及范围广泛，罪名五花八门。即使普通民众违法，基层吏员亦连坐，官吏连坐给基层管理人员套上了问责枷锁，秦简中有详细记录。

里吏连坐。里吏负责一里事务，里中有违法事件发生，主要里吏多连坐。《傅律》：“匿敖童，及占瘩（癃）不审，典、老赎耐。●百姓不当老，至老时不用请，敢为酢（诈）伪者，赀二甲；典、老弗告，赀各一甲；伍人，户一盾，皆䙴（迁）之。”④ 民众在傅籍、免老、睆老等环节上诈老诈小、知情不报，判罚里吏连坐。又秦简：“律曰‘与盗同法’，有（又）曰‘与同罪’，此二物其同居、典、伍当坐之。云‘与同罪’，云‘反其罪’者，弗当坐。●人奴妾盗其主之父母，为盗主，且不为？同居者为盗主，不同居不为盗主。”⑤“与盗同法”“与同罪”这两类犯罪者同居、伍人、里典连坐。“贼入甲室，贼伤甲，甲号寇，其四邻、典、老皆出不存，不闻号寇，问当论不当？审不存，不当论；典、老虽不存，当论。”⑥ 里中发生刑事案件，里典几乎脱不了关系。“㸑火延燔里门，当赀一盾；其邑

---

① 陈伟主编《里耶秦简牍校释》（第一卷），第 180 页。
② 陈伟主编《里耶秦简牍校释》（第一卷），第 390 页。
③ 陈伟主编《里耶秦简牍校释》（第一卷），第 131 页。
④ 睡虎地秦墓竹简整理小组编《睡虎地秦墓竹简》，第 143 页。
⑤ 睡虎地秦墓竹简整理小组编《睡虎地秦墓竹简》，第 159 页。
⑥ 睡虎地秦墓竹简整理小组编《睡虎地秦墓竹简》，第 193 页。

邦门，赀一甲。”[①] 此处虽没有见到“里典”，但里门被烧，里典一定连坐，此处“赀一盾”当是对里典而言。

乡亭部吏连坐。秦简《效律》：“官啬夫赀二甲，令、丞赀一甲；官啬夫赀一甲，令、丞赀一盾。其吏主者坐以赀、谇如官啬夫。其它冗吏、令史掾计者，及都仓、库、田、亭啬夫坐其离官属于乡者，如令、丞。”[②] 这条律文不完整，开头部分缺少连坐原因。律文“田、亭啬夫坐其离官属于乡者”，田啬夫和其他乡吏连坐。“牛大牝十，其六毋（无）子，赀啬夫、佐各一盾。●羊牝十，其四毋（无）子，赀啬夫、佐各一盾。●牛羊课。”[③] 这里的“啬夫、佐”主要指乡啬夫和乡佐。“部佐匿者（诸）民田，者（诸）民弗智（知），当论不当？部佐为匿田，且可（何）为？已租者（诸）民，弗言，为匿田；未租，不论○○为匿田。”[④] 部佐是乡部的佐官，协助乡啬夫、田啬夫等主要乡吏开展工作，若其违法，如匿田，则其他乡官可能连坐。

亭部吏负责基层亭部社会治安，工作出现失误，亭部辖区吏员多连坐。上引《效律》：“及者仓、库、田、亭啬夫坐其离官属于乡者，如令、丞。”[⑤]“官啬夫”指主管啬夫，他负有主要责任，对其判罚最重。“亭啬夫坐其离官属于乡者”，亭啬夫属于亭部吏，亭啬夫连坐受罚如同县令、县丞。

有的律文中虽然没有明确注明乡官里吏，但实际已包含了这一特殊管理群体。睡虎地秦简：“实官佐、史被免、徙，官啬夫必与去者效代者。节（即）官啬夫免而效不备，代者【与】居吏坐之。故吏弗效，新吏居之未盈岁，去者与居吏坐之，新吏弗坐；其盈岁，虽弗效，新吏与居吏坐之，去者弗坐，它如律。”[⑥]“居吏”指原任啬夫下属的工作人员。据此，多数乡亭部吏在啬夫调离以后属于居吏，官啬夫违法，居吏连坐。“马牛

---

① 睡虎地秦墓竹简整理小组编《睡虎地秦墓竹简》，第 219 页。
② 睡虎地秦墓竹简整理小组编《睡虎地秦墓竹简》，第 123 ~ 124 页。
③ 睡虎地秦墓竹简整理小组编《睡虎地秦墓竹简》，第 142 ~ 143 页。
④ 睡虎地秦墓竹简整理小组编《睡虎地秦墓竹简》，第 218 页。
⑤ 睡虎地秦墓竹简整理小组编《睡虎地秦墓竹简》，第 124 页。
⑥ 睡虎地秦墓竹简整理小组编《睡虎地秦墓竹简》，第 96 页。

误职（识）耳，及物之不能相易者，赀官啬夫一盾。”① 基层的马、牛由田啬夫、田典负责，牛、马的标识出错，他们连坐。“计较相缪（谬）也……赀一甲。人户、马牛一，赀一盾；自二以上，赀一甲。”② “人户、马牛一以上为大误。误自重也，减罪一等。”③ “人户、马牛”与户籍管理有关，户籍管理是乡官里吏的工作重心之一，户籍统计出差错，参与户籍编制的乡官里吏连坐。“吏自佐、史以上负从马、守书私卒，令市取钱焉，皆䙴（迁）。”④ “佐、史以上”包括乡亭部吏的多数吏员。“肤吏乘马笃、𦞠（胔），及不会肤期，赀各一盾。马劳课殿，赀厩啬夫一甲，令、丞、佐、史各一盾。马劳课殿，赀皂啬夫一盾。”⑤ 田啬夫、厩啬夫、皂啬夫、田典属于田部吏系统，他们连坐。“甲徙居，徙数谒吏，吏环，弗为更籍，今甲有耐、赀罪，问吏可（何）论？耐以上，当赀二甲。”⑥ 户籍变动，基层乡部吏负责，迁移者违法，乡部吏连坐。这些连坐制罪名繁多，简要统计，包括赎耐、赀、谇、耐、黥为城旦、迁、刑为城旦、匿田、代偿等名称。

秦律对官吏处罚突出“轻罪重罚”原则，乡官里吏和民众犯一样的罪，他们受的判罚比普通民众重。“害盗别徼而盗，驾（加）罪之。●可（何）谓‘驾（加）罪’？●五人盗，臧（赃）一钱以上，斩左止，有（又）黥以为城旦；不盈五人，盗过六百六十钱，黥劓以为城旦；不盈六百六十到二百廿钱，黥为城旦；不盈二百廿以下到一钱，䙴（迁）之。求盗比此。”⑦ 亭部吏害盗、求盗盗窃他人财物，执法犯法，法律加罪处罚。“求盗盗，当刑为城旦，问罪当驾（加）如害盗不当？当。”⑧ 求盗盗窃他人或国家财物，“刑为城旦”，这是四年刑重罚，这一“加罪”处罚同样适用于害盗。有秩的官吏违法同样受到重判，秦简《法律答问》：“有秩吏捕

① 睡虎地秦墓竹简整理小组编《睡虎地秦墓竹简》，第 121 页。
② 睡虎地秦墓竹简整理小组编《睡虎地秦墓竹简》，第 125 页。
③ 睡虎地秦墓竹简整理小组编《睡虎地秦墓竹简》，第 125 ~ 126 页。
④ 睡虎地秦墓竹简整理小组编《睡虎地秦墓竹简》，第 133 页。
⑤ 睡虎地秦墓竹简整理小组编《睡虎地秦墓竹简》，第 142 页。
⑥ 睡虎地秦墓竹简整理小组编《睡虎地秦墓竹简》，第 213 ~ 214 页。
⑦ 睡虎地秦墓竹简整理小组编《睡虎地秦墓竹简》，第 150 页。
⑧ 睡虎地秦墓竹简整理小组编《睡虎地秦墓竹简》，第 151 ~ 152 页。

阑亡者，以畀乙，令诣，约分购，问吏及乙论可（何）殹（也）？当赀各二甲，勿购。”① 部分乡亭部吏属有秩吏，这些有秩吏捕获逃亡出关的犯人，不但得不到奖赏，还要被罚两副铠甲。捕捉逃犯是官吏的本质工作，不奖励。如他们把逃犯交给其他人，约定分奖，这是欺骗政府，法律禁止。而一般民众不受此处罚。

里耶秦简中亦有关于轻罪重判的记录：“卅年□月丙申，迁陵丞昌，狱史堪【讯】。昌辤（辞）曰：上造，居平□，侍廷，为迁陵丞。□当诣贰春乡，乡【渠、史获误诣它乡，□失】Ⅰ道百六十七里。即与史义论赀渠、获各三甲，不智（知）劾云赀三甲不应律令。故皆毋它坐。它如官书。Ⅱ8－754＋8－1007☐堪手。”② 乡啬夫渠因走错了出差地点，本应该到贰春乡，结果到了它乡，他被罚三副铠甲，合计四千多钱。当时的官俸：“一百石奉，月十六斛。斗食奉，月十一斛。佐史奉，月八斛。”③ “二百石者，三十斛。比二百石者，二十七斛。一百石者，十六斛。斗食，月十一斛。佐史，月八斛。”④ 汉承秦，官俸当不会有大的变化，其时的粮价，岳麓书院藏秦简：“米贾（价）石五十钱，今有廿七钱，欲籴米，得几可（何）？曰：五斗四升。”“米贾（价）石六十四钱，今有粟四斗，问得钱几可（何）？曰：十五钱廿五分钱九。其述（术）以粟：（粟米）求之。”⑤ 容量单位一斛等于一石，百石小吏年收入不到一千钱，一次罚款抵得上四年的俸禄，这样的判罚显然重了。

秦律的制定，是商鞅派思想的真实反映，“圣人之为国也，壹赏，壹刑，壹教。壹赏则兵无敌，壹刑则令行，壹教则下听上。”⑥ 法家指导思想延续到秦统一六国，秦代的治国思想继承了秦国思想。我们把秦律和汉初的张家山汉简核对比较，西汉的法律内容很多来自秦朝。秦国的立法精神和实际运行基本符合社会历史发展潮流，体现了大一统思想，是战时军事

① 睡虎地秦墓竹简整理小组编《睡虎地秦墓竹简》，第210页。

② 陈伟主编《里耶秦简牍校释》（第一卷），第216页。

③ 《续汉书》志第二十八《百官五》，第3632～3633页。

④ 王益之：《西汉年纪》卷二《高祖》，王根林点校，中州古籍出版社，1993，第32页。

⑤ 陈松长：《岳麓书院藏秦简的整理与研究》，第74页。

⑥ 《商君书·赏刑第十七》，第28页。

管理体制的客观需要。秦国对基层官吏的一整套管理办法，实践证明是正确的，顺应了秦统一全国的需要。但是，秦国军事统一大业完成后，其立法思想应转向发展社会经济文化，但秦代并没有对大一统秦朝的发展做出合乎情理的客观准确判断，仍然单靠法治治国，忽视了儒家思想及其他学派的合理因素，这就使部分乡官里吏走上了背叛秦朝的道路，助推秦朝快速灭亡。

第三章　秦国乡里政权的行政功能

第一节　乡官里吏的民籍管理职能

国家实现对内、对外职能，必须以一定的经济基础为基本条件。在古代中国，土地是国家经济收入的重要来源，这需要一套完整的国土资源制度体系实现土地管理，户籍制度就是这一制度体系的中心内容之一。户籍制是国家组织控制社会各阶层的一种有效手段，根据这一制度，形成政府和个人一一对应关系。政府掌握了全国户籍，就可以整合国家土地资源，对资源做出相应合理的配置。掌握确切的人口数量，就能够按照人口多寡确定土地分配、赋税征收、劳役征派等重要问题。完善的户籍制度，能使民众与土地紧密结合，这是形成稳定社会秩序的前提，有利于经济社会的发展和对社会各阶层的控制。

“户籍，是中国历代统治者最注意的问题之一。”① “国家只有掌握了户籍的人数，才能对政治、军事、经济、文化、教育等方面的工作做出统筹安排。”② 西周时期已经形成较完善的户籍制度，而有权威资料可以考证的户籍制产生于战国时期，其时各大诸侯国已建立了各自相对完整的户籍制度。秦国建立的新型、适应新兴地主阶级发展的户籍制始于秦孝公，而商鞅则是该制度的主要创造者、推行者。

---

① 朱绍侯：《秦汉土地制度与阶级关系》，中州古籍版社，1985，第 184 页。

② 朱绍侯：《秦汉土地制度与阶级关系》，第 184 页。

由于受到史料不足的限制，有关秦国的户籍制研究成果不多①。专著《里耶发掘报告》《秦制研究》《中国古代籍帐研究》《云梦秦简初探》《中国户籍制度——历史与政治的分析》等少部分内容论及户籍管理，这几部著作问世较早，未使用新近公布出版的秦简。陈絜、黎明钊研究户籍的论文重点讨论秦的家庭类型；田旭东、高敏、张荣强的论文主要探讨户籍的著录；王子今《试说里耶户籍简所见“小上造”、“小女子”》重在解读两种爵称；王彦辉《出土秦汉户籍简的类别及登记内容的演变》指出里耶户籍简的著录从秦献公创制户籍到秦王政、汉武帝后的演变；万川《商鞅的户籍制度改革及其历史意义》结合秦国早期秦孝公的户籍改革，从宏观方面论述秦的户籍；沈刚《里耶秦简所见民户簿籍管理问题》运用秦简比较充分，对乡里两级政权的户籍管理论述有深度，指出乡级政权负责户口的登记和初步分类，对里吏管理户籍职能有所认识，但对乡官里吏管理户籍职能的分析还不够透彻。

归纳上述研究成果，前人对基层两级行政组织户籍管理职能的专题研究还略显欠缺，乡官里吏户籍管理职能中还有一些问题没有说清，如民籍的初步填写由哪级官吏负责？正式户籍由县乡职能官吏书写，重要里吏是

① 专著类，湖南省文物考古研究所编著《里耶发掘报告》，第 203～210 页；张金光：《秦制研究》，第 774～830 页；池田温：《中国古代籍帐研究》，龚泽铣译，中华书局，1984；高敏：《云梦秦简初探》，河南人民出版社，1979；王威海：《中国户籍制度——历史与政治的分析》，上海文化出版社，2006。论文类，王子今：《试说里耶户籍简所见“小上造”、“小女子”》，《出土文献》2010 年第 00 期；高敏：《秦汉的户籍制度》，《求索》1987 年第 1 期；沈刚：《里耶秦简所见民户簿籍管理问题》，《中国经济史研究》2015 年第 4 期；王彦辉：《出土秦汉户籍简的类别及登记内容的演变》，《史学集刊》2013 年第 3 期；陈絜：《里耶“户籍简”与战国末期的基层社会》，《历史研究》2009 年第 5 期；张荣强：《湖南里耶所出“秦代迁陵县南阳里户版”研究》，《北京师范大学学报》2008 年第 4 期；黎明钊：《里耶秦简：户籍档案的探讨》，《中国史研究》2009 年第 2 期；辛田：《名籍、户籍、编户齐民——试论春秋战国时期户籍制度的起源》，《人口与经济》2007 年第 3 期；欧阳凤莲：《〈商君书〉户籍管理思想与秦国户籍管理制度》，《古代文明》2009 年第 4 期；田旭东：《里耶秦简所见的秦代户籍格式和相关问题》，《四川文物》2009 年第 1 期；万川：《商鞅的户籍制度改革及其历史意义》，《公安大学学报》1998 年第 1 期；张荣强：《里耶秦简所见民户簿籍管理问题》，《晋阳学刊》2013 年第 4 期；王绍东：《论商鞅变法与我国古代户籍档案管理制度的建立与完善》，《秦文化论丛》2004 年第 00 期；广濑薰雄：《里耶秦简户籍简刍议》，“中国里耶古城 · 秦简与秦文化国际学术讨论会”；杜正胜：《“编户齐民论”的剖析》，载王健文主编《政治与权力》，中国大百科全书出版社，2005，第 14～41 页。

否参与？民籍的管理过程中乡部吏、里吏的职责如何划分？承担相应的责任有何区别？里吏配合乡部吏具体落实户籍管理的哪些工作？等等。本书针对上述存在的问题，试做分析。

一　西周贵族社会的户籍制度

我们先对西周的户籍制做一概要了解，随着社会的发展进步，周代产生了和贵族社会相适应的人口管理制度。《周礼·司民》："司民，掌登万民之数。自生齿以上，皆书于版，辨其国中。"[①] 司民是中央掌握国家人口数的官员，周天子的人口数据来自各诸侯国，各诸侯国也当有管理户口的专职人员。"及三年大比，以万民之数诏司寇。司寇及孟冬祀司民之日，献其数于王。王拜受之，登于天府。"[②] 全国三年一次进行户籍整理统计，清查户口。《周礼·大司徒》："掌建邦之土地之图与其人民之数，以佐王安扰邦国。"[③] 大司徒掌握着国家的土地与人口数据，辅助周王统治国家。"以稽国中及四郊、都鄙之夫家九比之数。"[④] 小司徒负责王城及四郊都鄙的人口和土地。小司徒之下，各乡、遂的基层管理人员具体落实户口的统计、变更、迁徙、注籍、削籍等实际工作。西周社会，政府的分工分化尚不细密，其时军民合一，《周礼·大司马》："大司马之职……简稽乡民，以用邦国"[⑤]。百姓平日为民，从事农业生产；遇到战争，出则为兵。西周户籍管理内容主要包括以下几个方面。

第一，及时注籍和削籍。关于户籍的统计内容，《周礼·小司徒》载："以稽国中及四郊、都鄙之夫家九比之数，以辨其贵贱、老幼、废疾……乃颁比法于六乡之大夫，使各登其乡之众寡、六畜、车辇，辨其物"[⑥]。家庭财产、年龄、身体健康状况皆在统计之列。户籍发生变化，应及时更籍，《周礼·司民》："自生齿以上，皆书于版。辨其国中与其都鄙及其郊

---

① 孙诒让：《周礼正义》卷六十八《秋官司寇·司民》，第744页。
② 孙诒让：《周礼正义》卷六十八《秋官司寇·司民》，第745页。
③ 孙诒让：《周礼正义》卷十八《地官司徒·大司徒》，第181页。
④ 孙诒让：《周礼正义》卷二十《地官司徒·小司徒》，第203页。
⑤ 孙诒让：《周礼正义》卷五十五《夏官司马·大司马》，第599页。
⑥ 孙诒让：《周礼正义》卷二十《地官司徒·小司徒》，第203页。

野，异其男女，岁登下其死生”[①]。全国准确的人口信息皆在国家掌握之中，去世的人及时削籍，出生的婴儿按年度注籍。

第二，年度按比，三年大比。《周礼·小司徒》：“小司徒……以岁时入其数，以施政教，行征令。”[②] 年度按比指从每年八月开始，乡、遂的基层管理部门将人口变动信息上报周天子。各乡、遂之中，设置专职管理人员，《周礼·地官司徒》：“乡老，二乡则公一人；乡大夫，每乡卿一人；州长，每州中大夫一人；党正，每党下大夫一人；族师，每族上士一人；闾胥，每闾中士一人；比长，五家下士一人。”[③] “遂人，中大夫二人，遂师，下大夫四人，上士八人，中士十有六人。旅下士三十有二人。府四人，史十有二人，胥十有二人，徒百有二十人。”[④] 六乡之中，比长掌握五户人口统计信息，将其上报给闾胥，闾胥上报给族师。族师核准后依次上报党正、州长和乡大夫，乡大夫汇总报至中央。各遂的上报程序应当同于六乡，这是年度按比。

《周礼·小司徒》：“及三年则大比，大比则受邦国之比要……岁终，则考其属官之治成而诛赏，令群吏正要会而致事。”[⑤] 三年大比，指中央三年进行全国性的户口清查、统计上报。以每一年上报的数据为依据，三年的数据累加考核，以此来确定各级管理机构的政绩。对大小官吏的提拔升迁，户籍管理是主要参考内容之一。对户籍管理不力，人口下降，导致收入降低、政绩不良的官吏则要依法受到惩罚。

第三，人口迁徙。分封制的实质是授人授疆土，《左传·定公四年》所载周王分给鲁公“殷民六族”，分给康叔“殷民七族”，部分受封人口随着受封诸侯一起迁徙，开发新封领地。《周礼·大司徒》：“大荒、大札，则令邦国移民。”注曰：“大荒，大凶年也；大札，大疫病也。移民，避灾就贱。其有守不可移者，则输之谷。”[⑥] 国家遇到大灾、大疫时，为了继续

---

① 孙诒让：《周礼正义》卷六十八《秋官司寇·司民》，第744页。
② 孙诒让：《周礼正义》卷二十《地官司徒·小司徒》，第203页。
③ 孙诒让：《周礼正义》卷十七《地官司徒·叙官》，第169页。
④ 孙诒让：《周礼正义》卷十七《地官司徒·叙官》，第175页。
⑤ 孙诒让：《周礼正义》卷二十《地官司徒·小司徒》，第203~213页。
⑥ 孙诒让：《周礼正义》卷十八《地官司徒·大司徒》，第201页。

生存，愿意离开灾荒地区的人民，国家允许他们迁移到适合生存的地区。

乡、遂居民可以按照户籍迁移办理手续，搬迁到其他地域。《周礼·比长》："比长各掌其比之治……徒于国中及郊，则从而授予。若徒于他，则为之旌节而行之。若无授无节，则唯圜土内之。"① 基层官吏负责办理户籍迁移手续，民众可依法流动。西周的户籍制度与当时的社会发展相一致，人口管理已相当规范，这是社会进步的必然要求。黎明钊认为："春秋以前，中国社会不可能具有户籍制度。"② 这样的认识是不完整的。西周的户籍制同分封制相适应，而春秋战国时期逐渐形成的新型户籍制则适应了新兴地主阶级的发展需要，各国相继变法图强，对户籍管理做出了创造性改革，秦国的商鞅是户籍改革的杰出代表。

二　秦国基层的户籍

在春秋早期，秦国的社会发展相对落后，生产力的进步促进了井田制的瓦解和土地私有制的出现。秦献公即位后，抓住社会变革的机遇，开拓进取，大胆改革。公元前 384 年，重视劳动力的保存，"止从死"③，废除了人殉制度。次年，迁都栎阳。献公六年，"初县蒲、兰田、善明氏"④。"献公立七年，初行为市。十年，为户籍相伍。"⑤ 秦献公进行的改革为商鞅大刀阔斧的社会改革奠定了基础。

公元前 361 年，秦孝公即位后，改革步伐更大。为了吸引治国之才，他甚至下令："宾客群臣有能出奇计强秦者，吾且尊官，与之分土。"⑥ 商鞅闻知，自魏国入秦，经过与保守派群臣辩论，秦孝公认为商鞅的主张顺应了秦国的发展方向，任命他实行变法，进行全面改革，户籍改革是其社会变革内容之一。户籍改革是与中央集权封建地主土地所有制相配套的制度。《史记·商君列传》："令民为什伍，而相牧司连坐。不告奸者腰斩，

---

① 孙诒让：《周礼正义》卷二十二《地官司徒·比长》，第 233 页。
② 黎明钊：《里耶秦简：户籍档案的探讨》，《中国史研究》2009 年第 2 期。
③ 《史记》卷五《秦本纪》，第 201 页。
④ 《史记》卷十五《六国年表》，第 715 页。
⑤ 《史记》卷六《秦始皇本纪》，第 289 页。
⑥ 《史记》卷五《秦本纪》，第 202 页。

告奸者与斩敌首同赏，匿奸者与降敌同罚。民有二男以上不分异者，倍其赋。有军功者，各以率受上爵；为私斗者，各以轻重被刑大小。僇力本业，耕织致粟帛多者复其身。事末利及怠而贫者，举以为收孥。宗室非有军功论，不得为属籍。明尊卑爵秩等级，各以差次名田宅，臣妾衣服以家次。有功者显荣，无功者虽富无所芬华。”① 这段文字虽内容不多，却传递了丰富的改革信息。第一，彻底废除了周代的贵族世袭制。宗室不立军功不得列入宗室籍，这就从根本上剥夺了贵族特权，明确了尊卑等级。爵位高低依军功论定，立有军功则享有荣华富贵，没有军功即使富有也得不到尊贵。第二，确立兵农合一制度。推行军功爵制，禁止私斗。凡是立有军功的战士，按照军功大小授予爵位。禁止私人斗争，消除内耗。如果发生私斗，政府将按其情节轻重分别给予轻重不等的处罚。第三，重本抑末，奖励耕织。凡是尽力从事耕织生产的民众，生产粮食、布帛多的，免除其本身的劳役。从事工商业和不事生产而贫困破产的民众，连同妻子儿女没入官府为奴婢。

为了适应上述需要，秦国推行郡县制，改造基层社会。按照管理军队的方法管理农民，以适应战时军事化管理模式。编入户籍的民众按什伍制度进行编制，五户为一伍，设一伍长，十户为一什，设一什长；把军事管理体制引入乡里社会，实行什伍连坐制。确立分户原则，一户凡有两个以上成年男子，必须另立门户，否则加倍征收赋税，国家用强制手段迫使广大农村建立起夫妇核心家庭，目的在于鼓励发展小农经济，增加国库收入，为实现国富奠定基础。

为了适应土地、住宅、赋税、军功、农功等配套制度，商鞅建立了新型户籍制度。婴儿一出生就由里吏负责登记造册，上报乡部。有人去世，及时从户籍中削去其名，严格规范户籍管理。《商君书·去强》：“举民众口数，生者著，死者削。”② 商鞅提出著名的强国十三数，“竟内仓口之数，壮男壮女之数，老弱之数，官士之数，以言说取食者之数，利民之数，马

① 《史记》卷六十八《商君列传》，第2230页。

② 《商君书·去强第四》，第9页。

牛刍藁之数。欲强国，不知国十三数，地虽利，民虽众，国愈弱，至削。”①《商君书》所载内容是商鞅变法的思想体现，他的改革思想和实践被秦汉帝国所继承完善。

秦国的户籍分为不同类别和等级，按照人的不同身份，户籍分为五种类型，“平民称为编户，皇族入宗室属籍，官吏有宦籍，其它还有弟子籍、七科谪籍等。”② 欧阳凤莲则认为秦国户籍分为两大类：“一是普通民户籍……二是特殊户籍。”③ 可见秦国户籍有不同的等级和类别，在秦国的不同发展阶段，可根据不同的标准划分出不同类型。本文讨论占秦国绝大多数人口的编户齐民籍（简称“民籍”）。笔者把秦国的户籍划分为三大类：官籍、宗室属籍和民籍。在官吏、宗室成员和编户民没有犯法之前他们属于这三类户籍之一，再向下划分，其分类均是前三大类户籍的衍生，不再另立名目。

三 民籍的内容和编制

（一）民籍的内容

知道民籍簿的内容，我们才能明白乡、里两级政权承担的户籍管理职责，这是探讨乡官里吏管理户籍的前提。张家山汉简《二年律令》为汉初吕后时期的内容，继承了秦的法律基本精神，在其面世之前，我们常把民籍的部分内容理解为民籍的全部，张家山汉简的出土，确认民籍包括五种籍簿，“恒以八月令乡部啬夫、吏、令史相杂案户籍，副臧（藏）其廷。”④ “户籍”作为专有名词出现。又《户律》：“民宅园户籍、年细籍、田比地籍、田命籍、田租籍，谨副上县廷，皆以箧若匣匮盛，缄闭，以令若丞、官啬夫印封，独别为府，封府户……民欲先令相分田宅、奴婢、财物，乡部啬夫身听其令，皆参辨券书之，辄上如户籍。”⑤ 这里的“户籍”

① 《商君书·去强第四》，第 10 页。
② 朱绍侯主编《中国古代治安制度史》，河南大学出版社，1994，第 113 页。
③ 欧阳凤莲：《〈商君书〉户籍管理思想与秦国户籍管理制度》，第 60 页。
④ 张家山二四七号汉墓竹简整理小组编著《张家山汉墓竹简》，第 177 页。
⑤ 张家山二四七号汉墓竹简整理小组编著《张家山汉墓竹简》，第 178 页。

与“令史相杂案户籍”的“户籍”所指相同。“户籍”即指“民宅园户籍、年细籍、田比地籍、田命籍、田租籍”五种籍簿，是五种簿书的简称。这五种籍簿“副上县廷”和简文“副臧（藏）其廷”所指相同。由此我们知道秦的户籍包括五种籍簿。民籍的五种籍簿具体书写什么内容，我们在此不做赘述[①]，我们讨论民籍的管理。

（二）民籍的编制

五种籍簿构成民籍的主要内容。各种籍簿的初步填写由里吏负责，还是由乡部吏负责？我们从近年出土的简牍中能看出一些蛛丝马迹，里耶秦简有一批户籍简，摘录部分内容如下：

1.（K27）

第一栏：南阳户人荆不更蛮强

第二栏：妻曰嗛

第三栏：子小上造□

第四栏：子小女子驼

第五栏：臣曰聚

伍长

完整。宽1.6厘米。伍长字体大

2.（K1/25/50）

第一栏：南阳户人荆不更黄得

第二栏：妻曰嗛

第三栏：子小上造台

子小上造

子小上造[定]

第四栏：子小女虖

子小女移

子小女[平]

① 张信通：《秦汉时期的编户齐民籍》，《安顺学院学报》2010年第4期。

第五栏：伍长

完整。宽 3 厘米。“伍长” 字体大且偏左

3.（K43）

第一栏：南阳户人荆不更大□

弟不更庆

第二栏：妻曰嫘

庆妻规

第三栏：子小上造视

子小造□

完整。宽 1.8 厘米。

4.（K28/29）

第一栏：南阳户人荆不更黄□

第二栏：妻曰负刍

第三栏：子小上造□

第四栏：子小女子女祠　毋室

完整。宽 1.6 厘米“毋室”字体大而隔开。

5.（K17）

第一栏：南阳户人荆不更黄□

子不更昌

第二栏：妻曰不实

第三栏：子小上造悍

子小上造

第四栏：子小女规

子小女移

完整。宽 1.9 厘米。

……

7.（K42/46）

第一栏：南阳户人荆不更□□

第二栏：妻曰义

第三栏：……

第四栏：母睢

第五栏：伍长

完整。宽 1.6 厘米。“伍长”字体稍大

8.（K30/45）

第一栏：南阳户人不更彭奄

弟不更说

第二栏：母曰错

妾曰□

第三栏：子小上造狀

残长 32、宽 2 厘米

……

12.（K36）

第四栏：……

第五栏：伍长◇

上下均残。残长 17.6、宽 1.5 厘米

……

14.（K5）

第一栏：□献

第二栏：妻曰缚

□妻曰□

[下]妻曰婺

第三栏：……[1]

这是部分民籍简内容，每一个 K 号代表一户人家，我们对一个 K 号展开分析。如 K27，第一栏：“南阳户人荆不更蛮强”，其内容依次为郡名、户主身份、里名、户主爵位和姓名，但有的简中还有户主弟弟的爵位和姓

① 湖南省文物考古研究所编著《里耶发掘报告》，第 203～206 页。

名，如K43号简，显然兄弟没有分家。K27号简的第二栏为户主妻子名，户主若有多位妻子，则其他妻子称“妾”或“下妻”，如K30/45号简。最多的户主有三个妻子，如K5号简，国家可能允许富有的户主或高爵户主实行一夫多妻制。对于没有分家的大家庭，简文中还登记户主弟弟妻子的名字。有的还有户主母亲的名字，不过从总的统计信息分析，第二栏一般登记妻子，母亲名字登在第四栏。若无妻只有妾，母亲才列在第二栏。这一栏记载的全是女性。第三栏是户主儿子的爵位和名字，若兄弟未分户析产，还有户主侄子的爵位和名字，如K43号简。第四栏是户主女儿的名字，若兄弟共居一家还有户主侄女的名字。特别引起我们注意的是K27号简最后一栏，即第五栏，没有文字则已，有则必是“伍长”，且字体偏大，有的位置偏左，和其他文字有别。没有注明伍长的，多是简文不全。上引简文中，凡是有第五栏的只有一枚简没有注明“伍长”。简文的书写顺序有一定的规律，但栏和内容也不完全固定对应。通常是先户主、先男性；先爵位、后名字；后女性，女性之中先妻子、后母辈（妾、下妻）、女儿；最后一栏常注明“伍长”，K27号简文中还有“臣曰聚”，“聚”可能是户主蛮强的家奴。从爵位获得者看，女性没有爵位。

从以上简要分析看得出，这样书写形制的简，属于户籍简籍簿中的“田命籍”，授田等其他内容可能另有简文，这比我们推测的籍簿内容要复杂得多。从最后落款判断，这些户主都是“伍长”的可能性不大，因此，户籍简的信息可能是伍长提供的，是不是伍长书写的，我们还无法做出准确判断。

新公布出版的第二批里耶秦简中也有少量户籍简，按原格式摘录如下：

①阳里户人□☒Ⅰ

小妾无蒙☒Ⅱ8－126[①]

②南里户人大女子分。☒Ⅰ

① 陈伟主编《里耶秦简牍校释》（第一卷），第70页。

子小男子□☒Ⅱ8－237[1]

③南里小女子苗，卅五年徙为阳里户人大女婴隶。8－863＋8－1504[2]

④成里户人司寇宜。☒Ⅰ

下妻甾（人名）。☒Ⅱ8－1027[3]

⑤一月尽九月、十二月，十月入守□六人尽九月，各十二月。·八月入☒Ⅰ

出百七十人。八月为□、老、死，尽九月，各二月，九百□□☒Ⅱ

□尽□☒Ⅲ8－1798[4]

⑥启陵乡廿七年黔首将☒Ⅰ

□大男【子】一人。☒Ⅱ8－223[5]

⑦嬗皙色，长二尺五寸，年五月，典和占。Ⅰ

浮皙色，长六尺六寸，年卅岁，典和占。Ⅱ8－550[6]

这几枚户籍简没有《里耶发掘报告》中户籍简的内容完整，这些简当属于五种籍簿的"年细籍"，我们对其书写内容略做分析。第一栏，书写里名、户主称呼（户人）、户主称谓、户主名字。如简文："南里户人大女子分"，依次是南里、户人、大女子、分。有官位的书写在户主身份后，如3号简"户人司寇宜"，司寇写在户人后面。第二栏，妻的基本信息，妻的称谓、名字。如果没有妻，则书写儿子的基本信息。如没有儿子，则书写女儿的基本信息。总览这几枚简，我们得到一些认识：女人可以作为户主；编户民变为隶、妾可以买卖、迁徙，属于私有财产。简文"典和占"，"典"指里典，"和"是里典的名字。这些简文信息是由里典和讲出

① 陈伟主编《里耶秦简牍校释》（第一卷），第120页。
② 陈伟主编《里耶秦简牍校释》（第一卷），第238页。
③ 陈伟主编《里耶秦简牍校释》（第一卷），第264页。
④ 陈伟主编《里耶秦简牍校释》（第一卷），第392页。
⑤ 陈伟主编《里耶秦简牍校释》（第一卷），第118页。
⑥ 陈伟主编《里耶秦简牍校释》（第一卷），第178页。

的，这说明基层的户籍信息来自里吏。

里典、伍老是里中提供给乡部的户籍初稿的最后责任人。《秦律杂抄》："匿敖童，及占痒（癃）不审，典、老赎耐。●百姓不当老，至老时不用请，敢为酢（诈）伪者，赀二甲；典、老弗告，赀各一甲；伍人，户一盾，皆罨（迁）之。"① 是否参加兵徭役、免老、养老是"年细籍"的有关内容，申报填写残疾人数不实，里典、伍老负有连带责任，这正好说明户籍草稿填写由他们负责，因此受罚"赎耐"。编户民免老由本人申报，里吏填写。没到免老年龄，或者到免老时不办理申报手续，弄虚作假，里典、伍老不告发，他们负有连带责任，根据情节轻重分别受到赎耐、赀二甲、赀一甲的处罚；伍人连坐，每户罚一盾，并且全部被流放，伍人之中包括伍长。他们之所以受罚、连坐，原因在于里典、伍老直接负责或者参与户籍草稿的填报，伍人没有在填写户籍初稿时起到监督作用，这反映的是权责一致原则，里吏工作出错实行责任追究制。简牍所见里吏负责户籍草稿填报信息尚少，但可以肯定乡部正式户籍的信息是由里吏上报提供的。

正式户籍由里吏填写还是由上级官吏填写？正式户籍一式三份，《二年律令·户律》："皆参辨券书之，辄上如户籍。""参辨券，可分为三瓣的券。"② 券书一式三份，"如户籍"，知户籍亦为三份。原本藏于乡部，副本藏于县廷，"副上县廷"③。第三份大概送往中央。下面推断正式户籍的填报由哪一级政府负责。乡的建制在万户以下，其下限户数标准不详，《安徽天长西汉墓发掘简报》④ 恰好为我们提供了实际数据，所见都乡最大，鞠（?）乡最小，六个乡的总人口数是 41465 人，平均每乡约 6911 人。乡部吏职位目前所见有乡啬夫（或者乡有秩）、乡守、游徼、乡佐、乡司空、田啬夫各一人，可能还有其他乡部吏名称还没有发现，仅凭这些乡部吏，是很难完成三份户籍填写工作的。

---

① 睡虎地秦墓竹简整理小组编《睡虎地秦墓竹简》，第 143 页。

② 张家山二四七号汉墓竹简整理小组编著《张家山汉墓竹简》，第 178 页。

③ 张家山二四七号汉墓竹简整理小组编著《张家山汉墓竹简》，第 177 页。

④ 天长市文物管理所、天长市博物馆：《安徽天长西汉墓发掘简报》，《文物》2006 年第 11 期。

为了理解户籍编制的难度，我们对填写五种籍簿需要的工作量和工作特点做简要说明。一是民宅园户籍。宅院的边界问题，常引起民事纠纷案件，为避免、减少类似事件的发生，必须精确丈量，定好边界，载入籍簿，这项工作需要数人协作，邻居参与，当面确认。各项家资的统计，其时宅院、田地、家畜、奴婢、劳动工具等应当有标准价格，家资与征收财产税有关，统计务必详细准确，否则要违犯秦律。二是年细籍。每一户家庭成员的年龄、健康状况等与国家利益有关的信息，伍长、什长、左右邻居最清楚，离开了他们的参与配合，信息统计很难做到准确无误。三是田比地籍。田地面积大小的测量，需数人合作，在田间地头丈量登记，确定地界，户主和比邻田主亦是必要的参与者。四是田命籍。每一个家庭成员都有权得到国家的份地，他们的年龄、爵位是该籍簿的中心内容，爵位高低是授田多少的决定性因素，而每个人的身份，伍人、伍长、什长最熟悉。五是田租籍。秦国征收田租，税额通常是稳定系数，但不同级别的土地产量不同，因此每户应交田租数是变量。赋税名目多，上缴谷物或货币或两种混交，根据国家需要而定，中间有折算比例问题。

由此我们知道民籍统计的劳动量大，准确度要求高，数字又不允许出现错误，宅院大小、授田额数需要现场测量，上缴田租的数字需要计算，年龄需要查核。这项工作周期短，数据多变：每年案比一次，称作“小案比”；三年一大比，每里收回田地重新拉平授田，新人入籍、削籍、拆户析籍、户籍迁移等各项工作随之而至。这些工作有些需要里吏直接落实，有些需要里吏承担部分，配合乡部吏完成。每乡人口有七千人左右，工作量之大，乡部吏独立完成这项任务的可能性不大，一乡的里典、田典等重要里吏可能配合县乡官吏做基本工作。

正式户籍的最后填写。由于户籍是官方重要公文，要存档、归档上报，是上计的依据之一，对文化水平和技术水平要求较高，低级里吏不太可能参加，由县乡职能官吏最终书写的可能性大。《里耶发掘报告》载：

> 廿六年五月辛巳朔庚子，启陵乡□敢言之：都乡守嘉言渚里□□劾等十七户徙都乡，皆不移年籍。令曰移言，今问之劾等徙□

书告都乡，曰启陵乡未有桊（牒），毋以智（知）劾等初产至今年数，□。

□□□谒令，都乡具问劾等年数。敢言之。

□迁陵守丞敦狐告都乡主以律令从事。建手。

甲辰水十一刻［刻］下者十刻，不更成里午以来。犻手。①

都乡、启陵乡是迁陵县下辖的两个乡，启陵乡的十七户人家迁徙到都乡，但没有年籍，都乡把情况向县廷反映，启陵乡回复。文书内容为启陵乡向县廷汇报内容，迁陵县守丞做出了定籍指示。知户籍的准确填写，乡部吏负有主要责任，县廷追问户籍，直接和乡部主要官吏乡啬夫、乡守等交涉。

由此我们做出大致推断，民籍初稿的信息由里吏全员参与配合获得，由里典、田典负责填写上报乡政权，五类户籍簿草稿填写完成后，由里典最后签名一并上交乡部。有学者指出："里典的主要职责有……第二，负责户籍登记、管理及征发徭役等事项，凡是有隐匿户口及申报不实等情形，一经上级查觉，里典等都要负连带责任。"② 里典、田典负责户籍信息的获得，完成草稿书写上报，可以肯定对于一式三份的正式民籍，乡部吏负主要责任，里典、田典等里吏承担次要责任。

四 乡官里吏的民籍管理

民籍的管理，乡部吏起主要作用，里吏起辅助配合作用。里吏的民籍管理职责，是配合乡部组织民众按时参加年度案比。每年八月是案比户口的时间，"恒以八月令乡部啬夫、吏、令史相杂案户籍。"③《续汉书·礼仪中》："仲秋之月，县道皆案户比民。"④《汉制考》："大比：注：郑司农云：'五家为比，故以比为名，今时八月案比是也。要谓其簿。'疏：汉时八月案比而造籍书，周以三年大比，未知定用何月，故以汉法八月况

① 湖南省文物考古研究所编著《里耶发掘报告》，第194页。

② 朱绍侯主编《中国古代治安制度史》，第50页。

③ 张家山二四七号汉墓竹简整理小组编著《张家山汉墓竹简》，第177页。

④ 《续汉书》志第五《礼仪中》，中华书局，1965，第3124页。

之。"① 这是秦汉的"小案比"，每年一次。"大案比"三年一次，《汉制考》："党正：以岁时莅较比。注：郑司农云：'如今小案比。'疏：此举汉法，言小案比，对三年大比为小耳。"②

关于案比的地点，"每至岁时，县当案比，革以母老不欲摇动，自在辕中挽车，不用牛马，自是乡里称之曰'江巨孝'"③。孙筱认为案比时集中于县城，"在案比时，连老妪亦不能遗，全都集中于县城"④。这不符合当时的生活实际，秦国的县，方圆数百里，其时交通落后，多半居民一天到不了县廷治所，何况参加人数众多，当天还要返回，不可能统一到县廷核验户籍。"县当案比"是指按照县廷的要求，由县乡官吏组织全县编户民分乡参加案比，而不是到县廷。《二年律令·户律》规定案比由"乡部啬夫、吏、令史"⑤ 负责落实。案比户籍由县的外部吏——乡部吏负主要责任，县廷另派令史等代表参加，户口核查登记工作在各乡部治所进行，而不是统一到县廷。

组织民众参加案比，乡部根据工作特点做出日程安排，分里分批完成。具体到某一个里，里吏结合乡部日程，制定出里部编户民的案比顺序。《续汉书·礼仪中》："仲秋之月，县道皆案户比民。年始七十者，授之以王杖，餔之以糜粥。八十九十，礼有加赐。王杖长九尺，端以鸠鸟为饰。鸠者，不噎之鸟也。欲老人不噎。"⑥ 授杖制度在案比时落实，不同年龄的老人礼遇不同，发放的养老慰问品不等。《二年律令·傅律》："大夫以上【年】九十，不更九十一，簪袅九十二，上造九十三，公士九十四，公卒、士五（伍）九十五以上者，禀鬻米月一石……大夫以上年七十，不更七十一，簪袅七十二，上造七十三，公士七十四，公卒、士五（伍）七十五，皆受仗（杖）。"⑦ 其他与户籍有关的事务要全部在这个月内完成，

① 王应麟：《汉制考》，张三夕、杨毅点校，中华书局，1986，第21页。
② 王应麟：《汉制考》，第22页。
③ 《后汉书》卷三十九《刘赵淳于江刘周赵列传》，第1302页。
④ 孙筱：《秦汉户籍制度考述》，《中国史研究》1992年第4期。
⑤ 张家山二四七号汉墓竹简整理小组编著《张家山汉墓竹简》，第177页。
⑥ 《续汉书》志第五《礼仪中》，第3124页。
⑦ 张家山二四七号汉墓竹简整理小组编著《张家山汉墓竹简》，第181页。

因此，八月当是乡官里吏政务繁忙的月份。

里吏配合乡部吏办理拆分户籍、迁移户籍的手续。《二年律令·户律》："所分田宅，不为户，得有之，至八月书户，留难先令，弗为券书，罚金一两。"① 大户分家另立门户，办理新籍是乡部必须履行的职责，若拆分手续齐全，乡部推诿不注新籍，乡吏将受到法律制裁。"□籍□不相（?）复者，系劾论之。民欲先令相分田宅、奴婢、财物，乡部啬夫身听其令，皆参辨券书之，辄上如户籍。有争者，以券书从事；毋券书，勿听。"② 里吏将按照编户民事先立定的"先令券书"，出具里中证明。"先令券书"的订立，也必须有乡部吏和里吏共同参加确认，增强其合法性和权威性。目前仅见一份"先令券书"，可供参阅：

> 元始五年九月壬辰朔辛丑□，高都里朱凌凌，庐居新安里。甚疾其死，故请县、乡三老，都乡有秩、佐，里师田谭等为先令券书。凌自言：有三父（夫），子男女六人，皆不同父。欲令子各知其父家次。子女以君、子真、子方、仙君，父为朱孙弟；公文，父吴衰；近君女弟弱君，父曲阿病长实。妪言：公文年十五去家自出为姓，遂居外，未尝持一钱来归。妪予子真、子方自为产业。子女仙君、弱君等贫毋产业。五年四月十日，妪以稻田一处、桑田二处分予弱君，波（陂）田一处分予仙君。于至十二月，公文伤人为徒，贫无产业。于至十二月十一日，仙君、弱君各归田于妪，让予公文。妪即受田，以田分予公文：稻田二处、桑田二处，田界易如故，公文不得移卖田予他人。时任知者：里师、伍人谭等及亲属孔聚、田文、满真。先令券书明白，可以从事。③（简号：1078－1093）

订立"先令券书"时，须有里一级人员参与。"里师"是里中负责幼

① 张家山二四七号汉墓竹简整理小组编著《张家山汉墓竹简》，第178页。

② 张家山二四七号汉墓竹简整理小组编著《张家山汉墓竹简》，第178页。

③《江苏扬州胥浦101号汉墓竹简、木牍、封检》，载李均明、何双全编《秦汉魏晋出土文献散见简牍合辑》，文物出版社，1990，第105～106页。

童启蒙教育的主要人员，大概也协助里办理分户析产，也可能是兼职里吏。订立“先令”，伍人也是必需的参与者。从行政行为上讲，里中的里师和伍人是必需的参与者，否则“先令”不具有合法性，乡部不认可，出现民事诉讼政府也不会受理。

办理户口迁移手续时，里典、田典负有连带责任。《二年律令·户律》：“有移徙者，辄移户及年籍爵细徙所，并封。留弗移，移不并封，及实不徙数盈十日，皆罚金四两；数在所正、典弗告，与同罪。乡部啬夫、吏主及案户者弗得，罚金各一两。”[①] 大意是说，有民众从原居住地迁出，乡官里吏应及时为其办理户籍迁移手续到新居住地，并且将迁移手续加封缄。基层官吏若扣留其户籍，不迁籍，或办理迁移手续未加封缄，或办了迁移手续但人口并没有迁出，如果出现这些情况超过十日，乡部啬夫、吏皆罚金四两。原户籍所在地的里典、田典不向上级举报告发，与乡吏同罪。乡啬夫若没有捕获脱籍的逃亡者，罚金一两。可见，办理迁徙手续牵涉两地的乡吏和原籍的里吏，原籍所在地的里典、田典承担的责任和原籍乡吏等同。

办理户口迁移手续，乡部吏负主要责任，《里耶发掘报告》中有一份户籍迁徙文书：

> 廿六年五月辛巳朔庚子，启陵乡□敢言之：都乡守嘉言渚里□□
>
> 劾等十七户徙都乡，皆不移年籍。令曰移言，今问之劾等徙□
>
> 书告都乡，曰启陵乡未有枼（牒），毋以智（知）劾等初产至今年数，□。
>
> □□□谒令，都乡具问劾等年数。敢言之。
>
> □迁陵守丞敦狐告都乡主以律令从事。建手。
>
> 甲辰水十一刻［刻］下者十刻，不更成里午以来。貄手。[②]

文书正面是启陵乡“□”上报给迁陵县守丞的一份上行文书，简文大

① 张家山二四七号汉墓竹简整理小组编著《张家山汉墓竹简》，第177～178页。
② 湖南省文物考古研究所编著《里耶发掘报告》，第194页。

意是，秦始皇二十六年五月二十日，启陵乡“□”上报迁陵守丞：都乡守嘉说启陵乡渚里迁徙到都乡的劾等十七户没有移交年籍。在劾等十七户迁徙时，启陵乡有过文书通知都乡，说启陵乡没有他们的年籍，不知劾等人的出生日期和年龄。因此上报县廷，请都乡直接询问他们的年龄。文书的背面是迁陵守丞给都乡的指示：迁陵守丞敦狐告知都乡主说，按照律令办事。这份文书当保存在都乡。文书内容表明，基层户籍迁移手续由乡部吏具体负责办理。从文书内容可知，启陵乡的基层户籍信息还没有统计完整，启陵乡渚里的十七户迁往都乡，办理户籍的负责人是两个乡的乡部吏，遇到困难向县廷官吏守丞咨询。乡部吏不按照法律规定办理户籍迁移手续，将受到法律惩罚。睡虎地秦简《法律答问》：“甲徙居，徙数谒吏，吏环，弗为更籍，今甲有耐、赀罪，问吏可（何）论？耐以上，当赀二甲。”① 上引秦简已明，乡部吏是办理基层民众迁移事务的直接负责人，此处的“吏”指的是乡部吏。乡部吏不及时办理迁移更籍手续，如果请求更籍者犯有耐罪、罚款罪，乡部吏将被判处罚二甲的重罚。

里吏协助乡部吏办理新生儿占年入籍手续。《睡虎地秦墓竹简》：“自占年。”②《二年律令·户律》详载：“民皆自占年。小未能自占，而毋父母、同产为占者，吏以□比定其年。自占、占子、同产年，不以实三岁以上，皆耐。产子者恒以户时占其☐☐罚金四两。”③ 编户民的年龄由本人申报或亲属代为申报。年龄确认在八月案比写定，从“不以实三岁以上”知国家三年大比，如果虚报年龄超过三岁以上，相关当事人将被判罚耐罪。但法律确认新生儿年龄，由于以八月为界，在当年或次年小案比时核验写入户籍。

五 乡官里吏民籍管理的意义

编户民对于国家的意义，“人主承天命以养民者也，民存则社稷存，民亡则社稷亡，故重民者，所以重社稷而承天命也。”④ “故民数者，庶事

① 睡虎地秦墓竹简整理小组编《睡虎地秦墓竹简》，第 213 ~ 214 页。

② 睡虎地秦墓竹简整理小组编《睡虎地秦墓竹简》，第 7 页。

③ 张家山二四七号汉墓竹简整理小组编著《张家山汉墓竹简》，第 177 页。

④ 荀悦：《申鉴》，中华书局，1954，第 20 页。

之所自出也，莫不取正焉。以分田里，以令贡赋，以造器用，以制禄食，以起田役，以作军旅，国以之建典，家以之立度，五礼用修九刑用措者，其惟审民数乎。”① 杜正胜说：“汉末三国徐干指出‘民数周，为国之本也’（《中论·民数》），治国根本之道首在于健全的户籍制度，可谓‘下占慧眼’的史识：中国传统时代以皇帝为首的中央政府如果比喻作巍峨堂屋，编户齐民便是堂屋的地基和梁柱。”② 秦国充分认识到民数的重要性，对人口的增殖高度重视。“何谓‘匿户’及‘敖童弗傅’？匿户弗徭、使，弗令出户赋之谓也。”③“匿户”在户籍管理中成为专有法律术语。“何如为‘大误’？人户、马牛及诸货财值过六百六十钱为‘大误’，其它为小。”④ 统计人户数字出现错误，为“大误”之首。人口对于国家的意义重大，秦国尤其重视人口的增长，为此特别立法：“‘擅杀子，黥为城旦舂。其子新生而有怪物其身及不全而杀之，勿罪。’今生子，子身全也，无怪物，直以多子故，不欲其生，即弗举而杀之，何论？为杀子。”⑤ 肢体健全，如生子不举，法律的制裁非常严厉，“黥为城旦舂”。“士五（伍）甲无子，其弟子以为后，与同居，而擅杀之，当弃市。”⑥ 叔叔杀死其侄子，“弃市”。即使奴杀子，法律同样判罚重罪：“人奴擅杀子，城旦黥之，畀主。”⑦ 奴妾笞打其子，造成其子死亡，判罚“黥颜頯”，即在额上和颧部刺墨。秦简《法律答问》：“人奴妾笞子，子以胋死，黥颜頯，畀主。”⑧ 乡官里吏的户籍管理对于社会劳动力的持续增长意义重大。官员的考核评价、升迁，户口增加是一项主要指标，户口增加速度与乡官里吏户籍管理职能的正常发挥直接相关，他们的工作在一定程度上影响到官员的政绩和职位的晋升。

秦国基层的乡官里吏实践并发展着一种比较完备的户籍管理模式，这一模式为秦国统一六国提供了稳固的基础和重要的前提。乡里基层的编户

---

① 徐干：《中论》卷下《民数》，中华书局，1985，第37页。
② 杜正胜：《“编户齐民论”的剖析》，第38页。
③ 睡虎地秦墓竹简整理小组编《睡虎地秦墓竹简》，第222页。
④ 睡虎地秦墓竹简整理小组编《睡虎地秦墓竹简》，第242页。
⑤ 睡虎地秦墓竹简整理小组编《睡虎地秦墓竹简》，第181页。
⑥ 睡虎地秦墓竹简整理小组编《睡虎地秦墓竹简》，第181～182页。
⑦ 睡虎地秦墓竹简整理小组编《睡虎地秦墓竹简》，第183页。
⑧ 睡虎地秦墓竹简整理小组编《睡虎地秦墓竹简》，第183页。

齐民常会遇到天灾人祸，大涝大旱、冰雹暴雪等时常发生。秦国史料多载官府救济灾民的史实，以减免赋税、徭役，贷粮贷种，提供畜力，发放救济粮，迁移居民等办法缓解民困，而稳定社会秩序的前提在于乡官里吏提供完善的户口数据。秦国的大型基础设施建设，要以完备的民籍制度为依据。秦国由商鞅创立、由乡官里吏参与管理的民籍制度模式的基本精神，为其后中国历代王朝所继承沿用。

第二节　基层爵位管理职能

春秋战国时期，列国纷争、战争频繁，地处西陲、文化相对落后的秦国拥有一支强大的军队，重要原因在于秦国统治者用法制推行军功爵制，人人可平等参与财产、权利和政治地位的再分配，这充分调动了士兵的战斗力。秦国由弱变强，最终统一六国，很大程度上有赖于这一新型制度，该制度"对于秦国以至整个中国历史的影响都是很大的"①。军功爵制萌芽于春秋，确立于战国。军功爵制在秦国起到了指挥棒的作用，秦王靠它的力量引领全国民众的思想，建立了新的尊卑贵贱秩序，军功地主崛起。民众勤劳务农，致谷物布帛多者亦可获得爵位。爵位的获得、授予、剥夺、继承等各个环节构成一套制度体系，对于这套制度如何推行落实，前人做过深入研究。

朱绍侯、林剑鸣、晁福林、张金光、蒋礼鸿、朱师辙、王彦辉等都对军功爵制有深入探索，取得一大批成果②。不过，对于一些问题学界还存

① 林剑鸣：《秦国发展史》，陕西人民出版社，1981，第 88 页。

② 专著类，朱绍侯：《军功爵制试探》，上海人民出版社，1980；朱绍侯：《军功爵制考论》，商务印书馆，2008；朱绍侯：《朱绍侯文集》（续集），河南大学出版社，2015；朱绍侯：《朱绍侯文集》，河南大学出版社，2009；林剑鸣：《秦国发展史》，陕西人民出版社，1981；杜正胜：《编户齐民》，台北联经出版社，1990；西岛定生：《二十等爵制》，武尚清译，国际文化出版公司，1992。论文类，朱绍侯：《秦军功爵制简论》，《河南师大学报》1979 年第 6 期；董平均：《从功利主义价值取向看军功爵制对秦人社会生活的影响》，《人文杂志》2006 年第 3 期；朱绍侯：《军功爵制探源》，《军事历史研究》2015 年第 1 期；朱绍侯：《商鞅变法与秦国早期军功爵制》，《零陵学院学报》2004 年第 5 期；朱绍侯：《试论名田制与军功爵制的关系》，《许昌师专学报》1985 年第 1 期；晁福林：《先秦时期爵制的起源与发展》，《河北学刊》1997 年第 3 期；钟立飞：《从战国的社会状况看当时的军功赏赐》，《江西社会科学》1989 年 5 期。

有分歧，比如，关于“校、徒、操”的性质有数种理解；秦国早期的爵级是十八级还是二十级；秦简所见爵位名称“走马”“谋人”分别属于哪级爵位；赐爵程序“劳、论、赐”的准确内涵；军功爵授予是否一定按战场上杀死敌人多少确定；等等。特别是爵位的授予、褫夺、继承等环节的执行究竟哪些人是必须的组织者、参与者，由于受史料限制，很多问题无法深究，尚未形成定论。随着秦简的不断公布，可以进一步揭示军功爵制的不少细节。实际上，推行落实军功爵制的主要官吏是基层社会的乡官里吏，他们以何种制度、程序推行之，里吏、伍人、里人究竟起什么作用等，下文拟对此做探讨、补论。

一 秦国爵制的等级划分

秦汉帝国的二十级军功爵制源于秦国商鞅变法，但到秦代军功爵制发生了一些变化。《后汉书·百官志》有军功爵的完整记载，《二年律令》的出土则确证汉初实行的军功爵制基本内容亦是此制：“宅之大方卅步。彻侯受百五宅，关内侯九十五宅，大庶长九十宅，驷车庶长八十八宅，大上造八十六宅，少上造八十四宅，右更八十二宅，中更八十宅，左更七十八宅，右庶长七十六宅，左庶长七十四宅，五大夫廿五宅，公乘廿宅，公大夫九宅，官大夫七宅，大夫五宅，不更四宅，簪袅三宅，上造二宅，公士一宅半宅，公卒、士五（伍）、庶人一宅，司寇隐官半宅。欲为户者，许之。”[①] 其实商鞅变法所建立的军功爵制，与秦汉时期的二十级军功爵制有不小差别，朱绍侯认为“商鞅变法定制为十八级”[②]。晁福林则指出：“《商君书·境内篇》所记军爵有公士、上造、簪袅……可以合成二十等爵。”[③]《商君书·境内》所载清楚，笔者认为它可以划分为三个类别，共十七个层级。

（一）一级为公士

“军爵自一级已下，至小夫，命曰校徒操。出公爵自二级已上，至不

① 张家山二四七号汉墓竹简整理小组编著《张家山汉墓竹简》，第176页。

② 朱绍侯：《军功爵制探源》，第61页。

③ 晁福林：《先秦时期爵制的起源与发展》，第79页。

更，命曰卒。”[①] 此处大意基本清楚。

秦汉二十级爵位，一级为公士，一级以下没有其他爵称，而此处却说“一级已下至小夫”还有“校、徒、操”称号，不过“校、徒、操”不是爵位名称，如果是，原文不会说“一级以下”，朱绍侯认为“校、徒、操”不是爵位级别，称其为“出公爵”，这三类人员的地位低于国家正规军队的兵卒，“奴隶、罪犯服杂役，则称校、徒、操。军卒立了军功是从二级上造开始授爵，校、徒、操立了军功，则从小夫开始授爵，至公士乃止。”[②] 仝卫敏认为：“‘校、徒、操’尽管在军中地位较低，但并非军中杂役、苦力或工程兵，而是由高到低排列的军中小吏，且并不在商鞅爵制等级范围之内。”[③] 张金光指出：“‘徒校’乃是一部分未经专门作战军技训练的人。我以为‘校’当为‘技’之误，‘出’为‘掘’之坏误。‘校徒操出’当作‘技徒，操掘’。‘技徒’，乃其兵种名类，‘操掘’，乃其业。简言之，此乃军中之工程兵。其作业乃为军中之最苦重且最危险者。”[④] 蒋礼鸿的标点与严万里不同：“爵自一级已下至小夫命曰校徒、操、出公。爵自二级已上至不更命曰卒。”[⑤] 朱师辙解释说：“校徒操三者，皆军职。出公爵，谓在军爵之外。”[⑥] 胡大贵则云：“‘校徒操’也不应该看作是爵位名称。高亨先生释为‘校徒、操士’似较恰当。校徒、操士即教育操练的士兵。”[⑦] 关于“校徒操”有多种解释，至今并未达成一致认识，我们再做探讨。

考证文献字词准确含义，从与之相关的原文献中找答案最可靠，《商君书·境内》：“野战斩首二千，则盈论。吏自操及校以上大将尽赏，行间之吏也。故爵公士也，就为上造也。”[⑧] “吏自操及校以上大将尽赏”，知

---

① 《商君书·境内第十九》，第 34 页。

② 朱绍侯：《军功爵制试探》，第 24 页。

③ 仝卫敏：《从睡虎地秦简看“校、徒、操”的身份》，《中国国家博物馆馆刊》2012 年第 12 期。

④ 张金光：《秦制研究》，第 760 页。

⑤ 蒋礼鸿：《商君书锥指》，中华书局，1986，第 114 页。

⑥ 朱师辙：《商君书解诂定本》卷五《境内第十九》，古籍出版社，1957，第 71 页。

⑦ 胡大贵：《商鞅爵制二十级献疑》，《史学集刊》1985 年第 1 期。

⑧ 《商君书·境内第十九》，第 34 页。

操、校是低级军吏，野战杀敌超过二千，从低级军官的操、校到高级军官大将全部受赏，低级爵位分别晋爵一级。又《商君书·境内》："其攻城围邑也，国司空訾莫城之广厚之数，国尉分地，以徒校分积尺而攻之。为期曰：'先已者，当为最启；后已者，訾为最殿。再訾则废'。"① "废"在秦简中有特殊含义，即指将官吏废除永不叙用。本句大意是，攻打城池时，国司空测量城的宽度和厚度，国尉分任务给徒、校在他们自己的区域负责进攻，并约定时间："提前完成任务，评为最优；落后者，评为最差，两次评为最差则开除徒、校的官籍。"徒、校是两种低级军官的名称，不是爵位，亦不是服役的罪犯、奴隶。比较而言，仝卫敏的见解符合事实。校、徒、操中，操的官吏级别最低。

（二）二级上造至大良造

《商君书·境内》中，因立军功而给予爵位奖赏时，记录比较清楚。引文辗转抄录流传至今，有漏简、错简、脱简之出，不过大意我们基本明白。笔者在分析原文时，根据理解另适当删减文字。

> 故爵公士也，就为上造也。故爵上造，就为簪袅。就为不更。故爵为大夫，爵吏而为县尉，则赐虏六加五千六百。爵大夫而为国治，就为大夫。故爵大夫就为公大夫。就为公乘。就为五大夫，则税邑三百家。故爵五大夫，皆有赐邑三百家，有赐税三百家。爵五大夫，有税邑六百家者受客。大将御参，皆赐爵三级。故客卿相论盈，就正卿。就为大庶长；故大庶长就为左更；故四更也，就为大良造。②

从引文可知，秦早期立军功，低级爵位是逐级升迁的，一次赐爵只能晋升一级。对于军功大的将士，则另赐邑 XX 家、赐税 XX 家的奖项。高级官员，一次赐爵可以超过两级，比如大将、御、参。一级公士，二级上造，三级簪袅，四级不更，五级大夫，前五级爵名、爵位的顺序容易理

---

① 《商君书·境内第十九》，第 34～35 页。
② 《商君书·境内第十九》，第 34 页。

解，往下的内容令人费解。

“爵吏而为县尉，则赐虏六，加五千六百。爵大夫而为国治，就为（官）大夫”。“国治”，《商君书锥指》：“王时润曰：‘治当作尉’。”① 笔者赞同，下文出现了“国尉分地”。有爵位的官员升任县尉，另加赐俘虏六个，赏赐五千六百钱。爵为大夫的官员升任国尉，同时晋爵一级为官大夫。说明大夫爵以上的将士可以任县廷官吏，可见秦国早期的军功爵位价值很高。“故爵（官）大夫，就为公大夫，（故爵公大夫），就为公乘”，这三级次序名称与秦汉二十级爵制的官大夫、公大夫、公乘相一致。

“（故爵公乘），就为五大夫，则税邑三百家。故爵五大夫，皆有赐邑三百家，有赐税三百家。”五大夫爵位既赐邑三百家，又赐户税三百家。得到五大夫爵位，可以享受这两项附加特权。朱绍侯认为：“‘皆有赐邑三百家，有赐税三百家’，是‘税邑三百家’的重文。”② 似乎欠妥。“爵五大夫，有税邑六百家者受客（卿）。大将御参，皆赐爵三级。故客卿相论盈，就正卿。就为大庶长；故大庶长就为左更；故四更也，就为大良造。”这段文字中疑问较多，“爵五大夫，有税邑六百家者，受客（卿）”，五大夫赐宅、赐邑的最大限度是六百家，够六百家就可以晋爵客卿。朱师辙认为大庶长为庶长之误，或指左右庶长。③ 不妥，客卿、正卿都是爵名，无误。“故大庶长就为左更，故四更也，就为大良造。”俞樾认为四更的“四”字乃“三”字之误，“古书三字每误作四……三更者，并左更、中更、右更而数之也。由左更、中更、右更而上之，即为少上造、大上造，故曰：故三更也就为大良造”④。朱师辙则云：“更，改也，盖由左更四迁而为大良造。”⑤ 笔者认为这五级是左更、中更、右更、少上造和大良造，大良造是最高级爵位，大良造之上没有其他高爵。

从对《商君书·境内》军功爵制的分析，得知秦国早期军功爵制共十七级：一级爵公士，二级上造，三级簪袅，四级不更，五级大夫，六级官

① 蒋礼鸿：《商君书锥指》，第 117 页。
② 朱绍侯：《军功爵制考论》，第 32 页。
③ 蒋礼鸿：《商君书锥指》，第 118 页。
④ 蒋礼鸿：《商君书锥指》，第 118 页。
⑤ 蒋礼鸿：《商君书锥指》，第 118 页。

大夫，七级公大夫，八级公乘，九级五大夫，十级客卿，十一级正卿，十二级大庶长，十三级左更，十四级中更，十五级右更，十六级少上造，十七级大良造。朱绍侯认为商鞅变法时期建立的军功爵制为十八级，“秦在商鞅变法时所建立的新爵制只有一级公士之上十七级，公士之下尚有一级小夫爵，合为十八级，没有侯爵”[①]。“小夫”在一级公士以下，不是爵位，立军功才能获得最低一级公士。“小夫”当是对新参军士兵的统称，刚服役的新兵不会获得爵位。

根据不同爵位享有的政治经济利益，我们将其划分为三类。第一类为低爵，包括一级公士、二级上造、三级簪袅、四级不更。第二类为大夫爵，包括五级大夫、六级官大夫、七级公大夫、八级公乘、九级五大夫。将这五级划为一类，是因为它们享有附属的赐邑、赐宅特权。第三类为卿爵，包括十级客卿、十一级正卿、十二级大庶长、十三级左更、十四级中更、十五级右更、十六级少上造、十七级大良造。笔者这样划分的依据是不同爵位有着相近的特点，而非随意理解、任意分类。这一分法和秦汉二十等爵制相比较，没有侯爵，因其时秦国还是诸侯国，秦王已处于仅次于周天子的地位，不能划出天子之下的爵位，秦汉大一统，皇帝之下设置侯爵，等同于诸侯王，则可以理解。对照《二年律令》二十等爵的政治经济利益特点，我们这样的划分是科学合理的。

以上爵位类别和等级是商鞅变法时期建立的，到了秦国后期，低爵中又出现了一级，岳麓秦简：“夫＝大夫、不更、走马、上造、公士，共除米一石，今以爵衰分之，各得几可（何）？夫＝（大夫）三斗十五分斗五，不更二斗十五分斗十，走（下接）。”[②] 上造上面多出了“走马”爵位，把它加入秦国爵位系列，则为十八级。这样的军功爵制序列等次正好和秦汉的前十八级吻合，只是少了侯爵。睡虎地秦简中另见新爵名称，《传食律》：“不更以下到谋人，粺米一斗，酱半升，菜羹，刍藁各半石。●宦奄如不更。”[③] “谋人”是爵位的新名称，具体是低级爵位的哪一级，注释小

① 朱绍侯：《军功爵制考论》，第 434 页。

② 陈松长：《岳麓书院藏秦简的整理与研究》，第 68 页。

③ 睡虎地秦墓竹简整理小组编《睡虎地秦墓竹简》，第 102 页。

组认为“当为秦爵第三级簪袅的别称”。我们认为没有理论支撑，“谋人”的爵级此处存疑。

二 农功爵和民爵

爵位中，占比例最大的是军功爵，其次是农功爵和民爵。对于后两类爵位我们再做论述。

（一）农功爵

农功爵也叫“粟爵”，史载少见。《史记·六国年表》：“七月，蝗蔽天下。百姓纳粟千石，拜爵一级。”[①]“天下疫。百姓内粟千石，拜爵一级。”[②]纳粟拜爵所需要的谷物数量庞大，一千石不是普通家庭能拿得出的。《汉书·食货志》：“今农夫五口之家，其服役者不下二人，其能耕者不过百亩，百亩之收不过百石。春耕夏耘，秋获冬藏。”[③]五口之家一年全部生产的粮食所得，不超过一百石，再加上衣食住行，生老病死，如不幸遭遇天灾人祸，他们自身的温饱尚不能解决，根本谈不上纳粟千石换取爵位。《两汉纪·孝宣皇帝纪》：“今五口之家，治田百亩，岁常不足以自供，若不幸即有疾病死丧之费，则至于甚困。是以民不劝耕，而粜至于甚贵也，是故善平粜者，必视岁上中下。”[④]普通民众自身生命尚难以保证，谈不上纳粟买爵位。

纳粟买爵只有少数高级官吏，富商大贾买得起。秦国吏治严明，贪官少见，一直推行重本抑末基本国策，大工商业者也只是极少数。普通人是不可能靠这条途径获取爵位的。

（二）民爵

“赐民爵”的人数通常较多，具有局部或全国性普遍意义。“赐民爵”的例子秦国不多见，《史记·白起王翦列传》：“以待救至。秦王闻赵食道

---

① 《史记》卷十五《六国年表》，第751页。

② 《史记》卷六《秦始皇本纪》，第224页。

③ 《汉书》卷二十四上《食货志》，第1132页。

④ 荀悦、袁宏：《两汉纪·汉纪》卷二十《孝宣皇帝纪卷第四》，中华书局，2002，第354页。

绝，王自之河内，赐民爵各一级，发年十五以上悉诣长平，遮绝赵救及粮食。”① 这次赐民爵是为了调动民众支持青壮年参战，鼓舞士气，提高战斗力。这次对河内郡民众的大规模赐爵，十五岁以上的青壮年全部被征发服兵役。

《后汉书·南蛮西南夷列传》：“及秦惠王并巴中，以巴氏为蛮夷君长，世尚秦女，其民爵比不更，有罪得以爵除。”② 为了安抚新归附的少数民族地区民众，稳定社会秩序，秦政府有意给予他们优惠政策，以赢得人心。而且这次在巴中郡赐民爵力度大，一次赐四级到“不更”，“世尚秦女”。这次遍赐民爵具有明显的政治意义。

秦昭王二十一年，“魏献安邑，秦出其人，募徙河东赐爵，赦罪人迁之”③。秦始皇三十六年，“迁北河榆中三万家。拜爵一级”④。为了开发秦国新占领区，政府迁徙民众，迁往安邑的移民还包括被赦免的罪人，可见民众多不愿意迁离故居到占领区安家，赐爵的目的在于鼓励、引导民众迁居。

秦始皇二十七年，“自极庙道通骊山，作甘泉前殿。筑甬道，自咸阳属之。是岁，赐爵一级。治驰道”⑤。秦都咸阳的交通基建工程竣工，遇到吉祥喜事；同时，又要在全国动工铺修驰道，工程艰巨，为了调动全国民众建设秦朝的热情，在全国普遍赐爵一级，这是文献所载唯一一次全国范围的赐民爵。

从上述史料看，秦重爵位，不是特殊情况一般不轻易赐民爵。赐民爵具有局部或全国性普遍意义，不可能所有被赐爵的民众都做乡官里吏，国家的意图在于给他们实实在在的物质利益。军功爵、粟爵、民爵有着本质区别，其中有不少分歧，是爵位研究中一个尚待解决的大问题，另撰专文论述。我们重点探讨军功爵位的授予和剥夺。

---

① 《史记》卷七十三《白起王翦列传》，第 2334 页。
② 《后汉书》卷八十六《南蛮西南夷列传》，第 2841 页。
③ 《史记》卷五《秦本纪》，第 212 页。
④ 《史记》卷六《秦始皇本纪》，第 259 页。
⑤ 《史记》卷六《秦始皇本纪》，第 241 页。

三 军功爵的获取和授予

军功爵制是推动秦国军事走向强大的强力杠杆，原因在于“商鞅所建立的秦国早期军功爵制，比较重视低级爵位的利益，高爵与低爵之间并没有不可逾越的界限，低爵也享有很多权利”①。该制度为秦孝公以后历代秦王所继承发展。这一军政制度体系由一套完整的手续和程序构成，并且在不断发展演变。商鞅变法时期建立的军功爵制包含了执行机制体系，它的本质性内容一直延续到西汉中期。秦国重视制度本身的细节建设，这套运行机制在秦国早期已发展得相当完备。

（一）个人爵位和集体爵位的获取

众人皆知商鞅是改革家，其实他也是军事家，亲自领兵作战。因此他在制定军功爵制运行机制时，已结合战国时代特点，从实际出发，编订的制度已比较完善。双方战场上对阵，战争胜负，靠个人、集体、军官，三者作用的发挥程度决定着最后的战局，对此商鞅有充分考虑。

1. 个人赐爵

个人军功赐爵，《韩非子·定法》载：“商君之法曰：‘斩一首者爵一级，欲为官者为五十石之官；斩二首者爵二级，欲为官者为百石之官。’官爵之迁与斩首之功相称也。”② 这是秦国后期实行的政策，是韩非子对当时赐爵、任官的实录。一个人杀死一名敌人，赐爵一级；杀死两名敌人，赐爵两级。《商君书·境内》：“五人一屯长，百人一将，其战，百将、屯长，不得斩首，得三十三首以上，盈论，百将、屯长赐爵一级。”③ “盈论”，超过制度规定的人数。屯长、百将赐爵一级。这句话有明显脱句，百人杀死三十三名以上敌人，赐百将爵位一级符合事实。但是五人杀死三十三名以上敌人，赐爵屯长一级肯定不合理。不过屯长、百将是低级军官，为调动基层领导的积极性，这条赐律是针对领导群体制定。另一句记载补充了此处缺漏，《商君书·境内篇》：“其战也，五人来簿为伍，一人

① 朱绍侯：《商鞅变法与秦国早期军功爵制》，第68页。

② 王先慎：《韩非子集解》卷十七《定法》，第306页。

③ 《商君书·境内第十九》，第34页。

羽而轻其四人；能人得一首，则复。”[①] 对于此处学者有不同解释，后半句的正确含义当是五人能杀死一名敌人，减免其五人的赋税和徭役。并不是每人杀死一名敌人给予他们这样的奖赏。

作战条件不同，赐爵制度也不一样，《商君书·境内》：“陷队之士，面十八人。陷队之士，知疾斗，不得斩首，队五人，则陷队之士，人赐爵一级；死则一人后；不能死之千人环，睹谏黥劓于城下。”[②] 在攻城围邑战中，“陷队之士”即不怕死亡、冲锋陷阵的敢死队士兵。他们攻城冒着生命危险，杀死敌人的赐爵标准降低，十八人能杀死五名敌人，每位士兵即可赐爵一级。

这里有个疑问，如果屯长、百将战功盈论，赐爵一级，两类官员又自己亲手杀死敌人，该怎么计算他们的军功爵呢？我们认为应当累加，既有赐爵一级，又有单独的立军功赐爵，这符合军功爵制的精神实质，即在于调动将士的战斗力。

对于高级军官，则是根据战绩，赐爵一次可超过二级，“能攻城围邑，斩首八千已上，则盈论；野战斩首二千，则盈论……大将御参，皆赐爵三级”[③]。大将、御、参三类军官战绩“盈论”，达到赐爵制度标准，则可一次赐爵三级。

2. 集体赐爵

为了调动群众力量，形成最大合力，军功爵制对于集体辉煌的战绩，另有将士赐爵标准，战果与每一个将士均有利害关系，一损俱损，一荣俱荣。《商君书·境内》：“其战也，五人来簿为伍，一人羽而轻其四人；能人得一首，则复。”[④] “轻”当是刑。五人组成最小的战斗集体，其中一人战死，则其他四人要受刑；他们能杀死一名敌人，则五人免除徭役。上引“陷队之士，面十八人”攻城，战绩达标，也属于集体赐爵。

3. 集体和个人混合赐爵

下文是集体和个人混合赐爵的法律规定：

---

① 《商君书·境内第十九》，第 34 页。
② 《商君书·境内第十九》，第 35 页。
③ 《商君书·境内第十九》，第 34 页。
④ 《商君书·境内第十九》，第 34 页。

> 能攻城围邑，斩首八千已上，则盈论；野战斩首二千，则盈论；吏自操及校以上大将尽赏行间之吏也。故爵公士也，就为上造也。故爵上造，就为簪裊。就为不更。故爵为大夫，爵吏而为县尉，则赐虏六加五千六百。爵大夫而为国治，就为大夫。故爵大夫就为公大夫。就为公乘。就为五大夫，则税邑三百家。故爵五大夫，皆有赐邑三百家，有赐税三百家。爵五大夫，有税邑六百家者受客。大将御参，皆赐爵三级。故客卿相论盈，就正卿。就为大庶长。故大庶长就为左更；故四更也就为大良造。①

集体作战又分“攻城围邑”和“野战”，对两种不同条件下的赐爵标准有不同规定。达到相应标准，所有参战将士均有奖励，这是硬性规定。集体赐爵有一些基本特点：从普通新兵到高爵，赏赐有规律可循。从公士到不更，依次晋爵一级。从大夫到五大夫，不但赐爵，而且还赐虏、赐宅。五大夫爵另赐税邑，最高赐税邑达六百户。集体赐爵和个人赐爵相互联系，不能截然分开，个人战果多，则集体战绩大，其结果向相应标准靠近。集体赐爵中也包含个人赐爵，个人赐爵的累加体现了集体赐爵。

（二）爵位的授予

将士在战场上立功，军功爵制度能否依法推行，关系到国家治乱兴衰，又是将士大利所在，授予程序严格。朱绍侯认为爵位授予主要有三个环节，“那就是所谓劳、论、赐一套授奖程序。这套程序一直沿用到秦汉基本没变。”②“劳、论、赐”是三个关键内容，我们试讨论赐爵程序。

《商君书·境内》云：“以战故，暴首三〔日〕，乃校三日，将军以不疑，致士大夫劳爵。其县四尉，訾由丞尉能得爵首一者，赏爵一级，益田一顷，益宅九亩，一除庶子一人，乃得人兵官之吏。”③暴首、校验、劳爵是爵位赐予的三个基本环节。战场上杀死敌人，要割下带回的首级示众三

---

① 《商君书·境内第十九》，第 34 页。
② 朱绍侯：《军功爵制考论》，第 53 页。
③ 《商君书·境内第十九》，第 34 页。

天，没有争议，进入校验程序。校验实际上是对战绩的最后评定，各级将领核对军功爵制的授爵原则，确定赏赐的爵位、赐虏、赐宅、赐邑等一系列赏赐项目。在这个过程中验首是中心任务，睡虎地秦简《封诊式》："夺首，军戏某爰书：某里士五（伍）甲缚诣男子丙，及斩首一，男子丁与偕。甲告曰：'甲，尉某私吏，与战刑（邢）丘城。今日见丙戏旞，直以剑伐痍丁，夺此首，而捕来诣。'诊首，已诊丁，亦诊其痍状。"[①] 这是验首的一个实例，男子丙用剑攻击丁，并抢夺丁手中的首级，上报军功，结果被甲捕获，验首并确认事实真相。

争首级论功不乏其例。"□□某爰书：某里士五（伍）甲、公士郑才（在）某里曰丙共诣斩首一，各告曰：'甲、丙战刑（邢）丘城，此甲、丙得首也，甲、丙相与争，来诣之。'●诊首□鬌发，其右角痏一所，袤五寸，深到骨，类剑迹；其头所不齐𦙶𦙶然。以书讂首曰：'有失伍及菌（迟）不来者，遣来识戏次'。"[②] 这是甲、丙为斩首争功的实例，校验首级被砍的具体细节，用文书记录校验实情。最后没有确定结果，到军队驻地辨认。

评论战功、确定赏赐是校验的另一任务，《商君书·算地》："立官贵爵以称之，论荣举功以任之，则是上下之称平。"[③]"论"就是高级军官和执行军功爵制的专职人员集体评议，按照授爵赏赐细节确定最后赐爵、赐物。论功行赏是按照"劳"核对军功爵制，逐一确定奖项。《商君书·修权》："授官予爵，不以其劳，则忠臣不进；行赏赋禄，不称其功，则战士不用。"[④]《商君书·弱民》："用必加于功，赏必尽其劳。"[⑤] 这两处的"劳"指功劳、劳绩，与睡虎地秦简《中劳律》："敢深益其劳岁数者，赀一甲，弃劳"[⑥] 同。《史记·商君列传》："宗室非有军功论，不得为属

① 睡虎地秦墓竹简整理小组编《睡虎地秦墓竹简》，第 256～257 页。
② 睡虎地秦墓竹简整理小组编《睡虎地秦墓竹简》，第 257～258 页。
③《商君书·算地第六》，第 15 页。
④《商君书·修权第十四》，第 25 页。
⑤《商君书·弱民第二十》，第 36 页。
⑥ 睡虎地秦墓竹简整理小组编《睡虎地秦墓竹简》，第 135 页。

籍。"[①] 此处的"论"亦指评论确定军功。

校验之后进入第三个环节，由将军最后签字盖章，将赏赐文书发送至将士所在郡县，由县廷具体负责赏赐。我们知道各级尉官负责军士的招募、选拔、训练、作战、复员等。土地、俘虏、宅院、税邑由县廷掌管，县廷专职对口部门尉曹负责这项工作。"根据里耶秦简，秦朝迁陵县设有九曹，即少内、尉曹、吏曹、户曹、仓曹、库曹、司空曹、狱曹、厩。"[②] 王彦辉所论"尉曹"，秦简中数处可见。"二月丙戌水十一刻刻下八，守府快行尉曹。"[③] 这是太守府和尉曹之间的文书往来。"尉曹书三封，令印。AⅠ其一诣销，AⅡ一丹阳，AⅢ一□陵。AⅣ廿八年九月庚子水下二刻，走禄以来。"[④] 该文书由尉曹发向它县和迁陵县所辖的乡。"尉曹书二封，迁陵印，一封诣洞庭泰（太）守府，一封诣洞庭尉府。Ⅰ九月辛丑水下二刻，走□以来。"[⑤] "暴首三日，乃校三日，将军以不疑，致士大夫劳爵。其县四尉，訾由丞尉。"[⑥] 三日已过，士大夫不负责执行赐爵，四名尉官要受县丞、县尉的处罚。"四尉"，一指尉史，里耶秦简："以鸟及书属尉史文，令输。"[⑦] 尉史是县尉的属官，睡虎地秦简中亦有见。二指尉守，"廿八年七月戊戌朔癸卯，尉守窃敢言之：洞庭尉遣巫居贷公卒Ⅰ安成徐署迁陵"[⑧]。即尉曹坐班的负责人。三指尉主，"九月庚戌朔丁卯，迁陵丞昌告尉主，以律令从事。/气手。/九月戊辰旦，守府快行。Ⅴ8－140☑倍手"[⑨]。尉主和县尉是两种官职，尉主是尉曹的负责人，在县级机构中，其武职地位仅次于县尉。四指尉计，睡虎地秦简："尉计及尉官吏即有劾，其令、丞坐之，如它官然。"[⑩] 这样理解正确与否待更多秦简证实。

---

① 《史记》卷六十八《商君列传》，第2230页。

② 王彦辉：《〈里耶秦简〉（壹）所见秦代县乡机构设置问题蠡测》，第46页。

③ 陈伟主编《里耶秦简牍校释》（第一卷），第54页。

④ 陈伟主编《里耶秦简牍校释》（第一卷），第152页。

⑤ 陈伟主编《里耶秦简牍校释》（第一卷），第295页。

⑥ 《商君书·境内第十九》，第34页。

⑦ 陈伟主编《里耶秦简牍校释》（第一卷），第359页。

⑧ 陈伟主编《里耶秦简牍校释》（第一卷），第361页。

⑨ 陈伟主编《里耶秦简牍校释》（第一卷），第80页。

⑩ 睡虎地秦墓竹简整理小组编《睡虎地秦墓竹简》，第124页。

爵位授予等环节出了问题，由县廷高级官吏负责审讯，里耶秦简一份司法文书的内容与拜爵有关：

> 廿七年【八月丙戌，迁陵拔】讯欧，辤曰：上造，居成固畜□□☐Ⅰ
>
> □狱，欧坐男子毋害讹（诈）伪自☐Ⅱ8－209
>
> ●鞫欧：失拜驺奇爵，有它论，赀二甲□□□☐8－209背[①]

“迁陵拔”当是迁陵县县令（长），根据另一简文我们能做出判断：“廿六年八月丙子，迁陵拔、守丞敦狐诣讯般刍等，辤（辞）各如前。”[②]此简中的“迁陵拔”与上引文书的“迁陵拔”指的是同一个人，他的政治地位在“守丞敦狐”之上，应该是迁陵县的县令（长）。文书阙文较多，但大意我们能看懂。县令（长）拔审讯欧，把欧的爵位、住址等基本信息做了记录，欧因为另一人毋害诬告获罪。审讯欧：没有给驺奇拜爵，因他有违法行为，判罚驺奇二甲。由文书内容可知爵位的赏赐是大问题，由县廷重要官吏负责断案。同时也说明，拜爵是民众的大事，县廷高级官吏必须认真负责，这体现了权责一致原则。可推知降爵、夺爵、爵位继承等系列与爵位有关的问题，县廷主要官员应亲自负责处理。

朱绍侯所论军功爵赏赐程序可以《秦律十八种·军爵律》为依据：“从军当以劳论及赐。未拜而死，有罪法耐䙴（迁）其后；及法耐䙴（迁）者，皆不得受其爵及赐。”[③] 从“受其爵及赐”可知，“爵”是赐爵，“赐”是赏赐，赐爵与赏赐是两个概念；“劳论及赐”是说评论确定劳爵和赏赐，劳爵即赐爵位，赏赐指赐宅、赐税邑、赐钱、赐虏等，由县廷负责。《墨子·号令》：“数使人行劳赐。”[④]“劳”指劳爵，“赐”指赏赐，“劳”“赐”是两个概念。

---

① 陈伟主编《里耶秦简牍校释》（第一卷），第114页。
② 陈伟主编《里耶秦简牍校释》（第一卷），第385页。
③ 睡虎地秦墓竹简整理小组编《睡虎地秦墓竹简》，第92页。
④ 孙诒让：《墨子间诂》卷十五《号令》，第346页。

具体到乡里两级政权，授爵由哪些人负责？尉官事务繁忙，他们不可能亲自到各里劳爵，我们参阅汉初沿用的秦《二年律令》。里中的里吏和民众具有为爵位继承者担保的职能，《二年律令·置后律》："当置后，留弗为置后过旬，尉、尉史主者罚金各□两。尝有罪耐以上，不得为人爵后。诸当拜爵后者，令典若正、伍里人毋下五人任占。"[①]《置后律》是汉代财产和爵位等继承方面的法律，县尉和其属官尉史是负责置后的主管官员，置后必须在接到相关文书后十日内办理，否则主管官吏违法，县尉、尉史将被判"罚金各□两"。"爵后"是爵位继承的专有名词，犯有耐罪以上的男子，无爵位继承权。"拜爵后"当指正式确立爵位继承的手续和仪式，爵位继承仪式必须由田典或者里正参加作为担保登记人。里的田典负责一里的田地管理，而爵位办理继承手续之后，马上牵涉授田、授宅等一系列问题，故在这一问题上，田典的职责比里正更重要。此外法律还要求伍人和里人至少有五个人参加担保登记。"伍里人"指"伍人"和"里人"，"伍人"指与接受爵位继承者同伍的人，"里人"指同里之内、同伍之外的其他普通编户民。

里政权既然负责爵位继承担保，爵位授予属于同一种工作的另一部分任务，也当是他们的职责。授予爵位尉官能否到场简文不明，但主要里吏中的里正和田典与同伍的人、里人不能少于五人，必须参加。笔者推想，既然里吏等有权为置后爵担保，参与组织爵位继承仪式，里中赐爵主要里吏是必需的组织者、参与者，伍人和里人需有五人参与。比较《置后律》与《商君书》、秦简所记内容可知，商鞅变法时期确立的爵位授予和继承程序到汉初，其基本精神还在沿用。

军功爵制的具体推行落实，背后有一支庞大的执行队伍。主管赐爵的官员是一个完整的管理体系，军队尉官系统从中央、郡县、乡里均有主管部门负责，这个系统又和各级政府部门联系在一起，共同完成军功爵赏赐。尉官系统是太尉，郡有郡尉，县有县尉。县廷尉曹的"四尉"专管落实赐爵事宜；军队中的大将、将军、五百主、百将、屯长等各级将领有校

---

① 张家山二四七号汉墓竹简整理小组编著《张家山汉墓竹简》，第185页。

验军功的职责。最后推行军功爵制落实的负责人是里吏和里人。里正、田典和伍人、里人至少有五个人参与爵位的继承、赐予等。一县爵位赐予、继承等事情复杂，县级尉官不可能到场，乡部吏当到场监管，乡部吏和里吏起着主要作用，而里吏和伍人、里人则是最后不可缺少的组织者、参与者。

四 降爵和夺爵

既然会赐予军功爵，当然也会降爵、夺爵。受爵者如果犯罪情节严重，国家有权剥夺他的爵位，受到严厉处分。《史记·秦本纪》："武安君白起有罪，为士伍，迁阴密。"① 如淳曰："尝有爵，而以罪夺爵，皆称士伍。"② 武安君不听秦王命令，被夺爵。《史记·秦始皇本纪》："秦人六百石以上夺爵，迁；五百石以下，不临，迁，勿夺爵。"③ 对于是否夺爵，此处有标准，秩六百石以上的官吏夺爵，流放；五百石以下的官吏流放但不夺爵。睡虎地秦简亦有夺爵记录："战死事不出，论其后。有（又）后察不死，夺后爵，除伍人；不死者归，以为隶臣。"④ 士兵在战斗中死亡，应将爵位授予其子。以后如果察知士兵没死，则褫夺他儿子的爵位。

如果违法情节不严重，则依据降级原则，给予降级处罚。《商君书·境内篇》："其狱法，高爵訾下爵级。高爵能无给有爵人隶仆。爵自二级以上，有刑罪，则贬；爵自一级以下，有刑罪，则已小失死以上至大夫。"⑤ 按照秦国的法律，高爵位的人才能审判处罚低爵的人。高爵降级，不会沦为有爵位人的奴仆。有两级爵位以上的人犯罪，降低其等级可以减罪；一级爵位以下的人犯罪取消其爵位可以减罪，因这是最低级，减爵后没有爵位。《墨子·号令》："城外令任，城内守任，令丞尉亡，得入当。满十人以上，令丞尉夺爵各二级。"⑥ 县令负责城外守卫，守城主将负责城内防

① 《史记》卷五《秦本纪》，第 214 页。
② 《史记》卷五《秦本纪》，第 217 页。
③ 《史记》卷六《秦始皇本纪》，第 231 页。
④ 睡虎地秦墓竹简整理小组编《睡虎地秦墓竹简》，第 146 页。
⑤ 《商君书·境内第十九》，第 34 页。
⑥ 孙诒让：《墨子间诂》卷十五《号令》，第 354 页。

守。令、丞、尉等官，他们的部下中有人逃亡，如抓回俘虏的人数与逃兵数相当，功罪可以抵销；逃亡人数超过所俘敌兵十个，令、丞、尉各受降爵两级的处罚。张家山汉简的法律精神当来自秦代和秦国，降爵处罚可作为秦国法律的反映，《二年律令·杂律》："博戏相夺钱财，若为平者，夺爵各一级，戍二岁。"[①] 双方赌博，有裁决者参与，三人分别降爵一级，罚戍边两年。又《二年律令·史律》："吏壹〔亶〕弗除事者，与同罪；其非吏也，夺爵一级。"[②] 官吏擅自离职，同样受处罚；若他不是官吏，降爵一级。

高爵违法被判罚，法律有优待，睡虎地秦简《游士律》："有为故秦人出，削籍，上造以上为鬼薪，公士以下为城旦。"[③] 说明爵位高低不同的人违法行为相同，判罚有别，高爵判罚轻，低爵判罚重。又《司空律》："公士以下居赎刑罪、死罪者，居于城旦舂，毋赤其衣，毋枸椟欙杕。"[④] 有爵与无爵者犯同样的罪，判罚有别。再如《法律答问》："内公孙毋（无）爵者当赎刑，得比公士赎耐不得？得比焉。"[⑤]"内公孙"指宫室子孙，他们有一定特权，但公士爵位在减刑上可与之享受同等待遇。

虽然目前还没有见到乡官里吏执行降爵、夺爵的文书，降爵、夺爵的执行人员，当与授爵、爵位继承、爵位转让的执行者为一班人马。乡官里吏同样是执行降爵、夺爵的最后直接参与者、组织者和落实者。

秦国在战国初期为蛮夷之国，在所有诸侯国中社会经济文化发展相对落后。商鞅变法之后秦国迅速发展壮大，直至秦统一六国，军功爵制发挥了首重作用。商鞅通过这一制度，把秦人的尚武精神转化为战场上立功的战斗力，把秦军的战斗精神发挥到极致。军功爵制作为国家的基本军事政治制度，以法制为保障来推行，制度的稳定执行不断调动着秦国将士的战斗力，从而使秦人一直保持着战斗精神，这为秦国统一六国做好了制度设计，为中国实现由贵族社会向封建社会的社会形态更替产生了深远影响。

---

① 张家山二四七号汉墓竹简整理小组编著《张家山汉墓竹简》，第 158 页。
② 张家山二四七号汉墓竹简整理小组编著《张家山汉墓竹简》，第 204 页。
③ 睡虎地秦墓竹简整理小组编《睡虎地秦墓竹简》，第 130 页。
④ 睡虎地秦墓竹简整理小组编《睡虎地秦墓竹简》，第 84 页。
⑤ 睡虎地秦墓竹简整理小组编《睡虎地秦墓竹简》，第 231 页。

推行军功爵制的管理人员，核心力量是县、乡、里三级管理机构的官吏和里吏。

县廷的尉曹从宏观上负责管理全县民众爵位的授予、继承、降爵、夺爵等重要环节，授田、授宅、赋税减免等附属的政治经济利益牵涉吏曹、户曹、仓曹等县廷其他专门管理机构的官员，他们之间需要协调配合，通力合作，单靠某一个部门是无法落实军功爵制的。县廷参与军功爵制管理的官吏毕竟有限，他们也不可能面面俱到，很多实际工作靠乡部吏、里吏具体落实。乡官里吏和县廷官吏所做的工作相比，更具体、烦琐、细碎，没有乡官里吏的参与，军功爵制不可能贯彻落实。县廷的相关官吏和乡官里吏的贡献相比，乡官里吏在推行军功爵制中发挥了基础性作用，做出的贡献更大。基层官吏推行军功爵制的基本精神，为秦汉所继承，“商鞅变法所建立的秦国军功爵制和名田制度，刘邦在建国后完全继承下来”①。

第三节　秦国乡官里吏发展管理农业的职能

秦国的社会经济构成，主要包括农业、国营手工业。广义的农业包括农、林、牧、副、渔。本文的农业指种植业，即狭义上的农业，包括粮食作物、经济作物、饲料作物等农作物的生产活动。国家顶层制度设计、土地、人力、畜力、农田水利、劳动工具、救助机制和乡官里吏依法推行国家农业制度，这几大要素的合理结合推动秦国农业发展。当时科学技术对农业的影响很有限，在秦国发挥的作用并不大，这在中国封建社会一直如此，不能夸大其作用。秦国重本抑末，国家政策严厉打击私人手工业、商业；国家工商业的管理机构在县级以上政府，乡官里吏的发展经济职能主要体现在农业上。

学者对基层官吏管理农业的重要性早有认识，但由于传世文献对乡官里吏的记述少，很难做深入研究。自睡虎地云梦秦简公布后，学界关于基层乡官里吏的研究才取得较多成果。秦简多见“田官”专称，对于它是否

① 朱绍侯：《试论名田制与军功爵制的关系》，第56页。

属于乡官，卜宪群认为它属于县、乡、里田官系统，是乡官[①]。张春龙、龙京沙亦认为“田官”是乡官，即“乡啬夫的佐吏”[②]。王彦辉指出它属于都官系统，是县廷官吏[③]。陈伟的观点与王彦辉相同，“就现有资料看，迁陵田官与仓、司空和各乡官无异，是隶属于迁陵县廷的一个官署”[④]。王彦辉、陈伟结合新公布的里耶秦简做了深入探讨，其结论笔者赞同，即田官不属于乡官。李强《秦简“归田农”与战国时期的农业生产管理制度》[⑤]一文在于探讨农时的重要性及农业立法，对乡官里吏发展管理农业并未探究。王勇《文化传统与秦国农业的发展——中国传统文化软实力研究之一》[⑥]一文从秦人功利价值观、宗法观念等方面论述秦国农业发展的原因，基层农业的发展管理不是其研究主题。

以上论著探究的中心关系到秦国的农业、基层的乡官里吏。但具体农业经济怎么发展管理、基层的乡官里吏如何分工协作，未有深刻论述。上引文章多发表较早，以睡虎地秦简为主要史料。笔者利用湘西里耶秦简和其他秦简，对乡官里吏在发展、管理秦国农业经济中发挥的作用做专门讨论。

一 秦国“重本抑末”的顶层制度设计

商鞅变法的最终目的是把秦国推向强国地位，成就霸王之业。站在这样的思想制高点上制定国策，国家首先要“富强”，武力吞并六国，而充足的军需物资是最基本的物质条件，军队的给养多源于农业，因此“耕战”是商鞅变法的核心内容。

《垦令》是秦国发展农业的纲领性文件，它集中体现了经济基础决定上层建筑的哲学理念，秦国调动一切可以调动的力量发展农业生产。《垦

---

① 卜宪群：《秦汉之际乡里吏员杂考——以里耶秦简为中心的探讨》，第1~6页。

② 张春龙、龙京沙：《湘西里耶秦代简牍选释》，《中国历史文物》2003年第1期。

③ 王彦辉：《〈里耶秦简〉（壹）所见秦代县乡机构设置问题蠡测》，第46页。

④ 陈伟：《里耶秦简所见的“田”与“田官”》，《中国典籍与文化》2013年第4期。

⑤ 李强：《秦简“归田农”与战国时期的农业生产管理制度》，《中国农史》2015年第6期。

⑥ 王勇：《文化传统与秦国农业的发展——中国传统文化软实力研究之一》，《中国农史》2010年第1期。

令》从多方面做了深入思考，我们将其归纳为十条对策。

一是官吏一心为政。“无宿治，则邪官不及为私利于民。而百官之情不相稽，则农有余日。”① 政府官吏忙于政务，就没有精力渔利民众，民众有更多精力从事农业生产劳动。“无以外权爵任与官，则民不贵学问，又不贱农。”② 民众不通过耕战不能获得爵位、官位，则他们不以学习诗书为贵，不以农业劳动为贱。

二是降禄裁吏。“禄厚而税多食口众者，败农者也。”③ 官吏的俸禄高，拿俸禄的人数多，则民众的赋税重，增加农民的负担。

三是移商于农。“使商无得粜，农无得粜。”④ 商人没有购买粮食的渠道，无事可做，自然回心向农。

四是取消雇佣劳动制。“无得取庸，则大夫家长不建缮，爱子不惰食，惰民不窳，而庸民无所于食，是必农。”⑤ 雇佣劳动力没有市场，不被雇佣的惰民便无法生存，只能务农。

五是废除旅馆制。“废逆旅，则奸伪躁心私交疑农之民不行，逆旅之民，无所于食，则必农。”⑥ 没有旅馆，外出浮游者无处住宿，会大量减少流动人口。旅馆无人住宿，经营旅馆者只能务农。

六是严禁私斗，保护劳动力。“重刑而连其罪，则褊急之民不斗，很刚之民不讼，怠惰之民不游，费资之民不作，巧谀恶心之民无变也。”⑦ 用重刑严打私斗，用连坐制加大什伍组织的监督力量，使民众不敢私斗，既减少社会治安案件，又保护劳动力。

七是全国统一税制，一统政令。“訾粟而税，则上壹而民平。上壹则信，信则臣不敢为邪。”⑧ 赋税是秦国实现对内对外职能的经济基础，全国统一赋税征收标准，官吏没有从中弄虚作假、渔利的机会，臣下尽心政

① 《商君书·垦令第二》，第2页。
② 《商君书·垦令第二》，第3页。
③ 《商君书·垦令第二》，第3页。
④ 《商君书·垦令第二》，第3页。
⑤ 《商君书·垦令第二》，第3页。
⑥ 《商君书·垦令第二》，第3页。
⑦ 《商君书·垦令第二》，第3页。
⑧ 《商君书·垦令第二》，第2页。

务，民众不受欺诈，一心于农。“百县之治一形，则从迂者，不敢更其制；过而废者，不能匿其举。”[①] 郡县的政令一致，到期离任和升迁的官员就无法弄虚作假，继任的官员不敢更改制度，农民的负担就会减轻。

八是重本抑末，由国家发展工商业。主要通过以下举措达到此目的。提高商业税收，“重关市之赋，则农恶商，商有疑惰之心。农恶商，商疑惰，则草必垦矣”[②]。加大关市进出税额，提高市场商品的征税比例，商人所获利小，或无利可图，自然向农。提高奢侈消费品价格，“贵酒肉之价，重其租，令十倍其朴，然则商贾少，农不能喜酣奭，大臣不为荒饱”[③]。在该措施下，商人减少，农民增加，大臣不奢侈浪费。改革军市，“令人自给甲兵，使视军兴。又使军市无得私输粮者，则奸谋无所于伏盗，输粮者不私稽，轻惰之民，不游军市”[④]。令军队内部市场给士兵准备好铠甲、兵器，让军商关注军事行动。军队内部市场严禁私人运粮，浮游商人不能和军商来往，自然向农。

九是严格户籍制，使农民与土地紧密结合。“使民无得擅徙，则诛愚乱农农民无所于食而必农。愚心躁欲之民壹意，则农民必静。农静诛愚，则草必垦矣。”[⑤] 颁布法律，让贵族子弟参加赋役劳动。“均出余子之使令以世使之，又高其解舍，令有甬官食概。不可以辟役，而大官未可必得也，则余子不游事人，则必农。”[⑥] 法令要求卿大夫、贵族嫡长子以外的弟子承担赋役，让他们参加劳役。通过国家规定的正确渠道获得官位，这样他们就不四处游说、投靠权贵，只能务农。

十是严格法制。“无得为罪人，请于吏而饷食之，则奸民无主。奸民无主，则为奸不勉。农民不伤，奸民无朴。奸民无朴，则农民不败。”[⑦] 禁止罪犯向官吏求情送礼，那么罪人就没有依靠，他们就不敢继续为恶，农

---

① 《商君书·垦令第二》，第 4 页。
② 《商君书·垦令第二》，第 4 页。
③ 《商君书·垦令第二》，第 3 页。
④ 《商君书·垦令第二》，第 4 页。
⑤ 《商君书·垦令第二》，第 3 ~ 4 页。
⑥ 《商君书·垦令第二》，第 4 页。
⑦ 《商君书·垦令第二》，第 4 ~ 5 页。

民就不会受到伤害。

《垦令》的执行拉开了商鞅改革秦国农业的序幕，为统一战争所需粮草做好了准备。商鞅提出的措施已把农本思想发展到极限，有的措施为解决一切服从战争这一主要矛盾，一定程度上带来了负面效应，其时世情、国情使然，不是根本问题。商鞅的农业经济改革理论在秦统一六国的过程中发挥了重要的引领作用，我们对商鞅在特定环境下提出的农本思想予以充分肯定。好的理论制度关键在于落实，基层乡、里两级行政组织成员正是农本思想的实际推行者。

二 秦国实行国家授田制

秦国战斗机器的运转以强大的经济为后盾，赋税是实现国家内外职能的物质源泉，秦国的赋税制度是建立在国家授田制基础之上的。国家授田制是秦国将国有土地直接分给农民耕种，农民有使用权、收益权，授地农民去世后把所授田地归还给国家，没有买卖和继承土地的权利。农民按照耕种土地的多少上缴赋税，承担相应的义务。

关于战国的授田制，刘泽华《论战国时期“授田”制下的“公民”》[①]一文最早提出，刘泽华认为战国时期各诸侯国占有大量土地，封建国家的土地用作赏赐的只是一部分，更多的土地是用来授予农民的，以实现对农民的剥削。刘泽华的观点得到袁林、李瑞兰、张玉勤、晁福林[②]等学者的进一步深入研究、辩论，现已为大部分学者所接受。但有少数学者反对此观点，李恒全《论战国土地私有制——对20世纪80年代以来战国授田制观点的质疑》[③]一文认为战国的土地制度属于“私人占有制”，以秦国为例。我们对此再作辨析。

---

① 刘泽华：《论战国时期“授田”制下的“公民”》，《南开大学学报》1978年第2期。

② 袁林：《战国授田制试论》，《社会科学》1983年第6期；李瑞兰：《战国时代国家授田制的由来、特征及作用》，《天津师范大学学报》1985年第3期；张玉勤：《论战国时期的国家授田制》，《山西师范大学学报》1989年第4期；晁福林：《战国授田制简论》，《中国历史文物》1999年第1期。

③ 李恒全：《论战国土地私有制——对20世纪80年代以来战国授田制观点的质疑》，《社会科学》2014年第3期。

《商君书·垦令》："訾粟而税，则上壹而民平。上壹则信，信则臣不敢为邪。"[①] 依据农民收入粮食的多少按一定比例征收土地税，国家就有统一的税收标准，这将取信于民，官吏不敢为非作歹。可见商鞅派是提倡统一税制的。《商君书·算地》："故为国分田数小，亩五百，足待一役，此地不任也。"[②] "为国分田" 就是把国有土地分给农民，同时农民有承担赋税徭役的义务。《商君书·去强》："举民众口数，生者著，死者削。民不逃粟，野无荒草。"[③] 婴儿一出生就入籍，有民众去世则削籍，以户籍为据授田、征收赋税。《商君书·境内》："四境之内，丈夫女子，皆有名于上者著，死者削。"[④] 有了健全的户籍制度，就能够做到"民不逃粟，野无荒草"。商鞅派的继承者韩非有言："以避徭赋而上不得者，万数。夫陈善田利宅，所以厉战士也，而断头裂腹播骨乎平原野者，无宅容身，死田夺。"[⑤] 借权势之家逃避徭赋的人口大量存在，国家授予民众的田宅，包括军功授田，被授者去世后政府还要收回。秦简《田律》："入顷刍藁，以其受田之数，无豤（垦）不豤（垦），顷入刍三石、藁二石。"[⑥] 又《法律答问》："何谓匿户及'敖童弗傅'？匿户弗徭、使，弗令出户赋之谓也。"[⑦] 秦简证明秦国的土地制度实行的是国家授田制。李恒全认为土地可以买卖，实行的是土地私有制，笔者认为此观点不确，土地可以买卖是指授给农民的田地在其使用期内可以买卖，去世后由国家收回，土地所有权在国家而不在个人。

岳麓书院藏秦简中有关于秦国授田的记载："田五十五亩，租四石三斗而三室共假之，一室十七亩，一室十五亩，一室廿三亩，今欲分其租。述（术）曰：以田提封数□。"[⑧] 从记录的数字看，一家一户授田为二十亩左右，并不算多。新开垦的土地应及时上报，里耶秦简："卅五年三月庚

① 《商君书·垦令第二》，第 2 页。
② 《商君书·算地第六》，第 12 页。
③ 《商君书·去强第四》，第 9 页。
④ 《商君书·境内第十九》，第 33 页。
⑤ 王先慎：《韩非子集解》卷十七《诡使》，第 316 页。
⑥ 睡虎地秦墓竹简整理小组编《睡虎地秦墓竹简》，第 27 ~ 28 页。
⑦ 睡虎地秦墓竹简整理小组编《睡虎地秦墓竹简》，第 222 页。
⑧ 陈松长：《岳麓书院藏秦简的整理与研究》，第 58 页。

寅朔丙辰，贰春乡兹爰书：南里寡妇憗自言：‘谒豤（垦）草田故桒（桑）地百廿步，在故Ⅰ步北，恒以为桒（桑）田。’Ⅱ三月丙辰，贰春乡兹敢言之：‘上。敢言之。’/诎手。Ⅲ9－14四月壬戌日入，戍卒寄以来。/瞫发。诎手。”①寡妇憗开垦的田地按照法律要求依程序上报，文书所载贰春乡的乡部吏兹把一户新垦田地的详细内容上报县廷。乡部上报文书的信息来源，文中没有显示，当来自里典。又里耶秦简：“卅三年六月庚子朔丁巳，【田】守武爰书：高里士五（伍）吾武【自】言：谒豤（垦）草田六亩Ⅰ武门外，能恒藉以为田。典槾□。”②这份文书中上报的参与者较为齐全，包括高里士伍吾武、高里行政首长里典，吾武所在乡部的田官守武等人。高里民众吾武上报其开垦的六亩田地给田官守武，武如实上报县廷。这说明，除了所授之田，刚开垦的土地也要及时报给上级政府，都属于国家的资产，受国家统一管理。这两份文书所报内容均为一家一户，即一家开垦的新田，也要按程序从里报给乡，由乡报给县，足见政府对国有土地管理的严格程度。

三　乡官里吏落实保护农民地权法令

秦国分户令的颁布，拆散了秦原有的大家庭，确定了立户原则，以夫妻为中心的核心家庭成为基层社会的细胞，五口之家是农业生产的主体，国家的税收依靠授田户承担，没有稳定的收入农民则不能按期完成上缴赋税的任务。同时，田地是农民最基本、最重要的生产资料，衣食住行主要靠田产。授田制把国家利益和个人利益紧密结合起来，秦律立法精神重视保护农户的土地使用权。

保护小农经济利益，法律有明文规定，秦简《法律答问》：“部佐匿者（诸）民田，者（诸）民弗智（知），当论不当？部佐为匿田，且可（何）为？已租者（诸）民，弗言，为匿田；未租，不论○○为匿田。”③“部佐”是田部吏的佐官，辅助乡啬夫、田啬夫管理农业。凭借手中的权力，

① 里耶秦简牍校释小组：《新见里耶秦简牍资料选校》（二），第187～188页。

② 里耶秦简牍校释小组：《新见里耶秦简牍资料选校》（二），第209页。

③ 睡虎地秦墓竹简整理小组编《睡虎地秦墓竹简》，第218页。

部佐虚报国家田地，出租给农民耕种，从中收取高额租金。这说明存在乡部吏侵吞国家田地收益权而从中渔利的现象，这条法律在于保护民众按照普遍授田制合理获得份地，减少官吏犯罪。《云梦龙岗秦简》："坐其所匿税臧与法没入其匿田之稼。"① 简文不全，与上引简文意义有关，大概是说隐匿税收、隐匿田地都是违法行为，应受到法律制裁。

《云梦龙岗秦简》："盗徙封，侵食冢〔庙〕，赎耐，□□〔冢〕庙〔耎〕▨；侵食道千部及斩人畴企赀一甲；罪。购金一两相与▨□捕詷▨；黔首田实多其□□封▨□□□▨；黔首皆从千佰疆畔之其▨；▨封□▨。"② "道"指田间过车的宽道，"畴企"指田沟和田埂。凡侵占田间道路、田间阡陌小路以及田沟和田埂，将受到判处一甲的处罚，这是较重的处罚。岳麓书院藏秦简有载："赀一甲直（值）钱千三百卌四，直（值）金二两一垂。"③ 侵占道路的田埂面积不大，罚金较重，目的在于保护小农土地私有权和国家土地权。秦简《法律答问》对"封"做了解释："'盗徙封，赎耐。'可（何）如为'封'？'封'即田千佰。顷半（畔）'封'殹（也），且非是？而盗徙之，赎耐，可（何）重也？是，不重。"④ "封"指地界，不同民户授田相邻的边界。移动地界者，将被判以"赎耐"罪，地界移动则两家土地面积相应增减，强人通过移动地界企图多占用他家土地，律文在于保护农民地权。再如，"田及为诈伪〔宅〕〔田〕籍皆坐臧与盗▨"⑤。"宅田籍"应是宅院和田地的籍簿，当包括民户宅基地的所受的区数和面积大小、四邻的简要信息、宅内的房屋数目、不同项目名称固定资产明细统计、家产总数额、奴婢按财产计算在内，以及宅的附属地"园"。⑥ 还应包括"每户每块田地所处的具体地点，土地的形状、面积大小、土地的产量等级；不同等级田地的轮换耕作时间，与该户相邻的其他田地户主的基

① 刘信芳、梁柱编著《云梦龙岗秦简》，第 38 页。
② 刘信芳、梁柱编著《云梦龙岗秦简》，第 40～41 页。
③ 陈松长：《岳麓书院藏秦简的整理与研究》，第 64 页。
④ 睡虎地秦墓竹简整理小组编《睡虎地秦墓竹简》，第 178 页。
⑤ 刘信芳、梁柱编著《云梦龙岗秦简》，第 37 页。
⑥ 张信通：《秦汉时期的编户齐民籍》，《安顺学院学报》2012 年第 4 期。

本情况”[①]。不允许任何人更改宅院和授田籍簿的数字信息，如果擅自篡改，判罚与“盗窃罪”一样。

又《云梦龙岗秦简》：“盗田二町当遗三程者□□□□□☐；□首盗一町当遗二程者而□□☐□□□☐；诈一程若二程□□□□□☐。”[②]“町”是面积单位，具体单位意义不详。“程”，注释解释是一种田赋份额。简文缺字较多，大意是说盗用国家或者私人土地，根据面积“町”的多少，应当受到几份田赋的处罚。“程田以为臧与同法，田一町尽□□□希☐；☐其程尽以☐。”[③] 当是与上述简文相近的法律规定。

秦国授田制对土地使用做出了严格规定，充分考虑国家、个人和集体三者之间的利益。制订了消除私人与私人之间的利益冲突的具体措施，有效防范不法官吏侵吞国家土地收益。土地法律的制定推行，充分体现了依法保护个体小农经济的利益，保护授田农民对土地长期稳定占有，这从法律角度维护了基层社会生产秩序。随着商鞅变法的逐步深入，生产力的发展和生产技术的相应提高，秦国授田户数不断增加，开垦的土地面积不断扩大，这为政府提供了充足的税源，秦国的赋税收入大幅增加。

秦国的国家授田制，保证了国家直接授予农民土地，使个体农户与土地稳定结合，使农户有了可靠的衣食保证，缓和了地主阶级和农民阶级的矛盾，稳定了国家内部社会生产发展秩序，为秦国集中力量对外发动战争提供了稳固的根据地和数量庞大的军需物资。而各项土地法令政策的推行落实，则主要依靠最底层的乡官里吏。

四　农田规划、农作物管理和仓储管理

（一）农田规划

中国古代以农立国，商、西周时期已经积累了丰富的农业规划管理经验。为了合理使用土地，便于五谷播种、施肥、除草、浇水、收获，田间设有小道，可供行人出入。一定面积的田地之间，建有较宽的田间车道，

---

① 张信通：《秦汉时期的编户齐民籍》，第59页。
② 刘信芳、梁柱编著《云梦龙岗秦简》，第38页。
③ 刘信芳、梁柱编著《云梦龙岗秦简》，第38页。

利于车马通行，运输谷物、粮草。水利是农业的命脉，田间分布着纵横交错的灌溉排水系统。水涝可排水，旱灾可灌溉。田地的形制，因地制宜，没有特别严格的统一规定。秦国商鞅变法后，田制有所变化，在继承前代的基础上，进一步完善田间规划管理系统。

青川秦牍《更修为田律》中有所反映："二年十一月乙酉朔朔日，王命丞相戊（茂）、内史匽，□□更修为田律：田广一步，袤八则，为畛。亩二畛，一百（陌）道。百亩为顷，一千（阡）道，道广三步。封，高四尺，大称其高。捋（埒），高尺，下厚二尺。以秋八月修封捋（埒），正疆畔，及癹千（阡）、百（陌）之大草。九月，大除道及除隃（浍）。十月为桥，修陂堤，利津□。鲜草，虽非除道之时，而有陷败不可行，相为之□□。"[①] 这是秦武王时期修订后的新田律，"田广一步，袤八则，为畛"，这是畛的概念。对于"八则"的理解，汉初《二年律令·田律》："田广一步，袤二百卌步，为畛，亩二畛，一佰（陌）道。"[②] 可知"则"是长度单位，八则等于二百四十步，一则为三十步。一亩田地是两畛，计四百八十步，中间有一条陌道，陌道的宽窄没有数据，不会留太宽，用于行人通行。同时，它的作用还在于灌溉田地时能把水限制在两条陌道中间，利于均匀灌溉。一百亩田地是一顷，顷与顷之间留有一条阡道，阡道宽三步。秦一步为六尺，则阡道的宽是一丈八尺。阡道较宽，用来行车，运输谷物、刍藁、肥料等，道宽大约比两辆车稍宽，能使两辆车相对错开行走。

"封，高四尺，大称其高。捋（埒），高尺，下厚二尺。""封"，上文已述，指地界，是民户授田的界标，确定土地归何家的标志物，埋在地下，一部分露出地面，俗称"界石"。学者对"埒"字解释不一。"青川秦牍所言'封埒'，其性质与作用当为地界，别无他用。"[③]"每年秋天八月要整修'封'、'埒'，核实田地疆界是否准确。"[④] 张金光和晁福林认为

① 四川省博物馆、青川县文化馆：《青川县出土秦更修田律木牍——四川青川县战国墓发掘简报》，《文物》1982 年第 1 期。

② 张家山二四七号汉墓竹简整理小组编著《张家山汉墓竹简》，第 166 页。

③ 张金光：《论青川秦牍中的"为田"制度》，《文史哲》1985 年第 5 期。

④ 晁福林：《战国授田制简论》，第 33 页。

“埒”指疆界。胡澱咸把“封”和“埒”混为一谈，认为“封埒”是一个词，“这是说八月份须要修理田上的封埒，将田上的疆界修好”[①]。孔祥军认为“埒”是矮墙，“两封之间又有矮墙，高一尺，下宽两尺”[②]。以上解释似乎都不确。王夫子释《诗经·小雅·信南山》“南东其亩”：“取百步之积而方之，则每方十步。而黍、稷、菽、麦、之地与稻田殊，其塍埒必狭长乃可行水。然朱子谓广一步长百步，则大狭而与井地不合。”[③] 埒是用来灌溉田地的水道，狭长便于通水，水渠高一尺，下宽二尺。“厚”字多被误解，秦时字少义多，“厚”指现代的宽。又《尔雅·释地》：“埒丘，谓丘边有界，埒水绕环之。”[④] 《尔雅·释丘》：“水潦所还埒丘。”注曰：“谓丘边有界，埒水绕环之。”[⑤] 至此我们明白“埒”是田间用来灌溉的小渠。

“以秋八月修封捋（埒），正疆畔，及登千（阡）、百（陌）之大草。”八月重新查看固定地界，一年后地界可能会有小幅度移动，使其归原位。修整埒，水渠经一年的使用，可能有部分坍塌、残破，重新修缮。同时，除去阡陌上的杂草。“九月，大除道及除隂（浍）。”九月已接近收获季节，道路做好修补，便于车马通行运输谷物。“十月为桥，修陂堤，利津□。”十月是收获的月份，有耕有种。农村所建的桥，多为木质结构小桥，汛期常被洪水冲毁，木材久用腐烂，应及时修复、改建。经过夏季雨水冲刷，陂堤自然多有损坏，疏通渡口。“鲜草，虽非除道之时，而有陷败不可行，相为之□□。”田间即使没有杂草，也不是除草时节，如果道路上有受损坏不可行的地方，也应及时修复。

张家山汉简中亦有相似论述：“恒以秋七月除千（阡）佰（陌）之大草；九月大除道□阪险；十月为桥，修波（陂）堤，利津梁。虽非除道之

① 胡澱咸：《四川青川秦墓为田律木牍考释——并略论我国古代田亩制度》，《安徽师大学报》1983 年第 3 期。

② 孔祥军：《秦简牍所载农田形制与管理研究》，《南京农业大学学报》2009 年第 1 期。

③ 王夫之：《船山全书》第三册《诗经稗疏》卷二《小雅》，岳麓书社，1988，第 136 页。

④ 郭璞注：《尔雅》卷下《释地》，中华书局，1985，第 85 页。

⑤ 郝懿行：《尔雅义疏》中之六《释丘第十》，第 137 页。

时而有陷败不可行，辄为之。”[①] 这些琐碎的工作由哪些基层管理人员具体负责？《二年律令·田律》：“乡部主邑中道，田主田道。道有陷败不可行者，罚其啬夫、吏主者黄金各二两。□□□□□□及□土，罚金二两。”[②] 乡部吏负责县、乡、里相连的大路，乡啬夫、乡守、乡佐当负有主要责任。而田间的阡陌、封埒、道路、堤坝、津梁等由专门负责田间基础设施的乡官里吏负责，他们是田啬夫、田典，什长、伍长等。田啬夫是一乡农田基础建设的总管，田典具体负责一里的田间道路、封埒等。

（二）农作物管理

五谷从种到收，针对主要劳作细节政府制定了相应的制度。农忙收获期有收有种，把谷物收回家，又要播种下一季庄稼，政府为保证繁忙季节做到收种两不误，制定法律做出专门规定。秦简《司空律》：“居赀赎责（债）者归田农，种时、治苗时各二旬。”[③] 偿付不起官府的欠账，在官府劳作的农民在耕种、育苗等特殊时期需要人力时，分别留给他们二十天回家务农。农忙时节对劳役征发法律亦做出特别规定，里耶秦简：“廿七年二月丙子朔庚寅……田时殹（也），不欲兴黔首。嘉、谷、尉各谨案所部县卒、徒隶、居赀赎责（债）、司寇、隐官、践更县者簿，有可令传甲兵，县弗令传之而兴黔首，[兴黔首] 可省小弗省小而多兴者，辄劾移县，[县] 亟以律令具论，当坐者言名史泰守府。嘉、谷、尉在所县上书，嘉、谷、尉令人日夜端行。它如律令。”[④] 农忙时节禁止县乡征发农民，尽可能由犯人代替。忙季即使征发农民，能少不能多。如果政府多征发民众，有关责任吏员违法，将受到依法论处，并把违法官吏名单“日夜端行”快速报送郡府。

田地深耕、施肥，平整好后，才能播种。一亩地播种的种子多少，关系到亩产量高低，田地下种多了或少了都会影响粮食产量。秦简《仓律》有明确规定：“种：稻、麻亩用二斗大半斗，禾、麦一斗，黍、荅亩大半斗，叔（菽）亩半斗。利田畴，其有不尽此数者，可殹（也）。其有本者，

① 张家山二四七号汉墓竹简整理小组编著《张家山汉墓竹简》，第 166 页。
② 张家山二四七号汉墓竹简整理小组编著《张家山汉墓竹简》，第 166 页。
③ 睡虎地秦墓竹简整理小组编《睡虎地秦墓竹简》，第 88 页。
④ 湖南省文物考古研究所编著《里耶发掘报告》，第 192 页。

称议种之。”[1] 种子的发放，由仓库管理人员负责，下发至每一里，由里吏分发给里中民户。

农作物的日常管理。播种以后，谷物的生长情况，应定期进行统计，汇报上级。秦简《田律》：“雨为澍〈澍〉，及诱（秀）粟，辄以书言澍〈澍〉稼、诱（秀）粟及豤（垦）田暘毋（无）稼者顷数。稼已生后而雨，亦辄言雨少多，所利顷数。早〈旱〉及暴风雨、水潦、夆（螽）虫、群它物伤稼者，亦辄言其顷数。近县令轻足行其书，远县令邮行之，尽八月□□之。”[2] 天有及时雨，谷物抽穗结子的亩数，没有耕种的田亩数，做好书面汇总向上级报告。谷物发芽成苗，雨水多少，遇有旱灾和其他天灾人祸损坏庄稼，写明受损害的田亩数。靠近县廷的乡部情况让“轻足”，即走得快的人上报，远离县廷的乡部报告由邮驿系统负责邮递，便于政府及时了解农情，做出应对。受灾土地与赈灾减免赋税当有关系，上报的田亩数是依据。数据上报的过程当从里中开始，由什长、伍长做好统计，田典汇总后上报乡部。乡部的田啬夫负责最后汇总签名，上报县廷。这要求乡、里两级管理人员密切配合才能做到迅速无误。

庄稼生长期的管理尤为重要，遭到牛、马、畜等的破坏，会影响到亩产量。龙岗秦简中有关于保护庄稼幼苗的律文：“马、牛、羊食人稼□□□□□□□□□□牛☐。”[3] 这支简阙字多，从前面字义判断，这是关于六畜吃庄稼应受判罚的条文。又如龙岗秦简：“勿令巨罪☐马、牛、羊、犬、彘、于人田☐。”[4] 简文不完整，大意是说六畜进入农田，应受法律处罚。秦简《法律答问》记载：“甲小未盈六尺，有马一匹自牧之，今马为人败，食人稼一石，问当论不当？不当论及赏（偿）稼。”[5] 未成年人放牧马，马受到惊吓逃跑，吃了禾稼一石，不受判罚。这反过来告诉我们，有意让牛马等六畜吃禾稼应当赔偿和判罚。里中六畜破坏庄稼，上报乡部，里吏是当然的负责人。田典当负重要责任，什长、伍长负次要责任。

---

① 睡虎地秦墓竹简整理小组编《睡虎地秦墓竹简》，第 43 页。

② 睡虎地秦墓竹简整理小组编《睡虎地秦墓竹简》，第 24 ~ 25 页。

③ 刘信芳、梁柱编著《云梦龙岗秦简》，第 37 页。

④ 刘信芳、梁柱编著《云梦龙岗秦简》，第 37 页。

⑤ 睡虎地秦墓竹简整理小组编《睡虎地秦墓竹简》，第 218 页。

收获季节，里吏监督、督促民众抓住农业黄金时间，抢种抢收。谷物成熟，不及时收获，遇到大风大雨等天灾，将造成难以挽回的经济损失。例如，夏收季节，小麦成熟，暴雨淹毁小麦；大风刮起，麦穗相互摩擦，麦籽掉落。在北方，秋季农作物成熟，该收不收，一场大雪，影响收获，又不得不推迟耕种下一季农作物，造成两季损失。对此秦政府高度重视，立法督促，确保及时收种，秦简《田律》："百姓居田舍者毋敢醢（酤）酉（酒），田啬夫、部佐谨禁御之，有不从令者有罪。"[①] 百姓在田间劳动，禁止买酒喝。由于酒精有麻醉作用，饮酒后劳动能力下降，影响庄稼种收。主管乡里农业生产的乡部吏田啬夫、部佐有权阻止百姓买酒，不听劝阻者就是违犯法律，将受处罚。

户主的家奴不下田劳动，主人可绑送家奴到政府处处理："爰书：某里士五（伍）甲缚诣男子丙，告曰：'丙，甲臣，桥（骄）悍，不田作，不听甲令。谒买（卖）公，斩以为城旦，受贾（价）钱'。"[②] 这样的案件政府接受办理，其他民众如果不积极参加农田劳动，也当属轻度违法行为。民众在田间劳动受里吏监督、督促，《二年律令·户律》："田典更挟里门籥（钥），以时开；伏闭门，止行及作田者……不从律，罚金二两。"[③] 田典负责一里田做者按时外出，参加劳动；按时下工，回家休息，养足精神，第二天有充沛的精力从事田间劳作。

把农田分给一家一户，农业的日常管理十分重要，这对农民提出了更高要求，保证需要人力时田间劳作有人手。秦律对劳役的征发、劳动力的使用做出特别规定，秦简《司空律》："一室二人以上居赀赎责（债）而莫见其室者，出其一人，令相为兼居之。"[④] 一家有两人居赀赎债而造成家中无人管理农业，两人可轮换居赀。农田是一家之本，政府专门立法，从法律层面保护农田管理。又《秦律杂抄》："戍律曰：同居毋并行，县啬夫、尉及士吏行戍不以律，赀二甲。"[⑤] 征发兵役，一家不能同时征发两

① 睡虎地秦墓竹简整理小组编《睡虎地秦墓竹简》，第 30 页。
② 睡虎地秦墓竹简整理小组编《睡虎地秦墓竹简》，第 259 页。
③ 张家山二四七号汉墓竹简整理小组编著《张家山汉墓竹简》，第 175 页。
④ 睡虎地秦墓竹简整理小组编《睡虎地秦墓竹简》，第 85 页。
⑤ 睡虎地秦墓竹简整理小组编《睡虎地秦墓竹简》，第 147 页。

人，否则“县啬夫、尉及士吏”等相关人员将受罚二甲。又《徭律》：“其近田恐兽及马牛出食稼者，县啬夫材兴有田其旁者，无贵贱，以田少多出人，以垣缮之，不得为繇（徭）。”[①] 按田地多少征发徭役，目的在于保护劳动力。劳动力统计上报自里一级行政组织开始，能否做到准确无误，关键在于里典给上级政府提供的数据是否准确，里吏是负责处理基础工作的责任人。征发劳役是国家大事，乡官里吏配合县廷官员共同完成，但能否做到合理调配人力，里吏是第一知情者，乡部吏当是最后确定征发人数的责任人，乡官里吏的配合决定着徭役合理征发的结果。

（三）仓储管理

谷物、刍藁一部分上缴乡部，二者的收藏、管理、发放是乡官里吏的一项日常工作。秦国的乡政府所在地设有粮仓，称为“离邑仓库”。“秦代一般设有三级粮仓，即中央、县和乡……乡则设有主管禀给的仓佐，而且，各粮仓都专门设有仓啬夫职官，务必严格遵守粮仓管理制度，他们都受中央内史的管辖。”[②] 宫长为的见解正确。中国政法大学中国法制史基础史料研读会研究指出：

> “离邑仓佐主禀者”应该包括“离邑仓佐”与“主禀者”两种人，“离邑仓佐”由仓啬夫派出，是在离邑管理仓的官员，属于乡的级别，而“主禀者”指的是乡的主管人员。据此，该句可读为“而遗仓啬夫及离邑仓佐、主禀者各一户以气（饩）”。这样，也可以解释律文为何规定“县啬夫若丞及仓、乡相杂以印之”，即在仓封缄的过程中，乡也要参与其中，原因是乡的主管官员也有出禀权，是离邑仓的管理者之一。[③]

---

① 睡虎地秦墓竹简整理小组编《睡虎地秦墓竹简》，第 77 页。

② 宫长为：《秦代的粮仓管理——读〈睡虎地秦墓竹简〉札记》，《东北师大学报》1986 年第 2 期。

③ 中国政法大学中国法制史基础史料研读会：《睡虎地秦简法律文书集释（三）：〈秦律十八种〉（〈仓律〉）》，载徐世虹主编《中国古代法律文献研究》（第八辑），社会科学文献出版社，2014，第 60 页。

乡部确实设立了仓库，这符合当时的实际，一个县通常辖三至四个乡，乡部治所距离县廷较远，基层需要耗费大量谷物、刍藁，如果仓库全部设在县廷，不便于民众缴纳赋税，也不便于乡部领取、发放财物。仓库的日常管理是乡部吏的重要职责，里吏则配合乡部做好谷物、粮种等基本物资的借贷、发放。

粮食入仓。里吏负责催交里中的户赋、田税，龙岗秦简："租者且出，以律告典、田典，典、田典令黔首皆知之。"① 田租由里吏造册上报乡部，具体交到乡部仓库后，则由乡部吏会同县吏封藏。秦简《仓律》："入禾仓，万石一积而比黎之为户。县啬夫若丞及仓、乡相杂以印之，而遗仓啬夫及离邑仓佐主禀者各一户以气（饩），自封印，皆辄出，余之索而更为发户。啬夫免，效者发，见杂封者，以隄（题）效之，而复杂封之，勿度县，唯仓自封印者是度县。"② 仓吏、乡部吏参与粮食入库封藏，这是权责一致原则的体现，乡部吏有出廪权，但同时也负有相应的责任。仓啬夫免职或调离，由乡部吏参与检查有关调离手续。

粮食、刍藁出仓和仓库日常管理亦是乡部吏的职责。睡虎地秦简《仓律》："出禾，非入者是出之，令度之，度之当堤（题），令出之。其不备，出者负之；其赢者，入之。杂出禾者勿更。入禾未盈万石而欲增积焉，其前入者是增积，可殹（也）……长吏相杂以入禾仓及发，见屡之粟积，义积之，勿令败。"③ 谷物、刍藁出仓，为严防多领、错领，主要负责人必须签字盖章，乡啬夫等乡级主管是必要的见证人。一积谷物、刍藁出尽时，应及时把有关数据上报县廷，秦简《仓律》："禾、刍藁积索出日，上赢不备县廷。出之未索而已备者，言县廷，廷令长吏杂封其廥，与出之，辄上数廷；其少，欲一县之，可也。廥在都邑，当□□□□□□□□者与杂出之。"④ 数据的上报，乡部主要官吏是最终负责人之一。里耶秦简中有关记载说明了出仓时乡部吏的职责："卅四年七月甲子朔癸酉，启陵乡守意敢

---

① 刘信芳、梁柱编著《云梦龙岗秦简》，第 39 页。

② 睡虎地秦墓竹简整理小组编《睡虎地秦墓竹简》，第 35 ~ 36 页。

③ 睡虎地秦墓竹简整理小组编《睡虎地秦墓竹简》，第 36 页。

④ 睡虎地秦墓竹简整理小组编《睡虎地秦墓竹简》，第 39 页。

言之：廷下仓守庆书Ⅰ言令佐赣载粟启陵乡。今已载粟六十二石，为付券一上。Ⅱ谒令仓守。敢言之。·七月甲子朔乙亥，迁陵守丞配告仓Ⅲ主：下券，以律令从事。/壬手。/七月乙亥旦，守府印行。Ⅳ8－1525 七月乙亥旦，□□以来。/壬发。恬手。”[1] 这份文书由两部分内容构成。首先，启陵乡守向县廷汇报，仓守已按照县廷指令，由乡佐负责从启陵乡仓库运送六十二石粟，已办理，附有券书副本。其次，迁陵县守丞以文书告知仓守，按照律令调发粮食。乡部谷物出仓，是国家物资的使用走向问题，县廷、仓库的管理人员、乡部各负有责任。乡部吏负责出廪，这是他们的经常性工作，里耶秦简：

①粟米一石六斗二升半升。卅一年正月甲寅朔壬午，启陵乡守尚、佐冣、稟人小出稟大隶妾□、京、窯、茝、并、□人、☐Ⅰ乐窅、韩欧毋正月食，积卅九日，日三升泰半半升。令史气视平。☐Ⅱ8－925＋8－2195[2]

②粟米二石。令☐Ⅰ

卅一年三月癸丑，贰春乡守氐夫□☐Ⅱ8－816[3]

③卅一年三月癸酉，贰春乡守氐夫、佐壬出粟米八升食舂央刍等二☐Ⅰ

令史扁视平。☐Ⅱ8－1576[4]

④粟米八升少半升。令史逐视平。☐Ⅰ

卅一年四月辛卯，贰春乡守氐夫、佐吾出食舂、白粲□等。☐Ⅱ8－1335[5]

⑤粟米一石二斗六分升四。令史逐视平。Ⅰ

卅一年四月戊子，贰春乡守氐夫、佐吾、稟人蓝稟隶妾廉。Ⅱ

① 陈伟主编《里耶秦简牍校释》（第一卷），第349页。
② 陈伟主编《里耶秦简牍校释》（第一卷），第249页。
③ 陈伟主编《里耶秦简牍校释》（第一卷），第231页。
④ 陈伟主编《里耶秦简牍校释》（第一卷），第364页。
⑤ 陈伟主编《里耶秦简牍校释》（第一卷），第312页。

8－1557[①]

乡守、乡佐、稟人等具体负责粮食出仓。粮食、刍藁出仓后的使用，一部分是乡部吏的俸禄口粮，一部分作为刑徒的口粮、里中种子的借贷，遇到灾年赈济灾民、邮驿系统的使用等。秦国基层还有一部分“公田”，它的生产管理主要由乡部吏负责[②]，对此观点存在分歧，待另撰文专论。

乡官里吏是秦国绝大部分农业政策的实际落实者，乡部吏的田啬夫是专职的农田管理人员，里中的田典具体负责一里的农事。除了乡、里两级政权的专职农业管理人员外，其他乡官里吏共同参与、互相配合，形成乡官里吏全员齐抓共管农业之势，秦国农业经济发展管理取得了重大成就。人力、畜力是从事农业生产的基本力量，秦国制定专门法律，确保为发展农业配足配强人力、畜力，各项农业政策、法令具体由乡官里吏执行落实。耕田、播种、农作物田间管理、收获、粮食和刍藁的出入仓全程管理，乡、里两级管理人员无不参与其中，不同环节有相关法律制度规定执行细节。秦国乡官里吏的农业经济发展管理以法律为依据，他们的工作积极性得到充分调动，秦国后期基层农业经济发展管理已相当成熟。

第四节　秦国乡官里吏的畜牧渔猎经济职能

商鞅变法的核心是“耕战”，农业生产和战争是秦国的生活主题。发展农业的主要任务是支持对外战争，狭义的农业——种植业处于经济中心地位，学者对其研究比较透彻。由于受史料限制，对秦国的畜牧渔猎经济的研究还不够，以贺润坤的文章[③]为代表。贺润坤主要运用睡虎地云梦秦简，对秦国六畜饲养业、渔猎经济做了深入思考，并对相马经做了阐释。石延博的论文[④]亦以云梦秦简为主要史料对秦国畜牧业的经营和管理、畜

① 陈伟主编《里耶秦简牍校释》（第一卷），第358页。

② 参见魏永康《里耶秦简所见秦代公田及相关问题》，《中国农史》2015年第2期。

③ 贺润坤：《从云梦秦简〈日书〉看秦国的六畜饲养业》，《文博》1989年第6期；贺润坤：《云梦秦简所反映的秦国渔猎活动》，《文博》1989年第3期。

④ 石延博：《关于秦国畜牧业生产问题的探讨》，《河北师院学报》1995年第2期。

牧业在秦国社会中的作用做了系统论述。专著《中国经济通史·先秦》（下）的第二十七章第六节[①]从宏观上对东周的畜牧渔猎经济做了全面梳理，不过各诸侯国的畜牧渔猎经济没有专篇论述。这些论著在制度上探索秦国发展畜牧渔猎经济，稍显欠缺，由于受时间限制，里耶秦简、岳麓秦简等其他秦简无缘运用。在秦国发展管理这一经济形态中，基层的乡官里吏发挥了独特的作用，对这一点的认识还不够深刻。笔者对以上不足试做进一步探究。

秦国有着悠久的畜牧渔猎经济发展史，这一经济形态是秦国社会经济的亮点，畜牧渔猎经济是农业经济的重要补充，在生产力落后的秦国，这一人类最早获取生活资料的手段仍然在秦国保留着。随着秦简的不断公布，有关发展管理畜牧渔猎经济的权威资料告诉我们，畜牧渔猎经济是秦国经济的重要组成部分，发挥着独特作用。管理畜牧渔猎经济是政府的一项重要职能，有专门的管理机构，郡、县、乡有专职官员负责，他们的政绩被列入政府考核内容。在庞大的畜牧渔猎经济管理队伍中，处于乡、里两级政权的乡官里吏发挥着基础作用，他们虽职务卑微，却是发展、管理畜牧渔猎经济的一线主力军。

一　秦国畜牧渔猎经济概览

中国古代的畜牧渔猎经济是从原始社会发展起来的，是我们先祖最早的生活资料来源。经数千百万年发展，至战国时期，畜牧渔猎经济发展已十分成熟，受到各诸侯国的高度重视。秦国素以畜牧经济著称，在战时管理体制之下又将畜牧渔猎经济发展推进到新的高度。

秦国自古就有养马的优良传统，下至庶民上至国王大臣多爱马、养马，《史记·秦本纪》："衡父生造父。造父以善御幸于周缪王，得骥、温骊、骅駵、騄耳之驷，西巡狩，乐而忘归。"[②] 秦国的先祖造父善于驾车，得幸于周王，周王坐马车巡视天下，乐而忘归。后造父因善御马而获封地。"非子居犬丘，好马及畜，善养息之。犬丘人言之周孝王，孝王召使

---

① 周自强主编《中国经济通史·先秦下》，经济日报出版社，2007，第1143～1160页。

② 《史记》卷五《秦本纪》，第175页。

主马于汧渭之间，马大蕃息。”[①] 造父的后代非子也喜欢养马和饲养六畜，更善于养马，周王令他养马，成绩显著。秦穆公爱马，丢失良马，因祸得福，“于是岐下食善马者三百人驰冒晋军，晋军解围，遂脱缪公而反生得晋君。”[②] 野人争相报恩，救了穆公。

耕地、运输需要畜力，耕牛身高、体壮、力大，是主要运输工具，《战国策·赵策》：“今王取之，可谓有故乎？且秦以牛田，水通粮，其死士皆列之于上地，令严政行，不可与战。王自图之！”[③] 战国时期秦国已普遍使用牛耕，生产力发展较快。到秦国后期，六畜饲养技术已形成科学理论。《韩非子·难二》：“务于畜养之理，察于土地之宜，六畜遂，五谷殖，则入多。”[④] 韩非子认为饲养六畜应讲究科学，遵循动物生活规律，因地制宜发展畜牧业。《吕氏春秋·观表》载：“古之善相马者：寒风是相口齿，麻朝相颊，子女厉相目，卫忌相髭，许鄙相尻，投伐褐相胸胁，管青相膹肳，陈悲相股脚，秦牙相前，赞君相后。凡此十人者，皆天下之良工也，若赵之王良，秦之伯乐、九方堙，尤尽其妙矣。”[⑤] 由于马在社会生活中的重要性，秦国相马形成一门学问，相马甚至有详细分工，马的不同器官、部位有不同的相马专家。通过马的外观，马跑得快慢、力气大小、生活习性、健康状况微妙之处尽在专家眼中，相马名家辈出。

渔猎经济亦是秦国社会生活生产的组成部分，秦文公喜欢打猎，《史记·秦本纪》：“三年，文公以兵七百人东猎。四年，至汧渭之会。”[⑥] 战国时期，打猎形成规模，《吕氏春秋·季春纪》载：“是月也……闻通道路，无有障塞。田猎罼弋，罝罘罗网，餧兽之药无出九门。”[⑦] 但夏季不适合田猎，《吕氏春秋·孟夏纪》：“是月也，驱兽无害五谷，无大田猎。”[⑧] 打猎易对农作物造成破坏。但夏季适合捕鱼，《吕氏春秋·季夏纪》：“是月也，

---

① 《史记》卷五《秦本纪》，第 177 页。

② 《史记》卷五《秦本纪》，第 188 ~ 189 页。

③ 《战国策》卷十八《赵策一》，第 618 页。

④ 王先慎：《韩非子集解》卷十五《难二》，第 279 页。

⑤ 《吕氏春秋》卷第二十《恃君览第八》，高诱注，中华书局，1954，第 274 页。

⑥ 《史记》卷五《秦本纪》，第 179 页。

⑦ 《吕氏春秋》卷第三《季春季第三》，第 24 页。

⑧ 《吕氏春秋》卷第四《孟夏纪第四》，第 35 页。

令渔师伐蛟取鼍，升龟取鼋。”[①] 仲冬政府严令民众田猎，《吕氏春秋·仲冬纪》：“山林薮泽，有能取蔬食田猎禽兽者，野虞教导之。其有侵夺者，罪之不赦。”[②] “野虞”是执掌山泽之官，如有违犯法律规定者必受处罚。季冬是捕鱼的好季节，《吕氏春秋·仲冬纪》：“命渔师始渔，天子亲往。”[③] 何时适合渔猎，何时不利于田猎捕鱼，秦政府形成了管理理论，这出于保护渔猎资源考虑，又兼顾农业生产。随着秦简的大量问世，有关畜牧渔猎经济在秦国社会经济中的地位揭示得更清楚，中央将这一经济形态管理纳入上计内容，县级政府有专门管理机构，而一线的乡官里吏发挥着主体性、基础性作用，支撑着秦国畜牧渔猎经济发展管理大厦。

二　郡、县、乡的畜牧渔猎经济管理系统

秦简关于畜牧渔猎经济的管理，虽记载内容有限，但仔细梳理推演，我们能大致理出郡、县、乡政府专门的管理机构设置。各级政府专门的管理机构为秦国畜牧渔猎经济的发展提供了制度保证。县级政府管理部门中的畜官系统是负责全县畜牧经济的管理机构，里耶秦简：

畜官课志：AⅠ
徒隶牧畜死负、剥卖课，AⅡ
徒隶牧畜畜死不请课，AⅢ
马产子课，AⅣ
畜牛死亡课，BⅠ
畜牛产子课，BⅡ
畜羊死亡课，BⅢ
畜羊产子课。BⅣ
·凡八课。BⅤ8－490＋8－501[④]

① 《吕氏春秋》卷第六《季夏纪第六》，第54页。
② 《吕氏春秋》卷第十一《仲冬纪第十一》，第105页。
③ 《吕氏春秋》卷第十二《季冬纪第十二》，第114页。
④ 陈伟主编《里耶秦简牍校释》（第一卷），第168页。

畜官课志是畜官系统考核内容的细化，从记录内容看，包括刑徒和马牛羊的死亡、买卖记录；畜类死亡不上报记录；畜类蕃息记录。此外，畜官系统还建立了劳动力统计册，即“作徒簿”，里耶秦简：

> 卅年十二月乙卯，畜□□□作徒薄（簿）。☑AⅠ
>
> ……
>
> 十二月乙卯，畜官守丙敢言之：上。敢言☑Ⅰ
>
> 十二月乙卯水十一刻刻下一，佐贰以来。☑Ⅱ8－199背＋8－688背①

“畜□□□作徒薄（簿）”是关于畜官系统劳作刑徒的籍簿，这份文书中畜官守按要求统计上报十二月的刑徒劳动力统计，大概上级依据该畜官报送的劳动力数据确定劳动力的调配。

在各乡有专职人员分管一乡畜牧经济，乡官之一“乡守”负责向县廷报送本乡畜牧业经济不同时期的发展状况，里耶秦简载：“都乡畜志☑AⅠ牡彘一。☑AⅡ牡豕四。”② 文书记录的是都乡某月母猪增加的数量。每个乡都有自己的作徒簿：“二月辛未，都乡守舍徒薄（簿）☑Ⅰ受仓隶妾三人、司空城☑Ⅱ凡六人。捕羽，宜、委、□☑Ⅲ8－142二月辛未旦，佐初□☑。”③ 都乡的作徒簿记录了劳动力的资源分工，二月都乡接收刑徒六人，分工明确。统计结果由乡佐初签字确认。贰春乡的作徒簿内容与都乡的记录信息相近：“廿八年九月丙寅，贰春乡守畸徒薄（簿）。Ⅰ积卅九人。Ⅱ十三人病。Ⅲ廿六人彻城。”④ 九月贰春乡共有刑徒三十九人，劳动分工明确，乡守上报。笔者推断乡级作徒簿的人员当来自县司空，因县司空统管一县的刑徒调用，一部分刑徒分配给畜官。每个乡的刑徒数据中包括在畜官系统中劳作的刑徒，来自县司空曹。

---

① 陈伟主编《里耶秦简牍校释》（第一卷），第111页。
② 陈伟主编《里耶秦简牍校释》（第一卷），第474页。
③ 陈伟主编《里耶秦简牍校释》（第一卷），第82页。
④ 陈伟主编《里耶秦简牍校释》（第一卷），第305页。

畜官的正常运作，靠县级的三个主要机构支持配合，他们是司空曹、仓曹、厩曹，县丞负总责任，领导开展工作。秦简记载了畜牧渔猎经济管理协作机构的信息，下文是里耶秦简第九层一份完整作徒簿的一部分：

卅二年十月己酉朔乙亥，司空守圂徒作簿。AⅠ
城旦司寇一人。AⅡ
鬼薪廿人。AⅢ
城旦八十七人。AⅣ
仗（丈）城旦九人。AⅤ
隶臣毄（系）城旦三人。AⅥ
隶臣居赀五人。AⅦ
·凡百廿五人。AⅧ
其五人付贰春。AⅨ
……
二人付畜官。AⅩⅣ
二人徒养：臣、益。AⅩⅤ
……
隶妾居赀十一人。DⅣ
受仓隶妾七人。DⅤ
·凡八十七人。DⅥ
其二人付畜官。DⅦ
四人付贰春。DⅧ
……
一人病：□。GⅨ8－145＋9－2294

【卅】二年十月己酉朔乙亥，司空守圂敢言之：写上，敢言之。／痤手。Ⅰ

十月乙亥水十一刻刻下二，佐痤以来。Ⅱ8－145背＋9－

2294 背①

县司空曹掌握一县的刑徒人力调配权，从作徒簿文书的部分内容可知，迁陵县的刑徒数据由司空曹掌握。这份簿书是十月初二对一批刑徒的信息统计和人员调配名额分配表。十月司空曹收到刑徒共计一百二十五人，他们分批次分别被安置在不同机构从事劳作。从现有数据可以确定刑徒至少可以分为两批，有两次分别调发二人往畜官处劳作。上文已明，畜官是负责一县畜牧业的专门管理机构。从县乡两级作徒簿文书上报时间看，是按月而不是按季度或年度上报，一月报送一次，这份作徒簿的基本内容和书写格式同乡部文书相近。

还有数份文书表明司空曹按月不断给畜官提供劳动力支持。

①☑央臧。AⅠ

二人付都乡：它、章。BⅠ

……

隶妾居赀□□☑CⅠ

受仓隶妾□☑CⅡ

·凡八十五人。☑CⅢ

其二人付畜官☑CⅣ8－1641②

②☑□十人。AⅠ

☑□□□□官。AⅡ

……

四人付畜官：□☑BⅤ

三人行□□□☑BⅥ8－2101③

③☑□□□薄（簿）。A

……

---

① 里耶秦简牍校释小组：《新见里耶秦简牍资料选校》（二），第204~206页。

② 陈伟主编《里耶秦简牍校释》（第一卷），第372页。

③ 陈伟主编《里耶秦简牍校释》（第一卷），第430页。

一人付畜官：琐。BⅡ[①]

④卅年十二月乙卯，畜□□□作徒薄（簿）。☑AⅠ

……

十二月乙卯，畜官守丙敢言之：上。敢言。[②]

⑤·凡八十七人。CⅥ

其二人付畜官。CⅦ

……

☑□圂敢言之，写上，敢言之。/痤手。8－145背[③]

每份作徒簿文书中包含不同类型的刑徒劳作分工，配送名额不等的劳动力，其中每次必有分配给畜官使用的劳动力，可见政府的畜官系统十分重要。

仓曹负责供给畜官系统的谷物需求，为六畜提供饲料、资金等，里耶秦简：

仓曹计录：AⅠ

禾稼计，AⅡ

贷计，AⅢ

畜计，AⅣ

器计，BⅠ

钱计，BⅡ

徒计；BⅢ

畜官牛计，BⅣ

马计，CⅠ

羊计；CⅡ

田官计。CⅢ

① 陈伟主编《里耶秦简牍校释》（第一卷），第427～428页。

② 陈伟主编《里耶秦简牍校释》（第一卷），第111页。

③ 陈伟主编《里耶秦简牍校释》（第一卷），第84～86页。

凡十计。CⅣ

史尚主。CⅤ8－481[①]

“XX计”当是记录标签，便于归类归档管理，也便于上级检查。仓曹在发放出仓物资时，针对不同领取对象制作不同类别的清单，其中畜计、畜官牛计、马计、羊计当是出仓时对应的记录，按照六畜的数量和饲料用量标准发放物资，并进行准确的数据记录。

县丞汇总畜官各项考核报表，上报太守府，并负责畜官系统官吏的任免。里耶秦简：“☐□朔戊午，迁陵丞迁告畜官仆足，令Ⅰ☐□毋书史，畜官课有未上，书到亟日Ⅱ☐□守府事已，复视官事如故，而子弗Ⅲ8－137☐事，以其故不上，且致劾论子，它承Ⅰ☐就手。”[②] 文书大意是，迁陵县丞告知畜官工作人员报送他们的考课材料，收到书信尽快办理。文书谈到人事任免问题，令“复”继续担任他的职务，免去“子”的职务，并且要依法论处“子”的违法行为。

乡政府对县司空曹安排的各项工作负责，并及时做好相关工作汇报，里耶秦简：

卅年十月辛卯朔乙未，贰春乡守绰敢告司空主，主Ⅰ令鬼薪轸、小城旦乾人为贰春乡捕鸟及羽。羽皆已Ⅱ备，今已以甲午属司空佐田，可定薄（簿）。敢告主。Ⅲ8－1515

十月辛丑旦，隶臣良朱以来。/死半。邛手。Ⅲ8－1515背[③]

一个县专设畜官系统负责一县的畜牧业经济，畜官守、畜官佐是机构的主要成员。畜官的工作开展需要县廷两个重要职能部门仓曹、司空曹的支持配合，县丞则是畜官的最终负责人，及时向郡府汇报工作的进展情况。郡、县、乡三级政府设置专门管理机构、专职管理人员负责畜牧经

① 陈伟主编《里耶秦简牍校释》（第一卷），第164页。
② 陈伟主编《里耶秦简牍校释》（第一卷），第77页。
③ 陈伟主编《里耶秦简牍校释》（第一卷），第343页。

济，足见畜官在社会经济发展中的地位十分重要，而县级畜牧经济的发展管理则主要依靠乡官里吏具体推行落实。

三 乡官里吏的畜牧经济管理职能

乡部畜牧的经济管理接受县畜官考核，畜官系统又接受县廷、郡府的考核。我们先考察县畜官对乡部的考核。畜官考核的名目繁多，乡部吏上报的考课分类记录清晰，里耶秦简：

> 畜官课志：AⅠ
> 徒隶牧畜死负、剥卖课，AⅡ
> 徒隶牧畜畜死不请课，AⅢ
> 马产子课，AⅣ
> 畜牛死亡课，BⅠ
> 畜牛产子课，BⅡ
> 畜羊死亡课，BⅢ
> 畜羊产子课。BⅣ
> ·凡八课。BⅤ8－490＋8－501[①]

简文中的考课分类与乡部提供的信息相一致，来源于乡部。畜官实际在各乡从事畜类饲养管理工作，畜官对乡部吏考核的内容包括：徒隶、畜类的死亡、买卖；马、牛、羊产子；徒隶畜类死亡报送等，凡是与经济有关的内容均在考核之列。

乡官里吏发展基层畜牧业经济，以国家立法为依据，贯彻执行政府法律。龙岗秦简："诸马牛到所，毋敢穿穽及置它，敢穿穽及置它机能害人马牛者，〔虽〕未有。"[②] 法律禁止设置伤害牛马的陷阱或能致牛马死亡的其他方法。睡虎地云梦秦简《法律答问》："小畜生入人室，室人以投

① 陈伟主编《里耶秦简牍校释》（第一卷），第168页。
② 刘信芳、梁柱编著《云梦龙岗秦简》，第36页。

（殳）梃伐杀之，所杀直（值）二百五十钱，可（何）论？当赀二甲。”① 牛马犊、猪羊等小畜生进入农户，如被杀死，重罚。一甲值一千三百多钱，重罚标准在十倍以上。国家对偷盗牲畜的罪犯予以重罚：“盗牧者与同罪☑智请入之与同罪☑。”② 简前有阙文，可以推断大意：畜官的牛马被盗，畜牧机构的直接负责人连坐，与盗牲畜者同罪。畜官系统出现事故，官吏往往负有连带责任，而且判罚较重，“马牛杀之及亡之，当偿而谇□□□两□□☑”③。这支简阙文较多，前三个方框符号的阙文当是“罚金二”。简文大意：畜官的牛马牲畜被杀或丢失，主管人员应当照价赔偿，受责骂批评，还要罚金二两。基于牛马在社会生活中的重要性，不同马牛有不同标识，以相互区别，睡虎地秦简《效律》：“马牛误职（识）耳，及物之不能相易者，赀官啬夫一盾。”④ 牛马标错符号，部门负责人将被判罚一盾。

畜官系统对乡官里吏的考核，对于奖罚有详细的法律条文规定，睡虎地秦简《秦律十八种·厩苑律》：“以四月、七月、十月、正月肤田牛。卒岁，以正月大课之，最，赐田啬夫壶酉（酒）束脯，为旱〈皂〉者除一更，赐牛长日三旬；殿者，谇田啬夫，罚冗皂者二月。其以牛田，牛减洁，治（笞）主者寸十。有（又）里课之，最者，赐田典日旬；殿，治（笞）卅。”⑤ 乡部吏的田啬夫，饲养管理员冗皂者、牛长，里中的里吏田典，将根据考核结果分别受到相应的处罚或奖励，考核结果当作为管理人员任用、升迁、降职的重要依据。又《秦律杂抄》：“牛大牝十，其六毋（无）子，赀啬夫、佐各一盾。●羊牝十，其四毋（无）子，赀啬夫、佐各一盾。●牛羊课。”⑥ 成年母牛十头，六头不生子，乡啬夫、田啬夫、乡佐、田佐分别受罚一盾。盾的价格略低于甲，是较重的处罚。成年母羊十只中有四只不生子，上述啬夫、佐吏受罚各一盾。这是考核乡部吏的硬

① 睡虎地秦墓竹简整理小组编《睡虎地秦墓竹简》，第190页。
② 刘信芳、梁柱编著《云梦龙岗秦简》，第36页。
③ 刘信芳、梁柱编著《云梦龙岗秦简》，第36页。
④ 睡虎地秦墓竹简整理小组编《睡虎地秦墓竹简》，第121页。
⑤ 睡虎地秦墓竹简整理小组编《睡虎地秦墓竹简》，第30~31页。
⑥ 睡虎地秦墓竹简整理小组编《睡虎地秦墓竹简》，第142~143页。

件，应是他们迁转或降职、奖罚的重要依据。

畜官系统牛马饲养全程受法律制约，对重要财产、牛马出现死亡等分别有执行细节。睡虎地秦简《厩苑律》：

将牧公马牛，马【牛】死者，亟谒死所县，县亟诊而入之，其入之其弗亟而令败者，令以其未败直（值）赏（偿）之。其小隶臣疾死者，告其□□之；其非疾死者，以其诊书告官论之。其大厩、中厩、宫厩马牛殹（也），以其筋、革、角及其贾（价）钱效，其人诣其官。其乘服公马牛亡马者而死县，县诊而杂买（卖）其肉，即入其筋、革、角，及索入其贾（价）钱。钱少律者，令其人备之而告官，官告马牛县出之。今课县、都官公服牛各一课，卒岁，十牛以上而三分一死；不【盈】十牛以下，及受服牛者卒岁死牛三以上，吏主者、徒食牛者及令、丞皆有罪。内史课县，大（太）仓课都官及受服者。[①]

对简文大意略做解释：乡里政府负责饲养的马牛死亡，应及时上报畜官，县级主管派人检查，及时卖掉。小龄隶臣死亡，上报具体细节。大厩、中厩、宫厩属中央管理，此处不论。内史具体负责县级畜官的考核，按年度考核计算，细则准确到具体数字，实行量化考核，一年之中三分之一的牲畜死亡，县廷畜官系统的负责人、乡部吏田啬夫、饲养管理员分别获罪，县令长、县丞也包括在内，实行连坐制。从考核要求来看，基层的乡官里吏负主要责任，而县廷的命官二人负次要责任。

新公布的里耶秦简中有按照上述规定办理的具体案例，是关于马死亡的上报文书，乡啬夫负责“亟谒死所县”：

9－2352 正：口口年三月庚申，启陵乡赵爰书：“士五朐忍□湤居台告曰：‘居貣署酉阳，传送裹迁陵拔乘马口口牡两口删取口口口前后各一所，名曰发难。行到暴诏溪，返上，去溪可八十步，马不能

① 睡虎地秦墓竹简整理小组编《睡虎地秦墓竹简》，第33页。

上，即堕，今死。敢告。’/乡赵、令史辰、佐见、即、居台杂诊，发难死在暴诏溪中，曲首右卧，伤其右口下一口，它如居台告。●即以死马属居台。”三月庚申，启陵乡赵敢言之：“上诊一牒，敢言之。”/见手。①

文书的上报人是启陵乡的乡啬夫赵，文书主要内容是说三名士伍用两匹马运送物资，一匹马的名字叫“发难”，行到暴诏溪处没上去，摔死在暴诏溪中，这匹死马由士伍居台负责赔偿。马死亡，“县亟诊而戊之”，乡啬夫、令史、乡佐、即、居台共同检查确认。乡啬夫赵负责处理，乡佐见撰写文书并签名。一旦乡部畜牧业管理出了问题，乡啬夫、乡佐等重要乡吏负责处理，按照法律程序执行。文书的内容是对律文的验证，足见基层乡部吏依法办事，认真执行政务。我们认识到秦国能统一六国，重要的一点在于基层的官吏严格贯彻执行国家法律，他们的行为代表着国家的力量，有如此庞大可靠的基层管理队伍，没有实现不了的目标。

在上级考核乡官里吏的过程中，基层小吏依旧照章办事，里耶秦简：

廿六年十二癸丑朔庚申，迁陵守禄敢言之：沮守瘳言：课廿四年畜Ⅰ息子得钱殿。沮守周主。为新地吏，令县论言史（事）。·问之，周不在Ⅱ迁陵。敢言之。Ⅲ

·以荆山道丞印行。Ⅳ8-1516

丙寅水下三刻，启陵乘城卒秭归□里士五（伍）顺行旁。

壬手。8-1516背②

“荆山道”是县级政权，道多设在边地或偏远地区，为少数民族聚集区，设道是为了给民族地区优惠政策，因俗而治，道的行政级别等同于县。简文大意是，周在荆山道畜官系统任职，因牲畜蕃息少，考核倒数第

① 里耶秦简博物馆、出土文献与中国古代文明研究协同创新中心中国人民大学中心编著《里耶秦简博物馆藏秦简》，中西书局，2016，第195页。

② 陈伟主编《里耶秦简牍校释》（第一卷），第343页。

一，后从荆山道调任至迁陵县。为了弄清他的考核问题，迁陵县和荆山道之间通过文书对接，具体考查事实真相。从案例中我们看到县乡基层畜官系统的考核认真严肃，丝毫不马虎。

牛马的管理全程，饲养是重要环节。乡官里吏的考核结果等级，关键在于饲养过程。饲养牲畜的饲料是刍藁、谷物。秦律征收的赋税实物，主要是这两类物资。《秦律十八种·田律》："入顷刍藁，以其受田之数，无豤（垦）不豤（垦），顷入刍三石、藁二石。刍自黄穌及蒚束以上皆受之。入刍藁，相输度，可殹（也）。"① 刍指精饲料，牲畜喜欢吃，营养价值高。藁，指禾杆，其营养价值不如刍。因此刍的价格比藁高，岳麓书院藏秦简："刍一石十六钱，藁一石六钱，今刍藁各一升，为钱几可（何）？得曰：五十分钱十一，述（术）曰：刍一升百分钱十六，藁一升百分钱。"② 再如，"藁石六钱，一升得百分钱六。褐石十六钱，一升得百分□"③。《二年律令·田律》："足其县用，其余令顷入五十五钱以当刍藁。刍一石当十五钱，藁一石当五钱。"④ 刍和藁的价格在秦和汉初差别不大。刍藁入仓是和谷物分开的，《田律》："禾、刍藁徹（撤）木、荐，辄上石数县廷。勿用，复以荐盖。"⑤ 五谷粮食和刍藁有区别，不能合在一起入仓。"入禾稼、刍藁，辄为廥籍，上内史。●刍藁各万石一积，咸阳二万石一积，其出入、增积及效如禾。"⑥ 这里讲得明白，刍藁单独储藏。

牛马牲畜的另一类食物是五谷，但不是主食，作为配料与刍藁搅拌在一起供牲畜食用，或牲畜直接食用少量。睡虎地秦简《田律》："乘马服牛禀，过二月弗禀、弗致者，皆止，勿禀、致。禀大田而毋（无）恒籍者，以其致到日禀之，勿深致。"⑦ 又《仓律》："驾传马，一食禾，其顾来有（又）一食禾，皆八马共。其数驾，毋过日一食。驾县马劳，有（又）益

① 睡虎地秦墓竹简整理小组编《睡虎地秦墓竹简》，第27～28页。
② 陈松长：《岳麓书院藏秦简的整理与研究》，第59页。
③ 陈松长：《岳麓书院藏秦简的整理与研究》，第59页。
④ 张家山二四七号汉墓竹简整理小组编著《张家山汉墓竹简》，第165页。
⑤ 睡虎地秦墓竹简整理小组编《睡虎地秦墓竹简》，第28页。
⑥ 睡虎地秦墓竹简整理小组编《睡虎地秦墓竹简》，第38页。
⑦ 睡虎地秦墓竹简整理小组编《睡虎地秦墓竹简》，第29页。

壶〈壹〉禾之。”[①] 牛马配有五谷饲料，传马长距离奔跑，直接喂食五谷，同时对马食用次数做出了明确规定。牲畜直接以五谷为食的记录，里耶秦简：“一牛一羊一犊共食【以】禾一石，问牛羊犊各出几可（何）？曰：牛五斗有（又）七□，□羊出二斗有（又）七分斗之六，犊出一斗有（又）七分斗。”[②] 饲养牛马讲究科学，有“草饱、料力、水上膘”之说，这里不深究科学饲养问题，另撰文专论。把牛马喂养好，达到政府的要求标准，是一项体力加智力的劳动，绝非易事。

对刍藁和谷物的保管严格要求，《秦律十八种·内史杂》：“它垣属焉者，独高其置刍廥及茅盖者。令人勿紤（近）舍。非其官人殹（也），毋敢舍焉。善宿卫，闭门辄靡其旁火，慎守唯敬（儆）。有不从令而亡、有败，失火，官吏有重罪，大啬夫、丞任之。”[③] 特别是刍藁仓应加高，最主要的是防火。刍藁出仓的管理规定同谷物的管理规定，《效律》：“入禾、发扇（漏）仓，必令长吏相杂以见之。刍藁如禾。”[④]

牛、马是畜牧业经济重点管理的两类牲畜，羊的重要性不如牛、马，但亦是官吏接受考核的内容，里耶秦简：“畜官课志：……畜羊死亡课，BⅢ畜羊产子课。”[⑤] 仓曹出仓的记录中，也包括羊在内：“仓曹计录：……马计，CⅠ羊计；CⅡ田官计。CⅢ凡十计。CⅣ史尚主。”[⑥] 每次考核检查，单独列出羊，说明羊的饲养重要程度仅次于牛、马。

羊是农户经济收入的重要补充，可能有农户以养羊为业，有关羊的盗窃案例文书秦简中有数篇，是案例汇编的主要内容之一。政府把盗羊罪单独列出，成为司法人员必须掌握的知识，秦简《法律答问》：“甲盗羊，乙智（知）盗羊，而不智（知）其羊数，即告吏曰盗三羊，问乙可（何）论？为告盗驾（加）臧（赃）。”[⑦] “甲告乙盗牛，今乙盗羊，不盗牛，问

① 睡虎地秦墓竹简整理小组编《睡虎地秦墓竹简》，第 47 页。
② 陈松长：《岳麓书院藏秦简的整理与研究》，第 69 页。
③ 睡虎地秦墓竹简整理小组编《睡虎地秦墓竹简》，第 108 页。
④ 睡虎地秦墓竹简整理小组编《睡虎地秦墓竹简》，第 100 页。
⑤ 陈伟主编《里耶秦简牍校释》（第一卷），第 168 页。
⑥ 陈伟主编《里耶秦简牍校释》（第一卷），第 164 页。
⑦ 睡虎地秦墓竹简整理小组编《睡虎地秦墓竹简》，第 170 ~ 171 页。

可（何）论？为告不审。赀盾不直，可（何）论？赀盾。”[①] 法律把羊列入管理范围，龙岗秦简《马牛羊》：“没入私马、牛、〔羊〕、〔驹〕、犊、羔县道官▨□〔传〕□□▨。亡马、牛、驹、犊、□，马、牛、驹、犊、□皮及□皆入禁□□▨。”[②]

鉴于六畜在社会经济生活中占有重要地位，获得六畜成为民众的期盼，并反映在日书中，吴小强《秦简日书集释》：“建日，良日矣。可为啬夫，可以祝祠，可以畜六生（牲）。不可入黔首。”[③] 牲畜的经济地位在农家可能比“入黔首”还重要。《天水放马滩秦简》：

> ①筑宫垣孙子死，筑外垣牛马及羊死之。
>
> ②杀日，勿以杀六畜，不可出女、取妻、祠祀、出财。[④]

简文①是说在某日筑“宫垣”，其家的孙子将会因触犯忌日而死亡，“筑外垣”则会致使牛、马、羊死亡。牛、马、羊死亡和孙子死亡并提，可见牛、马、羊在民众心目中拥有重要地位和作用。牛、马的价值对不少农户来说相当于半付家业，他们使用十分小心，生怕牛、马劳累过度。简文②是说在“杀日”这天，秦人不能杀六畜。这里把“杀六畜”和“出女、取妻、祠祀、出财”等并提。“入正月一日而风不利鸡，二日风不利犬，三日风不利豕，四日风不利羊，五日风不利牛，六日风不利马，七日风不利人。”[⑤] 从正月一日到六日风不利于鸡狗猪、羊牛马，到七日不利于人。这里把六畜和人并提，足见六畜在秦国民众的经济生活中占有重要地位。

秦国把刍藁作为赋税征收的重要内容，主要是饲养畜类。特别是牛马的饲养供给，其储藏、保管包含着丰富的科学理念。保管稍不小心，酿成火灾，或因水腐蚀，将会造成重大损失。没有刍藁，牲畜无法生存。

---

① 睡虎地秦墓竹简整理小组编《睡虎地秦墓竹简》，第 171 页。
② 刘信芳、梁柱编著《云梦龙岗秦简》，第 36 页。
③ 吴小强：《秦简日书集释》，岳麓书社，2000，第 260 页。
④ 甘肃省文物考古研究所编《天水放马滩秦简》，第 92 页。
⑤ 甘肃省文物考古研究所编《天水放马滩秦简》，第 95 页。

家庭畜牧经济也是国家经济的组成部分，不能忽略，田课志不属于畜官系统，当由田部负责，里耶秦简：

仓课志：AⅠ

畜彘鸡狗产子课，AⅡ

畜彘鸡狗死亡课，AⅢ

……

畜雁死亡课，BⅢ

畜雁产子课。BⅣ

·凡☐C8－495[①]

猪、鸡、狗为农副业经济，“雁”不好理解，是不是“鸭”的另一写法，不得而知，在这里当不是鸟类的雁。再如，都乡副业记录：“都乡畜志☐AⅠ牡彘一。☐AⅡ牡豕四。”[②]“牝豚一。卅三年二月壬寅朔庚戌，少内守履付仓是。”[③]一头猪亦按照规定上报，可见管理十分精细。睡虎地秦简《仓律》：“用犬者，畜犬期足。猪、鸡之息子不用者，买（卖）之，别计其钱。”[④]狗、猪、鸡都是重要的农副业项目。

四　乡官里吏渔猎经济管理职能

渔猎经济一直是秦国社会经济生活的重要补充，秦代多有管理渔猎的法律条文。睡虎地秦简《秦律杂抄》：“●射虎车二乘为曹。虎未越泛蘚，从之，虎环（还），赀一甲。虎失（佚），不得，车赀一甲。虎欲犯，徒出射之，弗得，赀一甲。●豹旞（遂），不得，赀一盾。●公车司马猎律。”[⑤]为了猎取猛兽，时人制造射虎车，对该车做出标准要求，可见秦国的射猎手段高超。龙岗秦简：“时来䐢，黔首其欲弋射耎兽者勿禁。然。取其豺

① 陈伟主编《里耶秦简牍校释》（第一卷），第169页。

② 陈伟主编《里耶秦简牍校释》（第一卷），第474页。

③ 陈伟主编《里耶秦简牍校释》（第一卷），第179页。

④ 睡虎地秦墓竹简整理小组编《睡虎地秦墓竹简》，第54页。

⑤ 睡虎地秦墓竹简整理小组编《睡虎地秦墓竹简》，第140页。

狼、貗、豻、狐狸、縠□雉、兔者毋罪。诸取禁中豺狼者毋罪。”[①] 媵节到来时允许黔首到禁中猎取动物。

里耶秦简多枚简文中有“捕羽”“捕鸟”“献鱼”等字样：

廿八年七月戊戌朔乙巳，启陵乡赵敢言之：令令启陵捕献鸟，得明渠Ⅰ雌一。以鸟及书属尉史文，令输。文不肎（肯）受，即发鸟送书，削去Ⅱ其名，以予小史适。适弗敢受。即詈适。已有（又）道船中出操栮〈楫〉以走赵，奊訽Ⅲ詈赵。谒上狱治，当论论。敢言之。令史上见其詈赵。Ⅳ8－1562

七月乙卯，启陵乡赵敢言之：恐前书不到，写上。敢言之。/贝手。Ⅰ

七月己未水下八刻，□□以来。/敬半。贝手。Ⅱ8－1562背[②]

卅年十月辛卯朔乙未，贰春乡守绰敢告司空主，主Ⅰ令鬼薪轸、小城旦乾人为贰春乡捕鸟及羽。羽皆已Ⅱ备，今已以甲午属司空佐田，可定薄（簿）。敢告主。Ⅲ8－1515

十月辛丑旦，隶臣良朱以来。/死半。邛手。Ⅲ8－1515背[③]

卅五年八月丁巳朔己未，启陵乡守狐敢言之：廷下令书曰取鲛鱼与Ⅰ山今卢（鲈）鱼献之。问津吏徒莫智（知）。·问智（知）此鱼者具署Ⅱ物色，以书言。·问之启陵乡吏、黔首、官徒，莫智（知）。敢言之。·户Ⅲ8－769曹。Ⅰ

八月□□□邮人□以来。/□发。狐手。Ⅱ8－769背[④]

记载司空曹调配刑徒参加劳动的作徒簿中有相关分工：

---

① 刘信芳、梁柱编著《云梦龙岗秦简》，第30页。
② 陈伟主编《里耶秦简牍校释》（第一卷），第359～360页。
③ 陈伟主编《里耶秦简牍校释》（第一卷），第343页。
④ 陈伟主编《里耶秦简牍校释》（第一卷），第222页。

①六人捕羽：刻、婢、□、□、娃、变……一人捕羽：强。[1]

②卅二年五月丙子朔庚子，库武作徒簿：……二人捕羽：亥、罗。[2]

③二月辛未，都乡守舍徒（薄）簿☐Ⅰ

受仓隶妾三人、司空城☐Ⅱ

凡六人。捕羽，宜、委、□☐Ⅲ8－142

二月辛未旦，佐初□☐8－142背[3]

④廿八年九月丙寅，贰春乡守畸徒薄（簿）。Ⅰ

积卅九人。Ⅱ

十三人病。Ⅲ

廿六人彻城。Ⅳ8－1280[4]

⑤其五人求羽：吉、□、哀、瘳、嬗。一人作务：宛。☐Ⅱ

……

后九月壬寅旦，佐□以来。/尚发。□8－2034背[5]

⑥二人付□□□。AⅠ

一人付田官。AⅡ

……

一人求白翰羽：章。AⅤ

……

五月甲寅仓是敢言之：写上。敢言之。□8－663背[6]

⑦一人稟人：廉。Ⅰ

一人求翰羽：强。Ⅱ

二人病：贺、滑。Ⅲ

一人徒养：央刍。Ⅳ8－1259

① 陈伟主编《里耶秦简牍校释》（第一卷），第84～85页。
② 陈伟主编《里耶秦简牍校释》（第一卷），第272页。
③ 陈伟主编《里耶秦简牍校释》（第一卷），第82页。
④ 陈伟主编《里耶秦简牍校释》（第一卷），第305页。
⑤ 陈伟主编《里耶秦简牍校释》（第一卷），第421页。
⑥ 陈伟主编《里耶秦简牍校释》（第一卷），第196页。

☐带手。8－1259 背[①]

⑧一人☐：【朝】。A

一人有狱讯：目。AⅠ

一人捕鸟：城。AⅡ

一人治船：疵。BⅠ

……

后九月丙寅，司空☐敢言☐8－2008 背[②]

从以上简文可知，捕鱼、捕鸟属于渔猎经济。对“捕羽”“求羽”中的“羽”字，沈刚认为：“‘羽’用于制造箭羽，是国家赋税之一种，它兼有军赋和贡赋两种特质。”[③] 沈刚的分析有道理，“捕羽”属于渔猎经济活动的一种。

秦国政府一直高度重视畜牧渔猎经济，为此在郡、县、乡三级政府设置管理机构，配置专人管理。其中，最重视畜牧业经济。秦国在各县设置畜官系统专门负责畜牧业经济发展，在这一经济形态中，马牛又是其管理的核心，秦律围绕马牛有不少专门立法细则。同时，刍藁作为政府的一项重要税收制度，有硬性标准。要想完整理解牛马、刍藁问题，我们要结合当时的社会大背景思考。商鞅变法的目的是让秦国崛起为第一强国，最终吞并六国。秦孝公之后，历代秦王致力于统一全国，建立高度集权的封建国家，成就不二业绩。为了达到这个目的，首先必须取得军事上的胜利，当时骑兵是秦国军队的独立兵种之一。此外，秦国以文书御天下，邮驿系统需要大量良马。牛马也是农业生产劳动的重要畜力，靠人力不可能发展好强大的农业。马又是重要的交通工具，秦人爱骑马出行。据石延博研究：“军需、农用、乘传、转输、祭祀等总用牛马数每年当不会少于150万匹（头）次。”[④] 为了实现统一全国的最高目标，畜牧经济的首要任务是

---

① 陈伟主编《里耶秦简牍校释》（第一卷），第301页。

② 陈伟主编《里耶秦简牍校释》（第一卷），第416页。

③ 沈刚：《“贡”“赋”之间——试论〈里耶秦简〉【壹】中的“求羽”简》，《中国社会经济史研究》2013年第4期。

④ 石延博：《关于秦国畜牧业生产问题的探讨》，第89页。

为国家提供足够的牛马，秦国统一六国后天下三十六郡，秦国县的数目史书没有记载，据周振鹤研究："时间明确可考的县共240个，时间不可考的县123个，共计363县。"① 一个县每年平均提供给国家4100多匹（头）牛马，各县不得不重视畜牧业。无怪商鞅将牛、马、刍藁列为强国十三数之列。

经由上述探讨，我们容易理解，在商鞅变法之后秦国决心统一六国的一百多年中，秦的畜牧渔猎经济对实现其政治军事目标做出了突出贡献，而乡官里吏则是负责这项工作的一线工作人员，离开他们，发展畜牧渔猎经济只是一纸空文。基层管理人员发展畜牧渔猎经济发挥的作用上级官吏不能替代，他们成功管理畜牧渔猎经济为秦国统一六国做出的贡献绝不能低估。

第五节　秦国的赋税制度与乡官里吏赋税征收职能

从商鞅变法到秦始皇统一六国时期，秦国采用军事化管理体制，战争是秦国的主题。发动战争要具备两个基本要素：人力和物力。物力供给是战场获胜的基本前提，秦国的物力源于国家的财政收入。商鞅变法后至秦统一的一百三十余年，秦国军队后勤的物力供给充裕。国家收入除了供给战争，还要维持秦国庞大官僚机器的正常运转，官僚队伍的给养、郊社宗庙无所不包，这一切开支主要来自向编户齐民普遍征收的赋税，故将其称为乡里赋税。

春秋战国时期，随着各诸侯国封建制度相继确立，与之相配套的赋税制度应运而生，战国时期各诸侯国已普遍建立比较完善的赋税征收制度。秦国赋税制度的最终形成有一个发展过程，秦简公七年："堑洛，城重泉。初租禾。"② 这是关于秦国征收赋税的最早记载，"初租禾"即秦国第一次按土地亩数多少征收实物地租，反映了部分民众已将属于国家的"公田"据为己有，或者另外开垦私田，出现了新的封建生产方式。秦国政府承认

① 参见周振鹤、李晓杰《中国行政区划通史》（总论、先秦卷），第358～407页。
② 《史记》卷十五《六国年表》，第708页。

"私田"的合法性，实行征税制，这表明封建地主制初步产生，新兴地主阶级开始登上政治舞台。但秦国的贵族仍大量存在，秦国要图强，必须变法。商鞅变法的目的在于解放生产力，消灭旧贵族势力。商鞅变法开启了秦国赋税制改革的新篇章。

商鞅变法之后的赋税制度与之前赋税制度的重大差别在于用封建赋税制代替贵族剥削制，新税制为秦国走上新型封建国家建立了长效的制度保证。孝公十二年："初（取）〔聚〕小邑为三十一县，令。为田开阡陌。"①"十四年，初为赋。"②"初为赋"是比秦简公"初租禾"力度更大的制度变革，"可以认为'为田开阡陌封疆'的实质是秦的'农战'之策的具体实施……也成为今人论证秦商鞅变法后确立土地私有制最有力的证据。"③观点正确。

编户民为秦国提供源源不断的财物，哪些人员负责赋税征收？处于最底层的乡官里吏扮演了重要角色，他们是乡里赋税征收的一线具体工作者。探讨乡里赋税征收，首先须理清秦国征收哪些税种，林剑鸣、张金光、黄今言、王子今等已做出了创新性论述④。后起新秀潘敏、秦其文、姚茂香、朱圣明、鲁家亮、沈刚等⑤结合新出土秦简，又有新见解。晋文先生探讨商鞅变法赋税改革，指出"初为赋"不单纯指口赋、田赋、军赋，而是"包括了上述三种赋敛及其他赋税。"⑥受史料限制，"初为赋"

① 《史记》卷十五《六国年表》，第723页。

② 《史记》卷五《秦本纪》，第203页。

③ 潘敏：《"为田开阡陌封疆"解》，《历史教学》1993年第6期。

④ 张金光：《秦制研究》，第189页；吕思勉：《学术集林》，上海教育出版社，1987，第334页；黄今言：《秦代租赋徭役制度研究》，《江西师院学报》1979年第3期；王子今：《里耶秦简"捕羽"的消费主题》，《湖南大学学报》2016年第4期；王子今：《里耶秦简"捕鸟及羽"文书的生活史料与生态史料意义》，《西部考古》2017年第1期；等等。

⑤ 潘敏：《"为田开阡陌封疆"解》，《历史教学》1993年第6期；秦其文、姚茂香：《从秦汉简牍看秦汉赋税制度》，《理论观察》2014年第1期；朱圣明：《再谈秦至汉初的"户赋"征收——从其与"名田宅"制度的关系入手》，《中国经济史研究》2016年第3期；杨小亮：《里耶秦简中有关"捕羽成鍭"的记录》，载中国文化遗产研究院编《出土文献研究》（第十一辑），中西书局，2012，第147～152页；鲁家亮：《里耶出土秦"捕鸟求羽"简初探》，载魏斌主编《古代长江中游社会研究》，上海古籍出版社，2013，第91～111页；沈刚：《"贡""赋"之间——试论〈里耶秦简〉【壹】中的"求羽"简》，《中国社会经济史研究》2013年第4期；等等。

⑥ 晋文：《关于商鞅变法赋税改革的若干考辨》，《中国农史》2001年第4期。

的内涵尚未完全揭示清楚。此外，商鞅变法后秦国面向编户民征收的税种有哪些？赋税征收时间、征收过程、征收者等一系列问题，前人论述尚不充分，一些问题还存有分歧（不同观点见下文），特别是基层乡、里两级行政组织的乡官里吏在赋税征收中发挥的作用，探讨还不够充分。针对上述学者对秦国赋税认识上存在的分歧和不足，拙文试做探讨。在史料运用上，笔者认为秦代和汉初的部分文献，可以作为秦国的史料使用或参考。

一 户赋和户刍

户赋一词秦简有见，睡虎地云梦秦简《法律答问》："何谓'匿户'及'敖童弗傅'？匿户弗徭、使，弗令出户赋之谓也。"① 这一制度一直推行到汉初，《二年律令·金布律》："质者勿与券。租、质、户赋、园池入钱县道官，勿敢擅用。"② 关于户赋的理解，秦其文、姚茂香认为户赋在秦统一六国前已开始起征，这一认识是正确的，但他们认为户赋"是户税，为人头税，按户征收，如户赋，户刍等"③，对此尚需商榷。户赋的征收标准是按户征收，一年征收一次，这和人头税是两个概念，人头税是按人数计算的，法律术语称为"口赋"，也称"算赋"。户刍是另一税种，不是户赋。商鞅变法中有一条："民有二男以上不分异者，倍其赋。"④ 分异就是另外立户，其目的之一是为国家多征收户赋、户刍，多立户主，增加户数是秦国的基本国策。

秦国户赋和户刍的征收标准，《二年律令·田律》有载："卿以下，五月户出赋十六钱，十月户出刍一石，足其县用，余以入顷刍律入钱。"⑤ 卿爵以下户主缴纳户赋、户刍，一年分两次征收，五月出赋十六钱，十月交刍一石。刍的价格，岳麓秦简载："刍一石十六钱，藁一石六钱。"⑥ 户赋、户刍两者折合成钱计算，每户每年向国家缴纳三十二钱。随着里耶秦简不

① 睡虎地秦墓竹简整理小组编《睡虎地秦墓竹简》，第222页。
② 张家山二四七号汉墓竹简整理小组编著《张家山汉墓竹简》，第190页。
③ 秦其文、姚茂香：《从秦汉简牍看秦汉赋税制度》，第68页。
④ 《史记》卷六十八《商君列传》，第2230页。
⑤ 张家山二四七号汉墓竹简整理小组编著《张家山汉墓竹简》，第168页。
⑥ 陈松长：《岳麓书院藏秦简的整理与研究》，第59页。

断公布，确证秦国征收户刍。“☐十月户刍钱三【百】☐。”[①]“户刍钱六十四。卅五年。”[②]“户刍钱”指户刍折算上缴的钱数。

秦国征收户赋、户刍标准的具体数字未见，所见征收的是实物，里耶秦简：“卅四年，启陵乡见户、当出户赋者志：☐Ⅰ见户廿八户，当出茧十斤八两。”[③]这是乡政府上报给县廷的户赋统计数字，战国时期重量单位每斤合十六两，吴承洛的《中国度量衡史》一书指出：“捷，一两半；举，二捷；锾，或叫锊，二举；斤，也叫觔，二锾四两，即十六两；衡，十斤。”[④]“当为丝八斤十一两八朱（铢）。”[⑤]可知秦国的重量单位一斤不是十两，而是十六两。睡虎地秦简《效律》：“半朱（铢）【以】上，赀各一盾。”注曰：“钧（30 斤，480 两），斤（16 两）。”[⑥]“十斤八两”是一百六十八两，每户每年上缴户赋的蚕丝重量是六两。

与户赋有关的记录列举如下：

①茧六两。卅五年六月戊午朔丁卯，少内守☐8－96[⑦]

②茧六两。卅五年五月己丑朔甲□☐8－447[⑧]

③【茧十。卅四年七月甲子朔己巳，少内】□□□□□□☐Ⅰ

自受券。☐Ⅱ8－1353[⑨]

④茧六两。卅☐8－1673[⑩]

⑤丝十八斤四两。卅五年八月丁巳朔甲子，少内【沈】☐8－914＋8－1113[⑪]

---

① 陈伟主编《里耶秦简牍校释》（第一卷），第 179 页。
② 陈伟主编《里耶秦简牍校释》（第一卷），第 286 页。
③ 陈伟主编《里耶秦简牍校释》（第一卷），第 172 页。
④ 吴承洛：《中国度量衡史》，商务印书馆，1957，第 129 页。
⑤ 陈伟主编《里耶秦简牍校释》（第一卷），第 123 页。
⑥ 睡虎地秦墓竹简整理小组编《睡虎地秦墓竹简》，第 114～115 页。
⑦ 陈伟主编《里耶秦简牍校释》（第一卷），第 61 页。
⑧ 陈伟主编《里耶秦简牍校释》（第一卷），第 151 页。
⑨ 陈伟主编《里耶秦简牍校释》（第一卷），第 314 页。
⑩ 陈伟主编《里耶秦简牍校释》（第一卷），第 376 页。
⑪ 陈伟主编《里耶秦简牍校释》（第一卷），第 248 页。

⑥丝三斤。卅五年四月己未朔己巳，少☑8－1097[①]

上述简文中出现三处“茧六两”，丝六两和“茧六两”是一个意思。可见秦国户赋的标准是每年每户上缴丝或茧六两。户刍一年一户的征收标准当与汉初相同，为一石刍的价格，即十六钱。还有两枚简是关于户赋单独上报的记录，里耶秦简：“☑□，茧丝。·凡七章，皆毋出今旦。急急急。”[②]“☑择拾札、见丝上，皆会今旦。急☑。”[③]蚕茧和蚕丝作为赋税单独上报，催交甚紧甚急。

户刍征收的时间，上文里耶秦简已引，十月上缴，和汉初时间一致。户赋的征收时间：“☑都乡枝不以五月敛之，不應（应）律。都乡守芇谢曰：乡征敛之，黔首未肎（肯）入Ⅰ☑□史。Ⅱ☑之写上敢言之。/华手。”[④]都乡的啬夫“枝”没有按照法律规定在五月上缴赋税，都乡的乡守“芇”如实汇报。简文说明五月是征收赋税的时间，和汉初征收户赋的时间一致。

户赋、户刍的征收者，在基层行政单位里中，田典、里典负主体责任，云梦龙岗秦简：“租者且出，以律告典、田典，典、田典令黔首皆知之。及☑。”[⑤]交田租由里吏田典、里典事先做好宣传工作，然后由什长、伍长催促户民上缴乡部。户赋、户刍和田租都属于编户民上缴的税种，宣传、上缴由里吏负责，但户赋、户刍的量不大，如果交钱重量更小，不可能让每户都到乡部上缴，当由里吏负责统一交到乡部，乡部统计造册，主要负责人乡啬夫、乡佐签字后派人送交县廷。

户赋征收的对象，朱圣明认为：“户赋征收的对象为上到五大夫下至司寇、隐官为户主的民户（均含上、下限）。其于商鞅在秦国第一次变法时起征，到汉文帝时停征，此亦是秦汉时期官方推行‘名田宅’制度的上下时间断限。”[⑥]户刍的征收对象，亦应当是五大夫爵以下的立户者。

---

① 陈伟主编《里耶秦简牍校释》（第一卷），第277页。
② 陈伟主编《里耶秦简牍校释》（第一卷），第447页。
③ 陈伟主编《里耶秦简牍校释》（第一卷），第259页。
④ 陈伟主编《里耶秦简牍校释》（第一卷），第331页。
⑤ 刘信芳、梁柱编著《云梦龙岗秦简》，第39页。
⑥ 朱圣明：《再谈秦至汉初的“户赋”征收——从其与“名田宅”制度的关系入手》，第61页。

二　刍藁

刍藁是牛马等牲畜的饲料，是重要战略物资。秦国的骑兵是军队的重要兵种，对外战争需大批良马。后勤军需物资的运输，要使用大量牛马；政府不同部门、系统需使用大量牛马；牛马是公田耕作、国营交通运输的主要畜力，所需刍藁数量自然很大。林剑鸣指出："秦代征收田租主要是收实物，一曰谷粟，一曰刍藁。"[①]《史记·秦始皇本纪》："尽征其材士五万人为屯卫咸阳，令教射狗马禽兽。当食者多，度不足，下调郡县转输菽粟刍藁，皆令自赍粮食。"[②]《淮南子·汜论训》："秦之时……发谪戍，入刍稿。"[③]《汉书·主父偃传》载秦始皇帝北击匈奴，"又使天下飞刍挽粟。"颜师古注曰："运载刍藁，令其疾至，故曰飞刍也。挽谓引车船也。"[④] 秦国后期忙于战争，物资用量大。里耶秦简统计刍藁库存量，"☐一见刍藁数言8－1483☐诎手。"[⑤] 刍藁由迁陵县仓曹负责管理，现存多少刍藁，有准确数据，依现有刍藁量确定下年度征收标准。

刍藁常和五谷并提，吕思勉指出："藁税，亦曰刍藁，后汉常与田租并免，盖农田普出之税。"[⑥] 秦简中多有记载，睡虎地秦简《仓律》："禾、刍藁徹（撤）木、荐，辄上石数县廷。勿用，复以荐盖。"[⑦]"入禾稼、刍藁，辄为廥籍，上内史。●刍藁各万石一积，咸阳二万一积，其出入、增积及效如禾。"[⑧] 可见，刍藁是独立税种，是政府普遍征收的物资，足见其重要性。张金光认为"刍藁只是谷物租税的附属税目。"[⑨] 臧知非认为："田租和刍藁并列，说明刍藁和田租一样都是田租的组成部分。"[⑩] 这两种

---

① 林剑鸣：《秦汉史》，上海人民出版社，2003，第114页。
② 《史记》卷六《秦始皇本纪》，第269页。
③ 《淮南子》卷十三《汜论训》，第218页。
④ 《汉书》卷六十四上《严朱吾丘主父徐严终王贾传上》，第2800页。
⑤ 陈伟主编《里耶秦简牍校释》（第一卷），第337页。
⑥ 吕思勉：《秦汉史》，上海古籍出版社，2005，第597页。
⑦ 睡虎地秦墓竹简整理小组编《睡虎地秦墓竹简》，第28页。
⑧ 睡虎地秦墓竹简整理小组编《睡虎地秦墓竹简》，第38页。
⑨ 张金光：《秦制研究》，第189页。
⑩ 臧知非：《西汉授田制度与田税征收方式新论》，《江海学刊》2003年第3期。

表述都不太准确，田租和刍稾是两种不同名目的税种。

刍稾指两种饲料，刍和稾有别，睡虎地秦简：“入顷刍稾，以其受田之数，无豤（垦）不豤（垦），顷入刍三石、稾二石。刍自黄穌及苈束以上皆受之。入刍稾，相输度，可殴（也）。”注曰：“刍是饲草，稾指禾秆。”[①] 刍是精饲料，价高；稾为禾秆，价低。刍、稾两种饲料多搭配使用喂养牲畜。刍稾的征收标准明确，据授田多少按比例征收，不论土地耕种与否，每年一顷土地上缴国家刍三石、稾二石。这两种饲料可以相互折算上缴，可以少交刍，多交稾，反之亦然。具体折算标准，应是按照刍、稾的价格进行换算，岳麓秦简：“刍一石十六钱，稾一石六钱。”[②] “稾石六钱，一升得百分钱六。”[③] 刍和稾的价格比是8:3，两者“相输度”，可按此比例折算，相互替代上缴。秦国一顷土地征收刍稾的标准到汉初还在执行，《二年律令·田律》：“入顷刍稾，顷入刍三石；上郡地恶，顷入二石；稾皆二石。”[④]

征收的对象，汉承秦，我们以汉初所记为参考。“卿以上所自田户田，不租，不出顷刍稾。”[⑤] 征收对象为卿爵以下户数。征收的时间，当是秋季收获庄稼结束，把刍稾晒干之后在规定时间内上缴。不收往年的陈旧刍稾，“令各入其岁所有，毋入陈，不从令者罚金四两”[⑥]。按秦简“顷入刍三石、稾二石”[⑦]，每年征收的刍稾量非常之大，如果当年牲畜吃不完，出现剩余，反而不好。对此律文另有规定，《田律》：“收入刍稾，县各度一岁用刍稾，足其县用，其余令顷入五十五钱以当刍稾。刍一石当十五钱，稾一石当五钱。”[⑧] 各县根据实际需要，算出所要征收的刍稾之量，余下的部分按照刍稾的价格折钱上缴。刍稾的征收过程是以县为单位预算一县所需刍稾总量，将此数额分摊到各行政乡。乡啬夫、田啬夫、乡佐等主要乡

---

① 睡虎地秦墓竹简整理小组编《睡虎地秦墓竹简》，第27~28页。
② 陈松长：《岳麓书院藏秦简的整理与研究》，第59页。
③ 陈松长：《岳麓书院藏秦简的整理与研究》，第59页。
④ 张家山二四七号汉墓竹简整理小组编著《张家山汉墓竹简》，第165页。
⑤ 张家山二四七号汉墓竹简整理小组编著《张家山汉墓竹简》，第176页。
⑥ 张家山二四七号汉墓竹简整理小组编著《张家山汉墓竹简》，第165页。
⑦ 睡虎地秦墓竹简整理小组编《睡虎地秦墓竹简》，第28页。
⑧ 张家山二四七号汉墓竹简整理小组编著《张家山汉墓竹简》，第165页。

部吏根据本乡的人口、土地，把每个里应交的刍藁和用钱代交刍藁的数字算定。里吏具体负责征收，里典、田典、里佐等主要里吏负责计算征收每户应交的刍藁和折算钱额，按期交齐。符合征收标准的刍藁由里吏负责，在规定时间内以户为单位送交所在乡部仓库。折算刍藁的钱数，由里典负责上缴乡部，乡部吏负责汇总上缴县廷。

三　田租

田租，指根据每户耕种的田亩数，按照征收比例向国家上缴的土地税。秦国田租的征收最早起于秦简公，秦简公七年："堑洛，城重泉。初租禾。"[①] 商鞅变法后，彻底废除贵族制，在秦国推行新税制，但史无明文，征收税率和具体细节难以考证。大量秦简的不断出土公布，为我们认识这一问题提供了权威史料。

里耶秦简中有一份与田租有关的文书，学者对这份文书的理解争议很大，臧知非认为："'垦田舆'是受田民新开垦之'舆田'；'舆田'是耕地的统称。"其研究主要结论是："'税田'基本比例为十税一，具体实施因土地类别而异。"[②] 臧知非提出"'税田'基本比例为十税一"的理论依据是岳麓秦简《数》和张家山汉简《算数书》田租税数学题。这类题目中包含的专有名词、计算方法是可靠的，可作为史料使用，但具体数字不可信。数学题的设计多为便于计算，有的数据是编造的，并非现实社会中的案例，笔者对此结论持保留态度。于振波认为秦国"田租征收采取了寓'公田'于'私田'之中的办法，由田部官吏按照一定的比例（1/10）从各户田地中划出一部分作为'税田'，'税田'上的收获物作为'田租'全部上缴"[③]。黄今言亦认为秦国大体上是实行什一之税，"直到秦统一六国，关于田租率的问题未见新的更改"[④]。我们继续探讨这个问题，简文按格式原文摘录如下（为研究方便，简前小号为另加）：

① 《史记》卷十五《六国年表》，第 708 页。

② 臧知非：《说"税田"：秦汉田税征收方式的历史考察》，《历史研究》2015 年第 3 期。

③ 于振波：《秦简所见田租的征收》，《湖南大学学报》2012 年第 5 期。

④ 黄今言：《秦代租赋徭役制度研究》，第 76 页。

①迁陵卅五年豤（垦）田與五十二顷九十五亩，税田四顷□□Ⅰ

②户百五十二，租六百七十七石，率之，亩一石五；Ⅱ

③户婴四石四斗五升，奇不率六斗。Ⅲ8-1519

④启田九顷十亩，租九十七石六斗。AⅠ

⑤都田十七顷五十一亩，租二百卌一石。AⅡ

⑥貳田廿六顷卅四亩，租三百卅九石三。AⅢ

⑦凡田七十顷卌二亩。·租凡九百一十。AⅣ

⑧六百七十七石。B8-1519背①

首先解读文书，从整体上把握其含义。这份文书是迁陵县三个乡在秦始皇三十五年的垦田、税田面积和税收、户数等基本信息记录，但这不是一份完整的文书，我们从数据计算可以判断。简文最难解读的字是“與”，难解的词是“豤（垦）田與”，核对数据，三个乡一百五十二户共收田租六百七十七石，一亩田地应交田租一点五石。简文④⑤⑥前面的数字相加正好等于简文①“豤（垦）田與五十二顷九十五亩”，而简文④⑤⑥后面的数字相加等于六百七十七石九斗，小数舍去正好与“六百七十七石”相合，这个田租数之和除以一点五石，正是交税的田亩数四百五十一点三亩，显然它不是“豤（垦）田與五十二顷九十五亩”所交田租之和，而是“税田四顷□□”，两个方框的数字应是五、一。按照臧知非等人的观点，前后两者的比应该是10:1，但两者之比是100:8.51，臧知非等的结论还需商榷。从简文间的联系来看，简文③⑦和其他简文的意思连接不上，与田租无关。对于“豤（垦）田與”的分歧最大，有多种解释，臧知非、于振波、肖灿、马彪等都做了深入思考，结论基本相同，即臧知非的观点，但笔者不认同。“與”的意思是共、总计，“豤（垦）田與”是“新开垦田地共……”的意思，我们把这个字的含义套进岳麓秦简《数》和张家山汉简《算数书》田租税数学题中，简文解释通顺。“豤（垦）田與”还可从里耶秦简中找答案：“律曰：已豤（垦）田，辄上其数及户数。户婴之。

① 陈伟主编《里耶秦简牍校释》（第一卷），第345～346页。

高里户人，大女子杜衡。”[①] 法律要求基层上报垦田的面积和户数的准确信息，这里的“户婴”正是上文田租简文中的“户婴”，说明这两处简有联系。

为什么要求乡、里行政人员上报新开垦田地的面积和户数呢？政府鼓励垦荒，对新开垦的土地国家应有优惠政策，在某段时期内不收田租，但优惠期已过，政府按照其他授田标准收租。开垦田地多少与政府政绩有关，是年终上计的重要内容，是考核官吏的重要参数。下引正是乡部上报给县廷的垦田上行文书：“卅三年六月庚子朔丁巳，【田】守武爰书：高里士五（伍）吾武【自】言：谒豤（垦）草田六亩Ⅰ武门外，能恒藉以为田。典槾口”[②]（简号：9－2350）。

简文记录里、乡两级行政组织上报垦田的相关信息，高里的无爵农民“吾武”自言在家门不远处开垦六亩田地，能耕种。里典口述，田官守“武”上报县廷。再如，里耶秦简第九层两枚简：

①卅五年三月庚寅朔丙辰，贰春乡兹爰书：南里寡妇慭自言：“谒豤（垦）草田故桒（桑）地百廿步，在故Ⅰ步北，恒以为桒（桑）田。”Ⅱ

三月丙辰，贰春乡兹敢言之：“上。敢言之。”/诎手Ⅲ9－14

四月壬戌日入，戍卒寄以来。/瞫发。诎手。[③]

②元年八月庚午朔庚寅，田官守濯（顾）敢言之：上豤（垦）田课一牒，敢言之。

八月庚寅日入，濯以来。/援发。濯手。[④]

上述简文的格式、基本内容与简号9－2350相同。简文①中，由贰春乡的乡啬夫“兹”亲自负责办理此事，在简文②中由田官守“顾”负责此

① 里耶秦简牍校释小组：《新见里耶秦简牍资料选校》（二），第195页。
② 里耶秦简牍校释小组：《新见里耶秦简牍资料选校》（二），第209页。
③ 里耶秦简牍校释小组：《新见里耶秦简牍资料选校》（二），第187～188页。
④ 里耶秦简牍校释小组：《新见里耶秦简牍资料选校》（二），第201页。

事。简文9－2350中的参与者有里典、田官守。申报过程由里民直接告知里典，里典上报乡部，乡部吏乡啬夫、田官守等具体负责汇总报送县廷，乡官里吏是完成这项工作的主要人员。岳麓秦简中亦有垦田简文："赀债不收，垦田少员。"[①] 政府不能按期收到民众的罚款和债务，从事垦荒的劳动力也减少了，知垦田是政府的一项专门工作。

新开垦田地不交田租，原因在于这部分田地是在政府授田之后民众开垦的，不在授田之列，没有交租、交刍稾的法律依据，睡虎地秦简《田律》："入顷刍稾，以其受田之数，无豤（垦）不垦，顷入刍三石、稾二石。"[②] 交刍稾的田地必须是国家的授田，国家的授田按田律要求必须征收刍稾、田租，这是国家法律，具有普遍意义，刘泽华提出的"授田制"，秦简证明是正确的。

我们从社会历史发展规律分析，商鞅变法的目的在于解放生产力，消灭贵族制，把授田的十分之一抽出来作为税田，全部收获物上缴国家，这部分税田的产量能高吗？这种收租方式的本质是回归贵族制，这违背人类社会发展、经济发展规律，农民不可能全力耕种所谓的"税田"。从实际出发思考，国家征课田税按照授田总数征收，田多多收，田少少收，既便于操作，又能多收田租，为什么单独抽取税田收租，把田租征收复杂化？为什么打击农民的农业生产积极性？臧知非等学者认为划分出"税田"这种征收田租方式的逻辑思维，脱离了社会发展规律和实际，不是科学思维。

既然秦国田租税率"什一税制"的观点有待商榷，那么秦的田租税率到底是多少？张金光指出："秦自商鞅变法后，……秦该也是实行着定额租制的。"[③] 张金光认为秦国实行"定额租制"，笔者赞同。但水田与旱田、平原地区和山区的亩产量差别较大，秦应当根据不同地区亩产量的差异，分区实行"定额租制"，在同一地区拉平征收。综之，秦国征收田租按照国家的授田亩数征收，税率实行分区"定额租制"。私人垦田不是国家授

---

① 陈松长：《岳麓书院藏秦简的整理与研究》，第40页。

② 睡虎地秦墓竹简整理小组编《睡虎地秦墓竹简》，第27～28页。

③ 张金光：《秦自商鞅变法后的租赋徭役制度》，《文史哲》1983年第1期。

田，无征课法律依据，暂不征田租和刍藁。新开垦的田地享受国家优惠政策，免租税若干年后计入授田范围，造册征收。

田租的征收过程。首先是政府下达文书，做好赋税征收的宣传工作，依法收税。《云梦龙岗秦简》："租者且出，以律告典、田典，典、田典令黔首皆知之。及☑。"① 国家征收田租前，县、乡依次下发征收田租的文书至里一级最小行政组织，再由里典和田典负责宣传通知到编户民。田租收入是国家重要经济来源，对官吏和民众有不少法律细则要求，秦简《法律答问》载："部佐匿者（诸）民田，者（诸）民弗智（知），当论不当？部佐为匿田，且可（何）为？已租者（诸）民，弗言，为匿田；未租，不论○○为匿田。"② 乡佐或其他乡部吏隐匿国家应授给民众的田地，民众不知，如果乡部吏已向民众收取租税不上报，就是匿田。未收田租，不算匿田。律文对乡部吏提出严格要求，他们官职虽卑，但掌握着国家实授田地，律文规定是为防止他们用国家田地租给民众收租不报。如果乡部吏匿田，法律有相应处罚措施，云梦龙岗秦简："坐其所匿税臧与法没入其匿田之稼。"③ 乡部吏匿田违法，依法没收乡部吏匿田收取的田租。"租笄索不平一尺以上，赀一甲；不盈一尺到☑。"④ "笄索"二字《云梦龙岗秦简》一书注释指丈量土地，上级执法部门核实重新丈量土地，处理违法乡部吏。授田过程里吏协助配合乡部吏工作，里吏是必然的参与者，处罚对象当包括相关里吏。如果重新丈量长度与授田误差数字超过一尺，参与的乡官里吏被判罚一甲，误差不到一尺，另有处罚规定。对于交租的民户也同样有严格要求，云梦龙岗秦简："不遗程败程租者〔刻〕，不以败程租上，〔以败程租上〕，赀租者一甲☑。"⑤ "遗程"指田租没有交够额数，"败程"指田租不符合要求。交租的农户不交够租额，或所交田租质量不达标，罚交租者一甲，这是较重的处罚。秦律的收租立法从官吏和民众两个方面确定处罚措施，注重根据实际判罚收租者和交租者，官吏或编户民故意违犯

① 刘信芳、梁柱编著《云梦龙岗秦简》，第39页。
② 睡虎地秦墓竹简整理小组编《睡虎地秦墓竹简》，第218页。
③ 刘信芳、梁柱编著《云梦龙岗秦简》，第38页。
④ 刘信芳、梁柱编著《云梦龙岗秦简》，第39页。
⑤ 刘信芳、梁柱编著《云梦龙岗秦简》，第38页。

法律，判罚重；因过失出错，判罚轻。有悔改立功表现，减轻判罚，体现了立法的合理性。

四　其他税种

(一) 羽赋

里耶秦简多枚文书中有“羽”这一特殊名称，文献中少见，秦简整理者对其解释：“羽，鸟类的代称。”① 杨小亮、鲁家亮、沈刚等学者对此有论述②。“羽”是否属于国家面向全国民众征收的赋税，各有见解，尚有分歧。万义广则把“羽赋”归入户赋，“羽赋不可能按田亩征收，最有可能的是按户征收”③。观点有待再讨论。王子今另有新见：“‘买羽’、‘买白翰羽’、‘卖白翰羽’简文，说明鸟羽的消费需求以及‘羽’进入市场的情形。除了制作‘𦐿’以供应军国之用外，以鸟羽作装饰材料体现楚地传统风习，亦曾影响中原社会生活的情形更应当受到关注。”④ 王子今的见解引发我们新的思考。针对“羽赋”，政府组织的求“羽”所得是否属于国家赋税？征收“羽赋”是全国性要求，还是特殊地区的赋税制度？不产“羽”的地区怎么征收这项赋税？这些问题有待进一步讨论。里耶秦简中有一份“捕羽”文书：

> 卅五年七月【戊子】朔壬辰，贰【春】☑Ⅰ
> 书毋徒捕羽，谒令官亟☑Ⅱ
> 之。/七月戊子朔丙申，迁陵守☑Ⅲ8-673+2002
> 遣报之传书。/歇手。/□Ⅰ
> 七月乙未日失（昳）【时，东】成□上造□以来。☑Ⅱ8-673

---

① 陈伟主编《里耶秦简牍校释》（第一卷），第82页。

② 杨小亮：《里耶秦简中有关“捕羽成鍭”的记录》，第147～152页；鲁家亮：《里耶出土秦“捕鸟求羽”简初探》，第91～111页；沈刚：《“贡”“赋”之间——试论〈里耶秦简〉【壹】中的“求羽”简》，《中国社会经济史研究》2013年第4期。

③ 万义广：《从里耶秦简看迁陵地区农业生产与农民负担》，《江西社会科学》2015年第11期。

④ 王子今：《里耶秦简“捕羽”的消费主题》，第27页。

背 +8 -2002 背[①]

这份文书是迁陵县廷官吏“迁陵守”令县廷某官署提供刑徒“捕羽”。“羽”指鸟的羽毛，“捕羽”即指捕获鸟，以获取鸟的羽毛。贰春乡向县廷汇报缺少“捕羽”的劳作徒隶，县廷收到贰春乡文书后，下达文书令县廷某部门尽快解决，县廷主要官吏“迁陵守”负责此事，可见贰春乡无刑徒“捕羽”是亟待解决的问题。具体调用刑徒的部门是县司空曹，“秦与西汉政府在郡国县乡设置过‘司空’，掌管水利、土建工程，役使罪犯劳作，并负责徭役征发和追缴逋贷等事务”[②]。下面的文书说明劳作刑徒由县司空曹分派，接受刑徒的行政部门对司空曹负责：

卅年十月辛卯朔乙未，贰春乡守绰敢告司空主，主Ⅰ令鬼薪轸、小城旦乾人为贰春乡捕鸟及羽。羽皆已Ⅱ备，今已以甲午属司空佐田，可定薄（簿）。敢告主。Ⅲ8 -1515

十月辛丑旦，隶臣良朱以来。/死半。邛手。Ⅲ8 -1515 背[③]

从文书内容来看，“鬼薪轸、小城旦乾人”是名称不一的刑徒，他们由司空曹分派到迁陵县贰春乡劳作，“捕鸟及羽”由刑徒参与劳动，劳动成果由乡守负责上缴县司空曹。沈刚指出，“‘羽’用于制造箭羽，是国家赋税之一种。它兼有军赋和贡赋两种特质。”[④] 分析文书，“捕羽”“捕鸟及羽”由县司空曹分配劳动力资源，“羽”靠刑徒劳动获得，之后又如数上缴司空曹。沈刚的表述不确，既然是国家赋税，理应由编户民上缴，官府组织刑徒获取的赋税称“国家赋税”不恰当。

下面的作徒簿是县司空曹掌握的一部分刑徒基本信息，内容多，为准确理解“作徒簿”，我们摘取一个完整片段分析：

---

① 陈伟主编《里耶秦简牍校释》（第一卷），第 199 ~200 页。

② 宋杰：《秦汉国家统治机构中的“司空”》，《历史研究》2011 第 4 期。

③ 陈伟主编《里耶秦简牍校释》（第一卷），第 343 页。

④ 沈刚：《“贡”“赋”之间——试论〈里耶秦简〉【壹】中的“求羽”简》，第 6 页。

①卅二年十月己酉朔乙亥，司空守圂徒作簿。AⅠ
②城旦司寇一人。AⅡ
③鬼薪廿人。AⅢ
④城旦八十七人。AⅣ
⑤仗（丈）城旦九人。AⅤ
⑥隶臣毄（系）城旦三人。AⅥ
⑦隶臣居赀五人。AⅦ
⑧·凡百廿五人。AⅧ
⑨其五人付貳春。AⅨ
⑩一人付少内。AⅩ
⑪四人有逮。AⅪ
⑫二人付庫。AⅫ
⑬二人作园：平、□。AⅩⅢ
⑭二人付畜官。AⅩⅣ
⑮二人徒养：臣、益。AⅩⅤ
⑯二人作务：蘿、亥。BⅠ
⑰四人与吏上事守府。BⅡ
⑱五人除道沅陵。BⅢ
⑲三人作庙。BⅣ
⑳廿三人付田官。BⅤ
㉑三人削廷：央、闲、赫。BⅥ
㉒一人学车酉阳。BⅦ
㉓五人缮官：宵、金、应、椑、触。BⅧ
㉔三人付叚（假）仓信。BⅨ
㉕二人付仓。BⅩ
㉖六人治邸。BⅪ
㉗一人取篝：厩。BⅫ
㉘二人伐椠：始、童。BⅩⅢ
㉙二人伐材：□、聚。CⅠ

㉚二人付都乡。CⅡ

㉛三人付尉。CⅢ

㉜一人治观。CⅣ

㉝一人付启陵。CⅤ

㉞二人为笥：移、昭。CⅥ

㉟八人捕羽：操宽、□、□、圂、叚、却。CⅦ

㊱七人市工用。BⅡ

㊲八人与吏上计。BⅢ

㊳一人为舄：剧。BⅣ

㊴九人上省。BⅤ

㊵二人病：复、卯。BⅥ

㊶一人【传】徙酉阳。BⅦ[①]

简文“徒作簿”应是“作徒簿”，原简文撰写笔误。简文①～⑧是对刑徒的概括性说明，刑徒名目有城旦司寇、鬼薪、城旦等六类，总计一百二十五人。简文⑨～㊶是对刑徒分工、去向的详细罗列，这个总数之和是一百二十五人，与简文⑧相合，故简文①～⑦中的人数释读某处可能有误。这批刑徒的一部分由司空曹直接分派劳动任务，如简文⑬⑮⑯⑲㉑㉓㉗㉘㉙㉞㉟㊳等，且刑徒名附后。有一部分刑徒“付”给其他部门，这些部门有“贰春、少内、库、畜官、田官、仓、都乡、尉、启陵”等，这类简中有“付”字，但刑徒名无，概分工不由司空曹负责，由所付部门确定。这些机构包括迁陵县的各行政直属部门、下属行政乡、都官系统等。可见司空曹负责一县刑徒调用无误，刑徒的去向覆盖全县。其中有“捕羽”简一枚，这份作徒簿剩余部分还有三个完整片段，有“捕羽”简两枚：“六人捕羽：刻、婢、□、□、娃、变”；“一人捕羽：强”。[②] 司空曹几乎每次分工都有“捕羽”专项任务，可见此项工作十分重要。

迁陵县行政部门、行政乡、都官系统亦有其自身的作徒簿。“卅二年

① 里耶秦简牍校释小组：《新见里耶秦简牍资料选校》（二），第204～205页。
② 里耶秦简牍校释小组：《新见里耶秦简牍资料选校》（二），第207页。

五月丙子朔庚子，库武作徒簿：……二人捕羽：亥、罗。”[①]“二月辛未，都乡守舍徒薄（簿）☐Ⅰ……凡六人。捕羽，宜、委。”[②]“卅一年后九月庚辰朔任寅，少内守敞作徒薄（簿）：受司空鬼薪☐Ⅰ其五人求羽：吉、□、哀、瘳、嬗。一人作务：宛。”[③] 这些文书中均有获取“羽”的刑徒分工，“库”“都乡”“少内”这些部门的作徒簿和司空曹掌握的作徒簿内容相似，只是人数大为减少。这两类作徒簿是什么关系呢？县分支机构作徒簿上的刑徒正是司空曹分派刑徒的汇总，县各下属机构的刑徒总数之和应等于司空曹掌握人数之和。少数学者认为仓曹亦掌握刑徒分配权，理解不确。

县司空曹除了分配刑徒从事获取“羽”的工作外，另有关于官府买“羽”的简文：“钱十七。卅四年八月癸巳朔丙申，仓□、佐却出买白翰羽九□长□□□□之□十七分，□□阳里小女子胡伤Ⅰ□。令佐敬监□□□□。䣛手。”[④]“☐【买】白翰羽☐Ⅰ☐【沅】以北【到】☐Ⅱ☐邮行☐。”[⑤]“迁陵买羽，仓衔故☐。”[⑥] 以上简文表明，捕求和购买“羽”是政府行政行为，人力调配由县司空曹负责，由乡、县部门组织落实，刑徒完成劳动任务，劳动成果上交政府，所以这部分收入不源于赋税，是行政行为所得。既然是政府行为，沈刚把它纳入乡里赋税征收的内容不合赋税的本义，赋税是面向编户民而言的。

但里耶秦简中又确有赋税名目“羽赋”：“廿七年羽赋二千五【百】☐。”[⑦]“羽赋”作为赋税登记汇总，报送郡府，这说明“羽赋”是存在的。政府组织刑徒劳动获取“羽”，是为了解决“羽”的紧缺，供军国之用，同时根据需要，合理使用刑徒劳动力，增加政府收入。

秦惠王时期，有令巴中郡缴纳“鸡羽”的记录：“其君长岁出赋二千

---

① 陈伟主编《里耶秦简牍校释》（第一卷），第272页。
② 陈伟主编《里耶秦简牍校释》（第一卷），第82页。
③ 陈伟主编《里耶秦简牍校释》（第一卷），第421页。
④ 陈伟主编《里耶秦简牍校释》（第一卷），第355页。
⑤ 陈伟主编《里耶秦简牍校释》（第一卷），第374页。
⑥ 陈伟主编《里耶秦简牍校释》（第一卷），第387页。
⑦ 陈伟主编《里耶秦简牍校释》（第一卷），第384页。

一十六钱，三岁一出义赋千八百钱，其民户出幏布八丈二尺，鸡羽三十鍭。”注云：“《说文》：‘幏，南郡蛮夷布也。’音公亚反。《毛诗》：‘四鍭既均。’《仪礼》：‘矢鍭一乘。’郑玄曰：‘鍭犹候也，候物而射之也。’三十鍭，一百四十九。俗本‘幏’作‘蒙’，‘鍭’作‘镞’者，并误也。”① 里耶秦简有“鍭”简文：

〼廿八鍭。·卅五年四月己未□〼Ⅰ

〼百七十三鍭。·凡□鍭四百□〼Ⅱ8－1260

注：“鍭，箭。《尔雅》：‘金镞箭羽谓之鍭。’《方言》卷九：‘箭，自关而东谓之矢，江淮之间谓之鍭，关西曰箭。’”②

翰羽二当一者百五十八鍭，AI 三当一者三百八十六鍭，AⅡ·五当一者四百七十九鍭，BⅠ·六当一者三百卅六鍭，BⅡ·八当一者【五】〼CⅠ·十五当一者〼CⅡ8－1457背＋8－1458背③

“鍭”在南方指箭，“羽”是造箭的基本材料无误，县级政府安排刑徒获取“羽”的用途之一是制作箭。沈刚指出：“这时的羽赋完全是作为军需之用，界定为军赋当无疑问。”④ 笔者赞同，这里的“羽赋”当是指秦国早期“初为赋”之中的“赋”，即口赋。还有一个问题，不产“羽”的地区不可能征收“羽”作为军赋。笔者认为，以迁陵县向每人征收“羽”的标准价格在全国推行，根据不同地区的实际物产征收军赋，如果没有可以征收的战略物资，当由民户上缴赋钱。

（二）献税

秦国政府除征收上述赋税之外，里耶秦简中还见县廷向基层社会征收特殊赋税的记载，其中有“捕鸟”简，鲁家亮将“捕羽”“捕鸟”明确区分理解：“里耶秦简中所见的‘捕羽’、‘捕鸟’在目的上有差别，前者以

① 《后汉书》卷八十六《南蛮西南夷列传》，第2841页。
② 陈伟主编《里耶秦简牍校释》（第一卷），第301～302页。
③ 陈伟主编《里耶秦简牍校释》（第一卷），第332页。
④ 沈刚：《“贡”“赋”之间——试论〈里耶秦简〉【壹】中的“求羽”简》，第8页。

求取羽毛为目的，后者与捕获禽鸟进献有关。”[①] 很有见解。“捕鸟”在秦传世文献中未见，里耶秦简有载：

一人□：【朝】。A

一人有狱讯：目。AⅠ

一人捕鸟：城。AⅡ

一人治船：疵。BⅠ

……

后九月丙寅，司空□敢言☑8－2008背[②]

司空曹调派刑徒从事捕鸟专门性劳动。除捕鸟，还有记载献鸟的简，下面这份文书因捕鸟、献鸟问题酿成殴打谩骂案件，案情记录详细：

廿八年七月戊戌朔乙巳，启陵乡赵敢言之：令令启陵捕献鸟，得明渠Ⅰ雌一。以鸟及书属尉史文，令输。文不肎（肯）受，即发鸟送书，削去Ⅱ其名，以予小史适。适弗敢受。即詈适。已有（又）道船中出操柍〈楫〉以走赵，奊訽Ⅲ詈赵。谒上狱治，当论论。敢言之。令史上见其詈赵。Ⅳ8－1562

七月乙卯，启陵乡赵敢言之：恐前书不到，写上。敢言之。/贝手。Ⅰ

七月己未水下八刻，□□以来。/敬半。贝手。Ⅱ8－1562背[③]

这是启陵乡的乡啬夫“赵”上报给县廷的文书，县令命令启陵乡捕鸟、献鸟，捕到一只雌性明渠鸟，派尉史“文”上送县廷，“文”不愿意上报，开除了“文”的公职，又安排小史“适”做这件事，“适”不敢接受，乡啬夫“赵”责骂“适”。赵骂完“适”后，“适”从船中拿起楫威

① 鲁家亮：《里耶出土秦“捕鸟求羽”简初探》，第111页。

② 陈伟主编《里耶秦简牍校释》（第一卷），第416页。

③ 陈伟主编《里耶秦简牍校释》（第一卷），第359～360页。

胁乡啬夫“赵”让他滚开，歪着头大声辱骂“赵”。因为捕鸟、献鸟竟然造成政府官吏之间发生矛盾，形成案件文书上报，乡啬夫“赵”担心第一封文书收不到，又第二次上报，可见“捕献鸟”非小事。文书中还有捕鱼、献鱼的记录，里耶秦简：

> 卅五年八月丁巳朔己未，启陵乡守狐敢言之：廷下令书曰取鲛鱼与Ⅰ山今卢（鲈）鱼献之。问津吏徒莫智（知）。·问智（知）此鱼者具署Ⅱ物色，以书言。·问之启陵乡吏、黔首、官徒，莫智（知）。敢言之。·户Ⅲ8-769曹。Ⅰ
>
> 八月□□□邮人□以来。/□发。狐手。Ⅱ8-769背[①]

启陵乡的乡守狐上报说：“县廷命令启陵乡捕获鲛鱼和山今地区的鲈鱼，我们问了津吏和津徒，都不知道。请县廷对鱼的特征做出详细描述，并请回信告知。我们问了启陵乡的乡部吏、民众、其他官吏和刑徒，亦都不知道。”为了完成县廷交给的献鱼任务，乡部吏形成专门文书上报，并求县廷回复，可见捕鱼、献鱼也是要紧之事，所献的鱼当是一种特殊献税。

除“献鸟”“献鱼”外，秦简还见其他献税名目：“锦缯一丈五尺八寸。卅五年九月丁亥朔朔日，少内守绕出以为【献】☐Ⅰ。令佐俱监。”[②]“锦缯一丈五尺八寸。卅五年九月丁……内守绕出以为献。☐Ⅰ令佐俱监。”[③]“下临沅请定献枳枸程，程。”[④]“献冬瓜，干鲟鱼。”[⑤]锦缯、枳枸、冬瓜、干鲟鱼皆献品。简文“一人捕献。Ⅲ二人病”[⑥]中所献盖鸟兽之类。可见，只要基层有，上级需要，政府即可随意征收，编户民无条件提供。献税是不是政府向编户民白白征收？不会，政府征收献税有行政手

---

① 陈伟主编《里耶秦简牍校释》（第一卷），第222页。
② 陈伟主编《里耶秦简牍校释》（第一卷），第386页。
③ 陈伟主编《里耶秦简牍校释》（第一卷），第243页。
④ 陈伟主编《里耶秦简牍校释》（第一卷），第237页。
⑤ 陈伟主编《里耶秦简牍校释》（第一卷），第263页。
⑥ 陈伟主编《里耶秦简牍校释》（第一卷），第417页。

续，必然得到秦律许可。献税不是迁陵县另加给迁陵编户民的，此税可以折算成货币，减免其他税种征收额，迁陵县民众与其他地区民众一样，最终每户每人年上缴给国家的赋税应当相等。

（三）“畜员”税

除上述税种，秦还征收六畜税，此税目在传世文献中不见，仅见于岳麓秦简：“畜马牛羊，租税轻重弗审，积索求监，祸所道来毋云莫知之。”[①]秦国的征税对象包括家庭畜牧养殖业牛、马、羊等，可见秦政府苛捐杂税的名目繁多。里耶秦简第九层载有更清晰的家畜清单：“貳春乡畜员：AⅠ牝彘一。AⅡ豮一。AⅢ豭一。AⅣ牝犬一。BⅠ牡犬一。BⅡ雌鸡五。BⅢ雄鸡一。”[②] 牛、猪、狗等皆属“畜员”类，清单详细，用于征收“畜员”税。都乡有“畜志”：“都乡畜志☑AⅠ牡彘一。☑AⅡ牡豕四。”[③] 这份文书是都乡的“畜志”，可推知，迁陵县其他行政乡也有此类簿书，“畜员”税征收当是迁陵县和全国性常态税。

汉武帝时期，还在继续征收“畜员”税，南越反，汉武帝“令封君以下至三百石吏以上吏，以差出牝马天下亭，亭有畜牸马，岁课息”[④]。《汉书·西域传》：“孝武之世……算至车船，租及六畜。民力屈，财用竭。”[⑤]“畜员”税当是秦国旧制，汉代中期财政紧张，依旧征收。

综上，秦政府向编户民征收户赋、户刍、田租、刍藁、算赋、“畜员”税等常税。里耶秦简所见政府征收的“羽”是算赋折算实物上缴的税种，不能捕获“羽”的地区民众缴纳其他实物代替算赋，如无实物代替算赋，则直接上缴“羽”折算的货币。献税不是另外加给迁陵县的赋税，此税种可以折算为货币抵销其他赋税，交献税的每户每人上缴的赋税金额总数与其他地区每户每人上缴的数额相同。赋税征收任务繁重，但基层乡官、里吏两级行政人员竟能将其很好地落实。于振波指出：秦“对官吏的管理非

---

① 陈松长：《岳麓书院藏秦简的整理与研究》，第 40 页。

② 里耶秦简牍校释小组：《新见里耶秦简牍资料选校》（一），载《简帛》（第十辑），第 180 页。

③ 陈伟主编《里耶秦简牍校释》（第一卷），第 474 页。

④ 《史记》卷三十《平准书》，第 1439 页。

⑤ 《汉书》卷九十六下《西域传下》，第 3929 页。

常严格，这对于培养官吏奉公守法、一丝不苟的工作作风，无疑具有促进作用”①。评价客观。

五　秦国编户齐民的赋税负担

历史文献多见指责秦赋税沉重的评判，这多是秦以后的评论，不知真伪，秦简的不断公布，给我们提供了翔实的资料。民众有不少欠债记录，债务是什么？绝大部分应是交不起赋税造成的。无力偿还政府债务的民众可以用劳役代偿，秦国有专门立法条文，睡虎地秦简《金布律》：“有责（债）于公及赀、赎者居它县，辄移居县责之。公有责（债）百姓未赏（偿），亦移其县，县偿。”② 秦简有十二份文书记载民众因拖欠政府债务，无力上缴，被迫居作或服兵役，以劳动形式代偿欠款，《里耶发掘报告》：

> 卅三年三月辛未朔丁酉，司空腾敢言之：阳陵谿里士五（伍）采有赀，余钱八百五十二。不采戍洞庭郡，不智（知）何县署。今为钱校券一上谒，洞庭尉令署所县责以受（授）阳陵司空。［司空］不名计，问何县官计付署。计年为报，已訾责其家，［家］贫弗能入，乃移戍所，报署主责发，敢言之。四月壬寅阳陵守丞恬敢言之，写上谒报，［报］署金布发，敢言之。卅四年八月癸巳朔［朔］日，阳陵遬敢言之：至今未报，谒追。③

这类相同格式的文书，仅《里耶发掘报告》中就有十几处，可见民众为债务而被迫劳作的不在少数。关于欠债的数目，我们把欠款单独摘录，逐一列举：“余钱八千六十四”，“赀钱八百卅六”，“余钱千七百廿八”，“赀钱千三百卌四”，“赀钱三百八十四”，“赀钱二千六百八十八”，“赀钱万一千二百一十一”，“赀钱千三百卌”，“赎钱七千六百八十”，“赀钱千

① 于振波：《秦代吏治管窥——以秦简司法、行政文书为中心》，《湖南大学学报》2013 年第 3 期。

② 睡虎地秦墓竹简整理小组编《睡虎地秦墓竹简》，第 60 页。

③ 湖南省文物考古研究所编著《里耶发掘报告》，第 190 页。

三百卌四”，“余钱八百五十二”，“赀钱千三百卌四”。[①] 共十二份政府讨债文书，欠债共计三万六千八百一十五钱，户均三千六十八钱。对于秦的劳动力价值秦简中有明文规定，睡虎地秦简：“有罪以赀赎及有责（债）于公，以其令日问之，其弗能入及赏（偿），以令日居之，日居八钱；公食者，日居六钱。”[②] 关于成人劳动力价值，官府给予饭食是每天六钱，饮食自理每日八钱。按八钱计平均一人服三百八十三天劳役才能偿清，这样的欠债不是小数额。“居赀赎责”造成人员伤亡：“廿八年迁陵隶臣妾及黔首居赀赎责作官府课。·泰（大）凡百八十九人。死亡·率之，六人六十三分人五而死亡一人。Ⅰ已计廿七年余隶臣妾百一十六人。Ⅱ廿八年新·入卌五人。Ⅲ·凡百五十一人，其廿八死亡。·黔道（首）居赀赎责作官卌八人，其一人死。”[③] 依其中可靠数据计算，有两次死亡率分别为3.2%、2.6%，属高死亡率。

根据里耶秦简记载的基层实际情况，民众的确无力承担赋税，“☐都乡柀不以五月敛之，不𪟝（应）律。都乡守芇谢曰：乡征敛之，黔首未肎（肯）入”[④]。县廷批评都乡的乡啬夫“柀”不按照法律规定完成五月的赋税征收任务，都乡的乡守解释，都乡按照法律要求执行公务，但百姓未能如期上缴。《韩非子·六反》：“今学者皆道书策之颂语，不察当世之实事，曰：‘上不爱民，赋敛常重，则用不足，而下恐上’。”[⑤] 韩非已看到秦国当时民众赋敛沉重，这样下去，恐天下大乱。针对“赋敛常重”，韩非提出解决对策：“故明主之治国也，适其时事，以致财物；论其税赋，以均贫富；厚其爵禄，以尽贤能。”[⑥] 韩非的认识不失为解决官民矛盾的可行办法，但秦并没有采纳他的建议。

秦国自商鞅变法后，发明创制了适应地主阶级发展需要的新型赋税制度，在秦统一六国的战争年代，采取的是战时经济管理模式，这出于形势

---

① 湖南省文物考古研究所编著《里耶发掘报告》，第185～190页。
② 睡虎地秦墓竹简整理小组编《睡虎地秦墓竹简》，第84页。
③ 里耶秦简牍校释小组：《新见里耶秦简牍资料选校》（一），第179页。
④ 陈伟主编《里耶秦简牍校释》（第一卷），第331页。
⑤ 王先慎：《韩非子集解》卷十八《六反》，第322页。
⑥ 王先慎：《韩非子集解》卷十八《六反》，第323页。

之需，亦顺应了历史发展方向。但当秦统一六国后，它的中心任务应转向休养生息，发展社会经济文化。但秦朝的大政方针并没有发生质变，几乎原封不动地沿袭秦国法家治国理论，对百家文化持敌视态度，这自然和原东方六国文化传统形成激烈对撞，引发剧烈社会矛盾，基层的乡官里吏反而成了秦代灭亡的助推器。

第六节 乡官里吏的徭戍职能

秦国的乡里赋税是推动国家运行的经济基础，徭戍则是编户民交给国家的无偿劳动付出，是国家对民众推行的超经济剥削。“徭戍”作为专有法律概念出现，是徭役和兵役的合称，睡虎地云梦秦简《秦律杂抄》：“驾驺除四岁，不能驾御，赀教者一盾；免，偿四岁徭戍。除吏律。”① 汉初《二年律令·徭律》：“当徭戍而病盈卒岁及系，勿摄。”② 故本书所言“徭戍”即指徭役和兵役。徭戍制度的实施是实现国家内外职能的人力基础。徭戍可分为徭役和兵役两大类。秦国之所以能灭六国，在于它有一部战无不胜的战斗机器，军队的管理决定着它的战斗力，秦的兵役制度执行的根基是全国民众，兵役征发是保证秦国防的支柱。秦的大型建筑、交通设施、军事基础建设、官府手工业、农田水利基础设施建设等公共工程，主要靠征派徭役完成。徭役和兵役既有区别又有联系，但本质差别不大，故文献“徭戍”常连用。

秦兵役征发频繁，服役强度大，参加人数多。从商鞅变法起到秦代覆亡，秦的兵役征发难以准确统计。仅在秦始皇统治时期的短短十几年中，兵役、徭役征发就达到惊人程度，修陵墓、起宫殿、筑长城、治驰道、铺修直道；北击匈奴、南服百越，四面用兵不息。秦代在籍人口近两千万，按照男女各占一半计算，成年男子约六百万人。“秦代每年至少要使用200万以上的青壮男性从事各种力役。如果再加上大批育龄妇女进入服役人的

① 睡虎地秦墓竹简整理小组编《睡虎地秦墓竹简》，第128页。
② 张家山二四七号汉墓竹简整理小组编著《张家山汉墓竹简》，第188页。

队伍，可能每年服役青壮男女会达到三四百万。”① 这也说明，秦政府的管控体系直达基层社会的五口之家，显示了其强有力的军事动员能力。完成如此强大的徭戍征发任务，基层的乡官里吏是主要力量，他们为国家统一训练并提供源源不断的兵源，承担着徭戍征发过程中大量的具体实际工作。

对于基层乡、里两级政权在落实国家劳役制度过程中承担的社会职能，尤其是乡官里吏在徭戍中发挥的具体作用，有学者认识到他们在基层管理系统中所起的基础性作用②，笔者深受启发。但所见论著对秦国乡官里吏徭戍职能鲜有系统论述，此处试探讨。

一 秦人的服役期限

先探讨秦人的服役年龄段。秦的傅籍年龄，在睡虎地云梦秦简出土之前有数种说法，秦简的出土给出了明确答案。由《编年纪》记载可知秦人十五岁开始服役，“（昭王）卌五年，攻大野王，十二月甲午鸡鸣时，喜产……今元年，喜傅”③。关于“傅”，《汉书·高帝纪》：“五月，汉王屯荥阳，萧何发关中老弱未傅者悉诣军。”师古注曰：“傅，著也。言著名籍，给公家徭役也。”④ 从秦昭王四十五年到秦王政元年，即从公元前262年到公元前246年，喜正好十五岁。喜生月晚，他服役时约满十五岁。由于计算方法不同，也有喜傅籍十六岁、十七岁二说。《史记·项羽本纪》：“外黄不下。数日，已降，项王怒，悉令男子年十五已上诣城东，欲坑之。”⑤ 十五岁是秦代傅籍年龄。战国白起“发年十五以上悉诣长平，遮绝

---

① 高凯：《秦代人口比例与人口下降问题——以刑徒墓的发现为例》，《文史哲》2007年第5期。

② 张金光：《秦制研究》，第594~605页；王彦辉：《田啬夫、田典考释——对秦及汉初设置两套基层管理机构的一点思考》，《东北师大学报》2010年第2期；卜宪群：《秦汉之际乡里吏员杂考——以里耶秦简为中心的探讨》，《南都学坛》2006年第1期；杜正胜：《“编户齐民论”的剖析》，载王健文主编《政治与权力》，中国大百科全书出版社，2005，第706~718页；张金光：《秦乡官制度及乡、亭、里关系》，《历史研究》1997年第4期。

③ 睡虎地秦墓竹简整理小组编《睡虎地秦墓竹简》，第5~6页。

④ 《汉书》卷一上《高帝纪上》，第37~38页。

⑤ 《史记》卷七《项羽本纪》，第329页。

赵救及粮食”。[①] 证明满十五岁当是秦傅籍的年龄。秦简整理小组注释说“本年喜十七周岁”[②]，应属计算错误，喜在元年至多满十六岁。

民众的免老年龄与爵位有关，秦成丁免老的年龄因爵位不同而有很大差异。《汉书·百官公卿表》：“爵：一级曰公士……四不更。”师古注曰：“言不豫更卒之事也。”[③] 爵位至不更以上可以免除徭役。低爵也有提前免老的规定，《汉官六种》：“男子赐爵一级以上，有罪以减，年五十六免。无爵为士伍，年六十乃免者，有罪，各尽其刑。”[④] 秦有爵位的成丁比没爵位的成丁可早四年免老。爵位不同，睆老、免老的年龄有差别。《二年律令·傅律》：“不更年五十八，簪袅五十九，上造六十，公士六十一，公卒、士五（伍）六十二，皆为睆老”，“大夫以上年五十八，不更六十二，簪袅六十三，上造六十四，公士六十五，公卒以下六十六，皆为免老。”[⑤] 可见爵位在秦人社会政治经济生活中的作用重大。在成丁傅籍、服徭戍、授予民爵、睆老、免老等公务办理过程中，乡官和里吏负有具体责任。

从以上分析我们确定，秦人参加徭戍的年龄段为十五岁到六十岁，只要国家需要，成丁随时会被征发从军。秦自商鞅变法后实行的是全民皆兵政策，战时民众走上战场，战斗结束务农，兵农合一，耕战合一，亦兵亦农。各级官吏既是大小军官亦是行政管理者，军政合一，战时各级官吏参与战争指挥作战，战斗结束从事各级政府管理工作。基层两级政权的乡官里吏配合上级郡县，完成其他人群不可代替的行政职能。

二　秦国的徭戍制度细节探讨

对秦国兵役徭役制度的认识，学者各有观点。对于秦代的徭役特点，黄今言说：“众役繁兴，徭目甚多，人多面广，服役期长，始傅年龄早，

① 《史记》卷七十三《白起王翦列传》，第 2334 页。
② 睡虎地秦墓竹简整理小组编《睡虎地秦墓竹简》，第 11 页。
③ 《汉书》卷十九上《百官公卿表上》，第 739～740 页。
④ 孙星衍等辑《汉官六种》，第 53 页。
⑤ 张家山二四七号汉墓竹简整理小组编著《张家山汉墓竹简》，第 181 页。

役者的钱衣自备。同时，征调急促，督责严苛。”[①] 基本正确，不过“钱衣自备”还需商榷。秦代的徭戍制度虽非秦国的制度强证，但其形成于秦国末期，秦代的制度精神可以作为秦国的制度理解。张金光的结论比较切合实际：“统一之前的秦政府，对于租赋徭役的主要负担者即小农作夫的生产与生计也还是设法加以维持的，因而也就造成了秦生产方式的广阔的坚实的基础，从而造成了秦国在经济上的优势，这是秦能统一天下的根本原因。”[②] 屈建军和张金光的观点大异其趣，屈建军认为：“在力役方面，战国时期秦国实行积数年一次，每次役期一年的力役征调制度”；在兵役方面，秦民服役时间的长短和服役次数的多少完全以战争需要为转移，并无具体年限之规定。[③] 屈建军从兵役、徭役两方面解释秦徭戍制，结论还需继续探讨。高恒研究秦律中的徭、戍问题后认为：“秦统治者对劳动人民的徭、戍之征，完全是依靠着国家暴力强制推行；另一方面也反映出，广大人民对于统治者强加在他们身上的繁重徭、戍是在不断进行着斗争的。”[④] 以上这些是代表性观点，其他论著不一一列举。可见学者对秦代徭戍制度还存有分歧，随着更多里耶秦简的问世，为我们深入讨论秦的徭戍制度细节提供了可能。

商鞅变法后，秦国编户齐民的徭戍制度基本形成，《汉书·食货志》引董仲舒奏疏，秦行商君之法：“古者税民不过什一……使民不过三日，其力易足……至秦则不然，用商鞅之法，改帝王之制……又加月为更卒，已，复为正一岁，屯戍一岁，力役三十倍于古……汉兴，循而未改。”师古注曰：“更卒，谓给郡县一月而更者也。正卒，谓给中都官者也。率计今人一岁之中，屯戍及力役之事三十倍多于古也。”[⑤] 原文献标点“已，复”应为“已复”，结合前后句理解是说完成更卒或免除更卒徭役后，再服兵役。“月为更卒”，指成丁每年为官府服役一个月；“正一岁”，指在地方从事军事训练和服役共一年；“屯戍一岁”，指到京师做卫士或戍守边疆

---

① 黄今言：《秦代租赋徭役制度研究》，第 89 页。
② 张金光：《秦自商鞅变法后的租赋徭役制度》，第 25 页。
③ 屈建军：《秦国兵役徭役制度试探》，《咸阳师专学报》1994 年第 1 期。
④ 高恒：《秦律中的徭、戍问题——读云梦秦简札记》，《考古》1979 年第 6 期。
⑤ 《汉书》卷二十四上《食货志上》，第 1137～1138 页。

一年。服役期内一年一次的“月为更卒”“正一岁”“屯戍一岁”三项内容是秦自商鞅变法后成年男丁法定的服役制度。秦国在执行徭戍制度的过程中，从实际出发，有可能会延长或缩短徭戍时间，但不是屈建军所云，没有期限。秦简不少徭戍律文细节可帮助我们认识徭戍问题。

秦简立法有《徭律》《戍律》，可知秦时徭役、兵役概念明晰，两类劳役中有一些基本概念，徭役、兵役又分为不同类型，对此进行辨别，有助于我们理解徭戍制度如何在基层运作。

（一）更戍

“更戍”一词在秦国历史文献中不见，该术语有“戍”字，一般认为戍与服兵役有关，“更戍”属于徭役还是兵役，里耶秦简有几处记载，这几枚简文构成一份上行文书：

> 卅四年九月癸亥朔乙酉，畜□☑Ⅰ
> 盖侍食羸病马无小，谒令官遣☑Ⅱ
> 病者无小，今止行书徒更戍城父柘□☑Ⅲ
> 之。/卅五年十一月辛卯朔朔日，迁陵□☑Ⅳ8－143。
> 如律令。/履手。/十一月【壬】☑Ⅰ
> 十一月辛卯旦，史获以来。/☑Ⅱ8－143背”①

“行书徒”，《里耶秦简校释》注释认为指传送邮件的士兵。解读文书，简文有“畜□”“病马”等字样，文书与畜官系统有密切关系，阙文较多，大意是畜官上报喂养病马“无小”有关事项，盖病马不好医治饲养，“无小”这匹马可能会死亡，上报文书由行书徒更戍传送。从这则文书中我们知更戍服役职责是发送书信，与兵役没有关系，朱德贵对更戍有深入研究，“‘更戍’制度是秦的一项正式的戍边制度，‘更戍’者身分较为复杂，有编户民，也有带‘赀甲’或‘赎耐’者；‘更戍’者戍边时的粮食

① 陈伟主编《里耶秦简牍校释》（第一卷），第83页。

和衣物由自己解决，政府不予稟给”①。认为更戍制度是戍边制，不确。我们再看下面这份文书，更戍的职责亦是负责传送信件：

> 卅五年三月庚寅朔辛亥，仓衔敢言之：疏书吏、徒上事尉府Ⅰ者牍北（背），食皆尽三月，迁陵田能自食。谒告过所县，以县乡次续Ⅱ食如律。雨留不能投宿赍。当腾腾。来复传。敢言之。Ⅲ8－1517
> 令佐温。Ⅰ
> 更戍士五城父阳翟执。Ⅱ
> 更戍士五城父西中痤。Ⅲ
> 臂手。Ⅳ8－1517背②

这是一份上行文书，文书由仓啬夫衔最后负责上报给尉府，详细信息在牍的背面，主要内容是说军吏、刑徒的粮食供应迁陵县能自给。具体把文书送到尉府的三个人是令佐和两名更戍服役者。令佐的职位，“令佐的身份比一般的佐史高，比校长等有秩吏低，大体与令史的地位相当。”③ 令佐大概是县令的佐官，协助县丞处理一县政务。

里耶秦简赀罚名籍记有更戍受罚名单，下面按原格式摘录：

> 更戍书二甲。CⅤ
> 更戍【五】二甲。CⅥ
> 更戍【登】二甲。CⅦ
> 更戍婴二甲。DⅠ
> 更戍□二甲。DⅡ
> 更戍𦬻赎耐。二。DⅢ
> 更戍得赎耐。DⅣ
> 更戍堂赎耐。DⅤ

---

① 朱德贵：《秦简所见“更戍”和“屯戍”制度新解》，《兰州学刊》2013年第11期。
② 陈伟主编《里耶秦简牍校释》（第一卷），第344～345页。
③ 赵岩：《秦令佐考》，《鲁东大学学报》2014年第1期。

更戍齿赎耐。DⅥ

更戍暴赎耐。DⅦ8－149＋8－489[①]

简文内容容易理解，以“更戍书二甲”为例解释。更戍是某一职业身份，“书”是更戍的名字，二甲指“书”违犯秦国法律，被罚金二甲。再如“更戍齿赎耐”，更戍叫“齿”的人因违法被判处赎耐。更戍当是违犯法律，参加劳动改造，以劳动代偿罚金或判罚罪行。

里耶秦简有几枚政府出贷给更戍服役者谷物的记录简：

①☑人忠出贷更戍士五（伍）城父阳郑得☑8－850[②]

②更戍士五（伍）□☑Ⅰ[③]

③☑稟人中出贷更戍城父士五（伍）阳耀倗八月九月☑8－980[④]

④☑【人】忠出贷更戍士五（伍）城父中里简。1000[⑤]

⑤☑稟【人】忠出贷更戍士五（伍）城父蒙里□☑Ⅰ☑令史却视平。☑Ⅱ8－1024[⑥]

⑥卅四年七月甲子朔甲戌，牢人更戍士五（伍）城☑8－1401[⑦]

以上简文内容相近，是仓库出廪给更戍粮食的记录，更戍的用粮由政府借给，而不是免费提供。简文内容构成依次为：出廪人、出廪人名字、出贷、爵位（无爵为士伍）、县名、里名、服役人名、监督人官职、监督人名字。简文⑤的内容较完整，出廪人忠把粮食出贷给没有爵位的痤，痤的籍贯是城父县西中里，出廪过程由令史郗监督。城父县属当时的泗水郡，可见更戍人员作为劳动力至少在郡与郡之间调用。从这六枚简中我们

① 陈伟主编《里耶秦简牍校释》（第一卷），第89～90页。
② 陈伟主编《里耶秦简牍校释》（第一卷），第237页。
③ 陈伟主编《里耶秦简牍校释》（第一卷），第205页。
④ 陈伟主编《里耶秦简牍校释》（第一卷），第256页。
⑤ 陈伟主编《里耶秦简牍校释》（第一卷），第259页。
⑥ 陈伟主编《里耶秦简牍校释》（第一卷），第264页。
⑦ 陈伟主编《里耶秦简牍校释》（第一卷），第320页。

看不出更戍的职责。

这条简文颇有深味："☒□假追盗敦长更戍☒。"[①] 更戍前面冠有低级军吏职务"代理追盗敦长"，这里有两种理解：一是更戍者违法前曾是代理追盗敦长；二是现在服役的更戍者是代理追盗敦长。秦军警合一，没有设置独立的公安机关，更戍者协助敦长负责办理基层社会治安案件。这条简文可以和"牢人更戍士五（伍）城☒"进行比较来理解，"牢人"在历史文献中少见，《后汉书·南蛮西南夷列传》："度博南，越兰津，度兰仓，为它人，哀牢人皆穿鼻，儋耳。"[②] "哀牢人"是对少数民族地区民族的统称。《盐铁论·论菑》："衰世不然，逆天道以快暴心，僵尸流血，以争壤土。牢人之君，灭人之祀，杀人之子，若绝草木，刑者肩靡于道。"[③] "牢人之君"指把国君关入监牢。这两处意思均与简文不合。"代理追盗敦长"协助敦长负责地方治安工作，牢人的职责是管理监狱里的犯人。

从以上可靠资料分析，更戍是违反国家法律受到处罚的刑徒，通过参加官府劳动可以减免罪行，更戍的口粮由政府贷给。更戍从事的劳动包括传送信件、协助敦长负责基层社会治安等。这样的结论似乎还不够坚实，进一步考察"更"的含义，以获得更多认识。张金光对"更"做出过深入研究："凡单言'更'或'更'卒者，尽皆指为月更之役卒。一年一度的月更之役，称为'更'役，应'更'役者，在习惯上可以称为'更'卒……'更'的役期以月计。'一更'就是一月的时间。"[④] 张金光用较全面可靠的材料得出的结论笔者赞同。与"更"字相连的践更、过更、卒更等都属于徭役，更的劳动期限为一次一个月。

（二）谪戍

关于谪戍的内涵，前人有过激烈辩论，有数种观点。蒋非非认为："谪戍士卒在身份上与一般戍卒相同，都是自由民，绝不是囚犯。"[⑤] 臧知

---

① 陈伟主编《里耶秦简牍校释》（第一卷），第 136 页。

② 《后汉书》卷八十六《南蛮西南夷列传》，第 2849 页。

③ 桓宽：《盐铁论校注》卷九《论菑》，王利器校注，中华书局，1992，第 557 页。

④ 张金光：《论秦徭役制中的几个法定概念》，第 26 页。

⑤ 蒋非非：《秦代谪戍、赘婿、闾左新考》，第 57 页。

非和蒋非非的认识恰恰相反："'谪戍制'是征发有特殊身份的人戍边的制度，不同于以刑徒为兵。它始于秦始皇三十三年，止于汉武帝末年。在秦代被谪发者的身份是'贱民'，原本没有资格当兵，汉代与秦不同，商人是因为违反了'算缗令'而被谪发，而这一变化是由社会的客观发展所决定的。"① 屈建军的认识又多与臧知非异趣："作为罚有罪戍边的一种制度，谪戍制始于商鞅变法，讫于东汉末年，与秦汉时代相始终。"② 胡大贵则另有一说，部分结论略显含糊："谪戍则无此法律规定，只是最高统治者根据需要由个人意志临时决定而下令征发，故每次征发史书都作为大事记载下来。因为是法定项目以外之征发，故征发时带有极大强制性……谪戍则没有期限……谪戍主要是军事目的当不成问题，但似乎也带有徙民屯边性质。"③ 胡大贵认为没有针对谪戍的法律条文，谪戍是因国家需要而征发；"但似乎也带有徙民屯边性质"含糊不清。可见对于谪戍的理解，仍存有不少分歧，根据湘西里耶秦简，我们对此再做探讨。

文献中有关于"谪戍"的记载，《史记·秦始皇本纪》："然陈涉以戍卒散乱之众数百……锄櫌棘矜非锬于句戟长铩也；适（谪）戍之众，非抗于九国之师。"④ 陈涉的身份是闾左，前文已经辨明，闾左是里中的普通贫苦民众，占里中人口的大多数，他们是国家良民，并没有违犯秦的法律。秦始皇本纪三十三年征发的参加"谪戍"的人员，有少部分是罪犯，"发诸尝逋亡人、赘壻、贾人略取陆梁地，为桂林、象郡、南海，以适（谪）遣戍。西北斥逐匈奴，自榆中并河以东"。注曰："适音直革反。戍，守也。"⑤ 逃避兵役的亡人属于罪人，但并没有显示"赘壻、贾人"违犯法律，只是他们的社会地位低下。汉初晁错对秦代的"谪戍"有过详细解释：

杨粤之地少阴多阳，其人疏理，鸟兽希毛，其性能暑。秦之戍卒

① 臧知非：《"谪戍制"考析》，第27页。
② 屈建军：《〈谪戍制考析〉一文质疑》，《青海师范大学学报》1988年第2期。
③ 胡大贵：《关于秦代谪戍制的几个问题》，第28页。
④ 《史记》卷六《秦始皇本纪》，第276～282页。
⑤ 《史记》卷六《秦始皇本纪》，第253页。

不能其水土，戍者死于边，输者偾于道。秦民见行，如往弃市，因以谪发之，名曰‘谪戍’。先发吏有谪及赘婿、贾人，后以尝有市籍者，又后以大父母、父母尝有市籍者，后入闾，取其左。发之不顺，行者深怨，有背畔之心。凡民守战至死而不降北者，以计为之也。故战胜守固则有拜爵之赏，攻城屠邑则得其财卤以富家室，故能使其众蒙矢石，赴汤火，视死如生。今秦之发卒也，有万死之害，而亡铢两之报，死事之后不得一算之复，天下明知祸烈及己也。陈胜行戍，至于大泽，为天下先倡，天下从之如流水者，秦以威劫而行之之敝也。”①

参加征服杨粤的士兵中，只有少部分是违犯国家法律的官吏，即“吏有谪”，其他几类人——赘婿、贾人、有市籍者、闾左均看不出有违法行为，这些人统称“戍卒”。此时的政策和秦国商鞅变法后的政策不同，秦国的士兵甘愿战死，可以获得军功爵，但秦代的谪戍士兵阵亡后“亡铢两之报，死事之后不得一算之复”，不再赐爵赐物，亦无减免徭役的优待。西汉中期征发七科谪源于秦，“四年春正月，朝诸侯王于甘泉宫。发天下七科谪及勇敢士”。张晏曰：“吏有罪一，亡（人）〔命〕二，赘壻三，贾人四，故有市籍五，父母有市籍六，大父母有市籍七，凡七科也。”② 征发人员和秦完全一致，“谪”的意思是有罪，触犯了国家刑法。

秦简的不断出土，为我们加深理解谪戍提供了权威资料，睡虎地云梦秦简《司空律》：“百姓有母及同牲（生）为隶妾，非适（谪）罪殹（也），而欲为冗边五岁，毋赏（偿）兴日，以免一人为庶人，许之。●或赎𨙶（迁），欲入钱者，日八钱。”③ 可以推知，谪罪是戍边五年，谪戍的任务是守护边疆。不犯谪罪的戍丁，如果没有需要偿还的徭役任务，他可以戍边，以赎免其他人的罪行。秦曾迁徙犯罪的人守边，“犯禁者四百六十余人，皆坑之咸阳，使天下知之，以惩后。益发谪徙边。始皇长子扶苏谏曰：‘天下初定，远方黔首未集，诸生皆诵法孔子，今上皆重法绳之，臣

① 《汉书》卷四十九《爰盎鼂错传》，第 2284～2285 页。
② 《汉书》卷六《武帝纪》，第 205 页。
③ 睡虎地秦墓竹简整理小组编《睡虎地秦墓竹简》，第 91 页。

恐天下不安。唯上察之。'始皇怒，使扶苏北。"徐广曰："《表》云徙于北河、榆中，耐徙三处。拜爵一级。"[①] 又《史记·秦始皇本纪》："筑亭障以逐戎人。徙谪，实之初县。"注曰："徙有罪而谪之，以实初县，即上'自榆中属阴山，以为三十四县'是也。故汉七科谪亦因于秦。"[②] 明谪是一种罪行。西汉也继承了秦征发谪人戍边、作战的政策，"秋八月，行幸安定，遣贰师将军、李广利发天下谪民西征大宛"，师古注曰："庶人之有罪，谪者也。"[③] 再如《汉书·武帝纪》："夏五月，赦天下。秋，闭城门大搜。发谪戍屯五原。"[④]《汉书·武帝纪》："发谪吏穿昆明池。"师古注曰："谪吏，吏有罪者，罚而役之。"[⑤] 以上论述说明，"谪戍"始于商鞅变法之后，是征发罪人戍边作战的军事政策，但到了秦代，"谪戍"的意义扩大了，社会低下的商人、赘婿、闾左也在征发"谪戍"之列。《史记·郦生陆贾列传》："乃引而东，令适卒分守成皋，此乃天所以资汉也。"案文曰："《通俗文》云'罚罪云谪'，即所谓谪戍。"[⑥]《汉书·郦食其传》解释得更明白："乃引而东，令适卒分守成皋，此乃天所以资汉。"师古注曰："谪卒，谓卒之有罪谪者，即所谓谪戍。"[⑦]《汉书·异姓诸侯王表》则另有解释："然十余年间，猛敌横发乎不虞，适戍强于五伯，闾阎偪于戎狄。"师古注曰："适读曰谪。谪戍，谓陈胜、吴广也。"[⑧]

新公布的里耶秦简亦有"谪戍"的记载："☐贷适戍士五（伍）高里庆忌"[⑨]；"☐已朔朔日，启陵乡守狐出贷适戍□☐"[⑩]。这两枚简是给"谪戍"服役人贷粮的记录，简文记载内容不多，简短不拉杂，包括贷粮日期、贷出负责人、贷给人籍贯和名字。简中的谪戍者服役地点在启陵乡，

① 《史记》卷六《秦始皇本纪》，第258～259页。
② 《史记》卷六《秦始皇本纪》，第253～254页。
③ 《汉书》卷六《武帝纪》，第200页。
④ 《汉书》卷六《武帝纪》，第202～203页。
⑤ 《汉书》卷六《武帝纪》，第177页。
⑥ 《史记》卷九十七《郦生陆贾列传》，第2694页。
⑦ 《汉书》卷四十三《郦陆朱刘叔孙传》，第2108页。
⑧ 《汉书》卷十三《异姓诸侯王表》，第363～364页。
⑨ 陈伟主编《里耶秦简牍校释》（第一卷），第245页。
⑩ 陈伟主编《里耶秦简牍校释》（第一卷），第265页。

乡守具体负责贷给谪戍者口粮。谪戍者在基层服役的内容还不明确，具体是从事劳作还是参与军事训练、完成军事任务，我们还不能完全解释清楚。笔者认为谪戍人员在地方一面参加不同形式的劳动，一面接受军事管理。即战时走向战场，空闲时从事军事训练，学习文化知识，参加生产劳动。

（三）屯戍

秦的屯戍实例，文献中仅见一处，汉初也仅见几处记载，很难深入研究秦的屯戍制度。我们可以参考汉代的屯戍制度，“屯戍的概念，比较明确。《汉书·食货志》记‘屯戍一岁’，《汉旧仪》说‘为卫士一岁’，都是指为期一年的‘卫士’或‘戍卒’徭役。因为守卫京师的‘卫士’和屯戍边疆的‘戍卒’，一般都在自己的郡国以外服役，故史籍又往往称之为‘外徭’”[①]。但汉代的屯戍制度毕竟不是秦国的屯戍制度。新公布的里耶秦简为我们提供了几枚关于屯戍的宝贵资料。我们结合秦和汉初的屯戍制，对此做一探讨。

秦有关屯戍的这段文献反映的内容较丰富，摘录如下：

> 到新安。诸侯吏卒异时故繇使屯戍过秦中，秦中吏卒遇之多无状，及秦军降诸侯，诸侯吏卒乘胜多奴虏使之，轻折辱秦吏卒。秦吏卒多窃言曰：“章将军等诈吾属降诸侯，今能入关破秦，大善；即不能，诸侯虏吾属而东，秦必尽诛吾父母妻子。”诸将微闻其计，以告项羽。项羽乃召黥布、蒲将军计曰：“秦吏卒尚众，其心不服，至关中不听，事必危，不如击杀之，而独与章邯、长史欣、都尉翳入秦。”于是楚军夜击坑秦卒二十余万人新安城南。[②]

项羽灭秦的过程中，一次坑杀秦二十万吏卒，这与秦的屯戍制有关。在秦末农民起义爆发前，秦曾征发原六国民众屯戍，“诸侯吏卒异时故繇

---

① 黄今言：《秦汉赋役制度研究》，江西人民出版社，1988，第309~310页。
② 《史记》卷七《项羽本纪》，第310页。

使屯戍过秦中”，这句话已经明确“屯戍”属于徭役。

汉初继承了秦代的屯戍制，《史记·孝文本纪》：“因各饬其任职，务省徭费以便民。朕既不能远德，故憪然念外人之有非，是以设备未息。今纵不能罢边屯戍，而又饬兵厚卫，其罢卫将军军。”[①] 又《史记·平准书》：“匈奴数侵盗北边，屯戍者多，边粟不足给食当食者。于是募民能输及转粟于边者拜爵，爵得至大庶长。孝景时，上郡以西旱，亦复修卖爵令。”[②]《史记·匈奴列传》：“汉使或言曰：‘匈奴俗贱老。’中行说穷汉使曰：‘而汉俗屯戍从军当发者，其老亲岂有不自脱温厚肥美以赍送饮食行戍乎？’汉使曰：‘然’。”[③]《盐铁论·本议》：“先帝哀边人之久患，苦为虏所系获也，故修障塞，饬烽燧，屯戍以备之。边用度不足，故兴盐、铁，设酒榷，置均输。”注曰：“边郡数被兵，离饥寒，夭绝天年，父子相失，令天下共给其费。”[④]《盐铁论·本议》又载：“今废道德而任兵革，兴师而伐之，屯戍而备之，暴兵露师，以支久长，转输粮食无已，使边境之士饥寒于外，百姓劳苦于内。”[⑤] 从汉代屯戍知这项防备性军事活动耗费财力巨大，如有敌人进攻，则屯戍士兵迎战多有死于战争，“边郡数被兵，离饥寒，夭绝天年，父子相失”即指士兵阵亡。

从秦代到汉初的屯戍资料我们看不出屯戍士兵参加屯田的任何信息。秦的屯戍士兵是否参与农业生产，我们不得而知。汉简亦未见“屯戍”简文，关于秦国的军屯制度，推测性认识甚至也无法提出，而新公布的里耶秦简则有数枚简有“屯戍”文存，朱德贵对秦的屯戍制研究认为“‘屯戍’者一般由编户民构成，其粮食由国家禀给”[⑥]。但朱德贵对屯戍者的身份，具有出廪权的官吏，特别是政府的公田由屯戍耕种的论证不够有力。基于此，我们对秦的屯戍制度再做考察。

这几枚里耶秦简显示哪些人有出廪权：

---

① 《史记》卷十《孝文本纪》，第 422 页。
② 《史记》卷三十《平准书》，第 1419 页。
③ 《史记》卷十《匈奴列传》，第 2899 页。
④ 桓宽：《盐铁论校注》卷一《本议》，第 2、11 页。
⑤ 桓宽：《盐铁论校注》卷一《本议》，第 2～3 页。
⑥ 朱德贵：《秦简所见“更戍”和“屯戍”制度新解》，第 48 页。

①径廥粟米一石八斗泰半。卅一年七月辛亥朔癸酉，田官守敬、佐壬、稟人荅出稟屯戍簪裊襄完里黑、士五（伍）朐忍松涂增Ⅰ六月食，各九斗少半。令史逐视平。敦长簪裊襄坏（褱）德中里悍出。壬手。Ⅱ8－1574＋8－1787[①]

注：襄，属江夏郡。朐忍属巴郡。

②径廥：粟米一石九斗少半斗。卅一年正月甲寅朔丙辰，田官守敬、佐壬、稟人显出稟屯戍士五（伍）巫狼旁久铁。[②]

③径廥粟米二石。☐Ⅰ

卅一年十月乙酉，仓守妃、佐富、稟人援出稟屯☐Ⅱ8－56[③]

④丙廥粟米二石。令史扁视平。Ⅰ

卅一年十月乙酉，仓守妃、佐富、稟人援出稟屯戍士五（伍）孱陵咸阴敝臣。富手。Ⅱ8－1545[④]

⑤☐佐富、稟人出稟屯戍☐。8－81[⑤]

注释指出“屯戍”指“驻防”。

⑥☐乡夫、佐□、稟人婞出稟屯☐。8－1710[⑥]

每次出廪至少有五人参与，以简文①为例，参与出廪的有田官守、佐、稟人、令史、敦长、壬。出廪的主要负责人当是田官守，佐当指仓佐，稟人是负责仓库大门开锁的管理者。令史是监督者。屯长大概充当证人的角色，有的场合不需屯长参与。壬是记录员，负责出廪主要环节登记，简文内容当是壬的记录。从该简分析可知，出廪的负责人是为屯戍者领取谷物的，从以上几枚简知负责人包括田官守、仓守、乡啬夫三类人员。据魏永康研究：“秦公有土地的管辖可以划分为都官所属、郡县所属、

① 陈伟主编《里耶秦简牍校释》（第一卷），第363页。
② 里耶秦简牍校释小组：《新见里耶秦简牍资料选校》（二），第198页。
③ 陈伟主编《里耶秦简牍校释》（第一卷），第42页。
④ 陈伟主编《里耶秦简牍校释》（第一卷），第354～355页。
⑤ 陈伟主编《里耶秦简牍校释》（第一卷），第58页。
⑥ 陈伟主编《里耶秦简牍校释》（第一卷），第380页。

田部所属。公田的劳动力来源于刑徒、官奴婢和戍卒，也采取假田于民的方式。”[①] 田官、田官佐、公田吏是具体管理公田生产的官吏。田官掌握土地，田官守为屯戍卒领取口粮，可推知乡部也掌握着公田，乡啬夫领取口粮给屯戍卒。仓库也掌握一部分公田，由仓守负责出廪谷物供应屯戍卒。朱德贵在探讨秦的屯戍制时只说明田官的土地由屯戍卒耕种，而对乡部、仓库的公田没有解释。

政府提供给屯戍卒口粮，但并不提供衣服，里耶秦简：“☐屯卒公卒朐忍固阳失自言：室遗廿八年衣用未得。今固陵。”[②] 朐忍县属巴郡，遗，送。籍贯在巴郡朐忍县屯卒中叫失的士兵没有收到家里寄送的衣服。这和湖北云梦睡虎地四号秦墓出土木牍所载一致：“二月辛巳黑夫惊敢再拜问中母无恙也前日黑夫与惊别今复会矣黑夫寄益就书曰遗黑夫钱毋操夏衣来今书节到母视安陆丝布贱可以为禅裙襦者母必为之令与钱偕来其丝布贵徙□以钱来黑夫自以布此黑夫等直佐淮阳功反城久伤未可智也愿母遗黑夫用勿少书到皆为报报必言相家爵来未来告黑夫其未来状闻王得苟得（以上为正面）毋恙也辞相家爵不也书衣之南军毋……不也为黑夫惊多问姑姊康乐季须故术长姑外内为黑夫惊多问东室季须苟得毋恙也为黑夫惊多问婴汜季事可如定不定为黑夫惊多问夕阳吕婴匽里闻误丈人得毋恙……矣惊多问新负娶得毋恙也新负勉力视瞻丈人毋与……勉力也（以上为背面）。”[③] 黄盛璋考证牍文，指出该书信时间属战国晚期。[④] 从家书的内容判断，屯戍士兵要自备衣物，要得甚多甚急，反映了战争持久、亲人离散、士兵性命如弓在弦的残酷现实。

屯戍生活艰苦，部分士兵不愿服役，秦简中有士兵逃跑避役的案例：“☐朔甲午，尉守傰敢言之：迁陵丞昌曰：屯戍士五（伍）桑唐赵归Ⅰ☐日已，以乃十一月戊寅遣之署。迁陵曰：赵不到，具为报·问：审以卅Ⅱ☐【署】，不智（知）赵不到故，谒告迁陵以从事。敢言之。/六月甲午，Ⅲ

① 魏永康：《里耶秦简所见秦代公田及相关问题》，第 39 页。

② 陈伟主编《里耶秦简牍校释》（第一卷），第 151 页。

③ 李均明、何双全编《秦汉魏晋出土文献散见简牍合辑》，第 83 ~ 84 页。

④ 黄盛璋：《云梦秦墓两封家信中有关历史地理的问题》，《文物》1980 年第 8 期。

临沮丞秃敢告迁陵丞主、令史，可以律令从事。敢告主。/胥手。Ⅳ九月庚戌朔丁卯，迁陵丞昌告尉主，以律令从事。/气手。/九月戊辰旦，守府快行。Ⅴ8－140☐倍手。”[①] 这份文书由三部分构成，一是郡尉守陈述事实，言迁陵县并没有接收到屯戍卒赵，请临沮县查清这件事。二是临沮县丞查清后告知迁陵县，言不知道屯戍卒赵不到场服役的原因。三是迁陵县丞向郡尉守汇报结果，屯戍士兵赵属逃避兵役。“守府快行”，府是秦的专有名词，指郡府，知第三部分为上行文书，推知第一部分“尉守儋”指郡尉守官员儋，此处的尉守不是县尉守。临沮县属南郡，可见其时的屯戍士兵来自全国各地，我们对屯戍卒的籍贯做一考察，看是否如此。

“屯戍簪袅襄完里黑、士五（伍）朐忍松涂增Ⅰ六月食，各九斗少半。令史逐视平。敦长簪袅襄坏（褱）德中里悍出。壬手。”襄属江夏郡；朐忍，县名，属巴郡，《汉书·地理志》：“巴郡，户十五万八千六百四十三，口七十万八千一百四十八，县十一……朐忍、安汉。”[②] 褱德，县名，属左冯翊，《汉书·地理志》：“左冯翊，故秦内史……褱德，《禹贡》北条荆山在南，下有强梁原。”[③] “☐屯卒公卒朐忍固阳失自言：室遗廿八年衣用未得。今固陵。”屯卒籍贯亦在朐忍。“屯戍士五（伍）巫狼旁久铁”，巫，县名，属南郡，《汉书·地理志》：“南郡……县十八……巫，夷水东至夷道入江，过郡二，行五百四十里。”[④] “狼旁”为里名，“久铁”为人名，他是南郡巫县人。巫县之下各乡下辖的里名与人名经常不类汉语，这与少数民族传统文化有关。“屯戍士五（伍）孱陵咸阴敝臣”，孱陵，县名，属武陵郡，《汉书·地理志》：“武陵郡……县十三……孱陵，莽曰孱陆。”[⑤] 以上屯戍卒、屯长来自襄、褱德、巫、朐忍、孱陵五个县，分别属于江夏郡、左冯翊、南郡、巴郡、武陵郡五个郡。可知屯戍卒的征派由中央太尉统一负责，人员调配权在中央，但具体的屯戍兵役的管理，则落实到基层的乡官和县级直属机构。

---

① 陈伟主编《里耶秦简牍校释》（第一卷），第80页。
② 《汉书》卷二十八上《地理志上》，第1603页。
③ 《汉书》卷二十八上《地理志上》，第1545页。
④ 《汉书》卷二十八上《地理志上》，第1566页。
⑤ 《汉书》卷二十八上《地理志上》，第1594页。

（四）罚戍

罚戍不见于传世文献，谪戍和罚戍既然是两个概念，必然有区别，里耶秦简有数枚简记有“罚戍”：

①罚戍士五（伍）资中宕登爽署迁陵书。☑8－429[①]

②径廥粟米四石。卅一年七月辛亥朔朔日，田官守敬、佐壬、稟人娙出稟罚戍公戍卒襄城武宜都胠、长利士五（伍）甗。Ⅰ令史逐视平。壬手。BⅡ8－2246

注：长利，地名。《汉书·地理志》汉中郡有长利县……简文记人籍贯，通常为县名＋里名……受稟者为公卒襄城武、公卒宜都胠、长利士五（伍）甗三人。[②]

③卅一年六月壬午朔丁亥，田官守敬、佐郤、稟人娙出貣罚戍簪褭坏（褱）德中里悍。Ⅰ

令史逐视平。郤手。Ⅱ8－781＋8－1102。

注：褱德，县名。《汉书·地理志》属左冯翊。[③]

④粟米一石九斗少半斗。卅三年十月甲辰朔壬戌，发弩绎、尉史过出貣罚戍士五（伍）醴阳同□禄。廿Ⅰ

令史兼视平。过手。Ⅱ8－761

注：醴阳，秦至汉初县名。[④]

罚戍士兵来自全国各地，简文①中所载“资中”，县名，属犍为郡，《汉书·地理志》：“犍为郡，户十万九千四百一十九，口四十八万九千四百八十六。县十二：僰道、江阳…资中。”[⑤] 简文②中所记襄城、宜都、长利是三个县，长利县属汉中郡，襄城县属颍川郡，《汉书·地理志》：“颍

① 陈伟主编《里耶秦简牍校释》（第一卷），第147页。
② 陈伟主编《里耶秦简牍校释》（第一卷），第450页。
③ 陈伟主编《里耶秦简牍校释》（第一卷），第226页。
④ 陈伟主编《里耶秦简牍校释》（第一卷），第218页。
⑤ 《汉书》卷二十八上《地理志上》，第1599页。

川郡，户四十三万二千四百九十一，口二百二十一万九百七十三，县二十：阳翟、昆阳、颍阳、定陵、长社、新汲、襄城、秦置。”[①] 简文③中所载裒德，县名，属左冯翊。简文④中所记醴阳，县名，不见于《汉书·地理志》，但张家山汉简中有此县名。罚戍士兵的口粮多为政府借贷，也有政府免费提供的。罚戍士兵的口粮由田官、发弩、尉史负责，他们从事的工作基本与屯戍士兵相同。那么谪戍和罚戍有何区别？谪戍到了秦国后期含义扩大，七科谪征发皆包括在内。而罚戍仅指违犯国家法律受罚的人吗？至于谪戍和罚戍的准确区别，我们还难以得知，存疑。

（五）秦简所见秦国的兵种

关于秦国的兵种，杨宽的《战国史》第六章第五部分“郡县征兵制度的推行和常备兵制度的建立”[②] 没有论述。吕思勉《先秦史》第十四章第五节“兵制”[③] 谈到各国的骑兵、步兵，但缺少深入论述。林剑鸣《秦国发展史》仅见第六章就秦孝公图强和商鞅变法[④]略有提及。其他论著也未见分析。学者没有对秦国兵种做深入论述，原因是史料缺乏，无法深入探讨。里耶秦简和其他秦简的出土，为认识秦国的兵种提供了可靠史料。

霍印章将秦国的兵种分为四种，即材官、轻车、骑士、楼船。[⑤] 其实，仅仅步兵下设的兵种就有数种：戍卒、乘城卒、廷卒、尉卒，我们逐一略做分析。

1. 戍卒

里耶秦简记载“戍卒”简所见数枚：

①☐迁陵戍卒多为吏仆，吏仆☐8－106[⑥]

②☐冗募群戍卒百卌三人。AⅠ

廿六人。·死一人。AⅡ

① 《汉书》卷二十八上《地理志上》，第1560页。

② 杨宽：《战国史》，上海人民出版社，1955，第247～251页。

③ 吕思勉：《先秦史》，中国友谊出版公司，2009，第320～329页。

④ 林剑鸣：《秦国发展史》，第79～95页。

⑤ 霍印章：《中国军事通史》（秦代军事史），军事科学出版社，1998，第75页。

⑥ 陈伟主编《里耶秦简牍校释》（第一卷），第63页。

☐六百廿六人而死者一人。AⅢ

尉守狐课。BⅠ

十一月己酉视事，尽十二月辛未。BⅡ8－132＋8－334[1]

③诘讯兼寄戍卒大夫□食 8－231[2]

④☐【尉】府爵曹卒史文、守府戍卒士伍狗以盛都結。Ⅰ

☐式☐Ⅱ8－247[3]

⑤钱三百五十。卅五年八月丁巳朔癸亥，少内沈出以购吏养城父士五（伍）得。得告戍卒赎耐罪恶。Ⅰ

令史华监。瘳手。Ⅱ8－811＋8－1572[4]

⑥☐□出钱千一百五十二购隶臣于捕戍卒不从Ⅰ

☐令史华监。☐Ⅱ8－992[5]

⑦令佐华自言：故为尉史，养大隶臣豎负华补钱五百，有约券。豎捕戍卒□□事赎耐罪赐，购千百五十Ⅰ二。华谒出五百以自偿。Ⅱ

卅五年六月戊午朔戊寅，迁陵守丞銜告少内问：如辞，次豎购当出畀华，及告豎令智（知）之。/华手。

Ⅲ8－1108＋8－1461＋8－1532

华☐8－1461 背[6]

⑧☐□□三（四）人。Ⅰ

☐十。□里恶夫三。成里□一。隶臣臣三（四）。戍卒得一。许大得七。Ⅱ8－1542[7]

⑨敢告尉：以书到时，尽将求盗、戍卒喿（操）衣、器诣廷，唯毋遗。8－1552[8]

---

① 陈伟主编《里耶秦简牍校释》（第一卷），第 70 页。
② 陈伟主编《里耶秦简牍校释》（第一卷），第 119 页。
③ 陈伟主编《里耶秦简牍校释》（第一卷），第 122 页。
④ 陈伟主编《里耶秦简牍校释》（第一卷），第 231 页。
⑤ 陈伟主编《里耶秦简牍校释》（第一卷），第 258 页。
⑥ 陈伟主编《里耶秦简牍校释》（第一卷），第 261 页。
⑦ 陈伟主编《里耶秦简牍校释》（第一卷），第 354 页。
⑧ 陈伟主编《里耶秦简牍校释》（第一卷），第 356 页。

戍卒从事的职业种类较多，简文①中“戍卒多为吏仆”，沈刚研究指出：“秦简中出现的吏仆与吏养分别指驾车和炊事人员，其来源主要是徒隶，偶有戍卒，但有特殊技能的工匠不能担任吏仆。”① 吏仆指驾车者。简文②记录戍卒死亡有两处，计两人，当是某一段时间内一县戍卒死亡统计，考核由尉官负责。戍卒死亡的原因有二，死于战争或同盗贼搏斗，秦国兵警不分，尉官系统既负责地方治安，又是武装力量管理部门。

戍卒遇有战事上战场，无事则参加政府安排的各项临时性工作，从仅有的几枚简看，有三枚简记录戍卒违法，戍卒犯罪比例较高。简文⑤的内容是戍卒中叫作恶的士兵犯的是赎耐罪，厨师得告知迁陵县尉管理机构，因此得受奖钱三百五十。简文⑥中记载，政府出钱一千一百五十二奖励叫作于的隶臣，因为他捕获戍卒不从。不从显然违犯了国家法律规定。简文⑦中记载令佐华的大隶臣竖，捕获戍卒赐，政府奖励他一千一百五十二钱。戍卒的犯罪率高的原因，大概是这一兵种多参与战斗，死亡率较高。不作战时为官府劳动、参与办理案件，因此引发戍卒违犯军事法律较多。简文⑨的内容是政府向尉官系统请求提供人力，参与办理刑事案件，而且要求严格：让求盗准时带好衣物、兵器赶到县廷，请不要通知遗漏任何人。

2. 乘城卒

①【廿六】年十二月癸丑朔己卯，仓守敬敢言之：出西廥稻五十Ⅰ□石六斗少半斗输；粢粟二石以稟乘城卒夷陵士五（伍）阳□Ⅱ□□□。今上出中辨券廿九。敢言之。□手。Ⅲ8－1452

□申水十一刻刻下三，令走屈行。操手。8－1452背”②

②廿六年十二月癸丑朔庚申，迁陵守禄敢言之：沮守瘳言：课廿四年畜Ⅰ息子得钱殿。沮守周主。为新地吏，令县论言史（事）。·问之，周不在Ⅱ迁陵。敢言之。Ⅲ

① 沈刚：《秦简中的“吏仆”与“吏养”》，《人文杂志》2016年第1期。
② 陈伟主编《里耶秦简牍校释》（第一卷），第330页。

·以荆山道丞印行。Ⅳ8－1516

丙寅水下三刻，启陵乘城卒秭归□里士五（伍）顺行旁。

壬手。8－1516背①

从简文①可知乘城卒的口粮由政府提供，乘城卒的职业，乘城卒为守城卒。遇到战事，乘城卒首先被征发“输甲兵”，运送盔甲和兵器。“今洞庭兵输内史及巴、南郡苍梧，输甲兵当传者多节传之。必先悉行乘城卒、隶臣妾、城旦舂、鬼薪、白粲、居赀、赎责（债）、司寇、隐官、践更县者。”② 从简文②可知乘城卒在无战事时，参与政府文书信件的传送。战争爆发，乘城卒的任务是运送军事装备、作战物资。尚未见乘城卒走上战场的记载。关于乘城卒的解释，张俊民《龙山里耶秦简二题》认为“乘城卒，从文义上讲是守城之人，即是实际意义上的士兵。”③ 马怡先生则说“‘县卒’，应即上文所谓‘乘城卒’，指正在本县服役的现役卒。”④ 两人理解分歧较大，文献中没有见到乘城卒的记载，这一兵种是否上战场作战，有待更多考古文献出土。

3. 廷卒、尉卒

廷卒、尉卒两种名称在传世文献中不见。里耶秦简：“☐廷卒廷卒□☐。”⑤“廷卒”，廷指县廷，大概是在县廷服役的士兵。尉卒，“☐□粼卒尉卒☐”。⑥“粼”当为“遴”，指选拔，尉卒当从各县服役士兵中选拔最优秀的士兵交送郡尉，由郡尉领导。

4. 奔命

奔命文献有载，是步兵的一种。秦简中也有含有“奔命”的简文，这加深了我们对该兵种的理解。里耶秦简：“廿五年九月己丑，将奔命校长周爰书：敦长买、什长嘉皆告曰：徒士五（伍）右里缭可，行到零阳庑谿

① 陈伟主编《里耶秦简牍校释》（第一卷），第343页。

② 湖南省文物考古研究所编著《里耶发掘报告》，第192页。

③ 张俊民：《龙山里耶秦简二题》，第46页。

④ 陈伟主编《里耶秦简牍校释》（第一卷），第331页。

⑤ 陈伟主编《里耶秦简牍校释》（第一卷），第143页。

⑥ 陈伟主编《里耶秦简牍校释》（第一卷），第302页。

桥亡，不智（知）□□☑Ⅰ缭可年可廿五岁，长可六尺八寸，赤色，多发，未产须，衣络袍一、络单胡衣一，操具弩二、丝弦四、矢二百、钜剑一、米一石☑。”[①] 这份文书记载居住在右里的士伍缭可逃避兵役的基本情况，校长、敦长、什长皆属于低级军官。秦兵警不分，校长的职能似乎和亭长相近，或是一职两种称呼？张家山汉简亦记有奔命，《二年律令·兴律》："当奔命而逋不行，完为城旦。”[②]《汉书·昭帝纪》引应劭曰："常兵不足以讨之，故权选取精勇，闻命奔走，故谓之奔命。”

关于车兵，秦简称作“车徒”，里耶秦简："☑□者毋有。辞曰：屯长、车徒。”[③] 屯长是低级武官，车徒是车兵的正式称呼语。

三 乡官里吏执行徭戍制度

秦的县政府是主要治民机构。中央不可能直接管理民众，郡只是政府管理机构，它并没有直接掌握的人口，也没有直接统治的政区，郡的主要职责是管理县政府官员，它向上沟通中央，起着承上启下的作用。县实际掌握着治民大权，郡、中央的各项统计数据，人力、物力、财力的提供，都来自县。道是设置在少数民族聚集区的县级政区，除了中央给予其优惠政策之外，其他职能与县无大别。故文献中“县道”常并提。自然，主要负责徭役征发征派的管理机构在县、乡、里三级政权。

县廷的户曹统筹负责安排全县参加服徭役的总人数，各辖乡人员名额分配。里耶秦简："户曹计录：AⅠ乡户计，AⅡ徭计，AⅢ器计，AⅣ租赁计，AⅤ田提封计，BⅠ鬃计，BⅡ鞫计。BⅢ·凡七计。”[④] 户曹掌握着一县各乡各里的户口基本信息，“徭计”是与徭役有关的专门统计册，哪些人属于征发范围，应该征发哪些人，户曹吏员按照徭律，制定具体的工作方案。每一批次如何统筹安排，由户曹负责。户曹把某次具体参加徭役的人数下发到各乡部，乡部的徭役管理由专职的乡吏乡司空负责，我们在前

① 陈伟主编《里耶秦简牍校释》（第一卷），第149页。
② 张家山二四七号汉墓竹简整理小组编著《张家山汉墓竹简》，第186页。
③ 陈伟主编《里耶秦简牍校释》（第一卷），第308页。
④ 陈伟主编《里耶秦简牍校释》（第一卷），第167页。

文已经对乡部吏进行了考述。乡司空专职负责乡部徭役，事实上，由于徭戍工作细碎浩繁，靠乡司空一人很难完成。乡啬夫是最终负责人，乡守等其他乡吏协助乡司空开展工作。

乡吏是联结里吏和县廷的纽结，乡吏和里吏面对面对接，里中的里吏和参加徭役的民众直接对接，统筹考虑一里民众的实际，在不误农业，不影响民众的生产生活前提下，安排服役人员、服役时间。乡吏最终把里中上报的服役名单汇总报至县廷。下文我们详细讨论乡官里吏在徭戍征发中的作用。

（一）乡官里吏协助县廷徭役征发职能

要准确解读秦国的徭役制度，应把秦的相关法律《徭律》和《兴律》等，《兴律》和征发徭役实例相结合来探讨，这是认识乡官里吏在征发徭役中发挥的作用的正确途径。秦律有关徭役的内容是我们研究秦徭役制度的依据，而具体徭役实例则是验证秦徭律执行的真实记录。为此，我们结合徭役的相关立法和徭役征发案例来认识秦的徭役制度。

秦国的徭役分为两部分：中央级徭役和县级徭役。睡虎地秦简《徭律》：“御中发征，乏弗行……兴徒以为邑中之功者……令县复兴徒为之，而勿计为繇（徭）……县啬夫材兴有田其旁者……上之所兴，其程功而不当者，如县然。”① 所谓“御中发征”“上之所兴”指的是中央征发的徭役。《工律》“邦中之繇（徭）及公事官（馆）舍，其叚（假）公。”②“邦中之繇（徭）”亦指国家征发的徭役。与中央相对应的地方政府征发徭役的是县廷，因郡府不直接执掌民众，郡并不直接征发徭役，县廷拥有征发徭役的实际权利。“令县复兴徒为之，而勿计为繇（徭）……县啬夫材兴有田其旁者”，说明兴徭权在县廷，县啬夫则是确定徭役征发的最终负责人。凡中央与地方新修筑或补缮城邑、宫室、官府、舍邸，开山凿池，水利、交通等一切工程皆包括在内。“漕、转”即水运和陆运，二项亦应属徭役范围，综之“戍漕转作事”五大徭包括在内。如果徭役征发不能按

---

① 睡虎地秦墓竹简整理小组《睡虎地秦墓竹简》，第 76～78 页。
② 睡虎地秦墓竹简整理小组《睡虎地秦墓竹简》，第 70～71 页。

期落实，则国家的对内、对外职能会受到影响，徭役不能按计划落实甚至可能导致秦国灭亡。

为了管理好徭役征发全程，国家制定专门法律细则规范徭役，被征发对象不按律行事，要受罚。《秦律十八种·徭律》："御中发征，乏弗行，赀二甲。失期三日到五日，谇；六日到旬，赀一盾；过旬，赀一甲。"① 违反中央征发徭役规定，有四个处罚层级：谇、赀一盾、赀一甲、赀二甲。"乏"就是"乏徭"。《秦律杂抄》："可（何）谓'逋事'及'乏繇（徭）'？律所谓者，当繇（徭），吏、典已令之，即亡弗会，为'逋事'；已阅及敦（屯）车食若行到繇（徭）所乃亡，皆为'乏繇（徭）'。"② 征发者已接受检阅，共同乘屯车吃口粮，或已到服役场地却逃亡了，称作"乏徭"。乡部吏、里典通知服役者，而服役者逃避徭役，称为"逋事"。睡虎地秦简有一份"逋事"案例：

> 覆 敢告某县主：男子某辞曰："士五（伍），居某县某里，去亡。"可定名事里，所坐论云可（何），可（何）罪赦，【或】覆问毋（无）有，几籍亡，亡及逋事各几可（何）日，遣识者当腾，腾皆为报，敢告主。③

"几籍亡，亡及逋事各几可（何）日"，即曾经逃亡过几次，逃亡和逋事各有多少天，将作为籍薄记录的主要内容，向负责人汇报。这里特别强调"居某县某里"和"定名事里"，目的在于弄清楚逃亡者的籍贯，今后的调查取证和违法处理将与基层的乡官、里吏和伍邻有关。"乡某爰书：男子甲自诣，辞曰：'士五（伍），居某里，以乃二月不识日去亡，毋（无）它坐，今来自出。'●问之□名事定，以二月丙子将阳亡，三月中逋筑宫廿日，四年三月丁未籍一亡五月十日，毋（无）它坐，莫覆问。以甲献典

① 睡虎地秦墓竹简整理小组《睡虎地秦墓竹简》，第 76 页。
② 睡虎地秦墓竹简整理小组《睡虎地秦墓竹简》，第 221 页。
③ 睡虎地秦墓竹简整理小组编《睡虎地秦墓竹简》，第 250 页。

乙相诊，今令乙将之诣论，敢言之。”[①] 这是乡部撰写的文书，大意是说某男子逃避徭役五个月十日后，认识到违犯法律，到政府自首，具体处罚由里典和乡部吏配合处理。

同样，官吏违犯律文征发精神，也要受罚，张家山汉简《二年律令·徭律》：“兴□□□□□为□□□□及发徭戍不以次，若擅兴车牛，及徭不当徭使者，罚金各四两。”[②] 简文前半部分阙文较多，大概是无故兴徭之意，凡官吏无故征发徭役，或是征发徭役不按照次序，或征发车辆牛马，或征发不该服役的人参与徭役，各相关吏员将受罚金四两的处罚。乡官里吏是处罚对象，他们是征发徭役的主要负责人。岳麓书院藏秦简：“节（即）发繇（徭），乡啬夫必身与，典以券行之。田时先行富有贤人，以闲时行贫者，皆月券书其行月及所为日数，而署其都发及县请（情）。其当行而病及不存，署于券，后有繇（徭）而聂（蹑）行之。”[③] 征发徭役乡啬夫必须参与其中，里典带上券书随行，管理被征发人员。这里特别强调“田时先行富有贤人，以闲时行贫者”，先征发富人、闲人，农闲时征发贫者，目的在于不误农时，为贫者着想。其精神和《二年律令·徭律》所载一致。秦简所见《徭律》只是秦国《徭律》的一部分，应当还有其他处罚种类，睡虎地秦简《秦律杂抄》：“●有兴，除守啬夫、叚（假）佐居守者，上造以上不从令，赀二甲。”[④] “兴”指兴徭或军兴，可见兵役、徭役征发令一下，基层官吏负领导责任，违反兴律精神首先受罚二甲。里耶秦简中有关于不少基层官吏受罚的记载：

【司】空佐敬二甲。AⅠ
【司】空守謷三甲。AⅡ
司空守巸三甲。AⅢ
司空佐沈二甲。以。AⅣ

---

① 睡虎地秦墓竹简整理小组编《睡虎地秦墓竹简》，第278页。
② 张家山二四七号汉墓竹简整理小组编著《张家山汉墓竹简》，第188页。
③ 陈松长主编《岳麓书院藏秦简》（四），上海辞书出版社，2015，第149～150页。
④ 睡虎地秦墓竹简整理小组编《睡虎地秦墓竹简》，第127～128页。

□□□一盾。入。AⅤ

库武二甲。AⅥ

库佐驾二甲。BⅠ

田官佐贺二甲。BⅡ

……

仓佐平七【盾】。BⅥ

田佐□一甲。BⅦ

令佐圂一盾。CⅠ

令佐冣七甲。CⅡ

令佐逌二甲。已利。CⅢ

□廿钱。CⅣ

……

更戍暴赎耐。DⅦ8－149＋8－489[①]

司空是主管征发徭役的官吏，他们受罚当多与违犯《徭律》有关，司空佐、司空守受罚次数较多。乡部吏是基层征发徭役的一线主要直接负责人。虽未见处罚记载，如果他们违反徭律征发精神，必然要受罚。

徭役征发自下而上建立徭徒服役档案，有专门的管理名册，基层的乡官里吏负责档案的建立，岳麓秦简："繇（徭）律曰：岁兴繇（徭）徒，人为三尺券一，书其厚焉。节（即）发繇（徭），乡啬夫必身与，典以券行之。田时先行富有贤人，以闲时行贫者，皆月券书其行月及所为日数，而署其都发及县请（情）。其当行而病及不存，署于券，后有繇（徭）而聂（蹑）行之……遣归葬，告县，县令给日，繇（徭）发，亲父母、泰父母、妻子死，遣归葬。已葬，辄聂（蹑）以平其繇（徭）。"[②] 每位徭徒建立一份档案，竹简三尺长，档案的内容应当包括服役人的基本信息，籍贯、年龄、爵位、服役次数、服役表现记录等。其中家庭财产是必需的记录项目，"田时先行富有贤人"，只有知道家庭经济状况才能确定为役先

① 陈伟主编《里耶秦简牍校释》（第一卷），第 89～90 页。
② 陈松长主编《岳麓书院藏秦简》（四），第 149～150 页。

后，“书其厚焉”之“厚”当指家庭财产多少。“贤人”，“何谓‘贤人’？《说文》曰：‘贤，多才也，从贝臤声。’此处之‘多才’显然为‘多财’之意……贤本多财之称，引伸之凡多皆曰‘贤’。”[①] 朱德贵显然误解简文。“贤”通“闲”，“贤人”前面有“富有”，两词是并列关系，指富人和闲人。要准确统计徭徒的基本信息，里吏最熟悉，而且根据权责一致原则，里吏对其统计数字负责。“典以券行之”，里典必须携带名册管理服役人员。知里吏是档案的初步书写者，之后里典签署交乡部，乡部吏最后签字上报县廷。乡部吏实际管理的徭役内容繁杂，主要包括如下几个方面。

1. 向县廷上报徭役名册

乡部吏是徭徒的主要管理者，管理徭役是其主要职能之一，由于人手有限，难以保证，迁陵县守丞撰写文书向郡府汇报，请求增加工作人员编制：

> 卅四年正月丁卯朔辛未，迁陵守丞配敢言之：迁陵黔首☐Ⅰ
> 佐均史佐日有泰（大）抵已备归，居吏被徭使及☐Ⅱ
> 前后书，至今未得其代，居吏少，不足以给事☐Ⅲ
> 吏。谒报，署主吏发。敢言之。☐Ⅳ
> 二月丙申朔庚戌，迁陵守丞配敢言之：写上☐Ⅴ
> 旦，令佐信行。☐Ⅵ8－197
> 报别臧。☐Ⅰ
> 正月辛未旦，居赀枳寿陵左行。☐Ⅱ8－197背。[②]

迁陵县守丞“配”分别于正月、二月两次向郡府汇报工作，部分官吏专职从事徭役管理，在县廷工作的“居吏”人数减少，基本工作难以正常进行，文书的意图在于申请增加吏员名额。传送文书者是巴郡枳县寿陵里的黔首“左”。当时秦的服役人员在全国调配，管理徭徒并不是简单的工

---

① 朱德贵：《岳麓秦简所见“徭”制问题分析——兼论“奴徭”和“吏徭”》，《江西师范大学学报》2016年第4期。

② 陈伟主编《里耶秦简牍校释》（第一卷），第108～109页。

作。文书虽然谈县廷官吏专职徭役，但实际各项徭役的管理由乡部吏分工落实，乡部也当有专职或兼职的徭役管理吏员。对简文“居吏柀徭使”的理解有争议，孙闻博、朱德贵的认识不同，陈松长指出：“官吏的‘繇使’也许就如现在各级行政管理人员出‘公差’，它并不是一种劳役或苦役，而只是一份差事而已。”[①] 笔者赞同，所谓的“吏徭”指基层官吏参与管理徭役问题。文中所见的官吏“佐均”指乡佐或其他佐官，“史佐日有”与简文“令史最日备归”当是指同一人，或是职责相近的佐官。从守丞的文书可知，的确有部分县乡官吏忙于管理民众的徭役，从而造成官吏落实政务人手不足。

乡部吏具体负责徭徒的哪些工作？一是上报践更人员名单。乡守负责上报其辖区徭徒服役的情况，有违犯《徭律》者，单独以文书向县廷汇报。正如简文所载：

> 启陵津船人高里士五（伍）启封当践十二月更，
>
> □【廿九日】□☑Ⅰ
>
> 正月壬申，启陵乡守绕劾。Ⅱ
>
> 卅三年正月壬申朔朔日，启陵乡守绕敢言之，上劾一牒☑Ⅲ 8－651
>
> 正月庚辰旦，隶妾咎以来。/履发。☑8－651背[②]

“践十二月更”指参加十二月的践更，张金光研究指出：“亲自去服更卒之役，谓之‘践更’。”[③] 大概由于高里无爵民众“启封”没有完成践更劳作任务，启陵乡的乡守把其服徭役的缺役天数计算统计，汇报县廷。秦律有专门术语“乏徭”：“可（何）谓‘逋事’及‘乏繇（徭）’？律所谓者，当繇（徭），吏、典已令之，即亡弗会，为‘逋事’；已阅及敦（屯）

① 陈松长：《秦汉时期的繇与繇使》，《湖南大学学报》2014年第4期。
② 陈伟主编《里耶秦简牍校释》（第一卷），第191～192页。
③ 张金光：《论秦徭役制中的几个法定概念》，第28页。

车食若行到繇（徭）所乃亡，皆为‘乏繇（徭）’。”① 此前如何处理“乏徭”，文献不见，上引文书正是对“乏徭”的处理实例。参加服役者的爵位位于不更以下，《汉书·百官公卿表》：“四不更，五大夫，六官大夫。”师古曰：“言不豫更卒之事也。”② 不更以上爵位免除更役在秦简中得到证实，“卅五年九月丁亥朔乙卯，贰春乡守辨敢言Ⅰ之：上不更以下徭计二牒。敢言之”③。秦国重爵位，四级爵位以上者免除更役，到秦代这一制度一直执行着。参加更役者名单由乡守负责统计上报县廷。

乡部接受县廷分派的徭徒，并按照规定及时回复，下引是乡政府的上行文书：

> 卅一年五月壬子朔丁巳，都乡□☑Ⅰ
> 受司空城旦一人、仓隶妾二人。☑Ⅱ8－196＋8－1521☑□☑Ⅰ
> 五月丁巳旦，佐初以来。/欣发。☑Ⅱ8－196背＋8－1521背④

都乡于秦始皇卅一年五月初六接收两名刑徒，乡佐经手办理。再如里耶秦简：

> 卅年八月贰春乡作徒薄（簿）。AⅠ
> 城旦、鬼薪积九十人。AⅡ
> 仗城旦积卅人。AⅢ
> 舂、白粲积六十人。AⅣ
> 隶妾积百一十二人。AⅤ
> ·凡积二百九十二人。BⅠ☑
> 卅人甄。BⅡ☑
> 六人佐甄。BⅢ☑

① 睡虎地秦墓竹简整理小组编《睡虎地秦墓竹简》，第221页。
② 《汉书》卷十九上《百官公卿表上》，第739～740页。
③ 陈伟主编《里耶秦简牍校释》（第一卷），第353页。
④ 陈伟主编《里耶秦简牍校释》（第一卷），第108页。

廿二人负土。BⅣ☒

二人□瓦。BⅤ☒8－1143＋8－1631[①]

贰春乡作徒簿文书详细记载了刑徒的种类、对应人数、总数，并对分工作做了准确记录。可见，乡部负责一乡的徭役，主要乡部吏乡守、乡佐具体负责，及时做好和县廷的对接工作，按要求汇总上报各类数据。各类数据不断变化，数据的统计汇总应当按月、按季或按年度定期报给县廷。县廷再把各乡的徭役用工统计汇总，“☒□□□□千三百八十三日，繇二日，员三万☒Ⅱ☒凡五万六千六百八十四日☒”[②]，服役人员达三万多人、用工五万人的劳动日，当不是一乡的统计数据，应该是迁陵县统计的总数据。

负责徭役管理的官吏，如不遵守国家法律，会受到处罚，负有连坐罪，睡虎地秦简《司空律》：“城旦舂衣赤衣，冒赤㡜（毡），枸椟欙杕之。仗城旦勿将司；其名将司者，将司之。舂城旦出䌛（徭）者，毋敢之市及留舍阓外；当行市中者，回，勿行。城旦舂毁折瓦器、铁器、木器，为大车折輮（鞣），辄治（笞）之。直（值）一钱，治（笞）十；直（值）廿钱以上，孰（熟）治（笞）之，出其器，弗辄治（笞），吏主者负其半。”[③] 管理徭役的官员不仅要被处以小额罚金，而且管理不按照律令，还要受大额罚金，里耶秦简有官吏赀罚名籍：

【司】空佐敬二甲。AⅠ

【司】空守謷三甲。AⅡ

司空守巸三甲。AⅢ

司空佐沈二甲。以。AⅣ[④]

---

① 陈伟主编《里耶秦简牍校释》（第一卷），第283页。

② 陈伟主编《里耶秦简牍校释》（第一卷），第368页。

③ 睡虎地秦墓竹简整理小组编《睡虎地秦墓竹简》，第89～90页。

④ 陈伟主编《里耶秦简牍校释》（第一卷），第89～90页。

"司空佐、司空守"是司空曹的属吏。关于司空的职责，"秦与西汉政府在郡国县乡设置过'司空'，掌管水利、土建工程，役使罪犯劳作，并负责徭役征发和追缴逋贷等事务"[①]。"秦汉军中设有'司空'之职，负责行军宿营和攻城、守城作战中的土工作业以及对犯法吏卒的拘禁和审判。战国后期至汉初，此类官职是由中央或地方政务部门的'司空'兼任，平时办公，战时随军出征。这是西周春秋大臣身兼民政和军务的延续，也是上古政治及官制重要特点的遗存。战国以降，中央集权的官僚体制逐步确立，施行文武分职。"[②] 此认识笔者赞同。

2. 解决徭徒衣食问题

衣食是服役者生存的基本条件，发放食粮、衣物是乡部吏的基本职责。睡虎地秦简《效律》："入禾，万【石一积而】比黎之为户，籍之曰：'廥禾若干石，仓啬夫某、佐某、史某、禀人某。'是县入之，县啬夫若丞及仓、乡相杂以封印之，而遗仓啬夫及离邑仓佐主禀者各一户，以气（饩）人。其出禾，有（又）书其出者，如入禾然。"[③] 谷物入仓、封仓、出仓，仓库官吏和主要乡部吏参与。"□□□□□不备，令其故吏与新吏杂先索出之。其故吏弗欲，勿强。其毋（无）故吏者，令有秩之吏、令史主，与仓□杂出之，索而论不备。杂者勿更；更之而不备，令令、丞与赏（偿）不备。"[④] 县廷、乡部设有仓库，出仓时故吏、新吏同时参与。没有故吏，有秩吏必须参与。故吏、新吏、有秩吏中包括乡部吏。"凡不能自衣者，公衣之，令居其衣如律然。其日未备而被入钱者，许之。以日当刑而不能自衣食者，亦衣食而令居之。官作居赀赎责（债）而远其计所官者，尽八月各以其作日及衣数告其计所官，毋过九月而毕到其官；官相近者，尽九月而告其计所官，计之其作年。百姓有赀赎债而有一臣若一妾，有一马若一牛，而欲居者，许。"[⑤] 作居者不能自理衣食，由政府负责解决吃穿。法律规定八月前上报衣食不能自理名单，基层的乡官掌握着劳作刑

---

① 宋杰：《秦汉国家统治机构中的"司空"》，第15页。

② 宋杰：《秦汉军队中的"司空"》，《史学月刊》2014第7期。

③ 睡虎地秦墓竹简整理小组编《睡虎地秦墓竹简》，第98页。

④ 睡虎地秦墓竹简整理小组编《睡虎地秦墓竹简》，第40页。

⑤ 睡虎地秦墓竹简整理小组编《睡虎地秦墓竹简》，第85页。

徒名单，接收、管理徭徒是乡官的职责，上报刑徒衣食不能自理名单当是乡部吏的职责。

对于不同刑徒，是否提供衣食，律文有详细规定，秦简《司空律》："隶臣妾、城旦舂之司寇、居赀赎债系城旦舂者，勿责衣食；其与城旦舂作者，衣食之如城旦舂。隶臣有妻，妻更及有外妻者，责衣。人奴妾系城旦舂，贷衣食公，日未备而死者，出其衣食。"① 隶臣的妻子、外妻，政府不负责其衣食。

成年隶臣妾，小城旦、小隶臣，小妾、小舂，婴儿分别有不同的口粮供应标准："隶臣妾其从事公，隶臣月禾二石，隶妾一石半；其不从事，勿禀。小城旦、隶臣作者，月禾一石半石；未能作者，月禾一石。小妾、舂作者，月禾一石二斗半斗；未能作者，月禾一石。婴儿之毋（无）母者各半石；虽有母而与其母冗居公者，亦禀之，禾月半石。"② 隶臣、舂参加农田劳动，供应粮食标准增加，"隶臣田者，以二月月禀二石半石，到九月尽而止其半石。舂，月一石半石"③。领取衣服，由县到乡依次进行，"都官有用□□□□其官，隶臣妾、舂城旦毋用。在咸阳者致其衣大内，在它县者致衣从事之县。县、大内皆听其官致，以律禀衣"④。衣服的价格由官府统一确定："禀衣者，隶臣、府隶之毋（无）妻者及城旦，冬人百一十钱，夏五十五钱；其小者冬七十七钱，夏卌四钱。舂冬人五十五钱，夏四十四钱；其小者冬卌四钱，夏卅三钱。隶臣妾之老及小不能自衣者，如舂衣。●亡、不仁其主及官者，衣如隶臣妾。"⑤ 结算徭徒衣食费用的各类清单，最终应该是由乡部吏负责统计上报县廷。

3. 徭役的复除

商鞅变法早期，为吸引邻国民众到秦国定居，鼓励农民垦田，特制定减免徭赋的优惠政策。《商君书·徕民》："诸侯之士来归义者，今使复之三世，无知军事；秦四竟之内，陵阪丘隰，不起十年征者，于律也，足以

① 睡虎地秦墓竹简整理小组编《睡虎地秦墓竹简》，第 87 页。
② 睡虎地秦墓竹简整理小组编《睡虎地秦墓竹简》，第 49 页。
③ 睡虎地秦墓竹简整理小组编《睡虎地秦墓竹简》，第 49 页。
④ 睡虎地秦墓竹简整理小组编《睡虎地秦墓竹简》，第 66 页。
⑤ 睡虎地秦墓竹简整理小组《睡虎地秦墓竹简》，第 67～68 页。

造作夫百万……今利其田宅，而复之三世，此必与其所欲而不使行其所恶也，然则山东之民无不西者矣。"① 战场立功，尚不够赏赐爵位、田宅，而给予免除劳役奖励，"其战也，五人束簿为伍，一人羽而轻其四人，能人得一首则复"②。秦墨所记，对守城有功者免除一定时间段的徭役，《墨子·号令》："官吏、豪杰与计坚者守十人及城上吏比五官者，皆赐公乘，男子有守者爵人二级，女子赐钱五千，男女老小先分守者，人赐钱千，复之三岁，无有所与不租税，此所以劝吏民坚守胜围也。"③

在特殊情况下，少部分民众享有免除徭役的权利。在官府手工业劳动中，专业技能表现良好，划定适当比例的人数免除劳役，《二年律令·复律》："□工事县官者复其户而各其工。大数衛（率）取上手什（十）三人为复，丁女子各二人，它各一人，勿筭（算）繇（徭）赋。家毋当繇（徭）者，得复县中它人。县复而毋复者，得复官在所县人。"④ 对于新进学徒学习手工业者免除徭赋另有规定，学业无成，不得免除："新学盈一岁，乃为复，各如其手次。盈二岁而巧不成者，勿为复。"⑤

特殊人群，享有免役特权。《二年律令·徭律》："睆老各半其爵繇（徭），□入独给邑中事。·当繇（徭）戍而病盈卒岁及系，勿聂（摄）。诸当行粟，独与若父母居老如睆老，若其父母罢瘁（癃）者，皆勿行。金痍、有□病，皆以为罢瘁（癃），可事如睆老。其非从军战痍也，作县官四更，不可事，勿事。勿（?）以□眕（?）瘳之令、尉前。"⑥ 睆老、在家照料父母者、战场上受伤者，徭役减免一半。应该服役，生病超过一年者可免役。父母有病照顾父母者，轮到其服役，免除。

免除徭役的权力在乡部，这在秦律中并没有见到明确规定，秦简反映出乡部吏根据秦律确定免除劳役者名单：

① 《商君书·徕民第十五》，第26~27页。
② 《商君书·境内第十九》，第34页。
③ 孙诒让：《墨子间诂》卷十五《号令》，第351页。
④ 张家山二四七号汉墓竹简整理小组编著《张家山汉墓竹简》，第171页。
⑤ 张家山二四七号汉墓竹简整理小组编著《张家山汉墓竹简》，第171页。
⑥ 张家山二四七号汉墓竹简整理小组编著《张家山汉墓竹简》，第187~188页。

廿八年五月己亥朔甲寅，都乡守敬敢言之：☑Ⅰ

得虎，当复者六人，人一牒，署复□于☑Ⅱ

从事，敢言之。☑Ⅲ8－170

五月甲寅旦，佐宣行廷。8－170背[①]

"当复者"指应当免除徭役的人，"复"即指免除徭役，《史记·陈涉世家》："二世元年七月，发闾左适戍渔阳九百人，屯大泽乡。"注曰："闾左谓居闾里之左也，秦时复除者居闾左，今力役凡在闾左者，尽发之也。又云：凡居以富强为右，贫弱为左，秦役戍多，富者役尽，兼取贫弱者也。"[②] 民众捕获老虎可以享受免除徭役的优待，上述文书记载了乡守"敬"上报给都乡的捕虎免役名单，每人单独书写在一枚简上。又如《天水放马滩秦简》："为左吏十二岁，不更，不耐，乃刑夺门主死。"[③] 在各级政府任佐吏十二年以上，免除更役。

秦简所载免除徭役的实际案例，揭示了免除劳役的法律不只现有秦律所载，各行各业，当有不同类别的免除徭役条文。这从侧面反映了秦国在执行劳役制度时并非一刀切，结合行业实际，特殊情况特殊对待。

4. 关于征发徭役的特殊规定

徭役征发涉及人数多，秦国没有足够的畜力和劳动工具，参加服役者需按法律规定自备，《二年律令·兴律》："已（?）繇（徭）及车牛当繇（徭）而乏之，皆赀日十二钱，有（又）赏（偿）乏繇（徭）日，车☑。☑徭（?）日（?）☑。☑罚有日及钱数者。"[④] 阙文较多，大意是说服役者没有按照政府征发要求自备服役畜力和劳作工具，每天罚款十二钱，缺役者还要补偿劳动日。但部分劳役工具可以向政府借用，睡虎地云梦秦简《工律》："邦中之繇（徭）及公事官（馆）舍，其叚（假）公，叚（假）而有死亡者，亦令其徒、舍人任其叚（假），如从兴戍然。"[⑤] 在都邑服役

① 陈伟主编《里耶秦简牍校释》（第一卷），第103页。

② 《史记》卷四十八《陈涉世家》，第1950页。

③ 甘肃省文物考古研究所编《天水放马滩秦简》，第88页。

④ 张家山二四七号汉墓竹简整理小组编著《张家山汉墓竹简》，第187页。

⑤ 睡虎地秦墓竹简整理小组编《睡虎地秦墓竹简》，第70～71页。

或因有官府事务而借用官有工具，如借者死亡，令徭徒、舍人负责偿还。服役是国家向编户民征收的无偿劳动血汗，多有逃避徭役事件发生，为此产生了专门术语，法律对此有专门解释。秦简《法律答问》："可（何）谓'匿户'及'敖童弗傅'？匿户弗繇（徭）、使，弗令出户赋之谓殹（也）。"[①]"可（何）谓'逵卒'？●有大繇（徭）而曹斗相趣，是谓'逵卒'。"[②]违反征发徭役要求，有相关处罚规定。《二年律令·兴律》："当戍，已受令而逋不行盈七日，若戍盗去署及亡盈一日到七日，赎耐；过七日，耐为隶臣；过三月，完为城旦。"[③]

过度征发徭役，必然影响农业和其他产业的发展，直接影响编户民的收入，政府对此有所认识，岳麓秦简："丈量斗甬（桶），兴繇勿擅，监视毋輸（偷），亲戩（贤）不杋（汎）不欲外交。"[④]政府反对擅自征发徭役。大政治家韩非竭力反对擅征徭役，滥用民力，《韩非子·亡征》："无礼父兄，劳苦百姓，杀戮不辜者，可亡也。"[⑤]"劳苦百姓"自然包括徭役征发在内。《韩非子·备内》讲得更明白："徭役多则民苦，民苦则权势起，权势起则复除重，复除重则贵人富。苦民以富贵人，起势以藉人臣，非天下长利也。故曰：徭役少则民安，民安则下无重权，下无重权则权势灭，权势灭则德在上矣。"[⑥]韩非把征发徭役和国家兴亡联系起来，认识深刻。

秦政府在征发徭役的同时，兼顾农业发展，打击工商业，这体现了秦国耕战政策的实质，亦是征发徭役的基本原则。睡虎地秦简《司空律》："作务及贾而负责（债）者，不得代。一室二人以上居赀赎责（债）而莫见其室者，出其一人，令相为兼居之。居赀赎责（债）者，或欲籍（藉）人与并居之，许之，毋除繇（徭）戍……百姓有赀赎责（债）而有一臣若

① 睡虎地秦墓竹简整理小组编《睡虎地秦墓竹简》，第 222 页。
② 睡虎地秦墓竹简整理小组编《睡虎地秦墓竹简》，第 237 页。
③ 张家山二四七号汉墓竹简整理小组编著《张家山汉墓竹简》，第 186 页。
④ 陈松长：《岳麓书院藏秦简的整理与研究》，第 39 页。
⑤ 王先慎：《韩非子集解》卷五《亡征》，第 79 页。
⑥ 王先慎：《韩非子集解》卷五《备内》，第 84 页。

一妾，有一马若一牛，而欲居者，许。”[①] 特殊情况允许徭徒请假，岳麓秦简：“遣归葬，告县，县令给日，繇（徭）发，亲父母、泰父母、妻子死，遣归葬。已葬，辄聂（蹑）以平其繇（徭）。”[②] 过去我们一直认为秦国文化落后，不知礼仪，事实并非如此。

里耶秦简有记录“故更”文存：“□【如故】更□□。AV□如故□□□。AⅥ□如故更事。AⅦ□如故更□。AⅧ□□如故更□□。AⅨ□如故【更】□。AⅩ□如故更□。AⅪ□如故更废官。AⅫ□如故更予□。”[③] 据张金光研究，“秦的‘更’役与‘正’役，其内容、性质与起役之龄皆有别。凡单言‘更’或‘更’卒者，尽皆指为月更之役卒。一年一度的月更之役，称为‘更’役，应‘更’役者，在习惯上可以称为‘更’卒。”[④] 凡是与“更”字有关的劳作，均属徭役之列。

秦简多见“更役”，天水放马滩秦简：“族弟兄，妇女吉，十二月更，则光门其主必昌。”[⑤] 更役的劳作时间为一个月。“弗更，日出一布”；“财门所利虽利贾市，入财大吉，十二月更”；“临邦八岁而更弗更，井居左，困居右”[⑥]。不参加更役，可以用实物“布”代役。里耶秦简：

①廿四年九月癸亥朔乙酉，畜□☐Ⅰ

盖侍食羸病马无小，谒令官遣☐Ⅱ

病者无小，今止行书徒更戍城父柘□☐Ⅲ

之。/廿五年十一月辛卯朔朔日，迁陵□☐Ⅳ8－143

如律令。/履手。/十一月【壬】☐Ⅰ。十一月辛卯旦，史获以来。/☐Ⅱ8－143背[⑦]

②更戍士伍□☐Ⅰ[⑧]

---

① 睡虎地秦墓竹简整理小组编《睡虎地秦墓竹简》，第85页。

② 陈松长主编《岳麓书院藏秦简》（四），第149～150页。

③ 陈伟主编《里耶秦简牍校释》（第一卷），第155～156页。

④ 张金光：《论秦徭役制中的几个法定概念》，第26页。

⑤ 甘肃省文物考古研究所编《天水放马滩秦简》，第87页。

⑥ 甘肃省文物考古研究所编《天水放马滩秦简》，第88页。

⑦ 陈伟主编《里耶秦简牍校释》（第一卷），第83页。

⑧ 陈伟主编《里耶秦简牍校释》（第一卷），第205页。

③☐人忠出贷更戍士五（伍）城父阳郑得☐8－850[①]

④☐稾人中出贷更戍城父士五（伍）阳耀八月九月☐8－980[②]

⑤☐【人】忠出贷更戍士五（伍）城父中里简。1000[③]

⑥☐人【稾】忠出贷更戍士五（伍）城父蒙里□☐Ⅰ

令史却视平。☐Ⅱ8－1024[④]

⑦更戍士五城父阳翟执。Ⅱ

更戍士五城父西中痤。Ⅲ

釁手。Ⅳ8－1517背[⑤]

"更戍"一词于文献中不见，简文"今止行书徒更戍城父柘□☐"，此处更戍的工作职责是发送官府文书，并不是服兵役。结合张金光的研究，笔者认为更戍指在军队中服徭役，其时间为一个月，根据实际需要安排不同分工，其口粮由政府负责发放。

从传世文献看，服"徭"者主要从事修筑河津道桥、委输漕运、修筑宫苑城池和修筑陵寝等劳役（或曰苦役）。[⑥] 但从里耶秦简所载来看，徭役无所不包，军队系统不少工作靠更役者完成。再如，服役者有手工业技术专长，军官上报尉主："☐【里】士伍辟缮治，谒令尉定☐；☐□丞绎告尉主，听书从事，它8－69☐□日入，隶妾规行。"[⑦] 大概该士伍善于整理修补工作，军队申请将其留下，专门从事技术劳作。

（二）里吏协助县、乡征发徭役

秦对乡里编户民徭役的征派以法律为根据，里吏是里部征发徭役的主要执行者和责任人，秦简《秦律杂抄》："匿敖童，及占瘩（癃）不审，典、老赎耐。●百姓不当老，至老时不用请，敢为酢（诈）伪者，赀二

① 陈伟主编《里耶秦简牍校释》（第一卷），第237页。
② 陈伟主编《里耶秦简牍校释》（第一卷），第256页。
③ 陈伟主编《里耶秦简牍校释》（第一卷），第259页。
④ 陈伟主编《里耶秦简牍校释》（第一卷），第264页。
⑤ 陈伟主编《里耶秦简牍校释》（第一卷），第345页。
⑥ 黄今言：《秦汉赋役制度研究》，第281～292页。
⑦ 陈伟主编《里耶秦简牍校释》（第一卷），第53页。

甲；典、老弗告，赀各一甲；伍人，户一盾，皆䙴（迁）之。”① 秦代徭役征发沉重，编户民逃避服役的事件时有发生。隐匿成童，不是残疾者而谎称虚报，里典和伍老连坐，将受到“赎耐”的判罚。百姓不该免老或达到免老年龄不向上级请示，如果弄虚作假，本人将受到判罚二甲的处罚。里典、伍老不予告发，每人受罚一甲。同伍的人，以户为责任，一户罚一盾，而且五家居民将全部被流放。从里吏、伍人连坐可以判断，他们对里部劳役的违法行为负不同责任，里吏是重要责任人，伍人仅负较轻的责任。

对于已被征派而不去服徭役的人，秦律有专门的术语：“可（何）谓‘逋事’及‘乏䌛（徭）’？律所谓者，当䌛（徭），吏、典已令之，即亡弗会，为‘逋事’；已阅及敦（屯）车食若行到䌛（徭）所乃亡，皆为‘乏䌛（徭）’。”② 乡吏和里典已经下令征发，但被征发者随即逃亡，不去报到，称作“逋事”；已经接受检阅，共同乘车出行、用餐，或已经到服役地点，然后逃亡，称为“乏徭”。由此可知，里典是征发徭役的主管者之一。

编户民逃避服役及亡匿时间均要在户籍上做记录，并作为违法惩处的证据：“敢告某县主：男子某辞曰：‘士五（伍），居某县某里，去亡’。可定名事里，所坐论云可（何），可（何）罪赦，【或】覆问毋（无）有，几籍亡，亡及逋事各几可（何）日，遣识者当腾，腾皆为报，敢告主。”③ 其中“几籍亡，亡及逋事各几可（何）日”，即曾经有几次逃亡，逃亡和逋事各多少天，将作为薄籍记录的主要内容，向负责人汇报。这里特别强调“居某县某里”和“定名事里”，即了解清楚逃亡者的籍贯，将来的调查和违法处理都应与基层的里吏和伍邻有关。

有逃避劳役者自首于官府，可能会被从轻处罚：“亡自出，某乡爰书：男子甲自诣，词曰：‘士五（伍），居某里，以乃二月不识日去亡，毋（无）它坐，今来自出。’问之□名事定，以二月丙子将阳亡，三月中逋筑宫廿日，

① 睡虎地秦墓竹简整理小组编《睡虎地秦墓竹简》，第 143 页。

② 睡虎地秦墓竹简整理小组编《睡虎地秦墓竹简》，第 221 页。

③ 睡虎地秦墓竹简整理小组编《睡虎地秦墓竹简》，第 250 页。

四年三月末籍一亡五月十五日，毋（无）它坐，莫覆问。以甲献典已相诊，今令乙将之诣论，敢言之。”① 这份爰书对男子甲逃亡过程做了详细记录，确定逃亡的总日期为五个月零十天。乡部吏负责其管辖范围内逃避徭役事务的记录，并有一定的实际处理权，里典则协助乡部吏执行处罚决定。朝廷征发劳役，被征发者如不按律令执行，要依情节轻重对主管人给予不同处罚："徭律：御中发征，乏弗行，赀二甲。失期三日到五日，谇；六日到旬，赀一盾；过旬赀一甲。其得也，急诣。”② 里吏也可能是受处罚的对象之一。

（三）乡官里吏协助县廷征发兵役

1. 乡官协助县廷管理兵役

战国时期，战争频繁，秦国自商鞅变法后便形成了严格的兵役管理制度。商鞅变法确立了国家授田制度，与此相适应，编户齐民承担国家兵役义务，秦国逐渐建立完善了普遍征兵制。商鞅变法的目的是把秦国发展为军事强国，最终统一全国，因此把国防建设提到了最高位置。建设强大的国防，制度是前提，落实是根本，如何做好军队管理工作自然为重中之重。从现有文献看，秦军政一体，军队和政府事务并没有完全分离。但已看得出，兵役管理以军事系统为主，各级军官是兵役的主要管理人员，乡官起配合辅助作用。但若无乡官的配合，军队的管理会遇到许多困难，将士将失去立足的根基，基层官吏的协助性配合不可或缺。

县的军事管理机构是尉曹，尉曹检查考核迁陵县下辖各乡的军事管理，里耶秦简："☑冗募群戍卒百卌三人。AⅠ☑廿六人。·死一人。AⅡ☑六百廿六人而死者一人。AⅢ尉守狐课。BⅠ十一月己酉视事，尽十二月辛未。”③ 迁陵县尉守任职不到两个月，对其军事系统检查，记录简明考核结果：招募戍卒一百四十三人中，死亡一人，原戍卒六百二十六人中死亡一人。

乡部官吏和低级军事官吏在基层有着特殊的工作关系。“☑□迁陵丞昌

① 睡虎地秦墓竹简整理小组编《睡虎地秦墓竹简》，第278页。
② 睡虎地秦墓竹简整理小组编《睡虎地秦墓竹简》，第76页。
③ 陈伟主编《里耶秦简牍校释》（第一卷），第70页。

下乡官曰：各别军吏。·不当令乡官别书军吏，军吏及乡官弗当听。Ⅰ☒其问官下此书军吏。弗下下，定当坐者名吏里、它坐、訾能入，赀不能遣诣廷。Ⅱ☒□狱东。/义手。Ⅲ8-198+8-213+8-2013☒【者】。/萃手。/旦，守府昌行廷。"[①] 简文前后缺少背景内容，难以准确解读。大意是说迁陵县丞给乡官下发文书，要求军吏和乡官听从县廷的命令，不要听从其他机构的安排。迁陵县丞还命令把下发给乡官的文书下发给军吏。由乡官和军吏合作确定违法刑徒的职位、籍贯，其他刑徒，能交得起罚款的刑徒。不能交罚款的刑徒遣送到县廷。表明乡官和军吏在工作上相互帮助、相互配合，共同处理基层刑徒的管理问题。

基层的乡部有"吏卒"，即军吏和服兵役的士卒。"主贰春、都乡□□□□□Ⅰ吏卒、黔首及奴婢□。"[②] 阙文较多，大概是说由乡官负责解决军吏、士卒、黔首、奴婢的某些实际问题。分派到迁陵县各乡部的士卒，无战事时参加农业劳动，战争爆发，出则为兵。基层乡部的军事管理由尉曹考核确定，"【尉】课志：AⅠ卒死亡课，AⅡ司寇田课，AⅢ卒田课。BⅠ·凡三课。"[③]"卒死亡课"是关于因战争或其他原因死亡的考核。"司寇"，"司寇籍附县乡，为编户民，可单独立户，在各类权益上与不入户籍、不居民里、簿籍另立的徒隶多有不同……司寇、隶臣妾、城旦舂、鬼薪白粲由高到低大体构成当时刑罚序列的相应等级"[④]。"司寇田课"是对刑徒司寇耕作土地的考核，其时秦国有不少公田，由国家掌握。"卒田课"是对士卒耕作土地的考课。

秦国军政合一，尉曹接受县廷领导，守丞是一县兵役的责任人。"元年八月庚午朔朔日，迁陵守丞固☒Ⅰ之。守府书曰：上真见兵会九月朔日，守府·今☒Ⅱ书者一牒，敢言之。/九月己亥朔己酉，迁陵□☒Ⅲ8-653敢言之。□□主□□□之。/赣手。"[⑤] 军事管理系统的上下级对接，郡县之间是迁陵丞和太守府的直接交涉，县廷听从郡府的军事行动安排。可以看

① 陈伟主编《里耶秦简牍校释》（第一卷），第109~110页。
② 陈伟主编《里耶秦简牍校释》（第一卷），第142页。
③ 陈伟主编《里耶秦简牍校释》（第一卷），第165页。
④ 孙闻博：《秦及汉初的司寇与徒隶》，《中国史研究》2015年第3期。
⑤ 陈伟主编《里耶秦简牍校释》（第一卷），第192页。

出，郡尉接受郡守的领导，县尉接受县令（长）的领导。两级军政的最高决策权在郡府和县廷，不在尉府和尉曹。迁陵守丞的军事管理权限很大，负责安排司空调用人力资源、运输工具，运送军粮、兵器。里耶秦简："廿七年三月丙午朔己酉，库后敢言之：兵当输内史，在贰春□□□□Ⅰ五石一钧七斤，度用船六丈以上者四樓（艘）。谒令司空遣吏、船徒取。敢言Ⅱ之。☐Ⅲ8－1510 三月辛亥，迁陵守丞敦狐告司空主，以律令从事。/……Ⅰ昭行Ⅱ三月己酉水下下九，佐赾以来。/釦半。"① 库后上报文书给县守丞，请求司空曹派船和船徒运送粮食和兵器，守丞安排司空主落实。

在军事管理上，乡官主要是协助县廷开展工作。服役士兵的军粮供应由基层仓库负责提供，乡官有出廪权。里耶秦简："☐已朔朔日，启陵乡守狐出贷谪戍□☐。"② 启陵乡的乡守狐出贷粮食给谪戍士兵。"粟米一石九斗少半斗。卅三年十月甲辰朔壬戌，发弩绎、尉史过出貣罚戍士五（伍）醴阳同□禄。廿Ⅰ令史兼视平。过手。"③ 此处由低级军官发弩绎、尉史负责给罚戍士兵出贷粮食，令史监督。"丙廥粟米二石。令史扁视平。Ⅰ卅一年十月乙酉，仓守妃、佐富、稟人援出稟屯戍士五（伍）孱陵咸阴敝臣。富手。"④

军政合一，表现在违法的服兵役者被告官，由政府负责发给告奸者奖励。里耶秦简："钱三百五十。卅五年八月丁巳朔癸亥，少内沈出以购吏养城父士五（伍）得。得告戍卒赎耐罪恶。Ⅰ令史华监。瘳手。"⑤关于"少内"的执掌，史料未载，"秦国'少内'是设立在各县政府、京师各官署内掌管现金的机构。行政上，它受所在官署的管辖，业务上受其监督而不受其管辖，直接受中央有关机构（可能是大内）统辖"⑥。官吏的厨师养城父士伍"得"告知官府，叫作"恶"的戍卒是犯赎耐罪的刑徒，因此

① 陈伟主编《里耶秦简牍校释》（第一卷），第 341 页。
② 陈伟主编《里耶秦简牍校释》（第一卷），第 265 页。
③ 陈伟主编《里耶秦简牍校释》（第一卷），第 218 页。
④ 陈伟主编《里耶秦简牍校释》（第一卷），第 354 页。
⑤ 陈伟主编《里耶秦简牍校释》（第一卷），第 231 页。
⑥ 罗开玉：《秦国"少内"考》，《西北大学学报》1981 年第 3 期。

受到政府奖励。士兵被告发，“少内”给告官者奖励，表明政府与军事系统联系紧密，这是政府对军事行政实行严格经济控制的组织措施表现。又如内容相近的案例，“令佐华自言：故为尉史，养大隶臣暨负华补钱五百，有约券。暨捕戍卒□□事赎耐罪赐，购千百五十Ⅰ二。华谒出五百以自偿。Ⅱ世五年六月戊午朔戊寅，迁陵守丞告少内问：如辞，次暨购当出畀华，及告暨令智（知）之。/华手。”① 令佐“华”的大隶臣捕获犯赎耐罪戍卒“赐”，受政府奖励，少内负责奖励金的发放。再如戍卒逃亡被捕案例：“☐□出钱千一百五十二购隶臣于捕戍卒不从Ⅰ☐令史华监。”②

军民合一，还表现在百姓的盔甲兵器可以由政府借给。睡虎地秦简《工律》：“公甲兵各以其官名刻久之，其不可刻久者，以丹若鬃书之。其叚（假）百姓甲兵，必书其久，受之以久。入叚（假）而而毋（无）久及非其官之久也，皆没入公，以赍律责之。”③ 政府把盔甲兵器借给百姓，必须登记所借器物上的标记。服兵役和服徭役一样，政府可以借给服役士兵器物，睡虎地秦简：“邦中之繇（徭）及公事官（馆）舍，其叚（假）公，叚（假）而有死亡者，亦令其徒、舍人任其叚（假），如从兴戍然。”④ “兴戍”指征发兵役。

秦国工商业者不受重视，不能免除兵役和徭役。睡虎地秦简《司空律》：“作务及贾而负责（债）者，不得代。一室二人以上居赀赎责（债）而莫见其室者，出其一人，令相为兼居之。居赀赎责（债）者，或欲籍（藉）人与并居之，许之，毋除繇（徭）戍。●凡不能自衣者，公衣之，令居其衣如律然。其日未备而被入钱者，许之。以日当刑而不能自衣食者，亦衣食而令居之。官作居赀赎责（债）而远其计所官者，尽八月各以其作日及衣数告其计所官，毋过九月而毕到其官；官相近者，尽九月而告其计所官，计之其作年。百姓有赀赎责（债）而有一臣若一妾，有一马若一牛，而欲居者，许。”⑤ “徭戍”指徭役和兵役，基层服兵役名单的上报

① 陈伟主编《里耶秦简牍校释》（第一卷），第261页。
② 陈伟主编《里耶秦简牍校释》（第一卷），第258页。
③ 睡虎地秦墓竹简整理小组编《睡虎地秦墓竹简》，第71页。
④ 睡虎地秦墓竹简整理小组编《睡虎地秦墓竹简》，第70～71页。
⑤ 睡虎地秦墓竹简整理小组编《睡虎地秦墓竹简》，第85页。

与服徭役名单的上报程序相同，里吏配合乡官，最终由乡官签字上报县廷。

战争是商鞅变法后秦国的主题，县廷是治民的基本单位。县廷征发兵役，尉曹是主要落实机构，尉曹吏员到基层征兵、检查士兵劳动、训练等，和里吏直接对接的可能性不大，通常是尉曹的官员到乡部，由乡部吏陪同到各里中征兵、检查，开展有关兵役征发等活动。县级军事系统的基本运作程序，里吏听从乡部吏安排，乡部吏落实县廷尉曹布置的任务。而尉曹的军事活动受县廷的节制，政府领导军事一元化领导思路是清晰的。

2. 里吏协助县廷征发兵役

秦国自商鞅变法后，拥有一部极具攻击力的战斗机器，并最终建立空前强大的秦朝。秦国实现军事目的，在于制度设计运用的合理，其中一套重要的制度就是军功爵制。秦始皇灭六国后，继续进行大规模战争："秦已并天下，乃使蒙恬将三十万众北逐戎狄……暴师于外十余年。"① "北有长城之役，南有五岭之戍，外内骚动。"② 军民合一的征兵制一直执行着。

从秦国直到秦统一六国，军功爵制充分调动了青壮年参军作战的积极性。《二年律令·爵律》："诸当赐受爵，而不当拜爵者，级予万钱。"③ 不同军功爵位所授田地面积差别很大，《二年律令·户律》："关内侯九十五顷……右庶长七十六顷，左庶长七十四顷，五大夫廿五顷，公乘廿顷，公大夫九顷……公士一顷半顷。"④ 获立军功，所授住宅面积的差别也很大，《二年律令·户律》："宅之大方卅步。彻侯受百五宅，关内侯九十五宅……右庶长七十六宅，左庶长七十四宅，五大夫廿五宅，公乘廿宅，公大夫九宅……公士一宅半宅，公卒、士五（伍）、庶人一宅，司寇隐官半宅。"⑤ 爵位可以降爵继承、转让亲属、免罪、买卖、免役等，同时爵位带来许多其他附属利益。

秦军事力量强大的另一因素在于成功推行征兵制，里吏在国家征兵过

---

① 《史记》卷八十八《蒙恬列传》，第 2565～2566 页。

② 《史记》卷八十九《张耳陈余列传》，第 2573 页。

③ 张家山二四七号汉墓竹简整理小组编著《张家山汉墓竹简》，第 185 页。

④ 张家山二四七号汉墓竹简整理小组编著《张家山汉墓竹简》，第 175～176 页。

⑤ 张家山二四七号汉墓竹简整理小组编著《张家山汉墓竹简》，第 176 页。

程中，践行并完善了基层兵役制度。负责乡里征兵制度的主管官员是“尉史”，尹湾汉墓木牍吏员记录可参考：

海西吏员百七人：令一人，秩千石；丞一人，秩四百石；尉二人，秩四百石；官有秩一人，乡有秩四人，令史四人，狱吏三人，官啬夫三人，乡啬夫十人，游徼四人，牢监一人，尉史三人，官佐七人，乡佐九人，亭长五十四人，凡百七人。

下邳吏员百七人：令一人，秩千石；丞一人，秩四百石；尉二人，秩四百石；官有秩二人，乡有秩一人，令史六人，狱史四人，官啬夫三人，乡啬夫十二人，游徼六人，牢监一人，尉史四人，官佐七人，乡佐九人，邮佐二人，亭长卌六人，凡百七人。[1]

从中可以看出，县级吏员由两大部分组成，即县廷吏、乡部吏，他们分别与县政权和乡政权相对应。两级政权的吏员基本上存在对应关系，如县令（长）－乡有秩、县丞－乡佐。秦国的行政系统实行垂直管理模式，例如，丞相－郡守－县令（长）－乡有秩（或啬夫）－里正－什长－伍长，御史大夫－郡丞－县丞，国三老－郡三老－县三老－乡三老－里父老。《汉书·百官表》：“太尉，秦官，金印紫绶，掌武事。”注曰：“自上安下曰尉，武官悉以为称。”[2] 据此，太尉－郡尉－县尉－尉史的武官系列亦当存在。不过这里存在一个问题，海西县十四个乡只有三个尉史，下邳县十三个乡只有四个尉史，尉史若是乡官，则不能每乡皆有。因此我们推断尉史是县尉的助手，不是乡部吏。尉史是县廷吏，但这一职位与基层征兵关系密切。我们认为尉史是在县尉的直接领导下，负责基层征兵工作的主管武职，主要职责包括征发兵役、军事训练、兵役复员等。尉史的职能决定了其多与乡部吏、里吏直接接触。

里吏协助尉史和乡吏落实征兵任务，法律有系列制度规定。《秦律杂

---

① 连云港市博物馆等编《尹湾汉墓简牍》，第 79 页。
② 《汉书》卷十九上《百官公卿表上》，第 725 页。

抄》："同居毋并行，县啬夫、尉及士吏行戍不以律，赀二甲。"[①] 一家中两人不能被同时征派服兵役，县啬夫、县尉、尉史和低级军官如不遵循律令，将受罚二甲。对一家两人不能同时服役的落实，当由里吏最后确定名单，如不遵从法律条文，里吏也会被追究法律责任。

应征的士兵如不能按期服役，法律规定，以情节轻重给予不同处罚。《二年律令·兴律》："当戍，已受令而逋不行盈七日，若戍盗去署及亡盈一日到七日，赎耐；过七日，耐为隶臣；过三月，完为城旦。"[②] "盗去署"指私自离开岗位。《二年律令·兴律》："当奔命而逋不行，完为城旦。"[③] "奔命"是一个兵种。《二年律令·兴律》："乘徼，亡人道其署出入，弗觉，罚金□▨。"[④] 士兵守边界，逃亡人员从其岗位出入而未被发觉，处以罚金。这些逃亡者，要么成为流民，逃避罪行，游荡于社会，要么回其故籍，而里吏始终对此事负有责任。一旦发现其踪迹，当及时上报上级。张家山汉简《奏谳书》有一个案例："十一年八月甲申朔乙丑，夷道汴丞嘉敢谳之。六月戊子发弩九诣男子毋忧，告为都尉屯，已受致书，行未到，去亡。·毋忧曰：蛮夷大男子岁出五十六钱以当徭赋，不当为屯，尉窯遣毋忧为屯，行未到，去亡，它如九。·窯曰：南郡尉发屯有令，蛮夷律不曰勿令为屯，即遣之，不智（知）亡故，它如毋忧。·诘毋忧，律蛮夷男子岁出賨钱，以当徭赋，非曰勿令为屯也，及虽不当为屯，窯已遣，毋忧即屯卒，已去亡，何解？毋忧曰：有君长，岁出賨钱，以当徭赋，即复也，存吏，毋解。·问，如辞。·鞫之：毋忧蛮夷大男子，岁出賨钱，以当徭赋，窯遣为屯，去亡，得，皆审。·疑毋忧罪，它县论，敢谳之，谒报。署狱史曹发。·吏当：毋忧当要（腰）斩，或曰不当论。·廷报：当要（腰）斩。"[⑤] 文献提供了丰富的内容。派遣人服兵役，以县（道）为基本单位，县（道）官员主要负责乡里征兵工作。《汉书·百官表》中没有记载尉史负责基层兵役的材料，可能意味着此职的作用不如有秩（啬

① 睡虎地秦墓竹简整理小组编《睡虎地秦墓竹简》，第147页。
② 张家山二四七号汉墓竹简整理小组编著《张家山汉墓竹简》，第186页。
③ 张家山二四七号汉墓竹简整理小组编著《张家山汉墓竹简》，第186页。
④ 张家山二四七号汉墓竹简整理小组编著《张家山汉墓竹简》，第187页。
⑤ 张家山二四七号汉墓竹简整理小组编著《张家山汉墓竹简》，第213页。

夫）、乡佐、亭长等乡亭部吏重要。军事系统职权实操于太尉－郡尉（后都尉）－县（道）尉三级首长之内，县一级官吏县（道）丞、尉负有更大的责任。征兵权在县（道）内，县（道）尉有签发“致书”权，凡某人受“致书”，表明他必须服兵役。少数民族的道享有较大的自治权，国家给予优惠政策，即使如此，这名少数民族士兵因中途逃避兵役而最终被判处死刑。此外，征发的士兵还没有到目的地而逃亡，是里吏从里中新征士兵，里吏应负有连带责任。

据以上分析我们得出两点认识。一是县（道）丞、县（道）尉、尉史是县和乡里征兵的主要负责人。里吏协助执行县级政权的指令和分配征发名额。其征派方式轮流分批、分期进行，一家之内不能同时征发两人服役，以确保农业生产有足够劳动力。二是县（道）官员对征发兵徭役负有基本责任，同时权限也大。他们可以决定绝大多数征派问题，遇有重大问题要上报郡都尉甚至中央太尉。秦国兵役制度执行严格，而基础性工作则由里吏配合上级官吏具体落实。国家能否拥有一支强大的军队，将士的个人综合素质是核心要素，里吏在征兵工作中能否把优秀青年从里中选出，关系秦国的未来发展走向。

第四章　秦国亭的功能及其与乡里政权的关系

第一节　亭的起源、演进与功能探讨

一　亭的起源

秦汉时期的亭源于秦，有不少研究秦汉的论著，取得了一定研究成果，而有关秦国亭的论著不是太多。亭的起源是论述亭制的题中应有之义，现就代表性的起源说择要分析。

（一）源于军事行旅说

以严耕望为代表，此为亭起源的主流看法。先秦涉及“亭”的文献一般与军事和住宿有关，这些文献表明亭起源于战国时的内地和边境。军事与治安、住宿相连，亭与秦国耕战体制贯通亦合情理。“是战国之世，各国边境已筑亭障，候望守备，道旁似亦有亭以利行旅也。”[①] 严耕望还指出内地的亭也有此特征，“是似不限于边境矣”[②]。关于秦国亭的起源，张金光进一步补充：“秦商鞅变法时或稍后，于乡官行政普遍系统化确立之时，为防奸止盗，就应开始设置地方治安亭了。地方治安机构的设立，是在新

---

① 严耕望：《中国地方行政制度史——秦汉地方行政制度》，上海古籍出版社，2007，第58页。

② 严耕望：《中国地方行政制度史——秦汉地方行政制度》，第58页。

的官僚政治下地方行政管理组织系统确立并完善的特征之一。”① 张金光接受严耕望的观点，并对秦国的亭制起源做了较为合理的解释。吴荣曾亦赞同此说：“据《墨子》、《韩非子》等书，战国时主要是军事上的防御性机构。另外，从周以来，为了行旅的方便，交通要道上设有委积和供人住宿的庐舍，《国语》、《管子》中都曾提到过。”②

（二）源于部落说

以李连军为代表。李连军深入分析前人关于亭的起源的观点，提出了自己的认识：“亭之最初作用，实是为了观察敌情，防御外敌，它的出现是适应战争的需要，所以亭最早应出现在部落与部落之间的边界上，后来则在国与国之间的边界上。至于内地的亭，则是进入阶级社会后才产生的。内地的亭，应是起源于边界的亭，但溯本探源，边界的亭，则又是由‘巢居’和‘构屋高树’这种‘树居’方式演化而来。那种认为‘亭之本义为乡亭，指烽火隧者其引申也’以及‘边疆的亭障和内地的亭是各承其祖并无渊源关系可言’的说法均欠妥当。”③

（三）源于采邑说

这是杨剑虹的一家观点。杨剑虹认为亭的起源很早，“‘沈氏出自姬姓……食采于沈，汝南平舆沈亭即其地也，春秋鲁成公八年为晋所灭’，沈亭原是采邑，后来改为沈亭。亭也是采邑，如：‘白，蔡之褒信西南自亭是，楚平王灭以封子建之子胜，日白公’。”④ 杨剑虹指出到战国时，大国都在险要之地设亭。

以上是几种亭缘起的主要观点，笔者相对赞同主流观点。“源于部落说”思考深入，可以这样推想，但缺乏史料支撑。“源于采邑说”和秦国亭的实质相去较远，采邑面积较大，亭由采邑演变而来在逻辑上似乎讲不通。我们再对亭的起源做研究。

---

① 张金光：《秦乡官制度及乡、亭、里关系》，第 31 页。

② 吴荣曾：《汉代的亭与邮》，《内蒙古师范大学学报》2002 年第 4 期。

③ 李光军：《秦汉“亭”考述》，《文博》1989 年第 6 期。

④ 杨剑虹：《从简牍看秦汉时期的乡与里组织》，载《陕西历史博物馆馆刊》（第 3 辑），西北大学出版社，1996，第 141 页。

二 亭的起源再探讨

亭在现存文献中出现得较晚，最早“亭”字出现在《老子》一书中：“长之育之，亭之毒之，养之覆之。”① 高亨认为亭读为“成”②。此处亭的含义与我们所熟知的亭无本质联系。战国诸子著述中“亭”多见，墨子之后，墨离为三，秦墨中亭字出现频次较高，从中基本可以窥见亭的内涵。其他书中出现少或无，有的仅见孤例。

“亭”的古义，《说文解字》解释说：“亭，民所安定也。亭有楼。”③ 许慎“性淳笃，少博学经籍，马融常推敬之，时人为之语曰：‘《五经》无双许叔重’”④。许慎擅长解读经籍，《说文解字》当可靠。仅从《说文解字》“亭”的解释研究亭制，我们很难得出结论。从与亭相关的解释进一步理解，《说文解字》：“郛，郭也，从邑孚声。”⑤ 又《说文解字》：“郭，齐之。”⑥《古汉语常用字字典》：“郭，在城的外围加筑的一道城墙。”⑦ 这几个字与亭的关系密切，与城垣建设有所关联，而城垣是以安民为目的。可以这样设想，亭之形制指有楼之高台建筑，而不是上古人居住环境中无亭或不需要亭，亭在古文献中晚出，由于三代之时亭的建筑与城垣结合在一起。春秋战国或更晚，亭的建筑从城垣中分离而独立存在，这与政治统治格局等的变化有关。政治统治格局的变化就是从城市国家向领土国家的过渡，而统治方式的变化是由原有的宗主分封下的国野制向君主集权下的郡县制转化，亭的建设也成自然之事。

先秦史籍中很少找到亭的痕迹，几例均与边境或军事有关。从睡虎地秦简中关于亭的案例看，秦国亭的建设比较普遍，亭应存在一定的发展期。亭起源于边境军事的说法亦有欠缺，边境军事之亭用于候望。依此

---

① 《老子注》道德经下篇《五十一章》，王弼注，中华书局，1954，第31页。

② 杨剑虹：《从简牍看秦汉时期的乡与里组织》，第141页。

③ 许慎：《说文解字》，第110页。

④ 《后汉书》卷七十九下《儒林列传下》，第2588页。

⑤ 许慎：《说文解字》，第132页。

⑥ 《古汉语常用字字典》，商务印书馆，1998，第109页。

⑦ 许慎：《说文解字》，第136页。

说，有的史料就难解释了。应侯问孙卿子曰："入秦何见?"孙卿子曰："其固塞险，形埶便，山林川谷美，天材之利多，是形胜也。入境，观其风俗，其百姓朴，其声乐不流污，其服不挑，甚畏有司而顺，古之民也。及都邑官府，其百吏肃然莫不恭俭、敦敬、忠信而不楛，古之吏也。"①《荀子·富国》："观国之治乱臧否，至于疆易而端已见矣。其候徼支缭，其竟关之政尽察，是乱国已。入其境，其田畴秽，都邑露，是贪主已。观其朝廷，则其贵者不贤；观其官职，则其治者不能。"② 前者荀子对秦国赞声不绝，后者荀子却认为边境的"候徼支缭"是乱政。"候徼支缭"自然不是指秦国，而支持亭源于边境军事之亭的证据在于秦国的亭。

三　亭的功能探源

上文通过亭的词义探讨推断，亭当由各诸侯国中心向外发展，亭适应了秦国社会发展的需要，逐渐推向全国。秦国亭的功能交叉，不易理解。对此我们做一探讨。

（一）社会治安

亭的社会治安功能比较明显，部分学者将其认定为基层治安机构③。亭的治安功能主要是"禁盗贼"，战国末期秦简中有不少治安资料。

春秋末期，战争频发，民不聊生，盗贼猖獗。李悝著法经，以为王者之政，莫急于盗贼，故其律始于盗贼。盗贼须劾捕，故著囚捕二篇。商君受之以相秦。盗贼多的社会现象与法律禁盗贼不谋而合，这是社会治理问题演变的结果。在西周时，法律明令惩罚盗的行为，"毁则为贼，掩贼为藏，窃贿为盗，盗器为奸。主藏之名，赖奸之用，为大凶德，有常无赦，在《九刑》不忘"④。盗为大凶，明令禁止。《吕氏春秋·安死》："无以为之，于是乎聚群多之徒，以深山广泽林薮，扑击遏夺，又视名丘大墓葬之厚者，求舍便居，以微抇之，日夜不休，必得所利，相与分之。夫有所爱

① 王先谦：《荀子集解》卷十一《强国》，中华书局，1954，第202页。
② 王先谦：《荀子集解》卷六《富国》，第124～125页。
③ 朱绍侯主编《中国古代治安制度史》，第108～109页。
④ 杨伯峻编著《春秋左传注》，第634页。

所重，而令奸邪、盗贼、寇乱之人卒必辱之，此孝子、忠臣、亲父、交友之大事。”① 群盗猖獗可见一斑。春秋末期社会治安有了很大变化。郑大叔“兴徒兵以攻萑苻之盗，尽杀之，盗少止”②。为了镇压盗贼，政府出动兵力才有好转。

与秦国的一些社会事件相参考，盗贼猖獗现象在秦国继续扩大，秦国不得不在基层遍设亭“止奸盗”。不只是秦国，其他诸侯国类似的“治安机构”也普遍存在。可以判断，春秋之后各国面对猖獗的盗贼，政府采用下派武吏与征发兵役来维护基层的社会治安，我们初步认为亭禁盗贼的职能在春秋以后在基层得到加强，社会治安职能的履行处于边试边做的初级阶段。

（二）交通邮驿

秦国的亭常用于路人住宿，与道路交通相关联。《周礼·地官》：“掌邦之委积，以待施惠。乡里之委积，以恤民之艰厄；门关之委积，以养老孤；郊里之委积，以待宾客；野鄙之委积，以待羁旅；县都之委积，以待凶荒。凡宾客、会同、师役，掌其道路之委积。凡国野之道：十里有庐，庐有饮食；三十里有宿，宿有路室，路室有委；五十里有市，市有候馆，候馆有积。凡委积之事，巡而比之，以时颁之。”③“庐”与“宿”之设类同于亭外，“遗人”执掌与亭没有直接联系。《周礼·秋官》记载野庐氏亦掌交通，把“野庐氏”之职与秦国基层官吏征发徭役来兴建基层住宿设施有相似之处。《周礼》所载制度尚不能阐明亭的问题。《史记·范雎蔡泽列传》：“郑安平夜与张禄见王稽。语未究，王稽知范雎贤，谓曰：‘先生待我于三亭之南。’与私约而去。”④ 此处的亭方便行旅，其他类似资料很少。

我们再讨论亭的交通通信职能。先秦时期文书由专人传送，《诗经·小雅·出车》：“王事多难，不遑启居。岂不怀归？畏此简书。”⑤《周礼·夏官》：“若道路不通，有征事，则奉书以使于四方。”⑥ 文书的传送由各级

---

① 徐维遹：《吕氏春秋集释》卷十《孟冬纪》，中华书局，2009，第 226 页。
② 杨伯峻编著《春秋左传注》，第 1421 页。
③ 孙诒让：《周礼正义》卷二十五《地官司徒·遗人》，第 260 页。
④《史记》卷七十九《范雎蔡泽列传》，第 2402 页。
⑤ 程俊英：《诗经译注》，第 263 页。
⑥ 孙诒让：《周礼正义》第五十四《夏官司马·虎贲氏》，第 592 页。

官吏派人逐级传达。邮传系统的形成很大程度上依靠基层乡里政府，盖其后基层行政兼管邮驿的渊源。

“德之流行，速于置邮而传命”表明先秦时期中国的邮驿制度发达，但其不足之处是明显的，文书或信息的传递没有从交通系统析出为单独机构。《周礼·秋官》：“小行人：掌邦国宾客之礼籍，以待四方之使者。”[①]“行夫：掌邦国传遽之小事、媺恶而无礼者。”“环人：掌送邦国之通宾客，以路节达诸四方。舍则授馆，令聚柝；有任器，则令环之。凡门关无几，送逆及疆。”[②] 小行人、行夫、环人诸官的职掌包括接待宾客、使者，和邮驿事务纠缠在一起。

文化的传递发展不断前进，先秦时期的交通邮驿在西周之前尚无明显分化。交通通信亭的职能找不到可靠的论据，秦国出土的简牍是当前研究亭与交通邮驿最早的可靠出土文献。

（三）军事防御功能

秦国边地的亭制，可追溯至周幽王烽火戏诸侯。当时王畿边地烽火在于传递军情，与秦国屯戍士兵御敌的亭职能大异。各诸侯国完备的边境防御系统很难建立，边境安全防御系统的建立当产生于独立政权国家产生之后，长城出现于秦、韩、魏即是显证。从战国各国军事斗争实例分析，战争的目的在于攻城略地，边境的亭在抵御外国入侵时起到了一定作用。关于内地的亭，《墨子》述及最多，亭或邮亭是城池防御的组成部分，非边地的亭。

春秋之前的史籍中，不见亭的推广或基层民众与亭有多少来往，源于军事行旅说并不可靠。亭在春秋之前军事防御作用微小，如何解释亭产生分布于秦国基层，还需靠秦简说明问题。

第二节　亭的军事职能

先秦史籍中记有“乡亭”，指乡里之间的“亭”。“乡亭”和民户相

① 孙诒让：《周礼正义》第七十二《秋官司寇·行夫》，第787页。
② 孙诒让：《周礼正义》第七十三《秋官司寇·环人》，第803页。

邻，其功能自然重要。周振鹤以“部”的概念来沟通民政、军事系统，这一见解有其合理性，但在梳解班固本意时依旧难以贯通。班固的著作亦是文学作品，从文学家叙说模式的角度来理解这段文字，也许会得到合理的解释。“乡亭”为以“乡”为单位征发民力。主要为方便民众的日常工作与生活，并为保护乡民的人身与财产安全提供设施和媒介，它具备一些时代功能。

一　军事行动的组织领导

亭的军事职能表现为国家行为。《韩非子·内储说上》：“吴起为魏武侯西河之守，秦有小亭临境，吴起欲攻之，不去，则甚害田者；去之，则不足以征甲兵。于是乃倚一车辕于北门之外而令之曰：‘有能徙此南门之外者，赐之上田上宅。’人莫之徙也。及有徙之者，遂赐之如令。俄又置一石赤菽东门之外，而令之曰：‘有能徙此于西门之外者，赐之如初。’人争徙之。乃下令曰：‘明日且攻亭，有能先登者，仕之国大夫，赐之上田上宅。’人争趋之，于是攻亭，一朝而拔之。”① 这是魏国和秦国之间发生的军事行动，秦国的边境上设置了亭，吴起担心武力难以夺取这个军事堡垒，为此他首先取信于士兵，靠重赏调动士兵的战斗力，在此前提下才一举攻下秦国的“小亭”。可见魏武侯时期在秦国边境军事性质的亭已经设立，并且武装防备坚固。攻防双方代表秦国和魏国两国的利益，属国家之间的军事行为。

秦墨留下的论著中记有秦国军事性质的亭，亭尉是领导亭的军事活动的低级军官。《墨子·备城门》：“城下州道内，百步一积薪，毋下三千石以上，善涂之。城上十人一什长，属一吏士，一帛尉。百步一亭，高垣丈四尺，厚四尺，为闺门两扇。令各可以自闭。亭一尉，尉必取有重厚忠信可任事者。”② 城池是防守敌人的据点，城上亭的设置密集，一百步之距设置一亭，设置亭尉一人专职负责亭的军事行动。城池之外的其他地区，亭的设置根据实际需要而设置，不会这么密集。《墨子·旗帜》：“重质有居，

---

① 王先慎：《韩非子集解》卷九《内储说上七术》，第171页。

② 孙诒让：《墨子间诂》卷十四《备城门》，第312页。

五兵各有旗，节各有辨，法令各有贞。轻重分数各有请，主慎道路者有经。亭尉各为帜，竿长二丈五。帛长丈五，广半幅者大，寇传攻前池外廉，城上当队鼓三，举一帜。到水中周，鼓四，举二帜。到藩，鼓五，举三帜。到冯垣，鼓六，举四帜。到女垣，鼓七，举五帜。到大城，鼓八，举六帜。乘大城半以上，鼓无休。夜以火，如此数。”注：“亭尉即《备城门》篇之‘帛尉’，及《迎敌祠》篇之‘百长’也。”① 王先慎认为帛尉、百长、亭尉是同义语，是亭的实际领导者。防城士兵根据亭尉举旗的数目、击鼓的次数知道敌人到达不同的地点：前池外廉、水中周、藩、冯垣、女垣、大城。如果敌人攻破大城一半以上，鼓声不绝，是警告决战不休。夜间举火为号，击鼓同白天。

里耶秦简相关简文记载了亭的管理人员、亭的职责。“廿六年二月癸丑朔丙子，唐亭叚（假）校长壮敢言之：唐亭Ⅰ旁有盗可卅人，壮卒少，不足以追。亭不可空。谒Ⅱ遣【卒】索（索），敢言之。/二月辛巳，迁陵守丞敦狐敢告尉、告乡主，以律Ⅲ9－1112令从吏（事）。尉下亭鄣，署士吏谨备。贰乡上司马丞。/亭手。/即令Ⅰ走涂行。Ⅱ二月辛巳，不更舆里戌以来。/丞半。壮手。”② 唐亭附近有盗贼三十几人，亭的负责人校长上报县廷，守丞是一县的治安、军事总管，他把此事告知县尉、乡主，县尉具体负责部署唐亭及其他亭障的军事、治安行动。可见亭发生大的军事治安行动，校长和守丞、县尉、乡主主要负责人全体参与，共同处理突发事件。

严格盘查过往行人的凭证，也是亭的军事职责之一。《墨子·号令》：“居大夫重厚口数多少。宫府城下吏卒民家，前后左右，相传保火，火发自燔，燔曼延燔人，断诸以众强凌弱少，及强奸人妇女，以讙哗者，皆断，诸城门若亭，谨候视往来行者符，符传疑，若无符，皆诣县廷言，请问其所使。其有符传者，善舍官府，其有知识兄弟，欲见之，为召，勿令里巷中。三老守闾，令厉缮夫为答。若他以事者微者，不得入里中，三老不得入家人，传令里中有以羽，羽在三所差。家人各令其官中，失令，若

① 孙诒让：《墨子间诂》卷十五《旗帜》，第343～344页。
② 里耶秦简牍校释小组：《新见里耶秦简牍资料选校》（二），第198页。

稽留令者，断。家有守者治食，吏卒民无符节，而擅入里巷官府，吏三老守闾者，失苛止，皆断。诸盗守器械财物，及相盗者，直一钱以上皆断。”① 此处的亭与基层的里相互杂处，出入亭的官吏、士兵、民众各类行人，如无符传，则要到县廷接受审查。没有符传出入里巷、官府，官吏、三老、守闾者将受惩罚。

亭通常建在“要害”之处，即险要地方。一般同时设置三个亭，以便相互救助，这样的设置显然出于军事目的。《墨子・杂守》：“渠之垂者四尺，树渠无传叶五寸，梯渠十丈一梯，渠答大数。里二百五十八，渠答百二十九。诸外道，可要塞以难寇，其甚害者，为筑三亭，亭三隅。织女之，令能相救，诸距阜，山林沟渎，丘陵阡陌，郭门，若阎术，可要塞，及为微帜，可以迹知往来者少多，及所伏藏之处，葆民。”② 对亭的建制和亭周围的军事设施有详细规定。《墨子・杂守》：“民献粟米布帛金钱牛马畜产，皆为置平贾。与主券书之，使人各得其所长。天下事当，钧其分职，天下事得，皆其所喜。天下事备，强弱有数，天下事具矣。筑邮亭者圆之，高三丈以上，令侍杀，为辟梯，梯两臂长三尺，连门三尺报以绳连之。堑再杂为县梁。聋灶，亭一鼓。寇烽惊烽乱烽，传火以次应之，至主国止，其事急者，引而上下之，烽火以举，辄五鼓传。又以火属之，言寇所从来者少多，旦弇还，去来属次烽勿罢，望见寇举一烽。入境，举二烽射妻。”③ 亭的设计建造有一定规格标准，亭建成圆形，高三丈以上，顶部呈斜尖状。上下亭用的梯子，宽三尺，梯阶三尺。亭与其周围的军事设施亦有修筑标准，壕沟修成内外两层，有悬梁，安置垄灶。每个亭上配备一个战鼓，报警的烽火和鼓声相结合，根据敌人实际情况传递军情到国都。亭的官吏人员配备两人，《墨子・杂守》：“亭尉次司空，亭一人，吏侍守所者，财足廉信。”④ 亭尉、司空各一人。守城官吏的家属充当人质，以提高他们守城的责任心和积极性，“城守司马以上，父母昆弟妻子，有质在

① 孙诒让：《墨子间诂》卷十五《号令》，第 355 页。

② 孙诒让：《墨子间诂》卷十五《杂守》，第 366 ~ 367 页。

③ 孙诒让：《墨子间诂》卷十五《杂守》，第 371 页。

④ 孙诒让：《墨子间诂》卷十五《杂守》，第 367 页。

主所，乃可以坚守署”①。

大梁人尉缭建议，守城应主动在城外迎击敌人，在外城守住“亭障”，即险要的军事据点。《尉缭子·守权》：“凡守者，进不郭（围）［圉］，退不亭障，以御战，非善者也，豪杰雄俊，坚甲利兵，劲弩（疆）［强］矢，尽在郭中，乃收窖廪，毁折而入保，令客气十百倍，而主之气不半焉。”②

亭尉负责号令士卒，报告敌情，各亭按时开闭。《墨子·杂守》：“符不合牧守言，若城上者，衣服，他不如令者，宿鼓在守大门中，莫令骑若使者，操节闭城者，皆以执毚。昏鼓鼓十，诸门亭皆闭之，行者断，必击问行故，乃行其罪，晨见掌文。鼓纵行者，诸城门吏，各入请钥。开门已辄，复上钥，有符节，不用此令。”③

二 亭在秦国设置的普遍性

战国时期，军事性质的“亭障”在战略要地已普遍设置。《史记·张仪列传》：“梁南与楚境，西与韩境，北与赵境，东与齐境，卒戍四方，守亭鄣者不下十万。梁之地势，固战场也。梁南与楚而不与齐，则齐攻其东；东与齐而不与赵，则赵攻其北；不合于韩，则韩攻其西；不亲于楚，则楚攻其南，此所谓四分五裂之道也。”④ 魏国用于守亭障的士兵不下十万人，当时魏国境内和边地亭的设立不在少数。《史记·范雎蔡泽列传》：“郑安平曰：‘臣里中有张禄先生，欲见君，言天下事。其人有仇，不敢昼见。’王稽曰：‘夜与俱来。’郑安平夜与张禄见王稽。语未究，王稽知范雎贤，谓曰：‘先生待我于三亭之南。’与私约而去。”注曰：“三亭，亭名，在魏境之边，道亭也，今无其处。一云魏之郊境，总有三亭，皆祖饯之处。与期三亭之南，盖送饯已毕，无人处。”⑤ “三亭”或者是亭名，或者因三个亭相连而得名。不设置亭障，或其管理不善，是乱政的表现。岳

---

① 孙诒让：《墨子间诂》卷十五《杂守》，第 367 页。

② 《尉缭子译注》，李解民译注，河北人民出版社，1992，第 49 页。

③ 孙诒让：《墨子间诂》卷十五《号令》，第 353 页。

④ 《史记》卷七十《张仪列传》，第 2285 页。

⑤ 《史记》卷七九《范雎蔡泽列传》，第 2402 页。

麓秦简："涂溉（壁）陀（弛）隋（堕）牛饥车不攻间，亭障不治。"①

秦国境内军事要地的亭障设置同魏国，《史记·秦始皇本纪》："又使蒙恬渡河取高阙、（陶）〔阳〕山、北假中，筑亭障，以逐戎人。徙谪，实之初县。"②《史记·李将军列传》："尝夜从一骑出，从人田间饮，还至霸陵亭，霸陵尉醉，呵止广。广骑曰：'故李将军。'尉曰：'今将军尚不得夜行，何乃故也！'止广宿亭下。"③ 秦国境内争夺四战之地，多建有军事据点"亭障"。

第三节　亭的交通通信职能

一　秦国的交通建设与亭的交通通信职能

秦国自古重视交通基础设施建设，《史记·秦本纪》："造父以善御幸于周缪王，得骥、温骊、骅駵、騄耳之驷，西巡狩，乐而忘归。徐偃王作乱，造父为缪王御，长驱归周，一日千里以救乱。"④ 造父为周穆王驾车，因其熟练的驾技，"一日千里"，这与秦国交通发达不无关系。《诗·秦风》中多见体现秦人"有车马之好"的诗句。所谓"有车邻邻，有马白颠"⑤；"驷驖孔阜，六辔在手"，"游于北园，四马既闲"⑥；"四牡孔阜，六辔在手，骐駵是中，騧骊是骖"⑦；等等。车马出行规模之盛，反映出秦国的交通发达。

秦国交通发达，有力地促进了运输业的发展。秦昭襄王三十六年，穰侯免相，出关就封邑时，"辎车千乘有余"⑧。秦昭襄王十二年，"予楚粟五

① 孙诒让：《墨子间诂》卷十五《杂守》，第 34 页。
② 《史记》卷六《秦始皇本纪》，第 253 页。
③ 《史记》卷一百九《李将军列传》，第 2871 页。
④ 《史记》卷五《秦本纪》，第 175 页。
⑤ 程俊英：《诗经译注》，第 187 页。
⑥ 程俊英：《诗经译注》，第 188～189 页。
⑦ 程俊英：《诗经译注》，第 190 页。
⑧ 《史记》卷七十二《穰侯列传》，第 2329 页。

万石"[①]，运送粮食的车队壮观，反映出秦国交通运输业的先进。

对于秦国发达的交通运输与秦统一六国的关系，学人认识深刻，位于交通线两侧的亭，发挥着传递文书的重要职能，湘西里耶秦简："七月癸卯，水十一刻［刻］下九，求盗簪裹（袅）阳成辰以來。/羽手，如手。"注曰："求盗，亭中专司捕盗的人员。"[②] 求盗是亭的主要属吏，职责重在抓捕盗贼，但也有传送文书的职责，这可能与其身份有关，求盗与其他送信人相比更安全可靠。亭的通信职能在文献中多有反映，《墨子·杂守》："筑邮亭者圆之，高三丈以上，令侍杀，为辟梯。梯两臂长三尺，连门三尺报以绳连之。槧再杂为县梁。聋灶，亭一鼓。寇烽惊烽乱烽，传火以次应之。"[③] 邮和亭相连，邮和亭都是通信机构，两者建筑形制相近，这与适应军事战争有关。段玉裁《说文解字注》："桓，亭邮表也。"[④] 也表明亭与邮的职能相近。

邮亭制度，西周已有："凡国野之道，十里有庐，庐有饮食；三十里有宿，宿有路室"，郑玄注曰："庐，若今野候，徒有庌也。宿，可止宿；若今亭，有室矣。"[⑤] 关于邮和亭的关系，吴荣曾指出："古代的邮必有亭"，"邮亭并非指的是邮再加上乡亭之亭，邮亭实际上就是指邮而言"，"先秦时期，邮带有军事性质，故须筑亭楼以助远望和防御"。[⑥]

二 亭的邮驿细节探讨

由于关于秦国亭的记述甚少，难免挂一漏万，西汉亭的史料相对充足，汉承秦制，汉代继承了秦国和秦代的亭的基本职能。对汉代亭的交通通信职能研究比较充分，汉简多见"以邮行""以亭行""亭次穿行"等记述，这些不同的邮驿系统术语应该是有区别的，关于"以邮行"与"以亭行"的区别，王彦辉研究指出："邮亭与乡亭都具备食宿与传递的功能，

---

① 《史记》卷五《秦本纪》，第 210 页。
② 湖南省文物考古研究所编著《里耶发掘报告》，第 192 ~ 193 页。
③ 孙诒让：《墨子间诂》卷十五《杂守》，第 367 页。
④ 段玉裁：《说文解字注》，中华书局，2006，第 257 页。
⑤ 孙诒让：《周礼正义》卷二十五《地官司徒·遗人》，第 990 页。
⑥ 吴荣曾：《汉代的亭与邮》，第 55 页。

区别是邮亭主要设置于京师与郡国、郡国与县邑的主要交通沿线，取道邮亭的文书传递称‘以邮行’；兼行邮书职能的乡亭主要设置于郡国辖区中的次级交通道路，取道乡亭的邮书传递称‘以亭行’。”① 关于汉代亭的通信职能，张俊民研究认为：“悬泉汉简是汉代邮驿机构悬泉置的档案文书，其中自然会有许多邮驿之亭的记录和反映。其数量之多远远超过前面的候望之亭和治安之亭。”② 张德芳研究指出：“敦煌郡邮路所设的亭，简文中可知名者近60个，它们是：西门亭……石渠亭、安羌亭等。悬泉简中很少见到邮，仅石靡邮、悬泉邮2处，且都出现在东汉永平十五年（72年）的纪年简中。可知西汉时称亭而不称邮，只是到了东汉才有了邮的建置。”③

王彦辉、张俊民、张德芳对亭的交通通信职能探讨已相当充分，笔者在他们的基础上，进一步对资料进行收集，再分析，对前人的论述做一些补充。

（一）“以邮行”“以亭行”等

秦国亭的通信职能，我们以汉初的文献为参考。《二年律令·行书律》：“十里置一邮。南郡江水以南，至索（?）南水，廿里一邮。一邮十二室。长安广邮廿四室，敬（警）事邮十八室。有物故、去，辄代者有其田宅。有息，户勿减。令邮人行制书、急书、复，勿令为它事。畏害及近边不可置邮者，令门亭卒、捕盗行之。北地、上、陇西，卅里一邮；地险陕不可邮者，得进退就便处。邮各具席，设井磨。吏有县官事而无仆者，邮为炊；有仆者，叚（假）器，皆给水浆。复蜀、巴、汉（?）中、下辨、故道及鸡劍中五邮，邮人勿令徭戍，毋事其户，毋租其田一顷，勿令出租、刍稾。”④

《二年律令》加深了我们的认识，汉律明确告诉我们邮是步行传递公文，同时记载了邮的设置、邮人的配备、邮人的优惠政策等。与尹湾汉简中关于邮的记载相参照，邮并非包办一切信件来往，其传递文书多为“急书”，“书不急”，禁止邮行，否则“罚金二两”。其他书信多以亭传送，

---

① 王彦辉：《聚落与交通视阈下的秦汉亭制变迁》，《历史研究》2017年第1期。

② 张俊民：《敦煌悬泉汉简所见的“亭”》，《南都学刊》2010年第1期。

③ 胡平生、张德芳等编撰《敦煌悬泉汉简释粹》，上海古籍出版社，2001，第202~203页。

④ 张家山二四七号汉墓竹简整理小组编著《张家山汉墓竹简》，第169~170页。

例如，“乘候官士吏诩、燧长戎以亭行回。十月丙申卅井守候☐”[①]；“☐亭行”[②]；“蓬火治所　眆寇燧绳十丈札五十檄二，以亭次传行毋留”[③]；“甲渠官，六月甲子第十卒愿以来，甲渠官以亭行，居延丞印，甲渠候官以亭行”[④]；“符普印，卅井官以亭行，八月乙未卒良以来”[⑤]；“乘侯官士吏诩燧长戎以亭行回，十月丙申卅井守候☐”[⑥]；“☐以亭次行☐”[⑦]；“南书二封，二封章破诣觻得，付界亭卒同。用绳□□绳之□□□□□□□□”[⑧]；“南书一辈一封潘和尉印，诣肩水都尉府，●六月廿三日庚申日食坐五分沙头亭长受骍北卒音，日东中六分沙头亭卒宣付骍马卒同”[⑨]。以上简文充分显示了亭的通信职能。

居延新简中也有相关记载，例如，“☐以亭行”[⑩]；“甲渠官亭次急行，回，十月癸巳燧长尚以来”[⑪]；“☐甲渠候官以亭行，二月□丑第七卒□以来”[⑫]；“甲渠候官以亭行，九月辛末第七卒欣以来”[⑬]；“□官以亭行☐。毋□□趣□马☐；事，毋马者趣办马☐”[⑭]。“乡邮亭”，注曰：“《汉书·高帝纪》颜注：‘秦法十里一亭。亭长者，主亭之吏也。亭谓停留行旅宿食之馆。’据简文，乡里之亭似亦有传递邮件之功效。”[⑮]“鸿嘉四年十月丁亥，临泉亭长褎敢言之：谨案，亭官牛一，黑，犗，齿八岁夬（决）鼻，车一两（辆）。”[⑯]“悬泉亭次行”，“效谷悬泉置啬夫光以亭行”[⑰]，“入东军书

---

① 谢桂华、李均明、朱国炤：《居延汉简释文合校》，文物出版社，1987，第558页。
② 谢桂华、李均明、朱国炤：《居延汉简释文合校》，第457页。
③ 谢桂华、李均明、朱国炤：《居延汉简释文合校》，第459页。
④ 谢桂华、李均明、朱国炤：《居延汉简释文合校》，第469页。
⑤ 谢桂华、李均明、朱国炤：《居延汉简释文合校》，第551页。
⑥ 谢桂华、李均明、朱国炤：《居延汉简释文合校》，第558页。
⑦ 谢桂华、李均明、朱国炤：《居延汉简释文合校》，第572页。
⑧ 谢桂华、李均明、朱国炤：《居延汉简释文合校》，第605页。
⑨ 谢桂华、李均明、朱国炤：《居延汉简释文合校》，第608～609页。
⑩ 甘肃省文物考古研究所等编《居延新简》，文物出版社，1990，第68页。
⑪ 甘肃省文物考古研究所等编《居延新简》，第139页。
⑫ 甘肃省文物考古研究所等编《居延新简》，第164页。
⑬ 甘肃省文物考古研究所等编《居延新简》，第182页。
⑭ 甘肃省文物考古研究所等编《居延新简》，第404页。
⑮ 胡平生、张德芳等编撰《敦煌悬泉汉简释粹》，第71～72页。
⑯ 胡平生、张德芳等编撰《敦煌悬泉汉简释粹》，第85页。
⑰ 胡平生、张德芳等编撰《敦煌悬泉汉简释粹》，第88页。

一封，阜缯纬，完，平望侯上王路四门，始建国二年九月戊子，日早食时，万年亭驿骑张同受临泉亭长阳。戊子日早食”[①]。大量简文显示，传递文书是亭的基本职能之一。

（二）亭的运输职能

亭的邮驿职能，除了传递文书，还运送紧急物资。居延汉简：“蓬火治所　盷寇燧绳十丈札五十檄二，以亭次传行毋留。”[②] 亭运输军用物资“燧绳”。“仲功前令传弩铠迫行亭，当到，又尉卿怒，壹何不相克乎？官前不便适罚，它宜急传之来，不可久，尉迟问之。”[③] 亭运送“弩铠”等兵器和铠甲。亭饲养牛和拥有配套运输工具，敦煌悬泉汉简：“鸿嘉四年十月丁亥，临泉亭长袤敢言之：谨案，亭官牛一，黑，犗，齿八岁夬（决）鼻，车一两（辆）。”[④] 亭养牛，并有设备齐全的运输工具，说明运输主要物资亦是亭的职能。

（三）邮亭的军事职能和邮政合一

部分汉简表明，亭的邮驿职能和军事职能交叉重合：“……八月己丑日蚤（早）食时，□相邮人青□付□土邮人……十月丙子。”注曰：“邮人：传递公文书信的人。《史记·留侯世家》：‘留侯病，自强起，至曲邮。’《索隐》引《汉书旧仪》云：“五里一邮，邮人居间，相去二里半。”[⑤] 悬泉汉简告诉我们邮的数量在基层似乎不如亭多。“入西书八，邮行。……永平十五年三月九日人定时，悬泉邮孙仲受石靡邮牛羌。”注曰：“悬泉邮、石靡邮：邮驿机构。文献中每每‘邮亭驿置’并称，称呼不同，但功能基本相同。”[⑥] 在这里，邮驿职能和军事职能显示重合：“县（悬）泉置元平元年七月兵薄（簿）。”注曰：“悬泉置虽为驿置机构，但置内存放兵器，并常有戍卒当值服役，这是悬泉置军事、邮政合为一体的

① 胡平生、张德芳等编撰《敦煌悬泉汉简释粹》，第 90 页。
② 谢桂华、李均明、朱国炤：《居延汉简释文合校》，第 459 页。
③ 甘肃省文物考古研究所等编《居延新简》，第 143 页。
④ 胡平生、张德芳等编撰《敦煌悬泉汉简释粹》，第 85 页。
⑤ 胡平生、张德芳等编撰《敦煌悬泉汉简释粹》，第 94 页。
⑥ 胡平生、张德芳等编撰《敦煌悬泉汉简释粹》，第 95 页。

特点。”①

三　亭的邮驿管理

关于亭中的邮人，史籍不载，《二年律令·行书律》有关于“门亭卒”与“求盗”代行邮的记载，而不是“以亭行”。尹湾汉简：“亭六百八十八，卒二千九百七十二人，邮卅四人四百八，如前。”② “卒”是指亭卒，“人”指邮人。每亭有四至五个亭卒。悬泉简记载“临泉亭长”参与“军书”的传递，“入东军书一封，皁缯纬，完，平望侯上王路四门，始建国二年九月戊子，日早食时，万年亭驿骑张同受临泉亭长阳。戊子日早食”③。“以亭行”是否由亭长负责尚不能肯定，我们不知道邮书的传递被指定用什么方式，简中提及“驿骑”，是用“置”马递送，这与亭递有所不同。简中又有“万年亭”的“驿骑”，此“驿骑”是不是亭卒，待考。

以上不少论述多为概括性判断，部分简牍材料来自西汉初期和中后期，结论尚不坚实。制度的惯性很大，可靠的结论有待更多秦简的公布。

第四节　亭的治安管理职能

秦国亭的主要职能是维护基层社会治安，亭部就是亭的治安辖区。汉承秦，汉初的律令源于秦国，张家山汉简记载的制度性内容可作为秦制理解。

逮捕不法分子是亭部吏的基本工作。亭部吏在亭部内巡行，发现盗贼或罪犯，亭吏及时将其捉拿归案。亭长和求盗都有随时逮捕不法分子的权力，亭长执“索绳以收执贼”，求盗是亭内专职捕盗的吏员，罪犯如果出现在自己的管理范围内，应尽快抓回，上报县廷。睡虎地秦简《封诊式》：“市南街亭求盗才（在）某里曰甲缚诣男子丙，及马一匹，骓牝右剽；缇覆（复）衣，帛里莽缘领褎（袖），及履，告曰：‘丙盗此马、衣，今日

① 胡平生、张德芳等编撰《敦煌悬泉汉简释粹》，第100页。
② 连云港市博物馆等编《尹湾汉墓简牍》，第77页。
③ 胡平生、张德芳等编撰《敦煌悬泉汉简释粹》，第90页。

见亭旁，而捕来诣'。"[1] 这是亭吏捕捉犯人的典型案例。《封诊式》："某亭校长甲、求盗在某里曰乙、丙缚诣男子丁，斩首一，具弩二、矢廿，告曰：'丁与此首人强攻群盗人，自昼甲将乙等徼循到某山，见丁与此首人而捕之。此弩矢丁及首人弩矢也。首人以此弩矢□□□□□□乙，而以剑伐收其首，山险不能出身山中。'讯丁，辞曰：'士伍，居某里。此首某里士伍戊也，与丁以某时与某里士伍己、庚、辛，强攻群盗某里公士某室，盗钱万，去亡。己等已前得。丁与戊去亡，流行无所主舍。自昼居某山，甲等而捕丁戊，戊射乙，而伐杀收首。皆无它坐罪。'"[2] 男子丁等抢钱后逃亡，四处躲藏。亭长甲率其求盗乙和丙，三人一起在辖区内搜寻，发现他们后展开激战，把丁抓回。

在亭的辖区内，亭长有权逮捕依仗权贵、为非作歹的人。《奏谳书》："苍即与求盗大夫布、舍人……共贼杀武于校长丙部中。"在苍杀害狱史案中，亭长丙已将苍抓捕归案，苍自言是受县令信的指使杀害武的，苍的辩解属实，丙逮捕了信释放了苍。丙因为释放苍被判弃市。"贼杀人，弃市。以此当苍。律：谋贼杀人，与贼同法。以此当信。律：纵囚，与同罪。以此当丙、赘。"[3] 丙因执法不严，被认定纵囚，丢了性命。足见秦律执行严苛。

亭所追捕的违法者中有流亡的特殊群体。战国时期战乱频仍，大量民众背井离乡、四处流亡。在战乱结束，为了稳定社会秩序，政府颁布法令："诸无名数者，皆令自占书名数，令到县道官，盈卅日，不自占书名数，皆耐为隶臣妾，锢，勿令以爵、赏免，舍匿者与同罪。"[4] "取亡罪人为庸，不知其亡，以舍亡人律论之。"[5] 仍有不少亡人隐匿下来。

亭是政府意志的执行者。张家山汉简《奏谳书》："五月庚戌，校长池曰：士伍军告池曰，大奴武亡，见池亭西，西行。池以告，与求盗视追捕武……·军曰：武故军奴，楚时亡，见池亭西。以武当复为军奴，即告池

---

① 睡虎地秦墓竹简整理小组编《睡虎地秦墓竹简》，第253页。
② 睡虎地秦墓竹简整理小组编《睡虎地秦墓竹简》，第255页。
③ 张家山二四七号汉墓竹简整理小组编著《张家山汉墓竹简》，第220页。
④ 张家山二四七号汉墓竹简整理小组编著《张家山汉墓竹简》，第219页。
⑤ 张家山二四七号汉墓竹简整理小组编著《张家山汉墓竹简》，第156页。

所，曰武军奴，亡。”[①] 武逃亡之后投降汉军，已经“书名数为民，不当为军奴”，但士伍军并不知道，发现武马上向亭长池报告。亭长池不明事实，把武当作亡人，与求盗视一起追捕武。亭吏抓捕罪犯，发生争斗伤亡是常有之事。对于亭吏杀伤案犯或案犯伤亭吏，有相关法律规定，睡虎地秦简《法律答问》：“求盗追捕罪人，罪人挌（格）杀求盗。问杀人者为贼杀人，且斲（斗）杀？斲（斗）杀人，廷行事为贼。”[②] “贼杀人”罪重于“斗杀人”罪，相斗中杀死他人，原本应该被判“斗杀人”，但因被杀的是求盗，杀人者被判“贼杀人”，以示重罚。在江陵余、丞骜的上诉中，亭长池率领求盗逮捕逃亡奴隶武，发生了争斗，武以剑击伤视，视亦以剑刺伤武。案件难以断决而被上诉，是因为武的身份不是逃亡的奴婢，他本不应被追捕，亭吏有失职之处。在争斗中武伤求盗视，被判为“贼伤人”，县廷难以断决。最后的判决是“黥武为城旦”，求盗视刺伤了武，被判无罪，法律有所偏向。法律对亭吏的权力有所限制，如亭吏不可随意在抓捕罪犯过程中使用兵器。秦简《法律答问》：“捕赀罪，即端以剑及兵刃刺杀之，可（何）论？杀之，完为城旦；伤之，耐为隶臣。”[③]

一 监视过往行人

秦国的亭内建有建筑物，储存着大量物资。官吏经过亭时可在其中休息，过往的百姓也可在亭内借宿。亭为行人提供住宿便利，但所有过往行人和借宿的路人处于亭的监视之下。若发现异常，亭有权及时处理。《风俗通义·怪神》：“亭卒上楼扫除，见死妇，大惊，走白亭长。亭长击鼓会诸庐吏，共集诊之。”[④]《新论·见微》：“余从长安归沛，道疾，蒙絮被，绛局襜褕，乘骍马，宿于下邑东亭中。亭长疑是贼，发卒夜来攻。”[⑤] 亭有监督作用，与关的职能相似，在一些特殊位置，过亭必须有信物，“丞相上备塞都尉书，请为夹谿河置关，诸漕上下河中者，皆发传，及令河北县为

---

① 张家山二四七号汉墓竹简整理小组编著《张家山汉墓竹简》，第 216 页。
② 睡虎地秦墓竹简整理小组编《睡虎地秦墓竹简》，第 179～180 页。
③ 睡虎地秦墓竹简整理小组编《睡虎地秦墓竹简》，第 204 页。
④ 应劭：《风俗通义校注》，第 425 页。
⑤ 桓谭：《新论》，上海人民出版社，1977，第 16 页。

亭，与夹谿关相直。·阑出入，越之，及吏卒主者，皆比越塞阑关令。·丞相、御史以闻，制曰：可。”[①] 没有传而擅自出关称为“阑”。河北县的亭的职能几乎同关，需要传才可以通行。居延汉简：“建平五年十二月辛卯朔庚寅，东乡啬夫护，敢言之，嘉平☑□□□□□案，忠等毋官狱征事，谒移过所县邑门亭河津关，毋苛留，敢言之。”[②] 亭具有关的性质。

在各地的亭中张贴通缉犯的画像和重要公告，有利于民众揭发，亭吏可依据画像检查行人。“使长安中官署及天下乡亭皆画伯升像于塾，旦起射之。”注引《字林》曰：“塾，门侧堂也。”[③] 在亭内宣告文书，有利于文书在民众之间传播。因此，《风俗通义》云：“光武中兴以来，五曹诏书，题乡亭壁，岁补正，多有阙误。永建中，兖州刺史过翔，笺撰卷别，改著板上，一劳而久逸。”[④] 王景“又训令蚕织，为作法制，皆著于乡亭”[⑤]。为了使逃犯归案，有时会将逃犯的亲属扣押在亭中。《奏谳书》：“河东守谳：士吏贤主大夫𦐂，𦐂盗书系㸷亡，狱史令贤求，弗得，系母嬐亭中，受豚、酒赃九十，出嬐，疑罪。·廷报：贤当罚金四两。”[⑥]《汉书·翟方进传》：“北地浩商为义渠长所捕，亡，长取其母，与豭猪连系都亭下。商兄弟会宾客……杀义渠长妻子六人，亡。”[⑦]

二　执行宵禁法

秦国实行宵禁，夜晚禁止私自外出。有吏卒在夜间巡视，贯彻实施宵禁法，各个关口、城门、里门都要按时关闭，禁止通行。《史记·李将军列传》：“尝夜从一骑出，从人田间饮，还至霸陵亭，霸陵尉醉，呵止广。广骑曰：‘故李将军。’尉曰：‘今将军尚不得夜行，何乃故也！’止广宿亭下。”[⑧] 汉代继承秦国旧制，“大司空士夜过奉常亭，亭长苛之，告以官名，

---

① 张家山二四七号汉墓竹简整理小组编著《张家山汉墓竹简》，第 210 页

② 谢桂华、李均明、朱国炤：《居延汉简释文合校》，第 594 页。

③ 《后汉书》卷十四《宗室四王三侯列传》，第 550 ~ 551 页。

④ 应劭：《风俗通义校注》，第 494 页。

⑤ 《后汉书》卷七十六《循吏列传》，第 2466 页。

⑥ 张家山二四七号汉墓竹简整理小组编著《张家山汉墓竹简》，第 218 页。

⑦ 《汉书》卷八十四《翟方进传》，第 3413 页。

⑧ 《史记》卷一百九《李将军列传》，第 2871 页。

亭长醉曰：‘宁有符传邪?’士以马棰击亭长，亭长斩士，亡，郡县逐之。家上书，莽曰：‘亭长奉公，勿逐。’大司空邑斥士以谢。”①

“皇后弟黄门郎窦笃从宫中归，夜至止奸亭，亭长霍延遮止笃。”② 即使是高官、贵戚，只要在夜间私自出行，亭长有权进行拦阻，如果发生冲突，责任也不在于亭长。为了减少治安事件发生，秦国规定夜间按时关闭亭门、里门，禁止夜间出行。

三　捕捉犯人是亭部吏的主要职责

捕捉盗贼是亭部吏的日常基本工作内容，《后汉书·百官志》：“亭长，主求捕盗贼，承望都尉。”注曰：“亭长课徼巡。尉、游徼、亭长皆习设备五兵。五兵：弓弩，戟，楯，刀剑，甲铠。鼓吏赤帻行滕，带剑佩刀，持楯被甲，设矛戟，习射。”③ 《汉官六种》记载相近：“亭长课徼巡。尉〔游徼、亭长〕皆习设备五兵。五兵：弓弩，戟，楯，刀剑，甲铠。鼓吏赤帻行滕，带剑佩刀，持楯被甲，设矛戟，习射。”④ 亭长、游徼、尉属武官系统，负责基层的军事治安工作。亭与押解犯人有关，犯人被收押于“亭”的事例文献有载，亭长刘邦押送犯人参加国家组织的徭役，途中犯人不断走失。张家山汉简《奏谳书》中有案例表明抓捕逃犯是亭部吏的本职工作：

> 十年七月辛卯朔甲寅，江陵余、丞骜敢谳之。乃五月庚戌，校长池曰：士伍军告池曰，大奴武亡，见池亭西，西行。池以告，与求盗视追捕武。武格斗，以剑伤视，视亦以剑伤武。·今武曰：故军奴。楚时去亡，降汉，书名数为民，不当为军奴。视捕武，诚格斗，以剑击伤视，它如池。·视曰：以军告，与池追捕武，武以剑格斗，击伤视，视恐弗胜，诚以剑刺伤武而捕之，它如武。·军曰：武故军奴，

① 《汉书》卷九十九中《王莽传中》，第4135页。

② 《后汉书》卷七十七《酷吏列传》，第2495页。

③ 《续汉书》志第二十八《百官五》，第3624页。

④ 孙星衍等辑《汉官六种》，第153页。

楚时亡，见池亭西。以武当复为军奴，即告池所，曰武军奴，亡。告诚不审，它如池、武。·诘武：武虽不当受军奴，视以告捕武，武宜听视而后与吏辩是不当状，乃格斗，以剑击伤视，是贼伤人也。何解？·武曰：自以非军亡奴，无罪，视捕武，心恚，诚以剑击伤视，吏以为即贼伤人，存吏当罪，毋解。·诘视：武非罪人也，视捕，以剑伤武，何解？视曰：军告武亡奴，亡奴罪当捕，以告捕武，武格斗伤视，视恐弗胜，诚以剑刺伤捕武，毋它解。·问武：士五，年卅七岁，诊如辞。·鞫之：武不当复为军奴，军以亡奴告池，池以告与视捕武，武格斗，以剑击伤视，视亦以剑刺伤捕武，审。·疑武、视罪，敢潚之，谒报，署狱如廥发。·吏当：黥武为城旦，除视。·廷以闻，武当黥为城旦，除视。[①]

亭长、求盗等亭部吏与盗贼搏斗，亭部吏的工作性质要求他们必须具有武斗本领。"·汉中守潚：公大失昌笞奴相如，以辜死，先自告。相如故民，当免作少府，昌与相如约，弗免，已狱治，不当为昌错告不孝，疑罪。·廷报：错告，当治。"[②] 亭有拘捕、关押犯人的职责，在此过程中同盗贼武斗是常有之事，日常工作中亭部吏必须坚持操练，以胜任本职工作。

《岳麓书院藏秦简》中有几则案例，关于校长（亭长）、求盗、亭佐抓获犯人的记述十分详细。《癸、琐相移谋购案》记载了秦王政廿五年六月丙辰朔癸未一起上报的疑难案件[③]。"四月辛酉，校长癸、求盗上造柳、士五（伍）轿、沃诣男子治等八人、女子二人，告群盗盗杀人。"校长、求盗等人把治等十人上交官府，但这十人并非校长癸等人捕获，他们追到沙羡县时，"士五（伍）琐等捕治等，移鼠（予）癸等"。癸承认这个事实，"治等群盗盗杀人校长果部。州陵守绾令癸舆令佐士五（伍）行将柳等追☐迹行到沙羡界中，琐等巳（已）捕"。捕捉逃犯的琐等人不懂政府法律

① 张家山二四七号汉墓竹简整理小组编著《张家山汉墓竹简》，第216页。

② 张家山二四七号汉墓竹简整理小组编著《张家山汉墓竹简》，第216～217页。

③ 陈松长主编《岳麓书院藏秦简》（一至三），第139～142页。

“死辠购”和“群盗盗杀人购”的区别，“死辠购四万三百廿，群盗盗杀人八万六百卌钱”。后者数额是前者的近两倍。校长癸等接收逃犯答应按“死辠购”奖赏琐等人，“群盗盗杀人购”减去“死辠购”余额由校长癸等人均分，“沛等居亭，约得购分购钱”，校长癸等因欺骗政府被判罚“行戍衡山郡三岁以当法”。

本案例中校长癸、求盗柳捕捉案犯的行为是政府行为。“州陵守绾令癸与令佐士五（伍）行将柳等追迹行到沙羡界中”，这起派人追捕犯人案例涉及两个县，即州陵县和沙羡县，没有秦国的法律依据和政府的指令，校长和求盗不能越县办案。

《尸等捕盗疑购案》记载，求盗的职责仍然是捕捉罪人。秦王政廿五年五月丁亥朔壬寅，名叫“达”的民众报案，“盗盗杀伤走马好□□□部（?）中（?）”，得知盗贼在某亭部作案，政府立即派令史、狱史、求盗等十六人追捕案犯，“尸等产捕诣秦男子治等四人、荆男子阆等十人”，求盗尸等活捉案犯共十四人，根据秦律奖励标准，最后郡府给求盗尸等两种奖赏，“审秦人□（也），尸等当购金七两。阆等，其荆人也，尸等当购金三两。它有令”。治等四人是秦人，盗杀人，但少于五人，不属于“群盗”，以捕亡盗杀人律为准，捕获一人奖励购金七两而非十四两。阆等为荆人，在秦国杀人，以捕获他邦人的法律为标准，奖赏“购金三两”。捕捉罪犯的奖赏给了参与追捕逃犯的求盗尸等人，显然求盗领衔接受奖赏，由他负责给参与人合理分发奖金。①

求盗是亭部的属吏，亭的职能之一“主求捕盗贼”，睡虎地秦简多载求盗捕捉罪人，《法律答问》：“求盗追捕罪人，罪人挌（格）杀求盗，问杀人者为贼杀人，且斲（斗）杀？斲（斗）杀人，廷行事为贼。”②《封诊式》：“市南街亭求盗才（在）某里曰甲缚诣男子丙，及马一匹，骓牝右剽；缇覆（复）衣，帛里莽缘领褎（袖），及履，告曰：‘丙盗此马、衣，今日见亭旁，而捕来诣’。”③“某亭校长甲、求盗在某里曰乙、丙缚诣男子

---

① 陈松长主编《岳麓书院藏秦简》（一至三），第142～143页。

② 睡虎地秦墓竹简整理小组编《睡虎地秦墓竹简》，第179～180页。

③ 睡虎地秦墓竹简整理小组编《睡虎地秦墓竹简》，第253页。

丁，斩首一，具弩二、矢廿。”[①] 求盗消息闭塞，不知道案件发生，不追捕盗贼，受秦律判罚，“盗贼发，士吏、求盗部者及令、丞、尉弗觉智，士吏、求盗皆以卒戍边二岁，令、丞、尉罚金各四两”。这一职能到东汉还在执行。

分析《芮盗卖公列地案》，亭啬夫、亭佐还会解决经济纠纷。这起案例的核心是民众购买集市上的摊位问题，亭佐介入纠纷，“亭佐驾不许芮、朵”，亭佐驾反对芮和朵两人在集市上购买摊位。亭啬夫贺也介入此案，“感令亭贺曰：毋（无）争者鼠（予）材”。从全文内容判断，贺是处理该案件的中心人物。最后定案与亭啬夫、亭佐的意图相符，“鞫之：芮不得受列，擅盖治公地，费六百九钱，□……地积（?）四百卅五尺……千四百，巳（已）受千钱，尽用。后环（还）二百。地臧（赃）直（值）千钱。得。狱巳（已）断，令黥芮爲城旦，未□□□□□。敢谳之。”[②] 这表明亭部吏熟悉秦律，这与他们负责处理市场经济纠纷的职责相关。亭部的职能之所以兼有解决经济纠纷，是因为基层民众的经济矛盾处理不好，势必引起治安问题。亭部管理集贸市场的经济纠纷问题，当是亭的社会治安管理职能的外延。

四　基层治安案件的处理

秦国的司法审判权在县廷，但在立案程序中，必须有乡里行政系统与亭的参与和协助，调查、审理和定案的整个过程，乡亭部吏、里吏是这套操作流程的具体执行者。

（一）上报可疑案情

里吏和居民有揭发奸宄的责任，亭也如此。亭部吏若发现辖区出现异常或发生难以处理的问题，应及时向县廷上报。“廿六年二月癸丑朔丙子，唐亭叚（假）校长壮敢言之：唐亭Ⅰ旁有盗可卌人，壮卒少，不足以追。亭不可空。谒Ⅱ遣卒索（索）。敢言之。”[③] 里耶秦简：“廿五年九月己丑，

---

① 睡虎地秦墓竹简整理小组编《睡虎地秦墓竹简》，第255页。
② 陈松长主编《岳麓书院藏秦简》（一至三），第145～148页。
③ 里耶秦简牍校释小组：《新见里耶秦简牍资料选校》（二），第198页。

将奔命校长周爰书：敦长买、什长嘉皆告曰：徒士五（伍）右里缭可，行到零阳庑谿桥亡，不智（知）□□☑。”[①] “某亭求盗甲告曰：‘署中某所有贼死、结发、不知何男子一人，来告。’即令令史某往诊。”[②] 求盗在亭的辖区发现人命案，及时上报。“求盗甲告曰：从狱史武备盗贼，武以六月壬午出行公粱亭，至今不来，不知在所，求弗得。”[③] 狱史外出捕盗，贼未归，求盗担心狱史的生命安全，及时上报。秦的乡部没有司法权，但乡官可以记录群众的告辞，代为上报。“诸欲告罪人，及有罪先自告而远其县廷者，皆得告所在乡，乡官谨听，书其告，上县道官。廷士吏亦得听告。”[④] 秦律反对以“投书”的方式揭发他人罪行，《法律答问》：“‘有投书，勿发，见辄燔之；能捕者购臣妾二人，系投书者鞫审灋之。’所谓者，见书而投者不得，燔书，勿发；投者【得】，书不燔，鞫审灋之之谓也。”[⑤] “投书”即匿名信，收到“投书”，不要拆开，直接烧掉。若能捕获投信人，奖给男女奴婢二人。汉初的法律亦沿用秦律，《盗律》：“群盗及亡从群盗，殴折人肢、肤体及令跛蹇，若缚守将人而强盗之，及投书、悬人书，恐猲人以求钱财，盗杀伤人，盗发冢，略卖人若已略未卖，矫相以为吏，自以为吏以盗，皆磔。”[⑥] 投书者如被捕获，处以磔刑。汉初律令亦反对“投书”陷害他人，《具律》：“毋敢以投书者言𣪠治人。不从律者，以鞫狱故不直论。”[⑦]

（二）捕捉案犯

接到报案后，县廷立即派县廷司法吏和亭部吏等人捕捉案犯，岳麓秦简：“州陵守绾令癸與令佐士五（伍）行将柳等追【□】迹行到沙羡界中”，捕捉案犯不惜代价，常常跨县捉拿，直到抓获案犯为止。求盗犯法，校长亲自追捕，里耶秦简：“盗贼事急，敬已遣宽与校长囚吾追求盗。”[⑧]

---

① 陈伟主编《里耶秦简牍校释》（第一卷），第 149 页。
② 睡虎地秦墓竹简整理小组编《睡虎地秦墓竹简》，第 264 页。
③ 张家山二四七号汉墓竹简整理小组编著《张家山汉墓竹简》，第 219 页。
④ 张家山二四七号汉墓竹简整理小组编著《张家山汉墓竹简》，第 148 页。
⑤ 睡虎地秦墓竹简整理小组编《睡虎地秦墓竹简》，第 174 页。
⑥ 张家山二四七号汉墓竹简整理小组编著《张家山汉墓竹简》，第 143 页。
⑦ 张家山二四七号汉墓竹简整理小组编著《张家山汉墓竹简》，第 150 页。
⑧ 陈伟主编《里耶秦简牍校释》（第一卷），第 101 页。

岳麓秦简所载，接到爵位是走马的“达”报案，“告曰：盗盗杀伤走马好□□□部（?）中（?）。即（?）令（?）狱（?）史（?）驩（?）、求盗尸等十六人追。尸等产捕诣秦、男子治等四人、荆男子阆等十人，告群盗盗杀伤好等。”① 县廷马上派出十六人追捕案犯。

捕捉案犯是亭部吏的基本职责，在捕捉案犯中，常遭到盗贼抵抗，亭部吏有失去性命的危险，睡虎地秦简载：“求盗追捕罪人，罪人挌（格）杀求盗。”追捕案犯时另派文官随行，便于及时处理、研究解决方案，令史、狱史常为随行文官，他们有较强的处理案发现场的能力。

（三）协助审理案件

县廷在审讯过程中，要对案情调查、取证。例如，睡虎地秦简《封诊式》：“某亭求盗甲告曰……即令令史某往诊……令史某爰书：与牢隶臣某即甲诊”②；又如，《封诊式》载，“穴盗”爰书记某里士伍乙因家里被盗而报案，县“令令史某往诊”，“令史某爰书：与乡口口隶臣某即乙、典丁诊乙房内”。可见无论是亭吏还是乡官里吏，都要遵循案件勘验与取证原则。大多数情况下，即使不是报案者，主要里吏也会跟随调查。

县廷对案犯进行审讯，在得到证词之后，有“验视”程序，即对案犯的情况进行调查，确认证词。这项工作主要由乡部负责，而且乡部要以书面形式将验视的结果上报县廷。秦简《封诊式》：“敢告某县主：男子某有鞫，辞曰：‘士五（伍），居某里。’可定名事里，所坐论云可（何），可（何）罪赦，或覆问毋（无）有，遣识者以律封守，当滕，滕皆为报，敢告主。”③ 可知需要调查的当事人情况包括：姓名、身份、籍贯，曾犯过什么罪，判过什么样的刑罚，是否有其他问题。这些情况由乡啬夫提供。《封诊式》某里公士甲控告某女丙强悍，要求对她处以黥刑。县廷在审讯之后，丙供认不讳，县廷仍需要下发文书给乡，对丙的供词与个人情况进行调查，承某告某乡主：“某里五大夫乙家吏甲诣乙妾丙，曰：‘乙令甲谒黥劓丙。’其问如言不然？定名事里，所坐论云可（何），或覆问毋（无）

---

① 陈松长主编《岳麓书院藏秦简》（一至三），第142～143页。

② 睡虎地秦墓竹简整理小组编《睡虎地秦墓竹简》，第264～265页。

③ 睡虎地秦墓竹简整理小组编《睡虎地秦墓竹简》，第247～248页。

有，以书言。”① 调查的内容与丙所言相似。

《封诊式》记载，某里士伍甲因奴隶丙骄横强悍，不服管教，想要把丙卖官。县廷在讯问丙后，得到的供词与甲的控诉一致，县通知乡啬夫：“男子丙有鞫，辞曰：‘某里士五（伍）甲臣。’其定名事里，所坐论云可（何），可（何）罪赦，或覆问毋（无）有，甲赏（尝）身免丙复臣之不殹（也）？以律封守之，到以书言。”② 乡不仅要证实丙的名籍，调查丙有无其他问题，还要查明甲是否曾经解除过丙的奴隶身份，然后再度奴役他，最后负责对丙的财产进行查封，以书面汇报。我们不能判定在所有案件的审理中，乡都独立承担调查工作，但可以肯定是由乡确认当事人的个人情况。

（四）维护案发现场

里中有案情发生，乡官里吏是“封守”的具体落实者。秦简《封诊式》：“敢告某县主：男子某有鞫，辞曰：‘士五（伍），居某里。’可定名事里，所坐论云可（何），可（何）罪赦，或覆问毋（无）有，遣识者以律封守，当腾，腾皆为报，敢告主。”③ 乡部吏撰写文书上报县廷，按照法律规定“封守”士伍的产业。“封守”有两层含义，一是查封当事人的家产，二是看守好查封的家产。又秦简《封诊式》：

> 封守　乡某爰书：以某县丞某书，封有鞫者某里士五（伍）甲家室、妻、子、臣妾、衣器、畜产。●甲室、人：一宇二内，各有户，内室皆瓦盖，木大具，门桑十木。●妻曰某，亡，不会封。●子大女子某，未有夫。●子小男子某，高六尺五寸。●臣某，妾小女子某。●牡犬一。●几讯典某某、甲伍公士某某：“甲党（倘）有【它】当封守而某等脱弗占书，且有罪。”某等皆言曰：“甲封具此，毋（无）它当封者。”即以甲封付某等，与里人更守之，侍（待）令。④

① 睡虎地秦墓竹简整理小组编《睡虎地秦墓竹简》，第 260 ~ 261 页。

② 睡虎地秦墓竹简整理小组编《睡虎地秦墓竹简》，第 259 页。

③ 睡虎地秦墓竹简整理小组编《睡虎地秦墓竹简》，第 247 ~ 248 页。

④ 睡虎地秦墓竹简整理小组编《睡虎地秦墓竹简》，第 249 页。

告臣　爰书：某里士五（伍）甲缚诣男子丙，告曰："丙，甲臣，桥（骄）悍，不田作，不听甲令。谒买（卖）公，斩以为城旦，受贾（价）钱。"●讯丙，辞曰："甲臣，诚悍，不听甲。甲未赏（尝）身免丙。丙毋（无）病殹（也），毋（无）它坐罪。令令史某诊丙，不病。●令少内某、佐某以市正贾（价）贾丙丞某前，丙中人，贾（价）若干钱。●丞某告某乡主：男子丙有鞫，辞曰："某里士五（伍）甲臣。"其定名事里，所坐论云可（何），可（何）罪赦，或覆问毋（无）有，甲赏（尝）身免丙复臣之不殹（也）？以律封守之，到以书言。①

决定"封守"权在县廷，决定人是县丞，他直接命令乡主落实"封守"事宜。"封守"具体的执行者是乡部吏，"封守"之后乡官再向县廷汇报详情。首先是"封"，所封内容包括家园之内的人和所有附属物。封存产业分若干条查封，庭院财产单独记录，在籍人口单人记录，家臣及其子女单独记录，牲畜单独记录。封后，经由里典、犯人的同伍确认无误，最后由里吏负责，和里中轮流民众看"守"所封产业，直到结案。所封内容必须完整齐全，不得遗漏，如果发现"封守"不实，里吏和同伍的当事者负有连带责任，"且有罪"。

秦国已经建立起相对严密的治安管理体系。进入春秋、战国以来，随着从同养公田到履亩而税、从血缘组织向地域组织等制度的转变，国家开始强化对基层的控制，乡里组织在地方行政管理上的作用日益突出。通过亭组织，将治安管理的触角深入五口之家，全国民众被纳入国家治安管理体系。在以亭为中心的治安体系中，里吏、亭部吏、县廷官吏和乡官各司其职、互相配合、分工明确，秦国以亭为基层社会治安管理核心的治安管理模式已经成为秦国基层治安管理的具体内容，这与商鞅变法前的秦国社会治安管理相比是很大的进步，秦国以亭为中心的基层治安管理模式被秦汉所继承。

---

① 睡虎地秦墓竹简整理小组编《睡虎地秦墓竹简》，第259页。

第五节　亭制的归宿

亭的功能在秦统一六国中不断发展完善，为秦的统一大业发挥了积极、重要的作用。秦代沿用秦国亭制，汉承秦。随着大一统汉朝内部的稳定，亭的社会治安功能减弱，食宿功能似乎部分被餐饮旅游业替代，通信职能有分离之趋势，两汉时期亭的职能不断减少，汉末以后亭制式微，至晋朝亭制被废止。

一　亭制的演进

秦国早期，亭的食宿、社会治安、交通通信等主要职能相继出现，多功能互相交织，对此我们阐明了其逐渐形成的过程。亭虽在多功能交织中最后形成，但这些职能形成于以战争为主题的秦国，随着社会趋于稳定，亭的某些职能不再需要或者减弱分化，或者通信邮驿职能不够专业化，国家对其提出了更高要求，这一职能从亭的职能中分化为独立机构。所以，战时管理体制之下临时形成的亭，其结构组合是暂时的、不稳定的，到一定时期将随着社会的发展进步而退化消失。

西汉长期的稳定繁荣，王莽新朝的战乱，东汉初刘秀对郡县的省并，裁减了不少行政机构，亭的职能结构发生了不少变化，原有的亭制不断被打破。因亭原有的制度惯性，在两汉时期亭发展演变，维持了相当长的时间。但随着社会进步，国家内部结构演变，独立的邮驿机构慢慢取代了邮亭成为文书传递主要机构，天灾人祸日渐破坏着亭部公共设施，亭的地位与职能也日渐背离了战时管理体制。至东汉后期，亭的原有职能已丧失殆尽。面对军阀混战，地方行政制度也不得不顺应现实，改变其旧有的社会治理方式，亭的内部也发生了重大变化。

（一）亭长官位秩级下降

秦国亭长职位不算太低，关于汉初亭长的秩禄，《二年律令·秩律》记载："校长百六十石。詹事、和（私）府长，秩各五百石，丞三百石。"[①] 校长秩别一百六十石，与乡部吏相当。居延汉简中的相关记载亦反映出亭长的地位较高："四月丙子，肩水骍北亭长敞以私印兼行候事，谓关啬夫、吏写移书。□如律令。令史熹∨光∨博∨尉史贤。"[②] 亭长可"兼行候事"，令史、尉史签署意见。敦煌悬泉汉简："本始三年七月丁丑，为郡监领县（悬）泉置，亭长国敢言之莫（幕）府。"[③] 通常监领驿置的官位不是太低。亭长有时被赋予监督县丞的权力，"始元三年七月甲午，朔甲午第二亭长舒受代田仓监都丞临"[④]。可见亭长的职责范围较广，不局限于治安、交通通信。亭长虽为低级官吏，但国家重视其选用。"九月乙亥觻得令延年、丞置敢言之：肩水都尉府移肩水候官告尉谓，东西南北都义等补肩水尉史、隧长、亭长、关佐各如牒，遣自致。赵侯、王步光、成敢、石胥成皆，书牒署从事，如律令，敢言之。"[⑤] 县令、县丞负责上报新任官吏名单给都尉府，严格执行政府官员的选聘程序，且亭长的地位在关佐之上，不是最低级的正式吏员。

西汉后期亭长的地位已有所下降，不过亭长业绩突出，还有升迁机会，《尹湾汉墓简牍》："戚左尉，鲁国鲁史父庆，故假亭长，以捕格不道者除。"[⑥] "利成右尉，南阳郡堵阳邑张崇，故亭长，以捕格山阳亡徒尤异除。"[⑦] 秦和西汉亭长的政治地位较高，这或与汉高祖曾任泗水亭长有关。西汉后期的亭长是最低级官吏，官位职级有所下降，尹湾汉简：

①亭六百八十八，卒二千九百七二。

②海西吏员百七人：令一人，秩千石；丞一人，秩四百石；尉二人，秩四百石；官有秩一人，乡有秩四人，令史四人，狱吏三人，官

① 张家山二四七号汉墓竹简整理小组编著《张家山汉墓竹简》，第 197 页。
② 谢桂华、李均明、朱国炤：《居延汉简释文合校》，第 45 页。
③ 胡平生、张德芳编撰《敦煌悬泉汉简释粹》，第 68～69 页。
④ 谢桂华、李均明、朱国炤：《居延汉简释文合校》，第 646 页。
⑤ 谢桂华、李均明、朱国炤：《居延汉简释文合校》，第 164 页。
⑥ 连云港市博物馆等编《尹湾汉墓简牍》，第 86 页。
⑦ 连云港市博物馆等编《尹湾汉墓简牍》，第 88 页。

啬夫十人，乡啬夫十人，游徼四人，牢监一人，尉史三人，官佐七人，乡佐九人，亭长五十四人，凡百七人。

下邳吏员百七人：令一人，秩千石；丞一人，秩四百石；尉二人，秩四百石；官有秩二人，乡有秩一人，令史六人，狱史四人，官啬夫三人，乡啬大十二人，游徼六人，牢监一人，尉史四人，官佐七人，乡佐九人，邮佐二人，亭长卌六人，凡百七人。①

亭长的地位在乡佐之下，是国家最低级官吏，西汉末期各县亭长还有一定地位。此时的亭长还有升迁之途，只要劳绩显著，可以直升县级长吏。在汉初亭长的地位比西汉末期要高，西汉后期亭长的社会政治地位有所下降。随着时间的推移，亭长的地位继续下降，变化的原因可能与亭的职能不断减少有关。东汉以后的亭长则不同，更倾向于一种职役，地位继续下降。《后汉书·李充传》："太守鲁平请署功曹，不就。平怒，乃援充以捐沟中，因谪署县都亭长。不得已，起亲职役。"②

（二）"亭"在交通邮驿制度中的地位起落

亭为吏民出行提供食宿，这一功能在秦国似乎并不发达。湖北荆州市周家台 30 号秦墓曾出土与元延二年日记十分相似的简册，其中提及宿于乡及邮，但未见一个"亭"字，大概亭为吏民出行提供食宿的功能是秦国以后所增的。《晋书·刑法志》："秦世旧有厩置、乘传、副车、食厨，汉初承秦不改，后以费广稍省，故后汉但设骑置而无车马，而律犹著其文。"③反映了邮驿制度在秦代及两汉的变化，但材料还并不充分。仅就亭的通信功能而言，秦国尚未见"以亭行"的文献。到秦汉时期，亭在邮驿系统中明显开始发挥作用，从现有史料看，"以亭行"的单纯通信传递方式仅见于西北汉简，"以邮亭行"是内地采用的主要传递形式，长沙东牌楼汉简中记载了更丰富的邮亭信息。

① 连云港市博物馆等编《尹湾汉墓简牍》，第 77、79 页。
② 《后汉书》卷一百一《独行列传》，第 2685 页。
③ 《晋书》卷三十《刑法志》，中华书局，1974，第 924 页。

二　亭的职能渐趋消失

研究秦国的亭，其功能的增加、减少到消失，是一个漫长的过程，最终其原有职能淡出历史发展。学者提出了亭消亡的几种见解。部分学者认为秦国的亭制消亡于汉末。对于亭的职能消亡的理由有分歧：有学者认为亭的功能与其他地方机构功能重合，亭的职能融入基层乡里系统①；一种则将原因归于吏治的腐败②。部分学者则认为亭制在魏晋后仍在延续，但对延续的具体认识又略有不同③。两种理解都有一定道理。从亭长“禁盗贼”职能判断，《晋书·贺循传》：“汉制十里一亭，亦以防禁切密故也。当今纵不能尔，要宜筹量，使力足相周。”④ 检览史籍，汉唐漫长的历史中，只有“门亭长”见于史籍，频次不高。公共建筑设施亭原有职能消失，地理类书籍中有不少关于亭的记载，可见秦汉时期有不少亭还保留着。湖南郴州苏仙桥西晋简的出土则很好地证明了这一点。不过，从地方行政制度的角度来看，这种成长于秦汉行政制度背景下的亭制本身就有其不成熟的一面，没有国有经济的发达、没有国力的强盛，它的消亡是必然的。

① 王毓铨：《汉代亭与乡里不同性质不同行政系统说》，《历史研究》1954 年第 2 期；吴荣曾：《汉代的亭与邮》，《内蒙古师范大学学报》2002 年第 4 期。

② 马新：《两汉乡村社会史》，齐鲁书社，1997，第 200 页。

③ 陈直：《居延汉简研究》，天津古籍出版社，1986，第 75 页。

④ 《晋书》卷六十八《列传第三十八》，第 2364 页。

第五章　秦国乡里政权建设评价

第一节　战时军事化管理模式的合理性

秦献公为恢复秦穆公的霸业和地位，穷兵黩武，耗尽国内财力、人力，使秦国军事防御力量薄弱，不堪一击。秦孝公继位，为应对其他诸侯国的入侵，秦国不得不实行改革，秦国战时管理体制应运而生。

一　秦国的处境

秦献公在位期间已认识到秦国的政治体制问题，为适应当时社会发展，对政策法令进行改革，献公元年，“止从死。二年，城栎阳”[①]。献公立七年，改革户籍制度，“十年，为户籍相伍”[②]。后与晋国、魏国作战取胜，“与晋战于石门，斩首六万，天子贺以黼黻。二十三年，与魏晋战少梁，虏其将公孙痤”[③]。改革后秦国军事战斗力加强。但秦国和东方几个大国相比，政治军事力量有明显差距。秦孝公继位后，改革步伐更大，“孝公于是布惠，赈孤寡，招战士，明功赏”[④]。

其时强大的诸侯国主要有“战国七雄”齐、楚、燕、韩、赵、魏、秦。武力统一是历史大势，这就意味着六个强国必须灭亡，留下一个政权

---

① 《史记》卷五《秦本纪》，第201页。

② 《史记》卷六《秦始皇本纪》，第289页。

③ 《史记》卷五《秦本纪》，第201页。

④ 《史记》卷五《秦本纪》，第202页。

国家。取得军事战争的最后胜利至少要具备两个基本条件：其一，超强的军事战斗力；其二，要有支持军事战争的足够物质基础。秦国欲承担统一六国的重任，变法改革的内容正是围绕着这两个基本条件展开的。

二　中央集权的军事政治体制

春秋战国是中国历史上的社会转型期，新兴的地主阶级逐渐登上政治舞台，宗法制不断遭到破坏，诸侯军阀割据一方，战争是解决政治纷争的直接手段。秦孝公继位，秦国处在战争特殊环境下的不利地位，各阶层深感亡国灭种之灾，商鞅入秦变法开启。

秦国地处西北，经济文化落后于东方六国，秦国旧贵族体制已经不能适应发展的需要。商鞅改革恰逢时机，顺势而为。

商鞅主要从三方面建立战时军事管理体制。一是加强中央集权。改进官僚制度，以新兴的军功地主阶级取代旧贵族。推行郡县制官僚管理体制，层层统辖，加强中央对基层社会的控制，推行依法治国。这一举措把地方的实际统治权收归中央，实行新型官僚制，县级以上地方主要官吏由秦王任免，避免旧贵族干涉国政，最终促成权力集中于秦王一人手中。二是统一户籍编制，人力、物力、财力收归中央。为适应战时管理体制的需要，必须由国家统一调配使用人财物，做到上行下达，收回旧贵族的政治经济权。秦国的社会阶层构成复杂，族源众多，功勋贵族多为地方的首领，掌控一族部众，中央难以掌控地方政权。通过户籍改革，秦国征收赋税、征发兵役和徭役的财政军事大权收归中央，地方贵族被架空，贵族制退出秦国历史舞台。三是依法治国。充分运用法制之长，利用战时各阶层畏惧亡国灭种的心理，以法律约束吏民的思想行动，顺应秦国战时军事管理体制的需要，秦国形成法制性、军事性极强的兵营社会。

三　耕战体制

战国初期生产力发展迅速，铁器在秦国得到普遍推广使用，粮食亩产量大幅提高，农业经济取得较大发展进步。秦国的地理环境优越，商鞅以此为契机推行重本抑末的战时经济体制。废除贵族制下的土地国有制，废井田，开阡陌，奖励耕织。由于实行全国统一的赋税制度，国家只征收一定比例的农业税，剩余劳动产品归私人所有，这大大调动了民众的生产劳动积极性；又实行“粟爵制”，生产粮食、布匹多可以交给国家，获得爵位，从而取得为官的资格，提高政治地位。法律制定了旨在提高农民劳动积极性的奖励措施，这在最大限度上发展了农业生产，提高了农业劳动生产率，实现地尽其利、人尽其用的目的，秦国的物质财富迅速积累，这为秦国统一战争提供了取之不尽的物质财富基础。户籍制度将人民与土地紧密结合，人口、税收、兵役、徭役于户籍制下成为一体，十分有利于战时管理体制的需要，实现中央集权的有效控制。

以农为本，工商为末，经济体制为军事胜利服务。严厉制裁打击商人、手工业者，其目的在于发展农业经济，为战争提供充足的军粮、衣物，为农耕经济创造足够的发展空间。增加关税征收比例，限制商品流动，由国家统管工商业，官营工商业占据统治地位。重本抑末充分发展农业，把私人工商业限制在政府掌控之内，国家完全控制经济生产结构，兵、农、工、商全部被纳入战时军事管理体制。

四　厚赏重罚原则

商鞅认为农民积极从事农业劳动，农产品才能丰收有余，国家才能富裕。人民支持拥护战争，青壮年愿意参军，国家才可能强大。“耕战”是秦国富强的根本，厚赏重罚是利用法律的强制作用约束人们的言行，引导民众自愿参与战争，在战场上立功，授予军功爵。厚赏重罚的战时军事管理体制强调，“持胜术者，必强至王。若民服而听上，则国富而兵胜，行是，必久王。”① 在政治上长期掌握获胜的战术，国家就一定能强大，直到称王天下；如果民众服从并听信君主的治理，那么国家就会富强，军队就会打胜仗，执行这一原则，就一定能长期称王天下。“兵生于治，而异俗生于法，而万转过势，本于心而饰于备势。三者有论，故强可立也。”② 军队生于政治，又因政策的不同而有差异，好的社会风俗有法制的约束才能

① 《商君书·战法第十》，第21页。
② 《商君书·立法第十一》，第21页。

形成，而又随法制的变化而变化，取得胜利的优势在于民心，胜利因武器的精良而增加。这三个方面清楚了，国家就强大了。

按照秦律的精神，运用厚赏重罚的立法原则，奖惩严明，以达到稳固军心、提高军队战斗力的目的。同时，通过对军队编制进行肃整，职责分明，分工协作，做到行听军令，守在民心。

秦人多为游牧民族，擅骑射、善武斗。《吴子》认为："秦性强，其地险，其政治严，其赏罚信，其人不让，皆有斗心，故散而自战。"① 战争的胜负不仅取决于交战双方的经济、政治、人口数量和军事装备等，而且重在一国的民心。战时军事化管理模式更需要法制的规范引导，加大厚赏重罚的力度。

五　专制文化体制

秦国的战时专制文化体制，对除法家以外的其他百家思想文化进行严厉打击，焚书坑儒是其强力摧毁诸子百家文化的典型实证。商鞅思想排斥其他文化的程度，"国有礼有乐，有诗有书，有善有修，有孝有弟，有廉有辩。国有十者，上有使战，必削至亡；国无十者，上有使战，必兴至王。"② "国有十" 指礼、乐、诗、书、善、修、孝、弟、廉、辩，"国有十" 必亡，"国无十" 必兴，把法家文化绝对化，极力打压摧毁他家文化。秦国主张愚民政策，"民弱国强；国强民弱。故有道之国，务在弱民"③。壹教是教化的核心内容，"当壮者务于战，老弱者务于守，死者不悔，生者不劝"，"而富贵之门必出于兵"。依法治国，非法不用，用法律管理一切，教育吏民。用法治思想把民众导向耕战与绝对服从，构建了用法治思想统领吏民的文化专制体制。

秦人的游牧文化传统深厚，秦文化比于其他诸国的儒家文化、道家文化等，显得落后粗俗，草原游牧文化保留了人类早期原始部落文明的野蛮、残暴与简单。商鞅变法推行的法家文化是用单一文明与秦国游牧传统

---

① 《吴子·料敌第二》，日本京都大学图书馆藏影印本，页码不详。

② 《商君书·立强第四》，第 8 ~9 页。

③ 《商君书·说民第五》，第 35 页。

文化相结合，更加适合于战国国情。秦国顺理成章成为法家思想生根、发芽、生长的沃土，适应了秦统一六国的需要。秦国不仅在军事管理体制上强于东方六国，在战略位置上也处于有利形势。“大王之国，西有巴、蜀、汉中之利，北有胡貉、代马之用，南有巫山、黔中之限，东有肴、函之固。田肥美，民殷富，战车万乘，奋击百万，沃野千里，蓄积饶多，地势形便，此所谓天府，天下之雄国也。”①

秦国唯法独尊，认为统治者应当知晓、掌控一切，“强国知十三数：竟内仓口之数、壮男壮女之数、老弱之数、官士之数、以言说取食者之数、利民之数、马牛刍藁之数”。用法制力量实现对民众的控制，“令民为什伍，而相牧司连坐”②。从秦孝公到秦统一六国，形成了战时军事管理模式，高度集权的中央政治体制，重本抑末的战时经济管理体制，厚赏重罚的奖罚体制，罢黜百家、法家独尊的战时思想专制文化体制，构建了中国古代史上从未有过的军事强国，这适应了以战争为主体的战争环境，开创了新型的封建统治模式。

第二节 乡里政权合理因素的缺失

战国从分裂走向统一是历史发展的必然，最终由秦来完成统一六国的使命，这与商鞅变法彻底地推行法制是分不开的。秦国的法治思想在基层的成功宣传和推行，为秦国的发展和统一六国奠定了基础。秦统一大业功成名就，原秦国的治国指导思想并没有改变，法家意识形态几乎原封不动扩大至全国。此时，秦国一百余年战时军事管理模式的弊端彻底暴露，大一统的秦朝十几年顷刻瓦解。不少学者把秦代的覆灭归罪于秦始皇的暴政，这一看法实际并不符合历史事实，秦代短暂统一而亡，是商鞅变法后形成的政治军事体制造成的，基层是国家的根基，基层政权贯彻执行法家意识形态，秦代政权的覆亡与长期以来形成的基层管理体制有关，秦政的缺失可以从几个方面来认识。

---

① 《战国策》卷三《秦一》，上海古籍出版社，1985，第 78 页。

② 《史记》卷六十八《商君列传》，第 2230 页。

法是阶级社会发展到一定阶段的文化产物，这就决定了法本身的局限性，它必然有弊端，它不可能为社会生活的方方面面准备好现成的解决答案。法作为阶级社会的共同利益代言者有其不可替代的作用，但违犯法律，把法作为统治工具，无限扩大其作用，就会产生负面效果。超越了法律范畴，强行用法律解决问题，就会出现社会问题。比如人们的思想、认识、信仰等就不能靠法律推行，人是理性动物，人类有自身的评价标准，精神领域的某些东西用法律强制，多促成逆反心理。

一　严而少恩、轻罪重判

商鞅在秦国推行新法，总结了他变法以来法制遭破坏的教训，深刻认识到法律面前必须人人平等。要求政府各级官吏严守法律，“守法守职之吏，有不行王法者，罪死不赦，刑及三族”①。国王太子犯法与民同罪。“所谓壹刑者，刑无等级，自卿相将军以至大夫庶人，有不从王令，犯国禁，乱上制者，罪死不赦。”② 商鞅新法打击的目标主要是违法的贵族、大臣。韩非子有言：“法不阿贵，绳不挠曲。”国家法令能否落实，关键在于人人平等。商鞅一改西周所谓“刑不上大夫”旧制，把法律推向举国吏民。新法沉重打击了旧贵族，耕战体制的确立树立了法制权威，提供了可靠依据，强化了中央集权制。

商鞅认为人的本性趋利避害，好乐厌苦。轻罪轻罚或者重罪轻罚，对罪犯仁慈，收不到应有的治理效果，《商君书》：“刑加于罪所终，则奸不去，赏施于民所义，则过不止，刑不能去奸，而赏不能止过者，必乱。”③由于犯罪成本低，犯罪者容易轻视法律，导致犯罪者重犯，这样法律起不到应有的作用，可能会导致犯罪率上升，出现社会治安不治之症。由此商鞅提出轻罪重罚的立法原则，强调“乱世用重典”，他指出在秦国推行重刑的理由：“行刑重其轻者，轻者不生，则重者无从至矣，此谓治之于其治也。行刑，重其重者，轻其轻者，轻者不止，则重者无从止矣，此谓治

① 《商君书·赏刑第十七》，第29页。
② 《商君书·赏刑第十七》，第29页。
③ 《商君书·开塞第七》，第17页。

之于其乱也。故重轻，则刑去事成，国强。”[①] 轻罪重罚，目的在于提高法律权威，增加违法成本，遏制犯罪行为的发生。法律严酷，法律面前人人平等，要守法，必须懂法、学法，国家官吏和黎民百姓为了不违法，必须认真学法、守法。

二　法制缺失

秦国有完善的法律体系，严格的执法及法律监督体系，法制的技术处理层面是完备而先进的，秦代短命而亡，从法律的角度出发考虑，存在法律缺失、法制缺乏民主基础的问题。商鞅、韩非和李斯等法家代表的法治思想，在实践中缺乏民主，秦的法制与专制集权主义是一对矛盾体，法制的本质是公平的，但国王的话就是法律，秦王是法律的执行者，又是法律的破坏者，这就使法制无所适从，没有赖以存在的基础。秦国法网完善庞大，体系完整，这是与秦国专制封建政权结合的法律，秦国的立法、执法、司法和监督比较完善，制度先进，但由于封建专制和法律民主的基本矛盾体存在，秦法不能长久生存发展。

秦国的法代表地主阶级的利益，不代表全体人民的利益。秦国法律数量多、内容丰富，但有不少法律为恶法，不能体现自然法理念。封建国家的法体现了地主阶级的意志，不是广大普通群众的意志，秦国的法维护的是以秦王为代表的地主阶级的利益。秦国的法律中，权利和义务矛盾对立，秦王、县级以上官府有立法权，但官吏的法律义务偏少，普通人民守法的义务多，缺乏应有的权利。

秦国的刑法缺乏人道主义精神。在秦简和传世文献中我们可以看到不少刑名，如弃市（在市中杀死）、戮（羞辱后斩杀）、磔刑（分割肢体处死）、腰斩（从腰间斩断）、坑（坑杀，活埋）、枭首（杀头，将其高悬在木杆上示众）、车裂（用绳索套住人体五大部位，五马分尸）、定杀（把传染病患者或罪人溺水致死或活埋）、族刑（杀掉三族所有成员）等，大量酷刑的制定和推行严重违背人性。

---

① 《商君书·说民第五》，第11页。

三　轻视德治

战国最终的统一是人类历史发展的必然，由秦来统一与其历史背景和秦国商鞅变法的彻底性密不可分，秦国的法制为秦的统一奠定了思想理论基础。但秦国的法治思想中严重缺失德治。

秦国文化与关东文化是草原文化和农耕文化的异质体，秦国受关西戎狄的影响较深，秦国早年以畜牧经济为主要生产生活方式，它在诸侯强国与戎狄夹缝中求生存，获得物质利益是秦人的普遍心理，追求现实功利轻视道德伦理构成秦国文化的基本特点。春秋战国处于历史转折期，“礼崩乐坏”，人们对礼乐道德规范的认同感大为降低。商鞅入秦说服秦孝公以富强之术、帝王之道一反周制，秦孝公欣然接受，其急功近利是秦文化的直接反映。秦国需要的是能够带来物质利益的实在东西，帝王之术是长久之道，解决不了秦国急需。韩非所言极是：“上古逐于道德，中古竞于智谋，当今争于力气。”

摈弃儒家文化，推行耕战文化。在经济上力劝农耕，以军事化的手段来发展管理农村经济，把管理军队的手段诸如什伍制度等引入乡里基层社会，设置粟爵鼓励农民发展农业经济。严格户籍管理制度，以户籍为纽结，把农民和土地紧密结合，征发劳役、征收赋税、法制化教育等均以户籍为依据，严厉打击制裁手工业和商业的发展。建立以功利主义为核心的社会精神文化，在全国军事领域推行军功爵制，按首级计功行赏。

四　民本缺失

在秦统一六国的过程中，法家首先富国强兵，如何实现这一前提，法家提出了耕战指导理论，同时法家也清晰认识到“民之内事，莫苦于民，民之外事，莫难于战”。从事农业生产劳动最苦，战场立功最难。如何才能调动全国人民的耕战积极性，法家认为应该置民于贫穷潦倒的境地，运用赏罚措施，把全国人民纳入耕战思想，让人民接受强国富民的耕战政策。法家错误地认为富国与富民、强国与强民是矛盾体，“民弱国强，国强民弱，故有道之国，务在弱民”①。韩非认为应当让人民处于饥寒交迫的状态，离开国家的禄赏无法生存，这样才能保证人民顺从国家的法令。法家的弱民理论是极端错误的认识，它规定了国家与人民之间的权利和义务，法家主张无限扩大国家的权力和限制人民的权利，违背了人类社会进步的基本道理。当人民贫穷到无法生存时，他们不会依赖国家的赏赐奖励，带来的可能是大规模爆发的农民起义，抢夺富人的财富，推翻政权。

秦国是在长期战乱时期发展壮大起来的，战争造成重大人员伤亡，造成巨大的经济损失。面对这种极端凋敝残破的经济状态，秦朝统治者非但没有采取轻徭薄赋、约法省禁的统治政策，反而加强了对人民的盘剥。民力的极度使用，秦国和秦代的赋税十分繁重，人民不仅要承担田租和户赋，还有种种苛捐杂税。秦代的徭役更是繁重到了极点。秦国的劳役制，普通民众十五岁开始服役，六十岁免老，一生中须充当正卒一年，屯戍一年，每年另有更卒一个月。这是最基本的劳役内容，除此之外还有大量随时征发的兵役、徭役，各级政府根据实际需要随时征发，直到任务完成为止。

五　军功爵制的负面影响

秦孝公之后的历代秦王把法制与尚武结合起来，军功爵制的推行，使得秦国在一百余年的历史发展中始终保持武力开疆拓土的战斗精神。但军功爵制是把双刃剑，它有功于秦，秦国统一六国的成功离不开军功爵制，它也给秦人带来很大伤害，产生了极大的负面作用。

军功爵制加剧了秦国内部人际关系的矛盾，不利于社会稳定团结。秦人漠视礼义，不讲伦理，尚首功，在人与人的交往中，不讲究亲情、友情、乡情、人情，处处冷冰冰，军功几乎是一切问题的指挥棒。父子不亲，君臣无义，夫妇不和，长幼失序，朋友无信。出土秦简反映的社会现实十分清晰，争夺军功、贪财陷害、群起告奸、盗贼公行等真实社会展现在我们面前。

---

① 《商君书·弱民第二十》，第35页。

军功爵制把秦君臣关系完全功利化，加剧了统治集团内部矛盾。秦国重臣尉缭认为秦王“少恩而虎狼心，居约易出人下，得志亦轻食人”①。大将王翦率倾国兵力攻打楚国，恐秦王不放心，王翦向秦始皇请求美田宅园。王翦深知：“秦王粗而不信人，今空秦国甲士而专委于我，我不多请田宅为子孙业以自坚，顾令秦王坐而疑我耶?”君臣互不信任显而易见。

军功爵制加剧了秦国和东方六国的矛盾。秦国依靠武力统一全国，发动兼并战争，将士阵亡疆场不可避免。但秦国的军功爵制以斩首多寡作为赐爵的标准，秦人不仅在战场上斩首立功，奋勇杀敌，但也会杀害平民百姓和战俘。《史记》各篇所载，仅从秦惠王至昭襄王时期，斩首超过一百五十万人。“龙贾之战、岸门之战、封陵之战、高商之战、赵庄之战，秦之所杀三晋民众数百万，今其生者，皆死秦之孤也。”② 军功爵制引发野蛮的大屠杀，和关东六国结下深仇大恨，六国人民誓死不愿臣服秦国。秦虽统一全国，但六国与秦严重对立的状态一直存在。

秦国的政策推行，最终落实到基层乡、里两级政权，一百余年形成的军事化管理模式，固化了秦国文化，依法治国、耕战思想、军功爵制、文化专制深入秦人的骨髓，单一的军事耕战文化模式一旦形成，历史惯性将维持其继续前行，耕战体制的内在矛盾自然暴露，秦国的短暂统一瞬息而亡由秦国而成、由秦国而败，科学合理的国家基层社会治理模式并没有形成。

第三节　乡、里、亭的职能概要与留给后世的鉴戒

中国古代地方行政制度史是历史研究的主要内容，古代地方行政制度由行政区划和行政组织两部分组成。有学者研究古代地方行政制度以行政组织为中心，很少关注行政区划，此认识不够全面。对于秦国的地方行政制度、行政组织研究，郡、县行政探讨深刻，成果丰富，而对乡、里两级政权的行政还缺乏深入研究。本文的出发点，是对中国古代地方行政制度

① 《史记》卷六《秦始皇本纪》，第230页。

② 夏南、屈建军：《重评人民群众对秦统一的态度》，《益阳师专学报》1991年第4期。

的产生、发展、基本形成的大背景进行探索。再对秦国地方行政制度中的乡、里行政做尝试性研究。

中国地方行政制度的正式形成，严耕望、周振鹤等多数学者认为初步确立于秦代。但笔者认为，东周时期的县、郡已经是不同层级的行政区划。东周后期各诸侯国建立了集权官僚制管理模式，郡（都）、县、乡、里统属体系形成，与西周层层分封的封建制相比有质的变化。战国时期的各级行政组织上下统属，政府官吏与国王以官爵待遇为交换，官吏任职推行任免制，不存在分土而治，这标志着周代贵族制的崩溃。笔者认为，东周后期秦国形成了局部地方行政制度。

一 秦国乡里政权的行政职能

在探讨中国古代地方行政制度的背景下，本文的中心问题是探讨秦国乡里基层政权模式，秦国的乡里行政制度已经比较健全，乡里行政组织的基本要素组合比较齐全，乡官里吏人员职数、职位设置比较合理，重要乡官里吏分工明确。从横向分析，乡官里吏和民众互相配合，他们承担着乡里行政的基本职能。

（一）乡官里吏的民籍管理职能

西周产生了和贵族社会相适应的人口管理制度，秦献公在位，已建立户籍制。秦孝公即位，任用商鞅变法，户籍改革是其社会变革的重要内容。民籍包括民宅园户籍、年细籍、田比地籍、田命籍、田租籍五种籍簿。

民籍初稿的信息由里吏全员参与配合获得，由里典、田典负责填写上报乡政权，五类草稿户籍簿填写后，由里典最后签名一并上交乡部。里典、田典负责户籍信息的收集，一式三份的正式民籍乡部吏负主要责任，里典、田典等里吏承担次要责任。县廷追问户籍情况，直接和乡部主要官吏乡啬夫、乡守等交涉。

民籍的管理，乡部吏起主要作用，里吏起辅助配合作用。里吏的民籍管理职责，是配合乡部组织民众按时参加年度案比。案比的地点在各乡部治所进行。组织乡里民众参加案比，乡部根据工作特点做出日程安排，分里分批完成。具体到某一个里，里吏结合乡部日程，制定出里部编户民案比顺序。里吏配合乡部吏办理拆分户籍、迁移户籍手续。里中的里师和伍人是必须的参与者。

办理户口迁移手续时，里典、田典负有连带责任。办理迁徙手续牵涉两地的乡吏和原籍的里吏，原籍所在地的里典、田典承担的责任和原籍乡吏相同。里吏协助乡部吏办理新生儿占年入籍手续。办理户口迁移手续，乡部吏负主要责任，乡部吏不及时办理迁移更籍手续，如果请求更籍者犯有耐罪、罚款罪，乡部吏将被判罚二甲的重罚。秦国基层的乡官里吏实践并发展着一种比较完备的户籍管理模式，这一模式为秦国统一六国提供了稳固的基础和重要的前提。秦国由商鞅创立、由乡官里吏参与管理的民籍制度模式基本精神为其后中国历代王朝所继承沿用。

（二）基层爵位管理职能

春秋战国时期，列国纷争、战争频繁，地处西陲、文化相对落后的秦国，拥有一支战无不胜、攻无不克的军队，重要原因在于秦国统治者用法制推行军功爵制，人人可平等参与财产、权利和政治地位的再分配，这充分调动了士兵的战斗力。秦国由弱变强，最终统一六国，很大程度上有赖于这一新型制度。爵位的获得、授予、剥夺、继承等各个环节构成一套制度体系，这套制度如何推行落实，前人做过深入研究。

秦国爵制的等级划分为三个类别、十八个等级。农功爵也叫粟爵，普通民众无力纳粟买爵。纳粟买爵只有少数高级官吏、富商大贾买得起。秦国吏治严明，贪官少见。秦一直推行重本抑末的基本国策，大工商业者只有极少数。“赐民爵”所赐人数通常较多，具有局部或全国性普遍意义，国家的意图在于给他们实在的物质利益。“赐民爵”的例子秦国不多见，秦重爵位，不是特殊情况一般不轻易赐民爵。

军功爵的获取和授予。对于个人的军功赐爵，作战条件不同，赐爵制度也不一样。对于高级军官，则是根据战绩，赐爵一次可超过二级。大将、御、参三类军官战绩“盈论”，达到赐爵制度标准，则可一次赐爵三级。爵位的授予，劳、论、赐是三个关键内容，“劳”指功劳、劳绩；“论”指评论确定军功；劳、论之后进入“赐”，由将军最后签字盖章，将赏赐文书发送至将士所在郡县，由县廷具体负责赏赐。爵位授予环节出了问题，由县廷高级官吏负责审讯。拜爵是民众的大事，县廷高级官吏必须认真负责，这体现了权责一致原则。降爵、夺爵、爵位继承等一系列与爵位有关的问题，由县廷主要官员负责处理。

军功爵制的具体推行落实，背后有一支庞大的执行队伍。主管赐爵的官员是一个完整的管理体系，军队尉官系统从中央、郡县、乡里均由主管部门负责，这个系统又和各级政府部门联系在一起，共同完成军功爵赏赐。尉官系统是中央有太尉，郡有郡尉，县有县尉。县廷尉曹的“四尉”负责落实赐爵事宜。军队中的大将、将军、五百主、百将、屯长等各级将领有校验军功的职责。推行落实军功爵制最后一级的负责人是里吏和里人。里正、田典、伍人、里人至少五个人参与爵位的继承、赐予等。一县爵位赐予、继承等事情复杂，县级尉官不可能到场，乡部吏当到场监管，乡部吏和里吏起着主要作用，而里吏和伍人、里人则是最后环节不可缺少的必要组织者、参与者。降爵、夺爵的执行人员与授爵、爵位继承、爵位转让的执行者为一班人马。乡官里吏同样是执行降爵、夺爵的最后直接参与者、组织者和落实者。

军功爵制作为国家的基本军事政治制度，依靠法制推行，制度的稳定执行不断调动着秦国将士的战斗力，从而使秦人的战斗精神一直保持着，这为秦国统一六国做好了制度设计，为中国由贵族社会向封建社会实现社会形态更替产生了深远影响。而推行军功爵制的管理人员，核心力量是县、乡、里三级管理机构的官吏和里吏。

县廷的尉曹从宏观上负责管理全县民众爵位的授予、继承、降爵、夺爵等重要环节，授田、授宅、赋税减免等附属的政治经济利益涉及吏曹、户曹、仓曹等县廷其他专门管理机构，他们之间需要协调配合，通力合作，单靠某一个部门是无法落实军功爵制的相关事务的。县廷参与军功爵制管理的官吏毕竟有限，他们也不可能面面俱到，很多实际工作靠乡部吏、里吏具体落实。乡官里吏与县廷官吏所做的工作相比，更具体、烦琐、细碎，没有乡官里吏的参与，军功爵制不可能贯彻落实、落细。县廷相关官吏和乡官里吏的贡献相比，乡官里吏在推行军功爵制中发挥了基础性作用，做出的贡献更大。基层官吏推行军功爵制的基本精神，为秦汉所继承。

（三）秦国乡官里吏发展管理农业的职能

国家顶层制度设计、土地、人力、畜力、农田水利、劳动工具、救助机制和乡官里吏依法推行国家农业制度，这几大要素的合理结合推动着秦国农业科学发展。其时科学技术对农业的影响很有限，在秦国发挥的作用并不大，这在中国封建社会一直如此，不能夸大其作用。秦国重本抑末，国家政策严厉打击私人手工业、商业；国家工商业的管理机构在县级以上政府，乡官里吏的发展经济职能主要体现在农业上。

秦国“重本抑末”顶层制度设计合理。商鞅变法的最终目的是把秦国推向第一强国，成就霸王之业。站在这样的思想制高点上制定国策，国家首先要“富强”，富是前提，强是目的。武力吞并六国，充足的军需物资是最基本的前提条件，军队的给养无不源于农业，因此“耕战”二字是商鞅变法的核心内容，《垦令》是秦国发展农业的纲领性文件，它集中体现了经济基础决定上层建筑的哲学理念，调动一切可以调动的力量发展农业生产。

秦国实行国家授田制。秦国战斗机器的运转，依靠强大的经济后盾，赋税是实现国家内外职能的物质源泉，秦国的赋税制度是建立在授田制基础之上的。授田制是秦国将国有土地直接分授给农民耕种，农民有使用权、收益权，授地农民去世后把所授田地归还给国家，没有买卖和继承土地的权利。农民按照耕种土地的多少上缴赋税，承担相应的义务。除了所授之田，刚开垦的土地也要及时报给上级政府，它属于国家资产，受国家统一管理。按程序从里报给乡，由乡报给县，足见政府对国有土地的重视程度。

乡官里吏落实保护农民土地权的法令。分户令的颁布，废除了秦国的大家庭，确定了立户原则，以夫妻为中心的核心家庭成为基层社会的细胞，五口之家是农业生产的主体，国家的税收依靠授田户承担，没有稳定的收入农民就不能按期完成上缴赋税的任务。同时，田地是农民最基本、最重要的生产资料，衣食住行主要靠田产。授田制把国家利益和个人利益紧密结合，秦律重视保护农户的土地使用权。

秦国授田制对土地使用做出了严格规定，充分考虑国家、个人和集体三者之间的利益。制订了消除私人与私人之间利益冲突的具体措施，有效防范不法官吏侵吞国家土地收益。土地法律的制定推行，充分体现了依法保护个体小农经济的利益，保护授田农民对土地长期稳定占有，维护了基层社会生产秩序。随着商鞅变法的逐步深入，生产力进步，生产技术相应提高，秦国授田户数不断增加，开垦的土地不断扩大，这为政府提供了充足的税源，秦国的赋税收入大幅度增加。

秦国商鞅变法后，田制有所变化，在继承前代的基础上，进一步完善田间规划管理系统。乡部吏负责县、乡、里相连的大路，乡啬夫、乡守、乡佐负有主要责任。而田间的阡陌、封埒、道路、堤坝、津梁等由专门负责田间基础设施的乡官里吏负责，他们是田啬夫、田典、什长、伍长等。田啬夫是一乡农田基础建设的总管，田典具体负责一里的田间道路、封埒等。种子的发放由仓库管理人员负责，将种子下发至每一里，由里吏分发给里中民户。农作物的日常管理由里吏负责。里吏定期统计谷物的生长情况，并汇报给乡部。数据上报的过程当从里中开始，由什长、伍长做好统计，田典汇总报给乡部。乡部的田啬夫负责最后汇总签名，上报县廷。乡、里两级管理人员配合才能做到迅速无误。

庄稼生长期的管理尤为重要，遭到牛、马、畜等人为因素破坏，会影响亩产。里中六畜破坏庄稼，上报乡部，里吏是负责人。田典负重要责任，什长、伍长负次要责任。收获季节，里吏监督、督促民众抓住农业黄金时间，抢种抢收。主管乡里农业生产的乡部吏田啬夫、部佐有权阻止违法买酒，不听劝阻者即是违犯法律，将受处罚。田典负责一里田作者按时参加劳动，按时下工休息。

农田分给一家一户，农业的日常管理十分重要。秦律对劳役的征发、劳动力的使用做出特别规定。征发徭役，按田地多少征发，目的在于保护劳动力。劳动力统计上报自里一级政权开始，能否做到准确无误，关键在于里典给上级政府提供的数据是否准确，里吏是负责处理基础工作的责任人。征发劳役是国家大事，乡官里吏配合县廷官员共同完成，但能否做到合理调配人力，里吏是第一知情者，乡部吏是最后确定征发人数的责任人，乡官里吏的配合决定着徭役合理征发的结果。

仓储管理。谷物、刍藁一部分上交乡部，两者的收藏、管理、发放是乡官里吏的一项日常性工作。仓库的日常管理是乡部吏的重要职责，里吏则配合乡部做好谷物、粮种等基本物资的借贷、发放。粮食入仓，里吏负责催交里中的户赋、田税，仓吏、乡部吏参与粮食入库封藏。乡部吏有出廪权，但同时也负有相应的责任。仓啬夫免职或调离，由乡部吏参与检查相关调离手续。

粮食、刍藁出仓和仓库的日常管理是乡部吏的职责。出廪是乡部吏的日常性工作，乡守、乡佐、廪人等具体负责粮食出仓，粮食、刍藁出仓后的使用，一部分作为乡部吏的俸禄口粮，一部分作为刑徒的口粮。里中种子的借贷，遇到灾年赈济灾民、供给邮驿系统使用。

乡官里吏是秦国绝大部分农业政策的实际落实者，乡部吏的田啬夫是专职的农田管理人员，里中的田典具体负责一里的农事。除了乡里两级政权专职的农业管理人员外，其他乡官里吏共同参与，互相配合，形成乡官里吏全员齐抓共管农业之势，秦国农业经济发展管理取得了重大成就。人力、畜力是从事农业生产的根本力量，秦国制定专门法律，确保劳动力、畜力为发展农业配足配强，各项农业政策法令具体由乡官里吏执行落实。耕田、播种、农作物田间管理、收获粮食和刍藁的出入仓全程管理，乡里基层管理人员无不参与其中，不同环节有相关法律制度执行细节。秦国农业经济发展管理以法律为依据，基层乡官里吏的工作积极性调动得比较充分，秦国后期的基层吏治已发展得比较成熟。

（四）秦国乡官里吏的畜牧渔猎经济职能

畜牧渔猎经济是秦国经济的重要组成部分。管理畜牧渔猎经济是政府的一项重要职能，有专门的管理机构，郡、县、乡有专职官员负责，他们的政绩被列入政府考核内容。在庞大的畜牧渔猎经济管理队伍中，处于乡里两级政权的乡官里吏发挥着基础作用，他们虽职务卑微，却是发展、管理畜牧渔猎经济的一线主力军。

关于畜牧渔猎经济的管理，郡、县、乡政府设置有专门管理机构，为秦畜牧渔猎经济的发展提供了制度保证。县级政府管理部门中的畜官系统是负责全县畜牧经济的管理机构。畜官系统的正常运作，靠县级的三个主要机构支持配合，他们是司空曹、仓曹、厩曹，县丞负总责任，领导开展工作。

县司空曹掌握一县的刑徒人力调配权，乡政府对县司空曹安排的各项工作负责，并及时做好相关工作汇报。一个县专设畜官系统负责一县的畜牧业经济，畜官守、畜官佐是主要机构成员。畜官的工作开展需要县廷两个重要职能部门仓曹、司空曹的支持配合，县丞则是畜官的最终负责人，及时向郡府汇报工作的进展情况。郡、县、乡三级政府设置专门的管理机构和专职管理人员负责畜牧经济，畜官在社会经济发展中占有重要地位，而县级畜牧经济的发展管理则主要依靠乡官里吏具体推行落实。乡官里吏发展基层畜牧业经济，以国家立法为依据，贯彻执行政府法律。

乡部畜牧经济管理接受县畜官考核，畜官系统又接受县廷、郡府的考核。畜官考核的名目繁多，乡部吏上报的考课分类记录清晰。

对乡官里吏畜官系统的考核，法律条文中有详细的奖罚规定，这是考核乡部吏的硬件，是他们迁转或降职、奖罚的重要依据。内史具体负责县级畜官的考核，按年度考核计算，细则准确到具体数字，实行量化考核。一年之中三分之一牲畜死亡，县廷畜官系统的负责人、田啬夫、饲养管理员分别获罪，县令长、县丞也包括在内，实行连坐制。从考核要求来看，基层的乡官里吏负主要责任，而县廷的命官二人负次要责任。

在上级考核乡官里吏的过程中，基层小吏依旧照章办事，牛马的管理中，饲养是重要环节。乡官里吏的考核结果等级，关键在于饲养过程。牛马饲养是一项体力加智力的劳动，绝非易事。羊的重要性不如牛马，但羊的饲养情况亦是官吏接受考核的内容，羊是农户经济收入的重要补充。家庭畜牧经济也是国家经济的组成部分，不能忽略，田课志不属于畜官系统，当由田部负责。

渔猎经济一直是秦国社会经济生活的重要补充，秦代多有渔猎法律条文。秦国政府一直高度重视畜牧渔猎经济，为此在郡、县、乡三级政府设置管理机构，配置专人管理。其中，最重视畜牧业经济。在这一经济形态中，马、牛又是其管理的核心，秦律围绕马、牛有不少专门的立法细则。同时，刍藁作为政府的一项重要税收制度，制定了硬性标准。要想完整理解牛马、刍藁问题，我们要和当时的社会大背景结合起来思考。商鞅变法的目的是让秦国崛起为第一强国，最终吞并六国。秦孝公之后，历代秦王致力于统一全国，建立高度集权的封建国家，成就不二业绩。为了达到这个目的，首先必须取得军事上的胜利，当时骑兵是秦国军队的独立兵种之一。此外，秦国以文书御天下，邮驿系统需要大量良马。牛、马也是农业生产劳动的重要畜力，靠人力不可能发展好强大的农业。马又是重要的交通工具，秦人爱骑马出行。为了实现统一全国的最高目标，畜牧经济首要的任务是为国家提供足够的牛、马，秦国统一六国后，天下三十六郡，秦国县的数目史书没有记载，一个县每年平均提供给国家四千一百匹（头）牛马，各县不得不重视畜牧业。无怪商鞅将牛、马、刍藁列入强国十三数中。在商鞅变法之后秦国决心统一六国的一百多年中，秦的畜牧渔猎经济对实现其政治军事目标做出了突出贡献，而乡官里吏则是负责这项工作的一线工作人员，离开他们，发展畜牧渔猎经济只是一纸空文。基层管理人员在畜牧渔猎经济发展中的作用上级官吏不能替代，他们对畜牧渔猎经济的管理为秦国统一六国做出的贡献绝不能低估。

（五）秦国乡官里吏的赋税征收职能

商鞅变法之后的赋税制度与之前的重大差别，在于用封建赋税制代替贵族剥削制。秦国赋税的种类：户赋和户刍是两种赋税。秦国户赋和户刍的征收标准，卿爵以下的户主缴纳户赋、户刍，两者一年分两次征收，五月出赋十六钱，十月交刍一石。

关于秦国上缴户赋的数量，迁陵县六两蚕丝或蚕茧的价格是秦国对全国户赋的征收标准，可以从事养蚕的地区上缴蚕茧、蚕丝。不适合养蚕的地区缴纳其他军用物资或者直接交钱。丝有一部分用作战略物资，用于制造弓箭，用于制作布料、做衣服，但丝作为货币的原料可能用量最大。丝作为货币的原料，也当是丝最重要的用途。秦国的户赋在五月征收。户赋、户刍的征收者，在里中，田典、里典负主体责任，里吏交乡部后，乡部统计汇总造册，主要负责人乡啬夫、乡佐最后签字派人送交县廷。户赋是商鞅变法后设置的税种，无论是外来移民，还是新征服的少数民族地区，秦国给予他们特别优惠政策，基本上不缴或减免赋税，户赋也在免除之列。

刍藁是重要的战略物资、牛马等牲畜的饲料，刍藁的需求量自然很大。刍藁的征收对象为卿爵以下户数，征收的时间是秋季收获庄稼结束，刍藁晒干之后上交，不收往年的陈旧刍藁。刍藁的上缴过程，以县为单位预算所需刍藁总量，将此数额分摊到各乡部。乡啬夫、田啬夫、乡佐等主要乡吏依据本乡人口、土地，把每个里应交的刍藁和用钱代交刍藁的准确数字算定。里吏具体负责征收，里典、田典、里佐主要里吏负责计算征收每户应交的刍藁和折算钱额，限时交齐。符合要求的刍藁由里吏负责，在规定时间内以户为单位送交所在乡部仓库。折算刍藁的钱数，由里典负责上交乡部，乡啬夫、乡佐等乡部吏负责汇总上交县廷。

田租指根据每户耕种的田亩数，按照征收比例向国家上缴的土地税。新垦田地不交田租，原因在于这部分田地是在授田之后民众开垦的，不在授田之列，也没有交租、交刍藁的法律依据，但免租税若干年后造册征收。

田租的征收过程。首先是下达文书，做好赋税征收宣传工作，依法收税纳税。乡佐或其他乡部小吏隐匿国家应授给民众的田地，民众不知，如果乡部吏已向民众收取租税不上报，就是匿田。未收田租，不算匿田。交租的农户不交够租额，或所交田租质量不达标，罚交租者一甲，这是重处罚。秦律的收租立法从官吏和民众两个方面确定处罚措施，注重根据实际判罚收租者和交租者。官吏或民户故意违反法律，判罚重；因过失出错，罚轻。有悔改立功表现，减轻判罚，体现了立法的合理性。

综上，秦政府向编户民征收户赋、户刍、田租、刍藁、算赋、六畜税等常税。里耶秦简所见政府征收的“羽”，是算赋折算实物上缴的税种，不能捕获“羽”的地区民众缴纳其他实物代替算赋，如无实物代替算赋，则直接上缴“羽”折算的货币。献税不是另外加给迁陵县的赋税，此税种应当可以折算为货币抵销其他赋税，最后交献税的每户每人上缴的赋税金额总数与其他地区每户每人上缴的赋税数额相同。赋税征收任务繁重，但基层官吏能将其很好地落实。

秦国自商鞅变法后，发明创制了适应地主阶级发展需要的新型赋税制度，在秦统一六国的战争年代，采取的是战时经济管理模式，这出于形势之需要，亦顺应了历史发展方向。但当秦统一六国后，它的中心任务应转向休养生息，发展社会经济文化。但秦朝的大政方针并没有发生质变，几乎原封不动地沿袭秦国的法家治国理论，对百家文化持敌视态度，这自然和东方六国原文化形成激烈对撞，引发剧烈社会矛盾，基层的乡官里吏反而成了秦代灭亡的助推器。

（六）乡官里吏的徭戍职能

秦国的乡里赋税是推动国家运行的经济基础，徭戍则是编户民对国家的无偿劳动付出，是国家对民众推行的超经济剥削。“徭戍”作为专有法律概念出现，是徭役和兵役的合称。秦兵役征发频繁，服役强度大，参加人数多。从商鞅变法到秦代覆亡，秦的兵役征发难以准确统计。秦政府的管控体系直达基层社会五口之家，显示了其有力的军事动员效能。完成如此强大的徭戍征发任务，基层的乡官里吏是主要依靠力量，他们为国家统一训练并提供了源源不断的兵源，承担着徭戍征发过程中大量具体实际工作。

秦人的服役期限。秦的傅籍年龄至多满十六岁，秦人参加徭戍的年龄为十五岁到六十岁，只要国家需要，成丁随时会被征发从军。秦自商鞅变法后实行的是全民皆兵政策，战时民众走上战场，战斗结束务农，兵农合一，耕战合一，亦兵亦农。各级官吏既是大小军官亦是行政管理者，军政合一，战时各级官吏参与指挥作战，战斗结束从事各级政府管理工作。基层两级政权的乡官里吏配合上级郡县，完成其他人群不可代替的行政职能。

秦国的徭戍制度细节探讨。商鞅变法后，秦国编户齐民的徭戍制度基本形成，“月为更卒”指成丁每年为官府服役一个月；“正一岁”，指在地方从事军事训练和服役共一年；“屯戍一岁”，指到京师做卫士或戍守边疆一年。服役期内一年一次的“月为更卒”“正一岁”“屯戍一岁”三项内容是秦自商鞅变法后针对成年男丁的法定服役制度。秦国在执行徭戍制度的过程中，从实际出发，有可能会延长或缩短徭戍时间。

更戍。“更戍”一词在秦国历史文献中不见。更戍是违反国家法律受到处罚的刑徒，通过参加官府劳动可以减免罪行，更戍的口粮由政府贷给。更戍从事的劳动包括传送信件、协助敦长负责基层社会治安等。践更、过更、卒更等都属于徭役，“更”的劳动期限为一次一个月。

谪戍。关于谪戍的内涵，前人有过激烈辩论，有数种观点。里耶秦简为我们加深理解谪戍提供了权威资料，乡守具体负责贷给谪戍者口粮。谪戍人员在地方一边参加不同形式的劳动，一边接受军事管理，即战时走向战场，空闲时从事军事训练，学习文化知识，参加生产劳动。

屯戍出廪。给秦的屯戍士兵出廪至少有五人参与，田官、田官佐、公田吏是具体管理公田生产的官吏。田官掌握土地，田官守为屯戍卒领取口粮，可推知乡部也掌握着公田，乡啬夫领取口粮给屯戍卒。仓库也掌握一部分公田，由仓守负责出廪谷物供给屯戍卒。政府提供给屯戍卒口粮，但并不提供衣服，屯戍生活艰苦，部分士兵不愿服役。屯戍卒的征派由中央太尉统一负责，人员调配权在中央，但具体的对屯戍兵役的管理，则落实到基层的乡官和县级直属机构。

罚戍。罚戍不见于传世文献，罚戍士兵来自全国各地，罚戍士兵的口粮多为政府借贷，也有政府免费提供的。罚戍士兵的口粮由田官、发弩、尉史负责，他们从事的工作基本与屯戍士兵相同。

秦简所见秦国的兵种有戍卒、乘城卒、廷卒、尉卒。戍卒从事的职业种类较多，遇有战事上战场，无事则参加政府安排的各项临时性工作。遇到战事，乘城卒首先被征发“输甲兵”，运送盔甲和兵器。在无战事时，乘城卒参与政府文书信件的传送。战争爆发，乘城卒的任务是运送军事装备、作战物资。尚未见乘城卒走上战场的记载。“廷卒”“尉卒”两种名称，不见于传世文献。尉卒当是从各县服役士兵中选拔最优秀的士兵交送郡尉，由郡尉负责领导。“奔命”文献有载，是步兵的一种。校长、敦长、什长皆属于低级军官。秦兵警不分，校长与亭长职能相近，是一职两种称呼。屯长是低级武官，车徒是车兵的正式称呼语。

乡官里吏执行徭戍制度。秦的县政府是主要治民机构。中央不可能直接管理民众，郡只是政府管理机构，它并没有直接掌握人口，也没有直接统治的政区，郡的主要职责是管理县政府官员，它向上沟通中央，起着承上启下的作用。县实际掌握着治民大权，郡、中央的各项统计数据，人力、物力、财力的提供，都来自县。道是设置在少数民族聚集区的县级政区，除了中央给予其优惠政策之外，其他职能与县无大别。故文献中常“县道”并提。自然，主要负责徭役征发征派的管理机构在县、乡、里三级政权。

县廷的户曹负责统筹安排全县参加服徭役的总人数、各辖乡人员分配。户曹掌握着一县各乡各里的户口基本信息，“徭计”是与徭役有关的专门统计册，哪些人属于征发范围，应该征发哪些人，户曹吏员按照徭律制定具体的工作方案。每一批次如何统筹安排，由户曹负责。户曹把某次具体参加徭役的人数下发到各乡部，乡部的徭役管理由专职的乡吏乡司空负责。事实上，由于徭戍工作细碎浩繁，靠乡司空一人很难完成，乡啬夫是最终负责人，乡守等其他乡吏协助乡司空开展工作。

乡吏是联结里吏和县廷的纽结，乡吏和里吏面对面对接，里中的里吏和参加徭役的民众直接对接，统筹考虑一里民众的实际，在不误农业，不影响民众生产生活的前提下，安排服役人员、服役时间。乡吏最终把里中上报的服役名单汇总报至县廷。

秦国的徭役分为两部分：中央级徭役和县级徭役。与中央相对应的征发徭役的地方政府是县廷，因郡府不直接管理民众，郡并不直接征发徭役，县廷拥有征发徭役的实际权利。说明兴徭权在县廷，县啬夫则是确定徭役征发的最终负责人。徭役范围包括中央与地方新修筑或补缮城邑、宫室、官府、舍第，开山凿池，水利、交通等工程。漕、转即水运和陆运二项亦应属徭役范围。综之包括“戍漕转作事”五大徭。如果徭役征发不能按期落实，则国家对内、对外职能都会受到影响，徭役不能按计划落实甚至可能会导致秦国灭亡。

为了管理好徭役征发全程，国家制定专门法律细则规范徭役，被征发对象不按律行事，要受罚。征发者已接受检阅，共同乘屯车、吃口粮；或已到服役场地逃亡，称作“乏徭”；乡部吏、里典通知服役者，而服役者逃避徭役，称为“逋事”。

乡里民众违犯法律到政府自首，具体处罚由里典和乡部吏配合处理。官吏违反律文征发精神也要受罚，凡官吏无故征发徭役，或是征发徭役不按照次序，或征发车辆牛马，或征发不该服役的人参与徭役，各相关吏员将被处以罚金四两。乡官里吏是处罚对象，他们是征发徭役的主要负责人。征发徭役乡啬夫必须参与其中，里典带上券书随行，管理被征发人员。基层官吏负领导责任，违反兴律精神首先受罚二甲。

徭役征发自下而上建立徭徒服役档案，有专门的管理名册，基层的乡官里吏负责档案的建立，要准确统计徭徒的基本信息，里吏最熟悉，而且根据权责一致原则，里吏对其统计数字负责。里典必须携带名册管理服役人员，里吏是档案的初步书写者，之后由里典签署交乡部，乡部吏最后签字上报县廷。

乡部吏是徭役的主要实际管理者。乡部吏是徭徒的主要管理者，负责上报践更人员名单，乡守负责上报其辖区人员的服役情况，有违犯《徭律》者，单独以文书形式向县廷汇报。乡部接受县廷分派的徭徒，并按照规定及时回复。

乡部负责一乡的徭役，主要乡部吏乡守、乡佐具体负责，及时做好和县廷的对接工作，按要求汇总上报各类数据。各类数据不断变化，数据的统计汇总按月、按季或按年度定期报县廷，县廷再把各乡的徭役用工统计汇总。负责管理徭役的官吏如不遵守国家法律，会受到处罚，根据连坐罪原则，管理徭役的官员不仅要受小额罚金处罚，而且管理不按照律令行事，还要受大额罚金处罚。司空佐、司空守是司空曹的属吏，掌管水利、土建工程，役使罪犯劳作，并负责徭役征发和追缴逋贷等事务。

衣食是服役者生存的基本条件，发放粮食、衣物是乡部吏的基本职责。居作者不能自理衣食，由政府负责解决吃穿，法律规定八月前上报衣食不能自理名单。基层的乡官掌握着劳作刑徒名单，接收、管理徭徒是乡官的职责，上报刑徒衣食不能自理名单当是乡部吏的职责。对于不同刑徒，提供衣食标准不同。隶臣的妻子、外妻，政府不负责其衣食。成年隶臣妾，小城旦、小隶臣，小妾、小舂，婴儿分别有不同的口粮供应标准。

领取衣服，由县到乡依次进行。衣服价格由官府统一确定。结算徭徒的衣食费用的各类清单，最终应该是由乡部吏负责统计上报县廷。

商鞅变法早期，为吸引邻国民众到秦国定居，鼓励农民垦田，特制定减免徭赋的优惠政策。特殊情况下，少部分民众享有免除徭役的权利。在官府的手工业劳动中，专业技能表现良好，按比例划定适当人数免除劳役。特殊人群，享有免役特权，睆老、在家照料父母者、战场受伤者，徭役减免一半。应该服役，生病超过一年者可免役。父母有病照顾父母者，轮到服役，免除。乡部吏根据秦律，确定免除劳役者名单。秦简所载免除徭役实际案例揭示了免除劳役的法律不只现有秦律所载，应当有针对各行各业不同类别的免除徭役条文。这从侧面反映了秦国在执行劳役制度时并非一刀切，结合行业实际，特殊情况特殊对待。

征发徭役的特殊规定。徭役征发涉及人数多，秦国没有足够的畜力和劳动工具，参加服役者需按法律规定自备。违反征发徭役要求，有相关处罚规定。过度征发徭役，必然影响农业和其他产业的发展，直接影响编户民的收入，政府对此有所认识，韩非把征发徭役和国家兴亡联系起来，认识深刻。

秦政府在征发徭役的同时，兼顾农业发展，打击工商业，这体现了秦国耕战政策的实质，亦是征发徭役的基本原则。里耶秦简中有记录“故更”文存，凡是与“更”字有关的劳作，均属徭役之列。服徭役无所不包，军队系统不少工作靠更役者完成。

里吏协助县、乡征发徭役。秦对乡里编户民徭役的征派以法律为根据，里吏是里部征发徭役的主要执行者和责任人。如果弄虚作假，本人将受到判罚二甲的处罚。里典、伍老不予告发，每人受罚一甲。同伍的人，以户为责任，一户罚一盾，而且五家居民将全部被流放。从里吏、伍人连坐可以判断，他们对里部劳役的违法行为负不同责任，里吏是重要责任人，伍人仅负有较轻的责任。

编户民逃避服役及亡匿服役时间均要在户籍上做记录，并作为违法惩处的证据，即了解清楚逃亡者的籍贯，将来的调查和违法处理都应与基层的里吏和伍邻有关。有逃避劳役者到官府自首，可能会被从轻处罚。乡部吏负责其管辖范围内逃避徭役事务的记录，并有一定的实际处理权，里典则协助乡部吏执行处罚决定。朝廷征发劳役，被征发者如不按律令执行，要依情节轻重给予主管人不同处罚，里吏也可能是受处罚的对象之一。

乡官里吏协助县廷征发兵役。秦军政一体，军队和政府事务并没有完全分离。但已看得出，兵役管理以军事系统为主，各级军官是兵役的主要管理人员，乡官起配合辅助作用。但若无乡官的配合，军队的管理会遇到许多困难，将士将失去立足的根基，基层官吏的协助性配合不可或缺。

县的军事管理机构是尉曹，尉曹检查考核县下辖各乡的军事管理情况，乡部官吏和低级军事官吏在基层有着特殊的工作关系。由乡官和军吏合作确认违法刑徒的职位、籍贯。乡官和军吏在工作上相互帮助、相互配合，共同处理基层刑徒管理问题。

基层的乡部有“吏卒”，即军吏和服兵役的士卒。秦国军政合一，体现在尉曹接受县廷领导，守丞是一县兵役的责任人。乡官在军事管理上，主要是协助县廷开展工作。服役士兵的军粮由基层仓库负责提供，乡官有出廪权。军政合一表现在服兵役者违法被告官，由政府负责发给告奸者奖励。军民合一表现在百姓的盔甲兵器可以由政府借给。秦国工商业者不受重视，不能免除兵役和徭役。基层服兵役者名单的确定上报与服徭役名单上报程序相同，里吏配合乡官，最终由乡官签字上报县廷。

战争是商鞅变法后秦国社会生活的主题，县廷是治民的基本单位。县廷征发兵役，尉曹是主要落实机构，尉曹吏员到基层征兵、检查士兵劳动、训练等，和里吏直接对接的可能性不大，通常是尉曹的官员到乡部，由乡部吏陪同到各里中征兵、检查，开展有关兵役征发等活动。县级军事系统的基本运作程序，里吏听从乡部吏安排，乡部吏落实县廷尉曹布置的任务，而尉曹的军事活动受县廷的节制，政府军事一元化领导思路是清晰的。里吏协助县廷征发兵役。从秦国到秦统一六国，军功爵制充分调动了青壮年参军作战的积极性。爵位可以降爵继承、转让亲属、免罪、买卖、免役等；同时爵位带来许多其他附属利益。

负责乡里征兵制度的主管官员是尉史，尉史由县尉直接领导，是负责基层征兵工作的主管武职，主要职责包括征发兵役、军事训练、兵役复员等。尉史的职能决定了它多和乡部吏、里吏直接接触。里吏协助尉史和乡吏落实征兵任务，法律有系列制度规定。应征的士兵如不能按期服役，法律规定，以情节轻重给予不同处罚。表明他必须服兵役。少数民族的道享有较大自治权，国家给予政策优惠。此外，征发的士兵还没有到目的地而逃亡，是里吏从里中选拔新征士兵，里吏应负有连带责任。

秦国的兵役制度执行严格，而大量基础性工作则由乡官里吏配合上级官吏具体落实。秦国拥有一支战斗力强大的军队，各级将领和士兵的素质是核心要素，乡官里吏在兵役征发中能否把优秀士兵从基层选出，事关秦国的前途。

二　秦国亭的职能

秦国亭的起源有数种说法，代表性观点有：军事行旅说，以严耕望为代表，此为亭起源的主流看法；源于部落说，以李连军为代表；源于采邑说，这是杨剑虹的一家观点。笔者倾向主流观点，但此观点阐述欠准。从建筑形制上来讲，亭早已存在，很大程度上亭是由内向外发展形成的，即先内地后边地。

（一）秦国春秋以前的亭

秦国早期，亭的功能不断增加，主要有三大职能。一是维护社会治安。亭的主要社会治安功能是“禁盗贼”。春秋末期，战争频发，民不聊生，盗贼猖獗，这一现象在秦国继续扩大，秦国在基层遍设亭“止奸盗”。二是交通邮驿。秦国的亭常用于路人住宿，与道路交通相关联。先秦时期文书由专人传送，依靠各级官吏派人逐级传达。邮传系统的形成很大程度上依靠基层乡里政府，它是其后基层行政兼管邮驿的渊源。三是军事防御功能。秦国的亭制早在周幽王烽火戏诸侯时就已发端，边境安全防御系统的建立源于战国，边境的亭在抵御外国入侵时起到了一定作用。

总之，春秋之前的史籍中，不见亭的推广或基层民众与亭有多少来往，源于军事行旅说并不可靠。从亭在春秋之前的军事防御作用微弱判断，如何解释亭产生分布于秦国基层，还需靠秦简说明问题。

（二）战国时期秦国亭的职能

第一，军事职能。军事行动的组织领导由国家负责，表现为国家行为。帛尉、百长、亭尉是同义语，是亭的实际领导者。亭的负责人是亭长（校长），在县守丞、县尉、乡主的领导下开展军事、治安行动。亭长和守丞、县尉、乡主等主要机构的负责人参与处理突发事件。亭负责严格盘查过往行人的凭证，乡官里吏负有责任。亭通常建在险要之处，一般同时设置三个亭，亭的设计建造有一定规格标准。亭尉负责号令士卒，报告敌情，各亭按时开闭。

战国时期，亭在秦国战略要地已普遍设置，秦国境内争夺四战之地，多建有军事据点亭。亭也是军训场所，日常军事操练是亭部吏的日常基本工作。亭有拘捕、关押犯人的职责。

第二，亭的交通通信职能。秦国的亭也是通信公共设施，但亭并非包办一切信件来往。大宗物资由亭负责传送。亭卒、邮人参与书信的传递，这一职能不少论述多为概括性判断，结论尚不坚实，有待更多简牍材料的证明。

第三，亭的治安管理职能。秦国后期亭的主要职能是维护基层社会治安，亭部是亭的治安辖区。逮捕不法分子是亭部吏的基本工作，亭部吏在亭部内巡行，发现盗贼或罪犯，亭吏及时捉拿归案。在亭的辖区内亭长有权逮捕依仗权贵、为非作歹的人。亭为行人提供住宿便利，过往行人和借宿路人受亭的监视。通缉犯的画像和重要公告，在各地的亭中张贴，有利于民众揭发犯罪。亭执行宵禁职能，高官、贵戚在夜间私自出行，亭长有权阻拦。

基层治安案件的处理由县廷官吏领导，由亭部吏和乡官里吏配合，按照基本程序参与和协助调查、审理和定案过程，乡亭部吏、里吏是这套操作流程的具体参与执行者。案件的办理主要有四个程序。一是乡官里吏上报可疑案情。里吏、居民、亭部吏有责任揭发事实，投书举报是补充。二是乡官里吏协助上级审理案件。亭部吏、乡官里吏遵循案件勘验与取证原则，负责对案犯的情况进行调查、确认证词、确认当事人的个人情况等。三是乡官里吏、里人的“封守”职能。封守的执行者是乡官里吏，封守之后等待案件的判决。乡啬夫协助案情的调查、供词的验证。基层官吏在案件的处理中发挥着不可替代的作用。

在以亭为中心的治安管理体系之中，里吏、亭部吏、乡官和县廷官吏各司其职、互相配合、分工明确，秦国以亭为基层社会治安管理核心的治安管理模式已经成为秦国基层治安管理的具体内容，这与商鞅变法前的秦国社会治安管理相比是很大的进步。

三 秦国乡里政权治理模式留给后世的经验教训

通过本书的初步讨论，我们认识到健全的乡里行政制度是基层社会实现持久稳定的基本前提，是国家正常实现各项行政职能的基础。有了完善的乡里行政制度，才有可能培养健全完备的乡里行政控制能力。但乡里行政控制力的施展要从实际出发，必须根据基层民众的承受能力量力而行，否则过度发挥乡里行政控制力，往往造成基层财力枯竭、民力疲惫。民生问题不能解决，基层秩序出现混乱，编户齐民自然走向政府的对立面。基层的知识分子不能通过合法流动渠道而步入仕途，知识分子、乡官里吏、普通群众三者就会形成合力，爆发起义浪潮，这是造成国家动乱、秦代覆亡的重要原因之一。国家必须提高对基层社会的控制力，与通过乡里自治培育成型的基层社会势力形成某种平衡。这一认识也适合秦以后的历代王朝。关键是乡里政权的赋役征发务必控制在合理范围之内，否则有可能造成乡里秩序紊乱。

参考文献

一　古籍类

班固:《汉书》，中华书局，1962。

程俊英:《诗经译注》，上海古籍出版社，2004。

陈戍国:《尚书校注》，岳麓书社，2004。

常璩:《华阳国志》，中华书局，1987。

董说:《七国考》，中华书局，1956。

戴望:《晏子春秋校注》，中华书局，1954。

范晔:《后汉书》，中华书局，1965。

房玄龄:《晋书》，中华书局，1974。

高亨注译《商君书注译》，中华书局，1974。

黄怀信:《鹖冠子汇校集注》，中华书局，1985。

韩婴:《韩诗外传集释》，中华书局，1980。

郝懿行:《尔雅义疏》，中华书局，1998。

桓宽:《盐铁论校注》，中华书局，1992。

桓谭:《新论》，上海人民出版社，1977。

《尉缭子注译》，华陆综注译，中华书局，1979。

《尉缭子译注》，李解民译注，河北人民出版社，1992。

皇甫谧:《帝王世纪》，齐鲁书社，2010。

刘熙:《释名》，中华书局，1985。

刘向:《战国策》，上海古籍出版社，1998。

罗泌：《路史》，台湾商务印书馆，2012。
马骕：《绎史》，中华书局，2002。
司马彪：《续汉书》，中华书局，1965。
司马迁：《史记》，中华书局，1959。
《竹书纪年集解》，沈约注，上海广益书局，1936。
孙星衍：《尚书今古文注疏》，中华书局，1998。
孙星衍等辑《汉官六种》，中华书局，1990。
孙诒让：《墨子间诂》，中华书局，1954。
孙诒让：《周礼正义》，中华书局，1998。
《毛诗注疏》，台湾商务印书馆，2012。
卫宏：《汉旧仪》，中华书局，1985。
王先慎：《韩非子集解》，中华书局，1954。
王符：《潜夫论》，河南大学出版社，2008。
王益之：《西汉年纪》，中州古籍出版社，1993。
王应麟：《汉制考》，中华书局，1986。
吴起：《吴子》，日本京都大学图书馆藏影印本。
荀悦、袁宏：《两汉纪》，中华书局，2002。
徐干：《中论》，中华书局，1985。
荀悦：《申鉴》，中华书局，1954。
徐元浩：《国语集解》，中华书局，2002。
《商君书》，严万里校，中华书局，1954。
杨伯峻编著《春秋左传注》，中华书局，1981。
虞世南：《北堂书钞》，天津古籍出版社，1988。
《管子校正》，中华书局，1954。
应劭：《风俗通义校注》，中华书局，1981。
《逸周书》，齐鲁书社，2010。
《古本竹书纪年》，齐鲁书社，2010。
郑樵：《尔雅注》，台湾商务印书馆，2012。
赵晔：《吴越春秋校注》，岳麓书社，2006。

朱熹：《仪礼经传通解》，台湾商务印书馆，2012。
朱彬：《礼记训纂》，中华书局，1998。
朱师辙：《商君书解诂定本》，古籍出版社，1957。

二　甲金、简牍、石刻等类

陈伟主编《里耶秦简牍校释》（第一卷），武汉大学出版社，2012。
陈松长编《岳麓书院藏秦简》（二），上海辞书出版社，2013。
陈松长编《岳麓书院藏秦简》（四），上海辞书出版社，2015。
陈松长编《岳麓书院藏秦简》（五），上海辞书出版社，2017。
陈松长主编《岳麓书院藏秦简》（一至三），上海辞书出版社，2018。
甘肃省文物考古研究所等编《居延新简》，文物出版社，1990。
甘肃省文物考古研究所编《敦煌汉简释文》，甘肃人民出版社，1991。
甘肃省文物考古研究所编《天水放马滩秦简》，中华书局，2009。
洪适：《隶释·隶续》，中华书局，1985。
湖南省文物考古研究所编著《里耶发掘报告》，岳麓书社，2007。
胡平生、张德芳等编撰《敦煌悬泉汉简释粹》，上海古籍出版社，2001。
胡厚宣主编《甲骨文合集释文》，中国社会科学出版社，1999。
刘信芳、梁柱编著《云梦龙岗秦简》，科学出版社，1997。
里耶秦简牍校释小组：《新见里耶秦简牍资料选校》（二），载《简帛》（第十辑），上海古籍出版社，2015。
连云港市博物馆等编《尹湾汉墓简牍》，中华书局，1997。
罗振玉：《贞松堂集古遗文》，北京图书馆出版社，2003。
马承源：《中国古代青铜器》，上海人民出版社，1982。
睡虎地秦墓竹简整理小组编《睡虎地秦墓竹简》，文物出版社，1978。
唐兰：《西周青铜器铭文分代史征》，中华书局，1986。
吴九龙释《银雀山汉简释文》，文物出版社，1985。
谢桂华、李均明、朱国炤：《居延汉简释文合校》，文物出版社，1987。
中国社会科学院考古研究所编《殷周金文集成释文》，香港中文大学中国文化研究所出版，2001。

张家山二四七号汉墓竹简整理小组编著《张家山汉墓竹简》，文物出版社，2001。
周晓陆、路东之：《秦封泥集》，三秦出版社，2000。

三 工具书类

丁度等修定《集韵》，中国书店，1983。
《古汉语常用自字字典》，商务印书馆，1998。
王文耀主编《简明金文词典》，上海辞书出版社，1998。
徐中舒主编《甲骨文字典》，四川辞书出版社，2006。
许慎：《说文解字》，中华书局，1963。
徐元诰等编《中华大字典》，中华书局，1978。
中国社会科学院语言研究所词典编辑室编《现代汉语词典》（修订本），商务印书馆，2000。

四 研究专著类

安作璋、熊铁基：《秦汉官制史稿》，齐鲁书社，2007。
岑仲勉：《墨子城守各篇简注》，中华书局，2011。
晁福林：《先秦社会形态研究》，北京大学出版社，2003。
陈松长：《岳麓书院藏秦简的整理与研究》，中西书局，2014。
陈直：《史记新证》，中华书局，2006。
陈直：《居延汉简研究》，天津古籍出版社，1986。
杜正胜：《编户齐民》，台北联经出版社，1990。
顾德融、朱顺龙：《春秋史》，上海人民出版社，2001。
郭沫若：《郭沫若全集·历史编》（第二卷），人民出版社，1982。
《郭沫若全集》，科学出版社，2002。
霍印章：《中国军事通史》（秦代军事史），军事科学出版社，1998。
黄今言：《秦汉赋役制度研究》，江西人民出版社，1988。
《日本学者研究中国史论著选译》（上古秦汉卷），黄金山、孔繁敏等译，中华书局，1993。

蒋礼鸿:《商君书锥指》，中华书局，1986。
罗振玉:《贞松堂集古遗文》(上册)，北京图书馆出版社，2003。
梁启超:《古书真伪及其年代》，中华书局，1955。
梁启超:《先秦政治思想史》，岳麓书社，2010。
李家浩:《著名中年语言学家自选集·李家浩卷》，安徽教育出版社，2002。
吕思勉:《学术集林》，上海教育出版社，1987。
吕思勉:《先秦史》，中国友谊出版公司，2009。
吕思勉:《秦汉史》，上海古籍出版社，2005。
吕思勉:《中国制度史》，上海教育出版社，2002。
刘建国:《先秦伪书辨正》，陕西人民出版社，2004。
刘梦溪主编《中国现代学术经典·廖平、蒙文通卷》，河北教育出版社，1996。
林剑鸣:《秦史稿》，上海人民出版社，1981。
林剑鸣:《秦汉史》，上海人民出版社，2003。
林剑鸣:《秦国发展史》，陕西人民出版社，1981。
马非百:《秦集史》，中华书局，1982。
马新:《两汉乡村社会史》，齐鲁书社，1997。
宋镇豪:《夏商社会生活史》，中国社会科学出版社，1994。
史正宪主编《行政学概论》，兰州大学出版社，2008。
守屋美都雄:《中国古代的家族与国家》，钱杭、杨晓芬译，上海古籍出版社，2010。
童书业:《春秋左传研究》，上海人民出版社，1980。
唐兰:《西周青铜器铭文分代史征》，中华书局，1986。
吴承洛:《中国度量衡史》，商务印书馆，1957。
吴小强:《秦简日书集释》，岳麓书社，2000。
王焕林:《里耶秦简校诂》，中国文联出版社，2007。
王国维:《古史新证》，湖南人民出版社，2010。
王国维:《观堂集林》，中华书局，1959。

王会玲:《农村政治文化视域下的村民自治》,河南人民出版社,2008。
西岛定生;《二十等爵制》,武尚清译,国际文化出版公司,1992。
严耕望:《中国地方行政制度史——秦汉地方行政制度》,上海古籍出版社,2007。
杨公骥:《中国文学》,吉林人民出版社,1980。
杨宽:《战国史》,上海人民出版社,1955。
杨宽:《杨宽古史论文选集》,上海人民出版社,2003。
杨宽:《中国古代都城制度史》,上海人民出版社,2006。
杨宽:《西周史》,上海人民出版社,2003。
周振鹤、李晓杰《中国行政区划通史》(总论、先秦卷),复旦大学出版社,2009。
周振鹤:《中国地方行政制度史》,上海人民出版社,2005。
朱凤瀚:《商周家族形态研究》,天津古籍出版社,2004。
张金光:《秦制研究》,上海古籍出版社,2004。
张汉东:《从秦始皇到汉武帝》,陕西旅游出版社,1997。
张经:《西周土地关系研究》,中国大百科全书出版社,2006。
张松如、夏传才:《商颂研究》,南开大学出版社,1995。
张亚初、刘雨:《西周金文官制研究》,中华书局,1986。
赵光贤:《周代社会辨析》,人民出版社,1980。
朱绍侯:《军功爵制考论》,商务印书馆,2008。
朱绍侯:《朱绍侯文集》(续集),河南大学出版社,2015。
朱绍侯:《朱绍侯文集》,河南大学出版社,2009。
朱绍侯:《军功爵制试探》,上海人民出版社,1980。
朱绍侯:《军功爵制研究》,上海人民出版社,1990。
朱绍侯:《秦汉土地制度与阶级关系》,中州古籍版社,1985。
朱绍侯主编《中国古代治安制度史》,河南大学出版社,1994。
周自强主编《中国经济通史·先秦下》,经济日报出版社,2007。

五　研究论文类

卜宪群:《秦汉之际乡里吏员杂考——以里耶秦简为中心的探讨》,《南都学坛》2006年第1期。

陈松长:《秦汉时期的繇与繇使》,《湖南大学学报》2014年第4期。

陈伟:《里耶秦简所见的“田”与“田官”》,《中国典籍与文化》2013年第4期。

陈振裕:《从云梦秦简看秦国的农业生产》,《农业考古》1985年第1期。

陈絜:《里耶“户籍简”与战国末期的基层社会》,《历史研究》2009年第5期。

晁福林:《战国授田制简论》,《中国历史文物》1999年第1期。

晁福林:《先秦时期爵制的起源与发展》,《河北学刊》1997年第3期。

晁福林:《关于“发闾左谪戍渔阳”》,《江汉论坛》1982年第6期。

陈长琦:《郡县制确立时代论略》,《河南大学学报》1987年第1期。

陈长琦:《战国时代郡的嬗变》,《广东社会科学》1994年第1期。

董平均:《从功利主义价值取向看军功爵制对秦人社会生活的影响》,《人文杂志》2006年第3期。

杜正胜:《“编户齐民论”的剖析》,载王健文主编《政治与权力》,中国大百科全书出版社,2005。

高凯:《秦代人口比例与人口下降问题——以刑徒墓的发现为例》,《文史哲》2007年第5期。

高敏:《秦汉的户籍制度》,《求索》1987年第1期。

高恒:《秦律中的徭、戍问题——读云梦秦简札记》,《考古》1979年第6期。

高恒:《汉代上计制度论考——兼评尹湾汉墓木牍〈集簿〉》,《东南文化》1999第1期。

广濑薰雄:《里耶秦简户籍简刍议》,“中国里耶古城·秦简与秦文化国际学术讨论会”。

宫长为:《秦代的粮仓管理——读〈睡虎地秦墓竹简〉札记》,《东北师大学报》1986年第2期。

宫长为:《浅谈秦代经济管理中对官吏的几种规定——读〈睡虎地秦墓竹简〉的一点意见》,《东北师范大学学报》1982年第6期。

贺润坤：《从云梦秦简〈日书〉看秦国的六畜饲养业》，《文博》1989年第6期。
贺润坤：《云梦秦简所反映的秦国渔猎活动》，《文博》1989年第3期。
何清谷：《“闾左”新解》，《陕西师大学学报》1989年第4期。
韩连琪：《春秋战国时代的郡县制及其演变》，《文史哲》1986年第5期。
黄盛璋：《云梦秦墓两封家信中有关历史地理的问题》，《文物》1980年第8期。
黄今言：《秦代租赋徭役制度研究》，《江西师院学报》1979年第3期。
胡大贵：《商鞅爵制二十级献疑》，《史学集刊》1985年第1期。
胡大贵：《关于秦代谪戍制的几个问题》，《西南师范大学学报》1991年第1期。
胡宏哲：《〈尚书〉与〈逸周书〉比较研究》，博士研究生学位论文，北京语言大学，2008。
蒋非非：《秦代谪戍、赘婿、闾左新考》，《北京大学学报》1995年第5期。
李恒全：《论战国土地私有制——对20世纪80年代以来战国授田制观点的质疑》，《社会科学》2014年第3期。
李玉洁：《“三老五更”与先秦时期的养老制度》，《河南大学学报》2004年第5期。
李向平：《试论周秦时代的什伍制度》，《广西师范大学学报》1986年第3期。
李光军：《秦汉“亭”考述》，《文博》1989年第6期。
李学勤：《〈世俘〉篇研究》，《史学月刊》1988年第2期。
雒有仓：《论西周的盟誓制度》，《考古与文物》2007年第2期。
罗开玉：《秦国“少内”考》，《西北大学学报》1981年第3期。
罗家湘：《〈逸周书〉的异名与编辑》，《西北师大学报》2001年第5期。
刘本锋：《从云梦秦简析秦国农业经济管理特色》，《农业考古》2008年第6期。
刘泽华：《论战国时期“授田”制下的“公民”》，《南开大学学报》1978年第2期。

黎明钊：《里耶秦简：户籍档案的探讨》，《中国史研究》2009年第2期。
李瑞兰：《战国时代国家授田制的由来、特征及作用》，《天津师范大学学报》1985年第3期。
林沄：《"百姓"古义新解——兼论中国早期国家的社会基础》，《吉林大学社会科学学报》2005年第4期。
卢南乔：《"闾左"辨疑》，《历史研究》1978年第11期。
欧阳凤莲：《〈商君书〉户籍管理思想与秦国户籍管理制度》，《古代文明》2009年第4期。
潘敏：《"为田开阡陌封疆"解》，《历史教学》1993年第6期。
屈建军：《〈谪戍制考析〉一文质疑》，《青海师范大学学报》1988年第2期。
屈建军：《秦国兵役徭役制度试探》，《咸阳师专学报》1994年第1期。
秦其文、姚茂香：《从秦汉简牍看秦汉赋税制度》，《理论观察》2014年第1期。
冉光荣：《春秋战国时期郡县制度的发生与发展》，《四川大学学报》1963年第1期。
四川省博物馆、青川县文化馆：《青川县出土秦更修田律木牍——四川青川县战国墓发掘简报》，《文物》1982年第1期。
孙闻博：《秦及汉初的司寇与徒隶》，《中国史研究》2015年第3期。
孙筱：《秦汉户籍制度考述》，《中国史研究》1992年第4期。
石约翰：《封建、郡县与中国历史传统》，《安徽史学》2002年第3期。
宋杰：《秦汉国家统治机构中的"司空"》，《历史研究》2011第4期。
宋杰：《秦汉军队中的"司空"》，《史学月刊》2014第7期。
宋涟圭：《〈商颂·殷武〉之景山考》，《邯郸职业技术学院》2002年第2期。
石延博：《关于秦国畜牧业生产问题的探讨》，《河北师院学报》1995年第2期。
沈刚：《秦简中的"吏仆"与"吏养"》，《人文杂志》2016年第1期。
沈刚：《"贡""赋"之间——试论〈里耶秦简〉【壹】中的"求羽"简》，

《中国社会经济史研究》2013年第4期。
沈刚:《里耶秦简所见民户簿籍管理问题》,《中国经济史研究》2015年第4期。
沈长云、李秀亮:《西周时期“里”的性质》,《历史研究》2011年第4期。
沈长云:《华夏民族的起源与形成过程》,《中国社会科学》1993年第1期。
仝卫敏:《从睡虎地秦简看“校、徒、操”的身份》,《中国国家博物馆馆刊》2012年第12期。
仝晰纲:《秦汉乡官里吏考》,《山东师大学报》1995年第6期。
仝晰纲:《秦汉时期的里》,《山东师大学报》(社会科学版)1988年第4期。
田旭东:《里耶秦简所见的秦代户籍格式和相关问题》,《四川文物》2009年第1期。
田人隆:《“闾左”试探》,《中国史研究》1979年第2期。
天长市文物管理所、天长市博物馆:《安徽天长西汉墓发掘简报》,《文物》2006年第11期。
吴荣曾:《汉代的亭与邮》,《内蒙古师范大学学报》2002年第4期。
魏永康:《里耶秦简所见秦代公田及相关问题》,《中国农史》2015年第2期。
魏永康:《秦及汉初的农田管理制度》,硕士研究生学位论文,东北师范大学,2010年。
万川:《商鞅的户籍制度改革及其历史意义》,《公安大学学报》1998年第1期。
王绍东:《论商鞅变法与我国古代户籍档案管理制度的建立与完善》,《秦文化论丛》2004年第00期。
王育成:《闾左贱人说初论——兼说陈胜故里在宿州》,《中国历史博物馆馆刊》1998年第2期。
王子今:《里耶秦简“捕羽”的消费主题》,《湖南大学学报》2016年第4期。

王子今：《试说里耶户籍简所见“小上造”、“小女子”》，《出土文献》2010年第00期。
王子今：《“闾左”为“里佐”说》，《西北大学学报》1985年第1期。
王子今、吕宗力：《论秦汉“魁”及相关称谓》，《秦汉研究》2011年第00期。
王彦辉：《〈里耶秦简〉（壹）所见秦代县乡机构设置问题蠡测》，《古代文明》2012年第4期。
王彦辉：《出土秦汉户籍简的类别及登记内容的演变》，《史学集刊》2013年第3期。
王彦辉：《田啬夫、田典考释——对秦及汉初设置两套基层管理机构的一点思考》，《东北师大学报》2010年第2期。
王好立：《“闾左”辩疑》，《中国史研究》1980年第4期。
王毓铨：《汉代亭与乡里不同性质不同行政系统说》，《历史研究》1954年第2期。
王冠英：《殷周的外服及其演变》，《历史研究》1984年第5期。
夏南、屈建军：《重评人民群众对秦统一的态度》，《益阳师专学报》1991年第4期。
辛田：《名籍、户籍、编户齐民——试论春秋战国时期户籍制度的起源》，《人口与经济》2007年第3期。
辛德勇：《闾左臆解》，《中国史研究》1996年第4期。
阎铸：《郡县制的由来》，《首都师范大学学报》1978年第1期。
袁林：《战国授田制试论》，《社会科学》1983年第6期。
姚小鸥：《〈商颂〉五篇的分类与作年》，《文献》2002年第2期。
于振波：《秦简所见田租的征收》，《湖南大学学报》2012年第5期。
杨剑虹：《从简牍看秦汉时期的乡与里组织》，载《陕西历史博物馆馆刊》（第3辑），西北大学出版社，1996，第141页。
杨小亮：《里耶秦简中有关“捕羽成鍭”的记录》，载中国文化遗产研究院编《出土文献研究》（第十一辑），中西书局，2012。
杨宽：《论西周金文中“六师”“八师”和乡遂制度的关系》，《考古》1964年第8期。

周振鹤：《从汉代“部”的概念释县乡亭里制度》，《历史研究》1995年第5期。
周振鹤：《县制起源三阶段说》，《中国历史地理论丛》1997年第9期。
周书灿：《春秋时期“县”的组织形式和管理形态》，《江海学刊》2003年第3期。
朱圣明：《再谈秦至汉初的“户赋”征收——从其与“名田宅”制度的关系入手》，《中国经济史研究》2016年第3期。
臧知非：《西汉授田制度与田税征收方式新论》，《江海学刊》2003年第3期。
臧知非：《说“税田”：秦汉田税征收方式的历史考察》，《历史研究》2015年第3期。
臧知非：《〈墨子〉、墨家与秦国政治》，《人文杂志》2002年第2期。
臧知非：《“谪戍制”考析》，《徐州师范大学学报》1984年第3期。
臧知非：《论县制的发展与古代国家结构的演变——兼谈郡制的起源》《中国史研究》1993年第1期。
张春龙、龙京沙：《湘西里耶秦代简牍选释》，《中国历史文物》2003年第1期。
张荣强：《里耶秦简所见民户簿籍管理问题》，《晋阳学刊》2013年第4期。
张荣强：《湖南里耶所出“秦代迁陵县南阳里户版”研究》，《北京师范大学学报》2008年第4期。
张朝阳：《也从里耶简谈秦代乡啬夫与乡守：论基层管理的双头模式》，《史林》2013年第1期。
张信通：《秦汉时期的编户齐民籍》，《安顺学院学报》2010年第4期。
张信通：《秦代的“闾左”考辨》，《贵州师范学院学报》2013年第11期。
张金光：《秦乡官制度与乡、亭、里关系》，《历史研究)》1997年第6期。
张金光：《论秦徭役制中的几个法定概念》，《山东大学学报》2004年第3期。
张金光：《秦自商鞅变法后的租赋徭役制度》，《文史哲》1983年第1期。
张金光：《秦官社经济体制模式典型举例》，《西安财经学院学报》2008年第 5 期。
张金光：《论秦自商鞅变法后的农村公社残余问题》，《文史哲》1990 年第 1 期。
张力：《秦汉里论》，《四川师范学院学报》1993 年第 4 期。
张俊民：《龙山里耶秦简二题》，《考古与文物》2004 年第 4 期。
张玉勤：《论战国时期的国家授田制》，《山西师范大学学报》1989 年第 4 期。
邹水杰：《再论秦简中的田啬夫及其属吏》，《中南大学学报》2014 年第 5 期。
邹水杰：《也论里耶秦简之“司空”》，《南都学坛》2014 年第 5 期。
赵岩：《秦令佐考》，《鲁东大学学报》2014 年第 1 期。
朱德贵：《岳麓秦简所见“徭”制问题分析——兼论“奴徭”和“吏徭”》，《江西师范大学学报》2016 年第 4 期。
朱德贵：《秦简所见“更戍”和“屯戍”制度新解》，《兰州学刊》2013 年第 11 期。
朱绍侯：《试论名田制与军功爵制的关系》，《许昌师专学报》1985 年第 1 期。
朱绍侯：《商鞅变法与秦国早期军功爵制》，《零陵学院学报》2004 年第 5 期。
朱绍侯：《军功爵制探源》，《军事历史研究》2015 年第 1 期。
朱绍侯：《秦军功爵制简论》，《河南师大学报》1979 年第 6 期。
朱绍侯：《汉代乡、亭制度浅论》，《河南师大学报》1982 年第 1 期。
朱红林：《〈周礼〉“六计”与战国时期的官吏考课制度》，《吉林大学社会科学学报》2012 年第 1 期。
钟立飞：《从战国的社会状况看当时的军功赏赐》，《江西社会科学》1989 年 S5 期。
中国政法大学中国法制史基础史料研读会：《睡虎地秦简法律文书集释（三）：〈秦律十八种〉（〈仓律〉）》，载徐世虹主编《〈中国古代法律文献研究〉》（第八辑），社会科学文献出版社，2014。

图书在版编目（CIP）数据

秦国乡里政权研究 / 张信通著. -- 北京 : 社会科学文献出版社, 2018.11

ISBN 978-7-5201-3338-8

Ⅰ. ①秦… Ⅱ. ①张… Ⅲ. ①农村-行政管理-政治制度-研究-中国-秦代 Ⅳ. ①D691.2

中国版本图书馆 CIP 数据核字（2018）第 200848 号

秦国乡里政权研究

著　　者 / 张信通

出 版 人 / 谢寿光
项目统筹 / 王晓卿
责任编辑 / 郭红婷

出　　版 / 社会科学文献出版社 · 当代世界出版分社（010）59367004
地址：北京市北三环中路甲 29 号院华龙大厦　邮编：100029
网址：www.ssap.com.cn
发　　行 / 市场营销中心（010）59367081　59367018
印　　装 / 三河市龙林印务有限公司

规　　格 / 开 本：787mm × 1092mm　1/16
印 张：21.75　字 数：336 千字
版　　次 / 2018 年 11 月第 1 版　2018 年 11 月第 1 次印刷
书　　号 / ISBN 978-7-5201-3338-8
定　　价 / 89.00 元